KB118508

임파워먼트를 위한

노인교육의 이론과 실제

| 신미식 저 |

학지사

머리말

세계에서 유례없이 빠르게 고령화가 진행되고 있는 한국 사회에서는 그로 인해 발생하는 문제가 더 이상 몇몇 사람의 노력만으로는 해결할 수 없는, 모두가 함께 풀어 가야 할 문제가 되고 있다. 하지만 정부나 시민사회단체는 아직 그 심각성을 제대로 깨닫지 못하고 있는 것 같다. 특히 고령화가 이루어지면서 노인의 수는 빠르게 증가하고 있으나, 그 존재는 여전히 크게 관심을 끌지 못하고 있다. 많은 노인이 경제적 어려움에 시달리고 있고, 이 외에도 연령 차별, 부정적 이미지 등으로 인해 많은 어려움을 겪고 있다.

오랫동안 노인교육에 관심을 가져 온 저자는 결국 고령화된 사회에서 노인이 겪을 수밖에 없는 문제를 해결해 줄 당사자는 다름 아닌 노인 자신이라는 생각에 이르게 되면서 노인의 임파워먼트에 관심을 갖기 시작하였다. 임파워먼트를 통해 노인이 스스로 힘을 가질 때만이 자기 자신이 처한 문제 상황을 스스로 해결해 나갈 수 있다고 보았기 때문이다. 그러나 여기서의 힘은 지금까지의 것과는 다른 힘이다. 다른 사람의 위에 군림하면서 그들을 지배하기 위한 힘이 아니라, 스스로 처해 있는 위치를 정확하게 파악하고 스스로 삶의 주체가 되어 불평등하고 정의롭지 않은 사회를 변혁하는 데 사용할 힘이다.

현재와 같은 사회구조에서 노인이 힘을 갖는 것은 쉽지 않다. 기득권 세력은 노인을 약하고 힘없는 존재로 남아 있게 하려고 많은 '노력'을 하고 있다. 그래야만 노인이 계속해서 기득권에게 저항 세력이 될 수 없기 때문이다. 결과적으로 많은 노인이 기득권 세력이 만들어 놓은 부정적 이미지에 갇혀 지

내면서 자신의 삶과 직결된 문제에 대해서조차 말하지 못하는 침묵의 문화에서 살고 있다. 그러나 문제는 노인이 이런 침묵의 문화 속에서 살고 있는 한 자기 삶의 주체가 될 수 없고, 더 나은 사회를 위한 변화의 매개체가 될 수 없다는 것이다.

노인은 여러 방법을 통해 임파워먼트될 수 있다. 하지만 아마 가장 장기적이면서도 효과적인 방법은 교육일 것이다. 현재 우리나라에서도 노인교육은 양적으로 많이 확대되어 있는 상황이다. 노인은 노인복지관, 사회복지관, 평생교육기관 등에서 주요한 교육 대상이 되고 있다. 그러나 모든 교육이 학습자에게 임파워먼트를 가능하게 하지는 않는다는 배털스비(M. Battersby)의 말처럼, 한국에서 현재 이루어지고 있는 노인교육은 한국 노인의 임파워먼트에는 크게 기여하지 못하고 있다.

이 책에서는 한국 노인에게 현재 필요한 것이 무엇보다 임파워먼트이고, 노인이 임파워먼트되기 위해서는 이를 목적으로 하는 교육이 활성화되어야 한다는 전제에서 노인에게 임파워먼트를 가져다줄 수 있는 노인교육의 이론과 실천적 사례를 집중적으로 탐색하고자 한다.

이 책은 크게 3부 12장으로 구성되어 있다. 1부는 한국 노인교육의 이론과 실제에 초점을 맞춘다. 1장 '노인교육의 현황과 과제'에서는 현재 한국 노인교육의 현황과 문제점을 살펴본 후 앞으로 노인교육이 나아갈 방향을 타진한다. 2장 '평생교육과 노인교육'에서는 노인교육을 평생교육으로 보아야 하는 이유와 그럼에도 불구하고 그렇지 못한 이유를 밝히고, 평생교육으로서 노인교육이 자리매김하기 위해 해결해야 할 과제는 무엇인지 알아본다. 3장 '문해교육과 여성노인'에서는 많은 여성노인이 비문해자로 남아 있을 수밖에 없었던 이유를 한국의 문해교육정책을 통해 살펴보고 앞으로 여성노인을 위한 문해교육이 나아가야 할 방향과 그러한 방향으로 나아가기 위해 해결해야 할 과제는 무엇인지 고찰한다. 4장 '노인인적자원개발'에서는 지금까지의 노인 인적자원개발을 평가하고, 앞으로의 노인인적자원개발은 지금까지와 어떻게 다르게 이루어져야 하는지 살펴본다.

2부는 외국 노인교육의 이론과 실제에 초점을 맞춘다. 5장 '노년기 담론과 노인교육'에서는 외국에서 발전해 온 노년기 담론을 고찰하고 이를 토대로 한국 노인교육을 진단한다. 6장 '삼세대대학'에서는 유럽의 대표적인 노인교육인 삼세대대학을 집중적으로 살펴보고 이로부터 한국 노인교육은 어떠한 시사점을 얻을 수 있을지 도출한다. 7장 '은퇴후교육'에서는 미국의 대표적인 노인교육인 은퇴후교육의 차별적 특징을 고찰한 후 이 모델이 한국 노인교육의 장에 적용될 수 있을지 그 가능성을 타진한다. 8장 '일본 노인교육'에서는 정부 주도로 생산적 노년기에 토대를 두고 발전해 온 일본 노인교육의 현황과 문제점을 살펴보고, 한국 노인교육은 일본 노인교육의 문제점에서 어떠한 시사점을 얻을 수 있을지 밝힌다.

3부는 미래 노인교육의 이론과 실제에 초점을 맞춘다. 9장 '고령화와 대학의 역할'에서는 고령화 문제를 해결하는 데 적극적인 역할을 담당하는 미국 대학의 사례를 소개하고, 이를 토대로 한국 대학은 앞으로 어떠한 역할을 담당하는 것이 바람직한지 살펴본다. 10장 '공민활동으로서 노인자원봉사'에서는 자원봉사의 대상에서 주체로 탈바꿈하고 있는 미국 노인의 사례를 통해 앞으로 한국 노인자원봉사가 활성화되기 위해서는 어떠한 변화가 필요한지 살펴본다. 11장 '세대간교육과 대학의 역할'에서는 한국에서의 세대간교육의 필요성을 짚어 보고, 세대간교육을 활성화하는 데 대학의 역할과 과제는 무엇인지 탐색한다. 12장 '노인교육의 미래'에서는 노인의 임파워먼트를 목적으로 발전해 온 비판적 노인교육을 집중적으로 살펴본 후, 한국에서 비판적 노인교육의 활성화 가능성과 이를 위한 과제는 무엇인지 타진한다.

아직까지 한국에서의 노인교육은 그 필요성에 비해 앞으로 많은 연구와 실천이 요구된다. 이러한 상황에서 저자는 이 책이 한국의 노인교육을 좀 더 풍성하게 하고 체계화하는 데 기여할 수 있기를 기대한다. 또한 노인이 임파워먼트되어 지금까지의 부정적인 이미지에서 벗어나 당당한 학습의 주체로, 나아가 삶의 주체로 거듭나는 데 일조하기를 바란다.

이 책이 세상에 나올 수 있도록 애써 주신 모든 분께 감사드린다. 먼저 학문적으로, 또 정신적으로 많은 지지를 보내 주신 오수열 교수님과 박복선 교수님께 감사드린다. 또한 어려운 교정 작업을 묵묵히 해 주신 학지사 이지예 선생님께도 감사드린다. 마지막으로, 항상 곁에서 나의 버팀목이 되어 준 내 딸 권해윤에게도 감사를 전한다.

2018년 1월

신미식

차례

■ 머리말 _ 3

제1부 한국 노인교육의 이론과 실제

제1장 **노인교육의 현황과 과제** 15

1. 들어가며 _ 15
2. 노인교육의 정의 _ 17
3. 노인교육의 등장 배경과 필요성 _ 20
4. 노인교육의 발전 과정 _ 23
5. 노인교육의 제도적 기반 _ 28
6. 노인교육의 문제점과 과제 _ 33
7. 나가며 _ 40

제2장 **평생교육과 노인교육** 43

1. 들어가며 _ 43
2. 평생교육으로서 노인교육의 의미 _ 45
3. 평생교육에서 소외된 노인교육 _ 49
4. 평생교육 내의 노인교육 실상 _ 51
5. 평생교육의 노인 참여 현황 _ 57
6. 평생교육으로서 노인교육의 방향과 과제 _ 62
7. 나가며 _ 66

제3장

문해교육과 여성노인   71

1. 들어가며 _ 71
2. 정부의 문해교육정책과 여성노인 _ 74
3. 여성노인 문해교육의 현황과 문제점 _ 80
4. 여성노인 문해교육의 발전 방안 _ 88
5. 나가며 _ 94

제4장

노인인적자원개발   99

1. 들어가며 _ 99
2. 노인인적자원개발의 개념적 정의 _ 101
3. 노인인적자원개발의 현황과 문제점 _ 103
4. 노인인적자원개발의 미래 방향 _ 112
5. 나가며 _ 118

제2부 외국 노인교육의 이론과 실제

제5장

노년기 담론과 노인교육   125

1. 들어가며 _ 125
2. 성공적 노년기와 노인교육 _ 126
3. 생산적 노년기와 노인교육 _ 128
4. 비판적 노년학과 노인교육 _ 131
5. 공적 노년학과 노인교육 _ 136
6. 노년기 담론이 한국 노인교육에 주는 시사점 _ 138
7. 나가며 _ 143

제6장 **삼세대대학**   149

1. 들어가며 _ 149

2. 삼세대대학의 정의와 발전 과정 _ 150

3. 삼세대대학의 유형 _ 152

4. 삼세대대학의 특징 _ 158

5. 삼세대대학이 한국 노인교육에 주는 시사점 _ 160

6. 삼세대대학의 한국 적용 가능성 _ 166

7. 나가며 _ 169

제7장 **은퇴후교육**   173

1. 들어가며 _ 173

2. 은퇴후교육의 등장 배경 _ 174

3. 은퇴후교육의 정의, 특징, 한계 _ 179

4. 은퇴후교육과 한국 노인교육 _ 188

5. 나가며 _ 195

제8장 **일본 노인교육**   199

1. 들어가며 _ 199

2. 초고령사회와 일본 노인 _ 201

3. 일본 노인교육의 발전 과정과 현황 _ 204

4. 일본 노인교육의 특징과 한계 _ 213

5. 나가며 _ 217

제3부 미래 노인교육의 이론과 실제

제9장

고령화와 대학의 역할: 미국 대학을 중심으로 · 223

1. 들어가며 _ 223

2. 대학의 역할 _ 225

3. 미국 대학과 노인 _ 226

4. 미국 대학의 기여 _ 235

5. 고령화와 한국 대학의 역할 _ 239

6. 나가며 _ 244

제10장

공민활동으로서 노인자원봉사: 249
   미국 사례를 중심으로

1. 들어가며 _ 249

2. 미국 노인자원봉사의 역사적 발전 과정 _ 251

3. 미국 노인자원봉사의 특징과 문제점 _ 256

4. 미국 노인자원봉사 경험이 한국에 주는 시사점 _ 264

5. 나가며 _ 269

제11장

세대간교육과 대학의 역할: 275
청년세대와 노인세대를 중심으로

1. 들어가며 _ 275

2. 청년세대와 노인세대의 세대간교육과 대학 _ 278

3. 외국 대학의 세대간교육 _ 282

4. 세대간교육을 위한 한국 대학의 문제점과 과제 _ 289

5. 나가며 _ 296

제12장

노인교육의 미래: 비판적 노인교육을 중심으로 301

1. 들어가며 _ 301

2. 임파워먼트의 정의와 필요성 _ 305

3. 임파워먼트를 목적으로 하는 비판적 노인교육 _ 309

4. 비판적 노인교육의 활성화를 위한 과제 _ 316

5. 나가며 _ 321

■ 찾아보기 _ 327

제1부

한국 노인교육의 이론과 실제

제1장 노인교육의 현황과 과제
제2장 평생교육과 노인교육
제3장 문해교육과 여성노인
제4장 노인인적자원개발

제1장
노인교육의 현황과 과제

1. 들어가며

한국에서 현재 고령화는 빠른 속도로 진행되고 있고, 이런 상황에서 노인과 고령화와 관련한 많은 문제가 야기되고 있다. 그러나 한국 정부는 이러한 문제를 구조적으로 어떻게 풀어 가야 할지에 대한 청사진을 아직 제시하지 못하고 있다. 대통령직속 저출산·고령사회위원회에서는 5년마다 저출산·고령사회기본계획을 수립해 왔으며, 2015년에 제3차 저출산·고령사회기본계획(2016~2020)을 발표하였지만, 많은 사업은 이미 하고 있는 사업을 반복하는 것에 그쳐 그 실효성에 의문이 제기되기도 한다(참여연대, 2015. 12. 18.). 이처럼 한국에서는 노인이 여전히 도움을 필요로 하는 존재, 즉 사회에 부담을 주는 존재로 여겨지면서 노인과 고령화와 관련된 많은 문제가 주변적 문제로 밀려나고 있으며, 마찬가지로 노인교육은 중요성에 비해 그 가치를 제대로 평가받지 못하고 있다.

1995년 평생교육이 도입되고 2007년 「평생교육법」이 개정되면서 지자체가 평생교육의 운영 주체로서 참여하게 된 결과, 현재 한국에서는 평생교육이 이전보다 훨씬 활성화되었고 노인교육도 양적으로 많이 확대되고 있다. 그러나 흥미로운 점은 여전히 노인교육을 담당하는 주무부서가 교육부가 아닌 보건복지부라는 점이며, 노인교육은 교육이면서 여전히 사회적으로 도움이 필요한 노인을 대상으로 한다는 이유로 교육으로서 제대로 인정받지 못하고 있다는 점이다.

노인교육이 발전하기 위해서 장기적인 계획이 세워져야 하고 더불어 관리·감독을 가능하게 하는 기본 체제가 마련되어야 함에도 불구하고, 현재는 그러한 체제가 전혀 갖추어지지 못한 채 양적으로만 확대되고 있다. 그러나 앞으로 노인교육이 고령화 문제를 극복하는 데 기여하기 위해서는 단순한 양적 확대로는 충분하지 않다. 노인교육이 질적으로 발전하여 노인의 개인적인 삶의 질 향상과 더불어 사회발전에도 기여해야 할 것이다. 지금까지는 대부분의 노인이 학력이나 경제력 면에서 취약한 위치에 있어 노인교육의 복지적 접근은 나름대로 설득력이 있었지만, 앞으로 학력 수준이 높고 경제력도 있는 베이비부머가 대거 노인세대로 편입될 상황에서 지금까지의 복지적 접근으로는 한계가 있다. 특히 한정된 국가 재정으로 노인만을 위해 무한적으로 복지예산을 늘릴 수 없는 현 상황에서는 노인을 복지의 대상으로만 보는 시각에서 벗어나야 한다. 또한 이들의 경험과 능력을 사회발전에 활용하기 위해서는 지금까지와 달리 좀 더 다양하고 전문화된 노인교육이 필요한 실정이다.

따라서 이 장에서는 현재 한국에서 이루어지고 있는 노인교육의 현황과 문제점을 살펴본 후 앞으로 노인교육이 나아갈 방향을 탐색하고, 노인교육이 그러한 방향으로 나아가기 위해 풀어야 할 과제는 무엇인지를 밝히고자 한다.

2. 노인교육의 정의

서구에서도 노인교육은 성인교육에 비해 상대적으로 늦게 발전하였다. 서구에서 노인교육(educational gerontology)이라는 용어는 1970년 미국 미시간 대학교의 박사과정 프로그램에 처음 등장하였다(Peterson, 1980, p. 67). 이후 노인교육은 용어상 적잖은 혼란을 겪다가 1980년 피터슨(Peterson)에 의해 노인을 대상으로 하는 노인교육(educational for older adults or educational gerontology), 노인이 아닌 다른 사회구성원을 대상으로 노인과 고령화에 대해 실시하는 고령화교육(public education about aging), 노인을 위해 일할 전문가와 준전문가 양성을 위한 노인전문가 양성교육(education of professionals and paraprofessionals in the field of aging)으로 구분되어 사용되었다(Peterson, 1980, p. 68). 이후 다시 노인을 대상으로 하는 노인교육(educational gerontology)과 일반인을 대상으로 하는 고령화에 관한 교육 및 노인을 위해 일할 전문가와 준전문가를 위한 교육을 합친 의미로 노년학 교육(gerontological education)으로 정리되어 현재까지 사용되고 있다.

한국에서는 김종서(1984)가 노인교육을, 첫째, 노인을 위하여 노인이 아닌 사람들이 무엇을 할 것인지에 관한 교육, 둘째, 노인 이전의 사람들에게 실시하는 노년기에 대비하는 준비교육, 셋째, 노인 자신을 위한 교육으로 정의하고 있다. 반면, 한정란(2005, pp. 64-66)은 노인교육이라는 용어 대신 노년교육학을 쓰면서 노년교육학은, 첫째, 노인을 위한 교육(for older people), 둘째, 노인에 관한 교육(about older people), 셋째, 노인에 의한 교육(by older people)으로 구분된다고 주장하고 있다. 특히 한정란(2005, p. 63)은 "노년교육학 정의들에는 한 가지 간과된 사실이 있다."라고 하면서 인생의 지혜와 풍부한 경험을 가진 노인이 사회적 자산으로 활용될 수 있도록 노인에 의한 교육을 노년교육학의 중요한 부분으로서 포함시켜야 한다고 강조하고 있다.

나항진(2004, pp. 124-125)은 노인교육과 교육노년학을 같은 의미로 사용하면서, 이것은 노년기 교육이라 할 수 있는 '노인을 위한 교육' '노인에 관한 교육' '노인에 의한 교육'을 모두 포함해야 한다고 하고 있다. 기영화(2007, pp. 27-29)는 노인교육을 명확하게 정의하고 있지는 않지만 노인교육의 필요성에 대해서 언급하면서 노인교육을 노인을 위한 교육과 노인에 관한 교육을 아우르는 의미로 사용하고 있다.

앞서 살펴보았듯이, 아직 한국에서는 노인교육과 관련한 용어가 명확하게 정리되어 있지 못한 실정이다. 학자 사이에는 노인교육, 노년교육학, 교육노년학 등을 혼용하고 있다. 김종서(1984), 기영화(2007)는 노인을 위한 교육, 노인에 관한 교육을 노인교육으로 보고 있고, 한정란(2005, 2015)은 노인을 위한 교육, 노인에 관한 교육, 노인에 의한 교육을 모두 포함하여 노년교육학이라는 용어를 사용하고 있다. 한편, 나항진(2004)은 한정란과 같이 노인을 위한 교육, 노인에 관한 교육, 노인에 의한 교육 모두를 포함하면서도 노년교육학이 아닌 교육노년학으로 쓰고 있다.

이러한 상황에서 용어의 혼돈을 피하기 위해 명확히 해야 할 점이 몇 가지 있다.

첫째, 영어 educational gerontology를 노인교육으로 번역하는 것이 옳은지 아니면 노인교육학으로 번역하는 것이 옳은지에 관한 점이다. 왜냐하면 노인교육에는 학문적인 부분과 실천 부분이 동시에 포함되어 있는 데 이를 노인교육학으로 번역할 때 실천 부분이 고려되지 않을 수 있고, 반면 노인교육으로 쓸 때는 학문적인 부분이 충분히 고려되지 않을 수 있기 때문이다.[1] 따라서 한국에서도 노인교육, 노년교육 등에 '학'을 붙이는 것이 적절한지 등에 대한 논의가 시작되어야 할 것이다.

---

1) 피터슨(1980, p. 69)은 'educational gerontology'를 학문적인 부분과 실천적인 부분 모두를 포괄하는 용어로 보고 있다.

　둘째, 노인을 대상으로 하는 교육과 노인이 아닌 일반인이나 노인을 위해 일하는 전문인을 위한 교육을 모두 노인교육으로 볼 것인가에 관한 점이다. 앞서 살펴보았듯이 서구에서도 이에 대한 혼란을 겪은 후 노인을 대상으로 하는 교육인 노인교육과 일반인이나 노인을 위해 일하는 전문인을 위한 교육인 노년학 교육을 구분하여 사용하고 있다. 한국에서도 노인을 대상으로 하는 교육뿐 아니라 다른 사회구성원을 대상으로 하는 노인에 관한 교육 및 노인을 위해 일할 전문가와 준전문가를 키우는 교육도 모두 중요해지는 상황에서 과연 이 모두를 통틀어 노인교육으로 해야 할지, 노년교육으로 해야 할지, 아니면 서구에서처럼 노인교육과 노년학 교육으로 구분하여 쓸지에 대한 논의가 필요하다.

　셋째, 노인교육 범주에 노인에 의한 교육을 포함할 것인가에 관한 점이다. 물론 노인이 자신의 지혜나 경험을 활용하여 젊은 세대를 가르치는 것은 의미가 있으나 이미 여러 교육의 장에서 그들이 활발히 활동해 오고 있는 상황에서 이를 굳이 따로 구분하여 노인교육의 범주에 포함시키는 것이 과연 바람직할지에 대해서도 논의가 이루어져야 할 것이다.

　노인을 대상으로 하는 교육인 노인교육과 다른 사회구성원을 대상으로 하는 노인에 관한 교육 및 노인을 위해 일할 전문가와 준전문가의 양성을 목적으로 하는 교육인 노년학 교육은 구분되어 사용되는 것이 좀 더 적절하다고 보고, 이 책에서는 이 둘을 구분하여 사용하고자 한다. 아직 노인이 아닌 대상을 중심으로 하는 노년학 교육은 필요성에도 불구하고 거의 이루어지지 않고 있는 상황에서, 이 책에서는 주로 노인을 대상으로 하는 노인교육을 중점적으로 다루고자 한다.

3. 노인교육의 등장 배경과 필요성

한국에서 최초로 세워진 노인학교는 1972년 종로 태화관에서 문을 연 서울 평생교육원이다(김남선 외, 2003, p. 17). 그러나 1980년대만 하더라도 노인교육은 크게 확대되지 않았다. 1980년 전국에 약 402개의 노인학교가 있었고 참여노인 수는 약 5만 3천 명 정도였다(김남선 외, 2003, p. 17). 그러나 2000년대 들어서면서 평생교육이 발전하고 고령화에 따라 노인인구가 급격히 증가하면서 노인교육이 괄목할 정도로 확대되기 시작하였다.

1995년 교육개혁안에 새롭게 등장한 평생교육이 이전에 주로 소외계층을 대상으로 하여 이루어지던 사회교육을 대체하게 되면서, 그 대상 역시 확대되어 소외계층을 넘어 거의 모든 국민을 대상으로 하게 되었다. 이후 평생교육과 관련한 제도적 · 법적 체제가 마련되면서 평생교육이 활성화될 수 있는 토대가 마련되었다. 물론 평생교육은 1995년 처음 도입된 이후 제자리를 찾기 전에 IMF를 맞게 되면서 초기에 가졌던 이상이 많이 퇴색되기는 하였지만, 지금까지 외연을 확대해 가면서 한국에서 주요한 교육 형태로 자리 잡아 가고 있다.

이와 더불어 한국은 세계에서 유례가 없을 정도로 빠른 고령화에 직면하게 된다. 〈표 1-1〉에서 볼 수 있듯이, 이미 2000년에 전체인구 중 노인인구가 차지하는 비율이 7.2%로 고령화사회에 접어들었고, 2017년에는 14%로 고령사회에 접어들 것으로 예측하고 있으며, 2026년에는 20.8%로 초고령사회로 진입할 것으로 추정하고 있다.[2]

---

2) 일반적으로 전체인구 중 노인인구가 7%를 넘으면 고령화사회, 14%를 넘으면 고령사회, 20%를 넘으면 초고령사회로 정의하고 있다.

표 1-1 **고령인구 추이**   (단위: 천 명, %)

연도	총인구	65세 이상	구성비
1990	42,869	2,195	5.1
2000	47,008	3,395	7.2
2010	49,410	5,452	11.0
2014	50,424	6,386	12.7
2017	50,977	7,119	14.0
2020	51,435	8,084	15.7
2026	52,042	10,840	20.8
2030	52,160	12,691	24.3
2040	51,091	16,501	32.3
2050	48,121	17,991	37.4
2060	43,959	17,622	40.1

출처: 통계청(2011). 장래인구추계를 토대로 재구성함(통계청, 2015, p. 17 재인용).

뿐만 아니라 〈표 1-2〉에서 볼 수 있듯이, 현재 한국의 고령화 속도는 세계
에서 가장 빠르게 진행되고 있는 실정이다.

표 1-2 **각국 고령화 속도**   (단위: 연도, %)

	도달 연도			소요 연수	
	7%	14%	20%	7~14%	14~20%
한국	2000	2017	2026	17	9
미국	1942	2013	2029	71	16
일본	1970	1994	2005	24	11
독일	1932	1972	2008	40	36
프랑스	1864	1979	2019	115	40
OECD 평균	1960	2000	2024	40	24

출처: OECD Historical Population Data and Projection(1950-2050)을 토대로 재구성함(http//www.
  oecd.org, 발간일: 2016.12.16.).

이렇게 고령화가 빠르게 진행되는 데 있어 가장 두드러진 현상은 노인인구의 급격한 증가라고 할 수 있는데, 이러한 노인인구의 증가는 노동인구의 감소로 인해 국가 경쟁력을 약화시키거나 복지비 증가로 인해 사회적 부담을 증가시켜 국가 재정에 많은 부담을 줄 수 있다고 여겨지고 있다(윤민석, 2015).[3] 따라서 노인인구 증가로 인해 발생하는 문제를 최소화하기 위해 노인의 사회적 역할을 새롭게 규정할 필요성이 제기되었다. 즉, 빠르게 변화하는 고령화사회에서 다수를 차지하게 된 노인을 어떻게 재사회화할지 혹은 노동인구가 감소하는 상황에서 노인의 잠재적 노동력을 어떻게 개발할지 등에 대한 관심이 고조되었다. 이처럼 노인교육은 평생교육이 확대되고 빠르게 고령화되는 사회에서, 노인이 변화된 사회에 걸맞은 역할을 수행하는 데 있어 필요한 교육적 요구를 충족시키기 위해 자연스럽게 등장하게 되었다.

반면, 노인교육학자는 한국에서 노인교육이 왜 필요하게 되었는지를 다음과 같이 설명하고 있다. 남기민 등(2003, pp. 27-28)은 노인을 둘러싼 환경 변화가 노인교육의 필요성을 증가시켰다고 주장하면서, 환경 변화로서 사회환경 변화, 가족환경 변화, 노인교육의 교육요구 변화를 제시하였다. 구체적으로, 사회환경 변화로는 개인지향적 사회, 고령화사회를, 가족환경 변화로는 핵가족, 가족 내 부모부양 의식 변화, 가족관계 변화를, 노인교육의 교육요구 변화로는 건강 수준과 경제력 향상, 학력 증가, 노인의 평균수명 증가, 노인의 정체성 위기 등을 들고 있다.

나항진(2004, pp. 128-133)은 노인교육의 필요성을 사회정의 구현에 대한 요구, 기존 교육의 한계, 평생학습사회의 등장, 세대 간 이해의 필요성, 급속한 사회의 변화, 가치관의 변화, 노인에 대한 시각의 변화, 노인의 요구 변화,

---

3) 실제로 기초연금 등의 실시로 인해 보건복지부 예산 중 노인복지 예산은 2014년 6조 3,848억 원이었던 데 반해 2015년에는 8조 7,798억 원으로 37.5%의 증가율을 보이고 있다. 이는 2015년 보건복지부 예산의 20.9%를 차지하는 것으로 나타났다(최혜지, 2015).

늘어나는 여가 시간 등에서 찾았다. 기영화(2007, pp. 27-28)는 노인교육의 필요성이 노인에게 학습의 주체로서 성장할 기회를 제공하고, 젊은 세대에게는 노인과 노화에 대한 교육 기회를 제공함으로써 노후를 설계하고 노인에 대한 이해를 증진시키고자 하는 데 있다고 보았다. 한정란(2015, pp. 277-280)은 노인의 학습 및 자기계발 욕구 증가, 노년기의 연장, 고령인적자원의 중요성 증가, 노후 자립의 필요성 증가로 인해 노인교육의 필요성이 발생하였다고 주장하고 있다.

이처럼 노인교육의 필요성은 크게 사회환경적 변화와 이에 대응하고자 하는 노인의 변화로 인해 자연스럽게 생겨났다고 할 수 있다. 사회환경 변화는 무엇보다 빠른 속도로 진행되고 있는 고령화 속에서 노인을 사회적 자원으로서 활용하고자 하는 요구가 커짐에 따라 노인의 능력과 자질을 향상시키고자 하는 데서 찾을 수 있다. 그리고 노인의 변화는 핵가족 관계로의 변화 속에서 노인이 스스로 자립해야 하는 요구가 강해지고, 또한 학력이 향상되고, 의료보험과 연금 등이 확대되어 건강하고 경제적으로 안정된 생활을 하게 되면서 교육적 요구가 커지고 다양해진 데서 비롯되었다고 할 수 있다.

4. 노인교육의 발전 과정

앞서도 보았듯이, 현재 한국에서 노인교육은 필요성에 부응하면서 양적으로 많이 확대되고 있으며 그 과정에서 다양한 변화를 겪어 오고 있다. 한국의 노인교육이 어떠한 변화 과정을 겪었는지는 노인교육을 담당하던 주무부서를 중심으로 다음 세 단계로 나누어 살펴볼 수 있다(신미식, 2007, pp. 5-7).[4] 첫 번째 단

---

4) 여기서 주무부서에 토대하여 구분한 이유는 실제로 주무부서에 따라 노인교육의 성격이 많이 달라져 왔기 때문이다.

계는 1998년 이전 보건사회부(보건복지부)에서 노인교육을 담당하였던 시기이고,[5] 두 번째 단계는 1998년부터 2007년까지 교육부(교육인적자원부)에서 노인교육을 담당하였던 시기이다.[6] 그리고 세 번째 단계는 2008년 이후 교육인적자원부가 교육과학기술부로 바뀌면서 노인교육을 담당하는 행정직제가 사라진 후 교육과학기술부 내 노인을 위한 교육을 다루는 부서가 없어지고 대신 보건복지부 인구정책실 노인정책관 밑의 노인정책과에서 광범위하게 노인여가·교육 등 사회참여 활성화에 관한 사항을 담당하게 된 시기이다.[7] 또한 이 시기는 2007년 「평생교육법」이 개정되면서 지자체가 지역의 평생교육을 담당하는 주체로서 새롭게 등장하면서 자연스럽게 지자체 내의 평생교육을 담당하는 부서에서 평생교육 사업의 일환으로 노인교육 관련 사업을 실시하게 된 시기이기도 하다. 각 단계의 노인교육의 특징을 살펴보면 다음과 같다.

1) 1998년 이전의 노인교육

1998년 교육부가 노인교육을 담당하기 전에는 보건사회부(보건복지부)가 노인교육을 담당하였고, 따라서 이 단계의 노인교육은 대부분 복지적 관점에서 이루어졌다. 노인교육의 대상인 노인은 복지의 대상으로, 젊은 사람에게 부담을 주는 존재, 젊은 사람에게 의지하지 않고는 살아갈 수 없는 사회적 소수자, 혹은 무력하고 무기력하여 누군가의 도움 없이는 살아갈 수 없는 사회

---

5) 보건사회부는 1994년 정부조직법 개정으로 보건복지부로 개편되었다.

6) 1998년 정권이 바뀌고 교육부 직제가 개편되면서 평생교육국 밑에 평생교육기획과와 평생학습정책과가 만들어진 후 교육부에서 다시 노인교육 업무를 담당하게 되었다(교육인적자원부, 한국교육개발원, 2001, p. 285). 교육부는 2001년 교육인적자원부로 바뀌었다.

7) 교육과학기술부는 2013년에 다시 교육부로 바뀌었다. 그러나 여전히 교육부 내에 노인교육을 담당하는 부서는 없는 실정이다.

적 약자로 여겨졌다. 결과적으로 이 단계의 노인교육 프로그램은 대부분 노인의 병약함, 외로움, 의존성 혹은 무기력함을 인정하면서 다소나마 그들을 외로움이나 무기력감에서 벗어날 수 있게 해 주려는 데 초점을 맞추었다. 이 시기에 대표적으로 제공된 노인교육 프로그램은 음악, 무용, 가요, 민요, 오락, 건강관리, 교양강좌, 건강체조, 예절교실, 여행 등이다. 그러나 이러한 프로그램의 문제는 학습자인 노인이 프로그램의 주체가 아닌 객체로서 주어진 프로그램에 수동적으로 참여하게 되면서 프로그램이 자신의 교육적 요구를 얼마나 반영하고 있는지에 대해서도, 또한 앞으로 프로그램이 어떤 방향으로 나아가는 것이 바람직한지에 대해서도 의견을 적극적으로 내놓지 못하였다는 점이다. 한편, 프로그램을 만드는 사람들의 경우도 노인을 그들 자신의 배움에 책임을 갖고 있는 주체로 인정하지 않음으로써 프로그램의 전 과정에 동반자로서 노인의 참여를 이끌지 못하였을 뿐만 아니라 노인 내에 존재할 수밖에 없는 다양한 계층, 다른 성, 다양한 경험에 대해서도 관심을 가지지 못함으로써 노인의 특성에 따른 차별화된 프로그램을 제공할 수 없었다.

2) 1998년부터 2007년까지의 노인교육

1998년 이후 노인교육의 주무부서가 보건복지부에서 교육인적자원부로 바뀌고 인적자원개발이 수요한 화두로 떠오르면서 노인은 인적자원개발의 중요한 대상으로 여겨지게 되었고, 결과적으로 노인의 인적자원개발을 위한 도구로서의 노인교육에 대한 관심도 커졌다. 이는 2005년 국가인적자원개발 기본계획에 따른 분야별 시행계획을 보면 좀 더 명확해진다. 이 시행계획은 고령자 · 노인의 평생학습 및 봉사활동 지원 강화를 추진목표로 두고, 이를 위해 고령자 · 노인의 인적자원개발을 위한 평생학습 체제를 구축하고 자원봉사 활동을 지원함으로써 인적자원을 적극 활용할 것을 제시하고 있다.

물론 한국에서 인적자원개발이라는 용어가 노인에 국한되어 사용된 것은 아니다. 실제로 인적자원개발은 모든 대상에 사용되었고, 인적자원개발이 되면 그 대상은 그 전보다 훨씬 경쟁력을 갖게 되는 것처럼 인식되었다. 그래서 원하는 직업을 가질 수 있고 결과적으로 경제적인 풍요로움도 보장된다고 보았다. 같은 맥락에서 노인도 인적자원개발만 되면 이전에 비해 훨씬 경쟁력을 갖게 되어 원하는 직업을 쉽게 가질 것으로 여겨졌다. 또한 이런 개인적인 측면 외에도, 사회적으로도 노인의 인적자원개발은 저출산, 노인인구 증가로 말미암아 생길 수 있는 노동력 부족을 해결하고, 궁극적으로 국가 경쟁력을 높이는 데 기여할 수 있다고 보았다.

그러나 인적자원개발은 단순히 인적자원을 개발하는 데 그치는 것이 아니라 개발된 인적자원을 어떻게 배치 · 활용할지도 중요한데, 만약 힘들게 개발된 노인의 인적자원이 노동시장에서 제대로 활용될 수 없다면 인적자원개발은 별 의미를 갖지 못하게 된다. 실제로 인적자원개발 위주의 노인교육은 이러한 부분까지 세심한 관심을 기울이지 않았고, 결과적으로 노인에게 주어진 대부분의 일자리는 단순노동 일자리에 그치고 말았다.

3) 2008년 이후의 노인교육

2008년 정권이 바뀌면서 중앙정부 차원의 한국 교육에서 인적자원개발이 더 이상 중요하게 여겨지지 않으면서, 인적자원개발 위주의 노인교육도 크게 강조되지 않게 되었다. 이러한 상황에서 인적자원개발 위주의 노인교육을 담당해 오던 교육과학기술부의 평생학습정책과는 슬그머니 노인교육 업무를 담당하던 직제를 없앴고 그 이후 2017년 현재까지 평생학습정책과에서는 노인교육에 관한 업무를 담당하지 않고 있다.

반면, 2007년 개정된 「평생교육법」에 따라 지방정부가 평생교육 활성화에 참여할 수 있게 되면서 지자체 차원에서 평생교육 시설이나 기관을 급속하게 확대하였고, 그리하여 평생교육 참여자도 급속하게 늘어났다. 이런 가운데 노인은 평생교육의 주 대상으로 떠오르게 되었고 노인교육을 담당하는 기관도 기하급수적으로 증가하였다. 2004년의 경우 경로당은 48만 8,000개, 시·도교육청에서 후원하는 노인교실은 684개, 대한노인회 소속 노인학교는 266개였으나(보건복지부, 2004), 이후 노인교육기관이 계속 증가하여 보건복지부에 등록된 기관이 2014년 12월 기준 노인복지관은 344개, 경로당은 6만 3,960개, 노인교실은 1,361개이며(보건복지부, 2015a), 대한노인회에서 운영하는 노인대학도 323개에 달하고 있다(교육부, 국가평생교육진흥원, 2014).[8] 이 외에도 대학 부설 평생교육원, 기독교·천주교·불교 등 종교기관, YMCA, YWCA와 같은 시민사회단체 등 다양한 평생교육기관이 노인교육에 참여하고 있다.

이처럼 노인교육기관이 증가하면서 노인교육에 참여하는 노인의 수 역시 증가하고 있다. 보건복지부가 2011년에 실시한 노인실태조사에 따르면 전체노인의 6.7%가 노인교육에 참여한 적이 있다고 응답한 데 반해, 2014년도 노인실태조사에서는 그 비율이 13.7%로 대폭 증가하였다(보건복지부, 2011, 2014).

초기의 노인교육과 마찬가지로 이 단계의 노인교육 프로그램은 대부분 건강 체조, 요가 등 건강 관련 프로그램, 컴퓨터 관련 프로그램, 은퇴 후 적응 관련 프로그램, 은퇴 후 일자리 관련 프로그램과 같이 노년기의 노인이 사회구성원으로서 잘 기능하도록 하기 위해 제공되는 기능주의적 프로그램들과, 악기 배우기, 외국어 배우기, 서예, 인문학 강좌와 같이 순수하게 배움의 즐거움이나 기쁨을 위한 인문주의적 프로그램들이 주를 이루고 있다. 보건복지부의 2014년도 노인실태조사에 따르면, 노인이 가장 많이 참여하는 프로그램은 예술문화(41.5%), 건강관리/운동(36.0%), 어학(10.4%), 정보화(6.9%), 인

---

8) 2011·2012년 『평생교육백서』에는 노인교육 부분이 빠져 그 당시 노인교육을 담당하는 기관을 정확하게 파악할 수 없었으며, 2013년 『평생교육백서』에는 노인교육 부분이 있지만 구체적인 노인교육기관 현황은 제시하지 않고 있다.

문학(2.9%), 기타(1.2%), 취업/직업(1.1.%) 순인 것으로 나타났다. 최근 들어 노인이 자신의 삶의 의미를 다시 한 번 짚어 보고, 나아가 죽음을 준비하면서 영적으로 성숙할 기회를 제공하는 데 목적을 둔 죽음교육 프로그램과 강사 주도의 일회성 교육이지만 인권교육이나 민주시민교육이 새롭게 등장하고 있기도 하지만 그 내용이나 수준에 있어서 여전히 다양성이나 전문성이 부족한 실정이다.

지금까지 노인교육의 발전 단계를 정부의 어떠한 행정부서가 노인교육을 담당했는지를 중심으로 살펴보았다. 이처럼 현재 노인교육은 양적으로 확대되고 있지만 질적으로는 크게 발전하지 못하였다는 것을 알 수 있는데, 그것은 무엇보다 노인교육이 활성화되는 데 필요한 제반 여건이 제대로 갖추어지지 못한 데서 비롯되었다고 할 수 있다. 이러한 이유로 다음은 노인교육과 관련하여 법적·행정적·정책적·재정적 기반은 어떤지 살펴보고자 한다.

5. 노인교육의 제도적 기반

1) 노인교육법

현재 노인교육에 관한 별도의 법은 없고 「평생교육법」에도 따로 노인교육에 대한 언급은 없다. 다만 「노인복지법」(제4장 제36조)과 「저출산·고령화사회기본법」(제15조)에만 간단하게 언급되어 있을 뿐이다. 「노인복지법」 제4장 제31조에서는 노인복지시설의 종류를 열거하고 있는데, 그 안에 노인교육시설로 볼 수 있는 노인여가복지시설을 포함하고 있다. 제36조는 제31조에서 언급한 노인여가복지시설에 대한 구체적인 내용을 담고 있는데, 이에 따르면 노인여가복지시설에는 노인복지관, 경로당, 노인교실, 노인휴양소가 있으며, 이러한 시설은 노인의 교양, 취미생활, 사회참여활동, 학습 프로그램 등을 담당하도록 하고 있다.

「저출산·고령사회기본법」에서 노인교육과 관련한 조항은 여가·문화 및 사회활동의 장려에 관한 제14조, 즉 "국가 및 지방자치단체는 노후의 여가와 문화 활동을 장려하고 이를 위한 기반을 조성하여야 한다." 그리고 "국가 및 지방자치단체는 자원봉사 등 노인의 사회활동 참여를 촉진하는 사회적 기반을 조성하여야 한다."와 평생교육과 정보화에 관한 제15조, 즉 "국가 및 지방자치단체는 모든 세대가 평생에 걸쳐 학습하고 능력과 적성에 따라 교육을 받을 수 있도록 교육의 기회를 제공하고, 이를 위한 교육시설의 설치·인력의 양성 및 프로그램의 개발 등 필요한 시책을 강구하여야 한다." 그리고 "국가 및 지방자치단체는 세대 간 정보의 격차를 해소하기 위하여 정보화 교육, 프로그램 개발 및 장비보급 등 필요한 시책을 강구하여야 한다."가 있을 뿐이다.

이처럼 노인교육에 관한 법이 따로 없고 「평생교육법」에서도 노인교육에 관한 조항이 없는 상황에서 다만 「노인복지법」과 「저출산·고령사회기본법」에서 노인여가복지 차원으로만 노인교육을 다루고 있다는 것은 문제가 아닐 수 없다.

2) 노인교육행정

노인교육에 대한 법이 따로 없고 다만 「노인복지법」에 의거해 노인복지의 일환으로 교육이 이루어지고 있는 상황에서, 현재 교육부 어디에도 노인교육을 담당하는 행정부서는 없는 실정이다. 교육부에서 평생교육을 담당하는 행정부서는 평생직업교육국 밑의 평생학습정책과, 인재직무능력정책과, 진로교육정책과, 직업교육정책과가 있는데, 이 중 평생학습을 담당하는 부서는 평생학습정책과로서 담당 업무는 다음과 같다.[9] 첫째, 성인문해, 방송통신

---

9) 교육부, http://www.moe.go.kr(검색일: 2016년 10월 25일).

중·고등학교, 평생교육사, 둘째, 학원, 교습소 및 개인과외 업무, 셋째, 학점은행제, 독학학위제, 평생학습박람회 및 대상, 넷째, 국가 평생교육 통계, 다섯째, 비영리법인(사회적 협동조합), 여섯째, 대학 중심의 평생학습 활성화, 일곱째, 한국방송통신대학교 학사운영, 여덟째, 지역 평생교육 활성화 지원, 아홉째, 국가 평생학습 포털 등과 관련한 업무가 있다. 이처럼 업무 목록 어디서도 노인교육과 관련한 업무는 찾아볼 수 없다.

반면, 보건복지부의 경우 노인교육과 관련한 업무는 인구정책실 밑 노인정책과와 노인지원과에서 담당하고 있다.[10] 노인정책과의 경우, 노인여가·교육 등 사회참여 활성화에 관한 업무를 담당하고 있고, 노인지원과는 직접적으로 교육을 담당하고 있지는 않지만 노인 일자리 지원에 관한 사항, 노인 자원봉사 활성화에 관한 사항 등을 담당하고 있다. 또한 「저출산·고령화사회기본법」에는 저출산·고령사회 정책에 관한 중요 사항을 심의하기 위하여 대통령 소속하에 저출산·고령사회위원회를 두도록 하고 있다. 이 위원회의 위원장은 대통령이고, 정부위원으로는 장관들, 민간위원으로는 교수나 전문가들이 참여하고 있다. 저출산·고령사회위원회는 정책운영위원회와 그 밑의 분과위원회로 되어 있는데, 여기서 노인교육과 관련한 분과는 삶의 질 보장 분과라고 할 수 있다.[11] 그러나 이 위원회는 심의기구로 규정됨에 따라 정책을 수립하거나 실행하는 데 한계가 있다.

3) 노인교육정책

현재 교육부에 노인교육을 담당하는 행정부서가 따로 없는 상황에서 노인만을 위한 정책이 수립되어 있지는 않다. 다만 노인만을 위한 사업은 아니지

---

10) 보건복지부, http://www.mohw.go.kr(검색일: 2016년 10월 25일).

11) 저출산고령사회위원회, http://precap.go.kr(검색일: 2016년 10월 25일).

만 많은 노인을 대상으로 하는 사업으로 성인문해교육사업이 있다. 한국에서 국가 차원의 성인문해교육사업은 2006년 처음 시작되었다. 2013년 기준 중복 학습자를 제외한 1만 7,590명 중 60대 이상이 차지하는 비율은 72.2%이며, 50대까지를 포함할 경우 88.4%로 성인문해교육사업은 대표적인 노인교육사업이라고 볼 수 있다(교육부, 국가평생교육진흥원, 2014, p. 124).

이 외에도 2001년부터 소외계층의 평생교육 참여 기회를 확대하여 그들의 자활능력을 향상하고 삶의 질을 높이려는 목적에서 소외계층 평생교육사업이 제공되어 왔다. 처음에는 중앙정부로부터 직접 지원을 받았으나 2010년부터 지자체를 통해 교육기관이 사업비를 교부받는 방식으로 전환되었으며, 지원 규모도 대폭 축소되었다. 이 사업의 경우 2007년에는 197개 중 80개가 노인을 대상으로 하였고, 2010년에는 78개 중 23개로 축소되었으나 여전히 가장 커다란 비중을 차지하고 있다(교육부, 국가평생교육진흥원, 2011, p. 153).

보건복지부에서 노인을 대상으로 하는 교육사업은 노인여가복지시설인 경로당과 노인복지관 등에서 이루어지는 교육사업이다. 경로당의 경우 노래, 건강체조, 실버댄스, 웃음치료, 치매 예방 등 노인 건강 증진과 여가 활용을 위한 프로그램이 주를 이루고 있다. 노인복지관의 경우는 문해교육, 영어·일본어 등의 외국어 강좌, 컴퓨터 강좌, 명심보감, 생활 글짓기, 논어 등의 인문교양 강좌, 치매 예방이나 수지침 등의 건강 및 의료 강좌, 노래교실, 미술교실, 건강댄스, 요가 등의 스포츠 강좌 등 경로당과 마찬가지로 노인의 건강과 여가에 초점을 맞추고 있으나 경로당보다는 좀 더 다양한 프로그램이 제공되고 있다.

보건복지부는 이 외에도 노인일자리 및 사회활동지원사업과 노인자원봉사활성화사업을 수행하고 있다. 노인일자리 및 사회활동지원사업은 "노인이 활기차고 건강한 노후생활을 영위할 수 있도록 공익활동, 일자리, 재능 나눔 등 다양한 사회활동을 지원하여 노인복지 향상에 기여"하고자 하고 있으며, 노인자원봉사활성화사업은 "노인의 경륜을 사회에 재투자할 수 있도록 노인자원봉사를 활성화하여 노인의 적극적 사회참여 및 노인의 인적자원활용 극대화 추진"을 목적으로 하고 있다.[12] 노인일자리사업의 경우, 노인은 일자리 창업과 취업을 위하여 통합소양교육을 받도록 하는데, 여기서 소양교육은 노인일자리사업에 참여하기 위한 기본 자세나 노인일자리사업에 대한 안내 등에 대한 교육을 포함하며, 노인자원봉사활성화사업의 경우, 노인자원봉사 리더양성 프로그램을 실시하고 있다(교육부, 국가평생교육진흥원, 2014, pp. 154-156).

제3차 저출산 · 고령사회기본계획(2016~2020)에는 노인교육에 대한 직접적인 언급은 없고, 다만 노인의 일자리, 노인의 자원봉사 활성화를 통해 고령자 사회참여 기회를 확대하는 데 초점을 맞춰 시니어 인턴, 재능기부, 노노케어 등 공익형 일자리를 확대해 나가고자 하였으며, 공무원 · 전문직 은퇴자의 자원봉사 활동 참여율을 높이려고 하고 있다(저출산고령사회위원회, 2015, p. 27).

4) 노인교육재정

현재 교육부의 어느 부서에서도 노인교육을 다루고 있지 않은 상황에서, 교육부에는 노인교육만을 위해 따로 마련된 재정도 없는 실정이다. 2016년 교육부 예산은 총 55조 7,459억 원으로 전년 대비 4.5%(2조 3,921억 원)가 증가하였으며, 이 중 평생 · 직업교육에 배당된 예산은 5,894억 원으로 전년 대비 3.3%(190억)가 증가했으나, 노인교육과 관련된 예산은 성인문해교육 프로그램 지원에 배당된 예산으로 2016년에도 전년도와 마찬가지로 38억 원에 그쳤다(교육부, 2015, pp. 12-13).

보건복지부의 경우 노인 분야 전체 예산은 2016년 기존 9조 2,148억 원으로 전년도에 비해 4.4.% 증가한 것으로 나타났으며, 그중 노인일자리 및 사회활동지원 예산은 3,908억 원으로 전년 대비 466억 원 증가하였고, 경로당

---

12) 보건복지부, http://www.mohw.go.kr(검색일: 2016년 10월 27일).

등 노인복지단체 지원은 411억 원으로 전년 대비 1억 원 증가하여 0.3% 증가한 것으로 나타났다(보건복지부, 2015b, pp. 52-56).

제3차 저출산·고령사회기본계획의 재정투자 규모는 2015년 32조 6,000억 원에서 2020년 44조 5,000억 원으로 11조 9,000억 원 증가를 예상하고 있으며, 이 중 고령사회 분야는 2015년에 13조 2,784억 원에서 2020년 22조 1,642억 원으로 계속 증가하는 것으로 나타났다. 하지만 기본계획에서 노인일자리사업이나 자원봉사 활동을 제외하고는 노인교육이 따로 다루어지지 않는 상황에서 노인교육에 따로 할당된 예산은 거의 없다고 볼 수밖에 없다(저출산고령사회위원회, 2015, p. 33).

이처럼 한국에서 노인교육이 시작된 지 벌써 40년이 지났음에도 아직 질적으로 발전할 수 있는 기반조차 구축되지 못했다는 것은 안타까운 일이 아닐 수 없다. 한국에서 노인교육이 양적으로 확대될 뿐만 아니라 질적으로도 발전하기 위해서는 무엇보다 현재 한국 노인교육이 직면하고 있는 제반 문제점이 극복되어야 할 것이다.

6. 노인교육의 문제점과 과제

1) 노인교육의 문제점

여기서는 먼저 현재 노인교육이 직면하고 있는 문제점은 무엇인지를 밝혀 보고자 한다.

첫째, 노인교육에 대한 정부의 지원이 턱없이 부족하다. 앞서도 살펴보았듯이, 아직 노인교육은 법적 체제나 행정조직을 제대로 갖추고 있지 못하며, 이에 대한 체계적인 재정 지원도 이루어지지 않고 있다. 법과 관련하여「평생교육법」에는 노인교육과 관련하여 구체적인 언급이 없고,「노인복지법」과

「저출산·고령화사회기본법」에도 교육 부분은 중요하게 다루어지지 않고 있다. 다만 「노인복지법」 제36조에 노인의 교양, 취미생활, 사회참여활동, 학습 프로그램 등을 담당하는 시설로서 노인여가복지시설에 대한 언급이 있을 뿐이다. 노인교육을 위한 행정조직의 경우, 교육부에 있던 노인교육 직제가 2008년 사라진 뒤 다시 회복되지 못하고 있고, 다만 보건복지부 인구정책실 밑의 노인정책과와 노인지원과가 관련 업무를 부분적으로 담당하고 있다. 이처럼 노인교육을 위한 행정부서가 제대로 갖추어져 있지 않기에, 문제는 무엇보다 노인교육을 위한 안정적 재정 확보가 쉽지 않고 장기적인 정책 수립이 어렵다는 것이다.

둘째, 노인교육은 종종 교육 자체에 목적이 있기보다는 다른 목적을 이루는 수단으로 간주되어 왔다. 복지 연장선상에서 행해지는 노인교육의 경우 노인이 좀 더 건강하고 안전하게 살 수 있도록 돕는 데 목적이 있고 인적자원개발을 위한 노인교육의 경우 노인의 능력을 개발하여 경쟁력 있는 인적자원이 되도록 돕는 데 목적이 있다. 그러나 복지 위주의 노인교육은 노인을 의존적인 존재로만 보고자 하였다는 점에서, 또한 인적자원개발 위주의 노인교육은 노인의 인적자원개발을 위해 장기적인 투자를 할 수 없는 상황에서 노인로 하여금 현 노동시장의 불평등한 구조를 받아들이게 할 수밖에 없게 하였다는 점에서 문제가 있다. 이처럼 복지 위주의 노인교육에서도, 또 인적자원개발을 위주로 하는 노인교육에서도 노인교육이 목적으로 삼아야 할 개인적인 성장과 발전, 나아가 사회발전에의 기여는 뒷전으로 밀릴 수밖에 없었다.

셋째, 노인교육은 일반적으로 노인의 부정적 이미지에 토대하고 있다. 복지 위주의 노인교육에서 노인은 교육 수준이 낮고 경제적으로 무능하기 때문에 사회적 도움이 절대적으로 필요한 존재로 그려지고 있어서, 홀로서기를 원하는 그리고 젊은 사람 못지않게 강한 지적 욕구를 가진 독립적 주체로서의 노인의 이미지는 찾아볼 수 없다. 인적자원개발 위주의 노인교육 역시 노인은 늙어서도 여전히 경제적으로 어려운 처지에 놓여 있기에 계속해서 일자리를 찾을 수밖에 없음을 강조함으로써 노인의 삶을 부정적으로 보고 있다. 결국 이러한 노인교육에서는 노인이 홀로 서는 것과 자신의 삶의 주체가 되는 것이 얼마나 중요한지가 별로 강조되지 않고 있다. 오히려 '힘들고' '많은 도움을 필요로 하는' '경제적으로 어려운' 노인에게 어려움을 덜어 주고 필요한 도움을 제공하는 것이 얼마나 필요한가만이 강조되고 있다.

넷째, 노인교육에서 노인은 여전히 수동적인 학습자로 참여하고 있다. 노인은 자신과 같이 낮은 교육 수준에 놓여 있는 사람은 교육을 많이 받은 사람에게 교육을 받아야 한다고, 또한 그것이 바로 교육이라고 생각한다. 실제로 한국에서는 젊은 사람(second agers)이 노인교육의 거의 모든 내용과 방법을 선택하고 있으며, 교수자와 학습자가 명확히 구분되고 있다. 이처럼 한국의 노인은 아직 교육에 대해 전통적인 생각을 갖고 있으며 교육이 전통적인 방식으로 이루어지는 것에 대해 별로 문제를 제기하지 않고 있다.

다섯째, 노인교육은 노인의 다양한 교육적 요구를 제대로 반영하지 못하고 있다. 교육 내용은 담당기관의 특성을 살리지 못한 채 천편일률적이며 대부분이 오락, 교양, 취미, 건강, 스포츠에 치우쳐 있다. 특히 어떤 지역에서 성공한 주제라고 해서 다른 지역의 특성을 고려하지 않은 채 그 지역에서 그대로 모방되기도 한다. 따라서 현재 노인교육기관에서 실시하고 있는 프로그램을 보면 별 차이 없이 어느 곳에서든지 대동소이한 실정이다. 또한 노인교육이 처음 시작된 지 상당한 시간이 흘렀음에도 노인교육의 수준은 여전히 초보자의 수준에 맞추어져 있는 경우가 대부분이다.

여섯째, 노인교육은 개인적인 성장과 발전뿐만 아니라 사회적인 성장과 발전에도 크게 기여하지 못하고 있다. 즉, 노인교육은 노인의 삶의 질 향상에 크게 기여하지 못하고 있을 뿐만 아니라 노인에 대한 사회적 인식 변화에도 크게 기여하지 못하고 있다. 노인교육이 확대되고 있음에도 노인교육 프로그램은 노인의 부정적인 이미지를 개선하는 데 크게 기여해 오지 못하고 있다. 또한 노인인구의 증가에 따라 사회적으로 노인의 역할이 중요해짐에도 불구하고 노인으로 하여금 사회에서 자신의 위치를 파악하고, 그에 걸맞은 역할이 무엇이며, 그러한 역할을 수행하기 위해 어떠한 역량을 갖추어야 할지 등에 대한 인식을 갖게 하는 데도 크게 기여하지 못하고 있다.

2) 노인교육의 과제

앞에서 현재 한국 노인교육이 갖고 있는 문제점은 무엇인지를 밝혀 보았다. 여기서는 마지막으로 한국에서 노인교육이 양적 확대를 넘어 질적으로 발전하기 위해 해결해야 할 과제가 무엇인지를 살펴보고자 한다.

첫째, 노인교육과 관련한 법률이 만들어져야 할 것이다. 앞서 살펴보았듯이, 한국에는 아직까지도 노인교육과 관련된 법률이 따로 마련되어 있지 않다. 그러나 노인교육이 교육으로서 인정되고 노인 개개인의 성장과 발전에 기여하기 위해서는 무엇보다 「평생교육법」에 노인교육을 다루는 조항이 포함되거나, 따로 노인교육을 다루는 법이 만들어져야 할 것이다. 김정훈 의원 등 국회의원 11명은 2016년 7월 27일 노인교육지원법안을 발의하였는데, 그 목적은 노인교육시설의 설치, 노인교육기관의 설립·운영 및 지원, 노인학습마을 지정 등 노인교육을 활성화할 수 있는 제도를 마련함으로써 노인이 보다 행복하고 건강한 여가를 즐길 수 있도록 지원하려는 데 있다고 하였다.[13] 하지만 이 법 역시 노인교육과 관련한 사항을 지금처럼 보건복지부가 담당하도록 함으로써 여전히 노인교육을 복지의 연장선상에서 보고 있다는 한계를 노출하고 있다. 앞으로는 이 법과 같이 노인교육과 관련한 법이 따로 통과하거나, 아니면 「평생교육법」에 노인교육 조항을 포함해야 한다. 무엇보다 중요한 것은 다양한 노인교육 프로그램을 개발하고 실천할 수 있도록 하기 위해 그

---

13) 정부입법지원센터, http://www.lawmaking.go.kr(검색일: 2016년 10월 31일).

법안에 행정적·재정적 지원을 의무화하는 조항을 포함해야 한다는 점이다.

둘째, 교육부 내 노인교육과 관련한 전반적인 정책을 결정하고 계획을 수립하는 전담부서가 만들어져야 할 것이다. 노인교육과 관련하여 교육부와 보건복지부는 책임부서의 자리를 놓고 오랫동안 갈등을 빚어 왔지만(한국교육개발원, 2007, p. 62), 1998년 이후 노인교육의 주무부서가 보건복지부에서 교육인적자원부로 이관되면서 노인교육은 그 이전에 비해 훨씬 활성화되었다. 그러나 다시 2008년부터는 교육과학기술부 내에 노인교육 업무를 담당하는 직제가 폐지되어 지금까지 직제가 회복되지 못하고 있다. 이런 상황에서 노인교육이 교육이라는 용어를 쓰고 있지만 교육부 어디에서도 노인교육에 관심을 가지지 않고 있다는 것은 안타까운 일이 아닐 수 없다. 이처럼 현재 노인교육이 양적으로 확대되고 있음에도 교육부 내 평생교육을 담당하는 부서에 노인교육 업무를 담당하는 직제도 사라지고 담당자도 없다는 것은 결국 노인교육에 대한 장기적인 계획이 만들어지지 않고 있다는 것을 의미하며, 노인교육사업에 대한 관리나 감독도 체계적으로 이루어지지 않고 있다는 것을 의미한다. 따라서 가능한 한 빠른 시일 내에 교육부 내 평생교육을 담당하는 행정부서가 다시 노인교육 업무를 담당할 수 있도록 해야 할 것이다.

셋째, 노인교육을 다루는 전문가가 양성되어야 할 것이다. 노인교육이 복지 차원이나 단순한 인적자원개발 차원이 아닌 교육적 차원에서 이루어지기 위해서는 노인의 특성을 잘 알고 또한 교육에 대한 전문 지식과 기술을 갖춘 전문가가 노인교육을 담당해야 할 것이다. 그러나 아직 한국에서는 노인이 아닌 일반인이나 노인과 관련된 영역에 종사할 사람들을 대상으로 노인 및 노년기의 특성을 가르치는 노년학 교육이 제대로 이루어지지 않고 있다. 마찬가지로 노인을 대상으로 하는 교육 분야인 평생교육에도 평생교육사가 되기 위한 과목 중 선택과목으로 노인교육론이 있으나, 3학점짜리 한 과목에 불과할 뿐 아니라 이마저도 필수과목이 아닌 선택과목으로 되어 있어 전문가를 양성하는 데는 한계가 있다. 노인교육이 더 이상 복지 접근이나 단순히 인적자원개발을 목적으로 하지 않고, 교육의 원래 목적인 노인의 개인적인 성장과 발전에 기여하고 나아가 노인을 사회발전을 이끌어 갈 주체로 키우기 위해서는 앞으로의 노인교육은 지금까지와는 달리 전문 지식과 기술을 갖춘 전문가에 의해 이루어질 수 있도록 해야 할 것이다.

넷째, 노인교육에 대한 장기적인 계획이 수립되어야 할 것이다. 노인교육의 정책과 사업은 고령화사회에서 노인의 삶이나 노인의 사회적 역할 등을 고려한 상태에서 복합적이고 총체적으로 접근해야 한다. 그러나 현재 노인교육과 관련한 정책과 사업은 그렇게 이루어지지 않고 있다. 평생교육과 관련한 대표적인 사업인 성인문해교육은 비문해자의 기초학력 증진이나 학력인정 수준에 머물러 있다. 또한 보건복지부나 저출산·고령화사회 대책에서 이루어지고 있는 노인일자리사업의 경우, 9개월 이상 할 수 없을 뿐만 아니라 임금 역시 월 20만 원 수준에 머물러 있는 단순직·일용직이 대부분이며 교육은 단지 소양교육 정도만이 이루어지고 있다(참여연대, 2015). 따라서 앞으로 노인교육에 대한 계획은 노인이 처해 있는 상황을 복합적으로 고려한 상태에서 여러 부처의 협조하에 교육을 담당하는 부서가 중심이 되어 수립되어야 할 것이다.

다섯째, 노인교육이 활성화될 수 있도록 필요한 재정이 확보되어야 한다. 평생교육에서 노인교육에 재정 지원을 하는 사업은 크게 성인문해교육과 소외계층을 위한 프로그램 중 노인을 대상으로 하는 프로그램 정도이다. 성인문해교육사업은 시작 연도인 2006년에는 13억 7,500만 원, 2007년에는 18억 원, 2008년에는 20억 원, 2009년에는 20억 원, 2010년에는 18억 원, 2012년에는 15억 원, 2013년에는 19억 5,000만 원이 지원되었다(교육부, 국가평생교육진흥원, 2014, pp. 122-123). 소외계층을 위한 프로그램은 2005년 102개, 4억 9,000만 원, 2006년 132개, 7억 2,000만 원, 2007년 197개, 9억 9,400만 원, 2008년 193개, 9억 9,400만 원, 2009년 194개, 9억 9,500만 원, 2010년 47개, 2억 4,000만 원이 지원되었다(교육과학기술부, 평생교육진흥원, 2011, p. 155).

　보건복지부의 예산에는 노인의 사회참여 및 권익 도모를 위해 노인복지
민간단체 지원에 11억 원, 대한노인회 지원에 18억 원, 노인자원봉사 활성
화에 49억 원, 경로당 광역지원센터(16개소) 지원에 22억 1,000만 원, 경로당
냉·난방비 및 양곡비 지원에 301억 원을 책정하고 있고 따로 노인의 일자리
및 사회활동 지원을 위해 3,908억 원을 지원하고 있다(보건복지부, 2015b, pp.
52-56). 그러나 이 중 순수한 의미에서 노인교육에 배당한 액수가 얼마인지
는 알 수 없는 실정이다. 왜냐하면 보건복지부의 사업은 교육이 아닌 노인의
일자리사업이나 복지에 초점을 맞추고 있기 때문이다. 그러나 복지와 일자
리사업조차 교육이 병행되지 않을 경우 제대로 된 복지도, 일자리사업도 가
능하지 않다는 점을 염두에 두어야 할 것이다.

　여섯째, 노인교육 프로그램은 노인의 요구뿐만 아니라 사회에서 노인에게
요구하는 내용까지를 포함하여 개발되어야 할 것이다. 현재 한국에는 많은
노인교육기관에서 프로그램을 제공하고 있지만, 문제는 그것이 평생교육기
관이건 복지기관이건 비슷한 내용과 수준의 프로그램이며, 주로 여가, 취미,
교양에 국한되어 있다는 것이다. 그러나 노인이 빠르게 변화하는 사회가 요
구하는 역할을 제대로 수행하기 위해서는 이러한 내용과 수준의 교육을 넘어
서야 할 것이다. 따라서 앞으로는 노인이 원하는 프로그램은 무엇이며, 노인
에게 필요한 교육은 무엇인지를 구분한 후 가능하다면 노인이 원하는 프로그
램뿐만 아니라 노인에게 필요한 프로그램도 함께 개발하여 두 트랙으로 나누
어 프로그램을 제공하는 것도 고려해 볼 필요가 있다.

7. 나가며

한국에서 노인교육은 양적으로 엄청나게 확대되고 있다. 그러나 문제는 이러한 양적 확대가 질적 성장으로까지 이어지지 못하고 있다는 점이다. 고령화가 급속도로 진행되고 있는 한국 상황에서, 최근 기초연금 사태는 노인의 문제가 복지만으로 해결될 수 없다는 것을 보여 주고 있다. 즉, 노인 문제는 더 이상 복지만으로 해결될 수 없으며, 복지와 더불어 노인을 삶의 주체로 설 수 있게 해 주는 교육이 함께 이루어질 때 해결 가능하다고 할 수 있다. 그러나 이러한 노인교육의 필요성에도 불구하고, 아직 정부는 노인교육의 중요성을 깨닫지 못하고 있는 것 같다. 특히 한국에서 베이비부머가 대거 노인 세대로 편입될 것이고 노인의 사회적 역할이 중요해지고 있는 상황에서, 노인교육은 이러한 변화된 상황에 적절하게 대처하기 위해 재구조화되어야 함에도 아직 그러지 못하고 있는 실정이다. 한국에는 노인교육과 관련한 법도, 행정조직도, 재정도 제대로 갖추어져 있지 못하고 결과적으로 대부분의 노인교육은 취미, 교양, 건강에 국한되어 이루어지고 있다.

노인 문제를 해결하는 데 있어 복지적 접근의 한계에 직면한 정부는 더 늦기 전에 새로운 접근을 시도해야 할 것이고, 복지적 접근보다 여러 측면에서 적은 돈으로 훨씬 많은 효과를 낼 수 있는 교육적 접근에 좀 더 관심을 보여야 할 것이다. 그러기 위해서는 노인교육이 다양한 역할을 해낼 수 있도록, 노인교육 활성화에 필요한 법적 정비, 제도적 확충, 재정적 지원 등이 우선적으로 마련되어야 할 것이다.

참고문헌

교육과학기술부, 국가평생교육진흥원(2011). 2010 평생교육백서. 서울: 교육과학기술부, 국가평생교육진흥원.

교육부(2015). 2016년도 교육부 소관 예산 및 기금운용 계획 개요. 세종: 교육부.

교육부, 국가평생교육진흥원(2013a). 제3차 평생교육진흥기본계획. 미간행 보도자료.

교육부, 국가평생교육진흥원(2013b). 2011 · 2012 평생교육백서. 서울: 교육부, 국가평생교육진흥원.

교육부, 국가평생교육진흥원(2014). 2013 평생교육백서. 서울: 교육부, 국가평생교육진흥원.

교육인적자원부(2004). 국가인적자원개발기본계획 2005년 시행계획. 미간행 보도자료.

교육인적자원부, 한국교육개발원(2001). 2001 평생교육백서. 서울: 교육인적자원부, 한국교육개발원.

기영화(2007). 노인교육의 실제. 서울: 학지사.

김남선, 김미령, 박성복, 이옥분, 정일환, 한상철(2003). 노인교육개론. 서울: 형설출판사.

김종서(1984). 노인교육의 교육과정 개발. 유네스코 한국위원회(편). 노인문제와 노인교육에 관한 연구세미나 보고서(pp. 236-240). 서울: 유네스코 한국위원회.

나항진(2004). 노인교육론. 서울: 교육과학사.

남기민, 조명희, 조추용, 한규량(2003). 현대노인교육론. 서울: 현학사.

보건복지부(2004). 노인복지시설현황. 경기: 보건복지부.

보건복지부(2011). 2011년도 노인실태조사. 서울: 한국보건사회연구원.

보건복지부(2014). 2014년도 노인실태조사. 서울: 한국보건사회연구원.

보건복지부(2015a). 노인복지시설현황. 경기: 보건복지부.

보건복지부(2015b). 2016년도 보건복지부 소관 예산 및 기금운용계획 개요. 경기: 보건복지부.

보건복지부, 한국보건사회연구원(2012). 인구 고령화의 경제적 영향 분석 및 고령화 대응 지수 개발. 서울: 한국보건사회연구원.

신미식(2007). 평생교육으로서 한국노인교육의 발전방향. 평생교육학연구, 13(1), 1-24.

윤민석(2015). 고령화사회가 국가경쟁력에 미치는 영향과 대응 방안. KIPA(Korean Institute of Public Administration: 한국행정연구원 사회조사센터) 조사포럼, 13, Summer.

저출산고령사회위원회(2015). 인구위기극복을 위한 전사회적 노력 본격화 제3차 저출산·고령사회기본계획(2016~2020) 브릿지 플랜 2020 수립. 미간행 보도자료.

참여연대(2015. 12. 18.). 제3차 저출산·고령화 기본계획진단: 이걸로는 안 된다고 전해라. 저출산고령화사회위원회 긴급좌담회. 미간행 자료.

최혜지(2015). 2015년 노인복지 예산(안) 평가. 참여연대복지동향, 6(200).

통계청(2001). 2000년 인구주택총조사. 대전: 통계청.

통계청(2013). 고령자통계 2013. 대전: 통계청.

통계청(2015). 고령자통계 2015. 대전: 통계청.

한국교육개발원(2007). 고령사회에 대응하기 위한 노년교육 장기 발전 방안 연구. 서울: 한국교육개발원.

한정란(2005). 노인교육의 이해. 서울: 학지사.

한정란(2015). 노인교육론. 서울: 학지사.

한정란, 박성희, 원영희, 최일선(2011). 한국 노인교육의 현황 및 발전 방안. Andragogy Today, 14(1), 121-149.

허정무(2002). 노인교육이론과 실천방법론. 경기: 양서원.

Peterson, D. A. (1980). Who are the educational gerontologists? Educational Gerontology, 5(1), 65-77.

제2장
평생교육과 노인교육

1. 들어가며

평생교육[1]은 현재와 같이 모든 것이 빠르게 변화하고 어떠한 것도 확실하지 않은 사회에서 생존을 위해 모든 사회구성원에게 필요한 학습으로 여겨지고 있다. 특히 고령화된 사회를 맞이하면서 노인은 평생교육의 주요 대상자로 부각되고 있다. 실제로 한국의 노인은 여러 사회적인 요인으로 인해 제대로 교육을 받지 못한 집단으로, 어느 구성원보다 평생교육이 필요한 집단이다. 그러나 이런 필요성에도 불구하고 노인을 위한 교육은 노인을 도움이 필요한 존재, 의존적인 존재, 병약한 존재로 보고 교육보다는 복지에 더 치중하거나, 교육을 제공하더라도 복지적 측면이 강한 여가나 교양 위주의 교육을

---

[1] 일반적으로 평생교육은 비형식교육(nonformal education)을, 평생학습은 무형식교육(informal education)까지를 포함하는 개념으로 사용된다. 그러나 여기서는 두 용어를 상호 교환적으로 사용하고자 한다.

주로 제공해 오고 있다. 1983년부터 1998년까지 노인교육의 업무를 교육부가
아닌 보건사회부(보건복지부)가 담당한 이유도 여기에 있다.[2] 비록 1998년 이
후 노인교육의 업무가 보건복지부에서 교육부로 이전되었지만, 노인교육을
담당하는 대부분의 기관은 여전히 교육부 소속이 아닌 보건복지부 소속으로
남아 있게 되었다.[3] 한편, IMF 이후 국가 경쟁력 제고를 위해 인적자원개발
을 강조해 온 교육인적자원부는 노인교육의 목적을 빠르게 진행되는 고령화
속에서 청소년 인구 감소로 인한 국가 경쟁력 약화를 최소화하기 위해 노인
을 경쟁력 있는 노동자로 키우는 데 두었다.

　그러나 2008년 노무현 정부에서 이명박 정부로 정권이 교체되면서 교육인
적자원부가 교육과학기술부로 바뀌고 교육의 관심이 다시 학교교육에 쏠리
게 되면서, 상대적으로 평생교육이나 노인교육은 뒷전으로 밀리게 되었다.
이러한 흐름은 박근혜 정부로 들어서도 크게 달라지지 않았다. 결과적으로
현재 고령화가 급속하게 진행되고 노인인구가 급격하게 증가함에도 불구하
고, 평생교육의 장에서 이루어지고 있는 노인교육 프로그램은 노인의 다양한
교육적 요구에 제대로 부응하지 못하고 있으며, 또한 노인교육에 대한 논의
나 연구도 아직 활발하게 이루어지지 못하고 있는 실정이다.

　그러나 앞으로 한국의 노인교육은 복지의 연장선상이나 단순히 인적자원
개발의 연장선상이 아니라, 즉 무엇의 수단이 아니라 그 자체가 목적이 되어
야 하고, 같은 맥락에서 교육을 최우선으로 하는 평생교육의 한 분야로서 굳
건히 뿌리를 내려야 할 것이다. 그러기 위해서는 많은 노력이 필요하고, 해결
되어야 할 과제 역시 산적해 있는 실정이다. 이 장에서는 이러한 노력의 일환

---

2) 문교부는 1990년에 교육부로, 2001년에 다시 교육인적자원부로 명칭이 변경되었다. 보건사회부
　는 1994년에 보건복지부로 명칭이 변경되었다.
3) 보건복지부에 속하는 노인교육기관이 현재 대표적인 노인교육기관으로 여겨지고 있으며, 여기에
　는 노인복지관, 경로당, 노인교실 등이 있다(「노인복지법」 제36조).

으로, 첫째, 평생교육 관점에서 노인교육을 본다는 것과 노인이 평생학습자
가 된다는 것은 무엇을 의미하는지를 논의한다. 둘째, 노인교육의 중요성이
강조되는 상황에서 평생교육이 노인교육에 필요한 관심과 지원을 제공하지
않고 있는 이유를 찾아본다. 셋째, 지금까지 평생교육 내에서 노인교육이 처
해 있는 법적 · 행정적 · 정책적 실상은 어떠한지를 탐색한다. 넷째, 노인의
평생교육 프로그램 참여 현황을 참여율, 참여기관, 참여 영역을 중심으로 살
펴본다. 다섯째, 노인교육이 평생교육의 중요한 영역으로 자리매김하기 위
해 앞으로 노인교육이 나아가야 할 방향과 그러한 방향으로 나아가기 위해
해결해야 할 과제는 무엇인지를 밝혀 본다.

2. 평생교육으로서 노인교육의 의미

노인은 현재와 같은 급속한 사회 변화 속에서 가장 많은 혼란과 불안을 겪
고 있는 집단이다. 특히 고령화사회가 되고 노인의 수명이 연장되면서, 노인
이 겪는 혼란이나 불안은 일시적인 현상이 아니라 앞으로 오래 지속될 수밖
에 없는 현상이 되었다. 따라서 노인은 주체적으로 그로부터 벗어날 수 있는
법을 터득해야 할 것이며, 자신이 해야 할 역할을 스스로 찾아낼 수 있어야
할 것이다. 만약 이러한 혼란이나 불안으로부터 스스로 벗어나지 못할 경우
노인은 앞으로 더욱더 빠르게 변화해 갈 미래 사회에서 지금보다 훨씬 더 많
은 혼란과 어려움을 겪게 될 수밖에 없을 것이며, 사회에서 덧씌운 부정적 이
미지로부터 벗어나지 못한 채 계속해서 사회의 중심에서 밀려나 있을 수밖에
없을 것이다.

그러나 문제는 대부분의 한국 노인이 지금까지 여러 이유로 인해 아직 이
러한 혼란이나 불안으로부터 주체적으로 벗어나는 법을 제대로 배울 기회
를 갖지 못했다는 점이다. 무엇보다 노인은 한국 사회에서 교육적으로 가장

적은 혜택을 받은 집단이다. 2010년을 기준으로, 준고령자(55~64세)의 교육 수준은 초등학교 20.6%, 중학교 21.6, 고등학교 37.7%, 대학교 이상이 20.1% 인 데 비해 고령자(65세 이상)의 경우 초등학교 62.9%, 중학교 13.9%, 고등학 교 14.5%, 대학교 이상이 8.7%로, 이들의 60% 이상이 초등학교 이하의 교육 수준을 갖고 있다(통계청, 2015). 물론 학교교육이 무조건적으로 노인을 그들 자신의 삶의 주체가 되도록 하지는 못하지만, 여기서 중요한 것은 상대적으 로 높은 교육 수준을 가진 노인이 훨씬 적극적으로 교육활동에 참여함으로써 (Mehrotra, 2003, p. 646) 그만큼 자신의 삶의 주체로서 거듭날 수 있는 기회를 더 많이 가지게 된다는 점이다. 이처럼 학교교육의 수준이 낮은 한국의 노인 이 상대적으로 불리한 위치에 있을 수밖에 없는 상황에서, 평생교육으로서 노 인교육은 지금까지 학교교육을 제대로 받을 기회를 놓친 노인에게 평생학습 사회에서 평생학습자로 살아가는 데 필요한 교육을 제공해 주어야 할 것이다.

구체적으로 노인이 평생학습자가 된다는 것은 무엇을 의미하는 것일까? 지금까지 많은 학자가 평생학습자의 특성에 대해서 설명하였다. 대표적인 학자로는 놀스(Knowles, 1980), 프레이리(Freire, 1970), 메지로(Mezirow, 1991) 등이 있으며, 그들이 주장하는 평생학습자의 특성을 간단하게 살펴보면 다음 과 같다(신미식, 2007, pp. 4-5 재인용).

첫째, 앤드라고지를 개념화한 놀스에 따르면 평생학습자[4]가 된다는 것은 바로 학습에 있어 자기주도성(self-direction)을 갖게 된다는 것이다. 즉, 평생 학습자는 학습자로서 자신의 특성을 정확하게 파악한 상태에서 자신이 원하 는 것이 무엇인지를 알고, 나아가 자신이 원하는 것을 어떻게 충족시킬지를 터득하여, 실제로 그 욕구를 충족시켜 나가기 위해 학습을 계획하고 실천해

---

[4] 놀스의 경우 평생학습자(lifelong learners)라는 용어 대신 성인학습자(adult learner)라는 용어를 쓰고 있지만, 현재 한국에서 평생교육은 주로 성인을 대상으로 하고 있고 성인교육을 대체하는 용 어로 사용되고 있기 때문에 여기서도 성인학습자 대신 평생학습자라는 용어를 쓰고자 한다.

나가는 자를 의미한다.

둘째, 비판적 교육학을 주창한 프레이리에 의하면 평생학습자가 된다는 것은 학습자가 세상을 읽어 낼 수 있는(reading the world) 능력을 갖게 되는 것을 의미한다. 다시 말해, 프레이리에게 있어 평생학습자는 이론을 갖고 현장에서 실천하는, 즉 프락시스를 실천하는 자이며, 평생학습자가 된다는 것은 프락시스 과정을 통해 획득한 비판의식을 갖고 자신이 처해 있는 현재의 상황을 정확하게 분석하고, 그 분석 결과를 토대로 현재의 상황을 변화시키는 데 적극적으로 참여하는 것을 의미한다.

셋째, 전환학습을 주장한 메지로에 의하면 평생학습자가 된다는 것은 비판적 반성을 통해 무조건적으로 받아들였던 삶의 전제와 믿음 체계들이 과연 정당한가를 재평가함으로써 결과적으로 지금까지 무비판적으로 지녀 온 편견적 시각에서 벗어나는 것을 의미한다. 다시 말해, 메지로에게 있어 평생학습자는 비판적 성찰을 할 수 있는 자이며, 평생학습자가 된다는 것은 비판적 성찰을 통해 이전과 달리 역사적·사회문화적·정치적 맥락에서 자신의 삶을 올바르게 인식하고 자신의 삶에 대해 합리적 선택과 판단을 할 수 있게 되는 것을 의미한다.

이처럼 이들 학자에게 있어 평생학습자란 학습자가 주체적으로 자신의 교육적 요구가 무엇인지를 알고, 그 욕구를 충족시켜 나가는 과정에서 자연스럽게 자신이 처해 있는 상황을 인식하고 그것을 좀 더 나은 방향으로 바꾸는 데 적극적으로 참여하는 자를 의미한다. 결국 이런 평생학습자는 자기 삶의 주체가 될 뿐 아니라 사회 변혁까지 주도할 수 있게 된다. 같은 맥락에서 노인이 평생학습자가 된다는 것은 주도적이면서 주체적인 학습을 통해 자신이 처해 있는 상황을 정확하게 인식하고, 나아가 자신의 환경을 좀 더 나은 환경으로 바꾸기 위해 무엇을 해야 할지를 알게 되는 것을 의미한다. 또한 거기서 멈추는 것이 아니라 자신이 알고 있는 바를 구체적인 현장에서 적극적으로 실천하는 것을 의미한다. 특히 빠르게 고령화되는 사회에서 많은 혼란과 불안에 직면해 있는 노인이 이러한 혼란과 불안의 원인을 파악할 수 있게 되고 나아가 이러한 혼란과 불안을 벗어날 수 있는 방법을 터득하게 된다면, 노인은 자연스럽게 삶의 주체로서, 또한 중요한 사회구성원으로서 거듭나게 될 것이다.

  그러나 문제는 지금까지 노인교육이 평생교육의 중요한 영역으로 자리매김하지 못한 상태에서 노인을 평생학습자로 키우는 데 크게 기여하지 못했다는 것이다. 랑그랑(Lengrand, 1975, p. 145)이 처음 평생교육이라는 용어를 사용할 때, 그 대상은 유아부터 노인까지 모두를 포함하였다. 그리고 그러한 평생교육이 1995년 한국 교육개혁안에 처음 등장하였을 때는 누구나(anybody), 언제(anytime), 어디서나(anywhere) 받을 수 있는 교육으로, 앞으로 한국 사회가 발전하는 데 반드시 필요한 교육으로 규정되었다. 1997년 IMF를 겪으면서 평생교육에 대한 초기 기대는 많이 퇴색되었지만 여전히 평생교육은 모두를 위한 교육으로 여겨지고 있다. 1999년 제정된 「평생교육법」에는 "평생교육이라 함은 학교교육을 제외한 모든 형태의 조직적인 교육활동을 말한다."라고 정의되어 있고, 2007년 개정된 「평생교육법」에서는 좀 더 구체적으로 제2조에 "평생교육이란 학교의 정규교육과정을 제외한 학력보완교육, 성인기초 · 문자해득교육, 직업능력 향상교육, 인문교양교육, 문화예술교육, 시민참여교육 등을 포함하는 모든 형태의 조직적인 교육활동을 말한다."라고 정의되어 있다. 따라서 평생교육의 대상은 정규교육인 학교교육을 제외한 조직적인 교육활동에 참여하는 모든 대상이 된다고 할 수 있다.

  이러한 맥락에서 볼 때 노인은 평생교육의 중요한 대상이고, 노인교육도 평생교육의 중요한 한 영역이라는 데 의심의 여지가 없다. 하지만 지금까지 평생교육의 장에서 노인교육은 아직 제자리를 찾지 못하고 있고, 노인은 다양한 평생교육 프로그램에 참여하고 있지만 평생학습자로서 개인의 성장과 발전을 꾀하거나 사회발전에 크게 기여하지는 못하고 있다.

3. 평생교육에서 소외된 노인교육

여기서는 먼저 노인교육이 평생교육의 장에서 중요한 교육 형태로 뿌리를 내리지 못한 이유가 무엇인지를 살펴본다.

첫째, 평생교육은 침체기를 맞고 있으며 평생교육의 장에 상대적으로 늦게 등장한 노인교육은 그 영향을 받고 있다. 1995년 교육개혁안에 처음 등장한 평생교육은 그 당시 학교교육이 갖고 있는 문제점을 극복하기 위한 해결책으로 등장하였지만 IMF를 겪으면서 사회정의, 평등, 양극화 해소 등을 강조하는 초기 이념은 많이 퇴색되었다. 하지만 IMF 극복을 위해 지나치게 강조된 경쟁력으로 인해 사회계층 간의 불평등과 양극화가 심화되면서, 노무현 정부는 평생교육의 초기 이념을 되살려 심화되고 있는 교육 불평등이나 양극화를 해소해 주기를 기대하면서 그에 부합하는 다양한 평생교육정책을 수립하였다. 그러나 이어 들어선 이명박 정부는 '잃어버린 10년'을 강조하면서 노무현 정부가 세운 다양한 평생교육 정책을 폐지하고, 교육을 다시 학교교육 중심 체제로 바꾸면서 평생교육은 다시 뒷전으로 밀리게 되었다. 이러한 상황은 박근혜 정부 때도 큰 변화가 없이 지속되었다. 이런 상황에서, 뒤늦게 평생교육 장에 등장하여 자리매김하고자 한 노인교육은 필요한 관심과 지원을 제대로 제공받지 못했다.

둘째, 노인이 사회적으로 갖고 있는 부정적인 이미지가 평생교육에도 영향을 미치고 있다. 평생교육에서 노인은 학습자로서 가치가 인정되고 존중받기보다는 상황에 따라, 형편에 따라 필요하면 관심을 갖고 필요하지 않으면 관심을 가지지 않아도 되는 그러한 대상으로 여겨지고 있다. 이것은 노인교육의 행정부서가 정권의 편의에 따라 보건복지부에서 교육부로, 교육부에서 다시 보건복지부로 쉽게 바뀌고 있는 점에서도 알 수 있다. 뿐만 아니라 엄연히 노인교육이 양적으로 확대되고 있지만 노인교육을 운영, 관리 및 평가할 부서가 교육부 어디에도 없고, 그럼에도 불구하고 어느 누구도 이에 대해 심각하게 느끼지 않고 있다는 점에서도 알 수 있다.

셋째, 평생교육 내에서도 노인교육에 대한 관심은 상대적으로 저조하다. 평생교육이 발전하기 위해서는 무엇보다 평생교육의 대상을 확대해 나가야 하고 또한 그 대상에 대한 다각적인 연구가 뒷받침되어야 하는데, 한국에서는 평생교육의 주 대상이 될 수 있는 노인에 대한 연구가 아직 활발하게 진행되고 있지 않다. 또한 평생교육을 연구하는 학자 역시 노인교육과 평생교육의 관계를 정립하기 위해 필요한 이론적인 연구를 활발히 했어야 함에도 지금까지는 그러지 못하고 있다. 최근 들어 평생교육에서 학습자로서 노인에 대한 연구나, 노인을 대상으로 하는 노인교육에 대한 이론 탐구 등이 진행되고는 있으나, 아직은 활발하지 못한 실정이다.

넷째, 노인을 진정한 의미의 평생학습자로 보고 그에 걸맞은 프로그램을 개발해야 하는데 그러지 못하고 있다. 지금까지 노인은 복지의 대상이거나 국가 경쟁력의 저하를 막기 위해 필요한 인적자원으로 여겨지고 있다. 따라서 평생교육에서 노인을 위해서 제공되는 프로그램은 여가나 취미, 건강 관련 프로그램이거나 일자리를 위한 취업 준비 프로그램이 대부분이었다. 반면, 노인을 평생학습자로서 학습의 주체나 삶의 주체로 키우는 데 목적을 둔 프로그램은 제대로 개발되지 못하고 있다.

이처럼 한국에서 노인교육은 침체기에 놓여 있는 평생교육의 영향으로 인해, 또한 노인이 갖고 있는 부정적 이미지가 평생교육에도 투영되어 아직은 평생교육의 중요한 교육 형태로 뿌리내리지 못하고 있다. 다음은 좀 더 구체적으로 법적·행정적·정책적 측면에서 평생교육 내에서 노인교육이 차지하는 위치가 어떠한지를 살펴보고자 한다.

4. 평생교육 내의 노인교육 실상

1)「평생교육법」과 노인교육

한국에서는 1995년 교육개혁안에 처음 평생교육이라는 용어가 도입되었다. 그러나 초기에 한국 교육의 새로운 대안으로 제시된 평생교육에 대한 기대는 1997년 사상 초유의 경제 위기인 IMF를 맞게 되면서 많이 바뀌게 된다. 평생교육은 한국의 교육 문제를 해결해 줄 대안으로 여겨지기보다는 경제 위기를 벗어나는 데 필요한 교육 형태로 여겨지게 되었다. 이러한 분위기는 1999년 제정된「평생교육법」에 그대로 드러난다. 1999년 제정된「평생교육법」에 대한 많은 비판 중 하나는 새로운 교육 대안으로서 제시된 평생교육을 구체적 현장에서 어떻게 실천할지에 대한 청사진이 마련되어 있지 못하다는 점이다. 행정적인 지원이나 재정적인 지원이 필요한 경우도 '……할 수 있다'로 마무리 지음으로써 여러 사업에 대한 당위성을 피해 가고 있다. 노인교육과 관련한 부분도 예외가 아니다. 사실「평생교육법」에는 노인교육에 대한 구체적인 언급이 없을 뿐만 아니라 노인교육 관련 사업을 어떻게 실천할지에 대한 언급도 없다. 다만 IMF를 벗어나기 위한 경쟁력 제고의 수단으로서 평생교육이 관심을 끌게 되면서 평생교육을 인적자원개발과 동일시하고, 결과적으로 인적자원개발 차원에서 노인교육을 다루고 있을 뿐이다.

이후 한국은 IMF에서 어느 정도 벗어나게 되었지만 경쟁력 제고만을 지나치게 강조함에 따라 결과적으로 양극화가 심화되었고, 이러한 가운데 평생교육이 양극화 해소에 중요한 역할을 해야 한다는 분위기가 조성되었다. 그리고 이러한 분위기 속에서 2007년「평생교육법」이 개정되었다. 개정된「평생교육법」도 노인교육에 대한 구체적인 언급은 없지만, 1999년 제정된「평생교육법」과 비교하여 볼 때 문자해득교육의 필요성을 새롭게 삽입하여 여전

히 비문해로 인해 고통받는 많은 노인에게 문자해득교육의 기회를 제공할 수
있게 되었다는 점은 그나마 의미 있는 변화라고 할 수 있다(교육인적자원부,
한국교육개발원, 2007, p. 215).

2) 평생교육 담당부서와 노인교육

노인교육은 1978년부터 1982년까지는 문교부 사회교육국에서 담당하였
다가 정부 조직 개편에 따라 1983년부터는 보건사회부 가정복지국이 담당
하였다. 그러다가 1995년 한국에도 평생교육이 도입되면서, 1996년 교육부
의 사회국제교육국이 평생교육국으로 개편되고 1998년 새로운 정권이 들어
선 후 평생교육국 밑의 조직이 재조정되면서 노인교육에 관한 업무가 교육
부에서 본격적으로 실시되었다. 이후 교육부에서 명칭이 변경된 교육인적자
원부는 노인교육 기회 확대, 다양한 노인교육 프로그램 개발, 고령인적자원
의 사회적 자본으로의 활용, 노인교육 전문성 제고 등에 초점을 둔 고령인적
자원 장기발전계획을 진행하였고, 나아가 노인교육 전문가 양성 과정과 금빛
평생교육봉사단에 대한 정책을 수행하였다(교육인적자원부, 한국교육개발원,
2006). 그러나 2008년 정권이 바뀌고 교육인적자원부가 교육과학기술부로
바뀌면서 더 이상 인적자원개발이 주요하게 여겨지지 않게 되자 평생학습정
책과의 업무 목록에서 노인교육은 사라지고 노인교육 업무를 담당하는 행정
사무관 직제도 폐지되었다(교육과학기술부, 국가평생교육진흥원, 2009, p. 432).
그리고 현재까지 평생학습정책과의 업무 목록에서 노인교육에 대한 항목도,
관련 담당자도 찾아볼 수 없는 실정이다.[5] 이처럼 교육을 담당하는 교육부가
노인교육 업무를 담당하고 있지 않다는 사실은 평생교육으로서 노인교육이
자리매김하고 발전하는 데 커다란 걸림돌로 작용한다고 할 수 있다.

---

5) 교육부, http://www.moe.go.kr(검색일: 2017년 9월 12일).

1999년 처음 제정된「평생교육법」에는 단지 시·도교육청만이 평생교육 업무를 담당하도록 하였으나 2007년 개정된「평생교육법」제5조에 지방자치단체가 중요한 평생교육진흥정책을 수립·추진하는 주체로 등장하면서, 지방자치단체는 시·도청에 평생교육 행정조직을 새롭게 설치하였다. 물론 시·도청에 설립된 평생교육 담당부서는 지역에 따라 명칭이 조금씩 차이가 난다. 예를 들면, 서울의 경우 평생교육국 밑에 평생교육과가 있고 그 밑에 평생교육기획팀, 평생교육사업팀, 평생교육지원팀, 시민대학운영팀이 있으며, 노인교육과 관련해서는 별도 부서는 없고 평생교육지원팀에서 소외계층 프로그램 운영 지원, 문해교육 프로그램 지원 등을 통해 부분적으로 지원하고 있다.[6]

3) 평생교육정책과 노인교육

1998년 이후 노인교육을 담당하는 정부 조직이 보건복지부에서 교육인적자원부로 넘어오고 또한 평생교육이 중요하게 여겨지게 되면서 노인교육도 이전에 비해 좀 더 활성화되었다. 구체적으로 평생교육으로서 노인교육을 어떻게 활성화시킬지는 2002년 발표된 제1차 국가인적자원개발기본계획의 실행을 위한 평생학습진흥종합계획에 잘 나타나 있다(교육인적자원부, 2002). 이 계획에는 노인교육을 활성화하기 위해, 첫째, 노인교육기관을「평생교육법」에 평생교육기관으로 추가하기 위한 법적 근거 마련, 둘째, 지역별 거점 노인교육기관 지정, 지역별 노인교육기관 협력 네트워크 구축을 통한 프로그램 및 인적자원 공동 활용, 셋째, 다양한 매체의 노인교육 교재 및 자료 개발·보급, 넷째, 노인교육 담당자 양성 과정의 전문화 및 체계화, 다섯째, 초·중·고등학교에서의 지역 노인 대상의 평생교육 확대, 여섯째, 평생교육

6) 서울특별시, http://www.seoul.go.kr(검색일: 2017년 4월 5일).

원에 노인교육과정 개설 권장, 일곱째, 평생교육원 및 학원 등 이용 시 수강료 할인 혜택 부여, 여덟째, 노인 정보화교육 확대, 아홉째, 퇴직 전 노후 준비 및 퇴직 후 사회적응 교육과정 개설, 열째, 퇴직자들의 지역사회 자원봉사요원 활용, 열한째, 고령자에게 적합한 직업교육 프로그램 개발 및 운영, 열두째, 세대간교육 확대를 통한 노인이해교육 강화 등이 제시되었다. 그리고 이 중 교육인적자원부가 실제로 추진한 사업은 다음과 같다.

첫째, 노인교육 담당자 및 전문가 양성 과정이다. 이 사업은 노인교육을 활성화하기 위해서는 노인교육을 담당할 전문가가 양성될 필요가 있다는 전제에서 매년 10여 개 대학을 선정하여 각 대학에 1,000만 원씩 운영비를 지원한 사업으로, 대학은 주로 대학부설 평생교육원에 노인교육 전문가 양성 과정을 개설하였다.

둘째, 노인교육과정 시범운영 지원사업이다. 이 사업은 2002년부터 시작되었고, 고등교육기관을 활용한 우수한 노인교육과정을 선정하여 지원함으로써 지역사회의 노인인적자원개발을 촉진하고자 하였다. 2003년에는 천안대학교(현 백석대학교)와 경북대학교의 대학명예학생제도가 선정되어 지원을 받았고, 2004년에는 전남대학교의 '세대가 함께하는 문화지킴이 과정'을 비롯하여 10개의 노인대학과정과 노년학 교육과정이 선정되어 지원받았다(한국교육개발원, 2007, p. 69).

셋째, 금빛평생교육봉사단은 교육인적자원부가 2001년 12월 금빛평생교육봉사단사업 기본계획을 수립하여 2002년부터 추진해 오고 있는 사업으로, 퇴직자를 평생교육 자원봉사자로 활용하여 지역사회 평생학습을 활성화하고 노인인적자원봉사 분위기를 조성함으로써 지역 퇴직노인의 인력개발을 도모하고자 하였다.

넷째, 교육소외계층지원사업은 소득, 학력, 연령, 지역에 따라 날로 커지는 교육 격차를 줄이기 위해 상대적 소외계층에게 평생교육을 받을 기회를 제공하는 사업으로, 노인은 이 사업의 주 대상으로 여겨졌다. 교육소외계층지원사업의 경우 2007년에 총 197개 사업이 지원을 받았고, 이 중 80개가 노인을 대상으로 하였다.

그러나 안타깝게도, 이후 고령화가 가속화되어 감에도 노인교육 관련 사업은 확대되기보다는 축소되거나 중단되어 왔다. 노인교육 담당자 및 전문가 양성 과정 사업은 2005년에 이유 없이 갑자기 중단되었고, 노인교육과정 시범운영 지원사업도 중단되었다.

제1차 평생학습진흥종합계획이 2006년에 끝났지만 정권 교체 등으로 인해 제2차 평생교육진흥기본계획(2008~2012)은 2008년에 발표되었다.[7] 이 계획에 고령사회를 대비하는 성인후기 평생학습을 위해 제시된 사업은 다음과 같다. 첫째, 생애 제2전환기(55~59세), 성인후기(60~69세), 성인완성·정리기(70세 이상)에 대응하는 평생교육 프로그램의 전문화 및 활성화 추진, 둘째, 보건복지부, 노동부, 문화관광부 등 중앙부처와 지방자치단체 및 공공기관이 실시하고 있는 각종 평생교육 프로그램의 연계 활성화, 셋째, 인문학 교양교육, 지역사회 참여교육, 환경 변화 적응 및 세대 간 적응 프로그램 등 평생교육 프로그램을 특화·개발하여 관련 부처 및 각종 노인시설에 공급, 넷째, 은퇴기 이후 삶의 질 향상을 위한 생활형 평생교육 프로그램으로서 '환경 변화 적응' 및 '세대 간 적응 프로그램' 개발·제공 등이다. 그러나 정권이 바뀌면서 교육과학기술부의 평생교육을 담당하던 평생학습정책과에 노인교육을 담당하는 직제가 사라지고, 이러한 사업들을 총괄할 부서도, 담당자도 없어져 결과적으로 계획된 많은 사업이 흐지부지되고 말았다. 대신 이명박 정부에서 노인교육과 관련하여 실시된 정책은 실직자, 중고령자, 취약계층 등

---

7) 노무현 정부 말기인 2007년 12월에 제2차 평생학습진흥종합계획이 발표되었으나 정권이 바뀌면서 그것은 2008년 4월에 평생교육진흥기본계획으로 이름만 바뀌어 다시 발표되었다. 이처럼 평생교육진흥기본계획이 발표되었을 당시 제2차라는 말은 쓰지 않았다. 그러나 2013년 제3차 평생교육진흥기본계획이 발표되면서 2008년 발표된 것은 자연스럽게 2차로 불리게 되었다.

대상별로 특화된 직업훈련 프로그램의 개발 활성화, 직업훈련 프로그램의 개발 및 보급, 그리고 이전 정부부터 계속되던 금빛평생교육봉사단사업과 교육소외계층지원사업 정도이다.

평생교육 내에서 노인교육정책이 대폭 축소된 상황은 박근혜 정권에서도 크게 달라지지 않았다. 국가평생학습체제 구축을 위한 제3차 평생교육진흥기본계획(2013~2017)이 발표되었고, 그중 고령층과 6070세대의 여가·복지·교육 융복합 프로그램 개발·운영을 위해 제시된 사업은 다음과 같다(교육부, 2013). 첫째, 지역의 특성 및 지역 사업과 연계한 고령층 실버세대 특성화 프로그램 개발·운영, 둘째, 6070세대를 위한 전문적 학습 설계 및 사회활동 통합 상담지원 시스템(어르신 포털) 구축, 셋째, 공부하면서 여가를 즐기는 노인대학 평생교육 프로그램 개발·지원이다. 그러나 비록 정권은 바뀌었으나 제3차 평생교육진흥기본계획이 2017년에 끝나게 되어 있어 어떤 사업이 어느 정도 이루어졌는지, 또한 어떠한 성과가 있었는지를 구체적으로 평가하기는 어렵다.

지금까지 평생교육 내에서 노인교육의 법적·행정적·정책적 실상은 어떤지를 살펴보았다. 빠르게 진행되는 고령화로 인해 노인교육이 그 어느 때보다 중요해지고 있는 상황임에도, 평생교육 내의 법적·행정적·정책적 토대가 제대로 갖추어지지 않아 평생교육의 중요 교육 형태로 자리매김하지 못하고 있다는 것은 안타까운 일이 아닐 수 없다. 다음 절에서는 노인교육이 양적으로는 많이 확대되고 있으나 질적으로는 크게 발전하지 못한 상황에서 과연 노인의 평생교육 참여 현황은 어떤지를 간략하게 살펴보고자 한다.

5. 평생교육의 노인 참여 현황

1) 평생교육 프로그램 참여 현황

노인의 평생교육 참여 실태에 대한 조사가 많지 않은 상황에서 여기서는 보건복지부가 실시한 노인실태조사를 토대로 노인의 평생교육 참여 현황을 살펴보고자 한다(보건복지부, 2011, 2014). 보건복지부는 2011년과 2014년에 노인(65세 이상)의 평생교육 프로그램 참여율을 조사하였는데, 노인의 평생교육 참여율은 3년 사이에 괄목하게 증가하였다. 〈표 2-1〉에서 볼 수 있듯이 2011년에는 6.7%였는데 2014년에는 13.7%로 두 배 이상 증가하였다. 성별로 볼 때, 2011년에 여성노인은 7.6%, 남성노인은 5.5%의 참가율을 보인 반면, 2014년에 여성노인은 17.3%. 남성노인은 8.5%의 참가율을 보였다. 이처럼 평생교육에 참여하는 비율은 남성노인보다 여성노인이 높으며, 그 증가 속도 역시 매우 빠르다는 것을 알 수 있다. 2011년과 비교하여 2014년 여성노인의 참여율은 두 배를 훨씬 넘어서고 있다.

연령별로 보면, 2011년과 2014년 모두 65세부터 79세까지는 큰 변동이 없으나 80세 이후부터는 참여율이 현저히 떨어지는 것으로 나타났다. 2011년의 경우 65~69세는 7.1%, 70~74세는 7.7%, 75~79세는 7.0%, 80~84세는 4.5%, 85세 이상은 2.3%의 참여율을 보인 반면, 2014년의 경우 65~69세는 14.7%, 70~74세는 14.5%, 75~79세는 14.6%, 80~84세는 12.0%, 85세 이상은 6.3%의 참여율을 나타내고 있다.

교육 수준별로 보면, 교육 수준이 높으면 평생교육 참여율도 높아지는 것을 알 수 있다. 특히 전문대학 이상의 경우 참여율이 현저히 높아지는 것으로 나타났다. 2011년의 경우 무학(글자 모름)은 2.2%, 무학(글자 해독)은 5.8%, 초등학교는 6.1%, 중·고등학교는 7.9%. 전문대학 이상은 14.9%의 참여율

표 2-1   노인(65세 이상)의 평생교육 프로그램 참여율

일반 특성별(1)	일반 특성별(2)	2011년 평생교육 참여율(%)	2014년 평생교육 참여율(%)
전체	소계	6.7	13.7
성별	남자	5.5	8.5
	여자	7.6	17.3
연령별	65~69세	7.1	14.7
	70~74세	7.7	14.5
	75~79세	7.0	14.6
	80~84세	4.5	12.0
	85세 이상	2.3	6.3
교육 수준별	무학(글자 모름)	2.2	6.2
	무학(글자 해독)	5.8	11.8
	초등학교	6.1	13.6
	중학교	7.9	16.2
	고등학교	7.9	15.3
	전문대학 이상	14.9	19.9

출처: 보건복지부(2011, 2014). 노인실태조사를 토대로 재구성함.

을 나타내고 있는 반면, 2014년의 경우 무학(글자 모름)은 6.2%, 무학(글자 해독)은 11.8%, 초등학교는 13.6%, 중학교는 16.2%. 고등학교는 15.3%, 전문대학 이상은 19.9%의 참여율을 나타내고 있다. 전문대학 이상의 참여율은 평생교육 평균 참여율(13.7%)을 훨씬 웃돌고 있다.

다시 정리하면, 노인의 평생교육 참여율은 빠르게 증가하고 있으며, 여성노인의 증가세가 남성노인에 비해 훨씬 빠르다는 것을 알 수 있다. 또한 연령대로 볼 때, 80세 이전까지는 별 차이를 보이지 않다가 80세 이후 점차 낮아지고 85세 이후에는 참여율이 현저히 줄어드는 것으로 나타났다. 평생교육의 참여율은 교육 수준과 밀접한 관계가 있다는 것이 한국의 경우에도 그대

로 나타난 셈이다. 특히 전문대학 이상의 참여율이 다른 집단에 비해 현저히 높게 나타났다. 이러한 점들을 미루어 볼 때, 고학력자가 많은 베이비부머가 노인세대가 되면 그 증가 속도는 더욱 빨라질 것으로 예상된다.

2) 평생교육기관 참여 현황

2014년 보건복지부가 실시한 노인실태조사에 근거하여, 노인이 어떤 평생교육기관에서 프로그램을 수강하고 있는지를 살펴보면 다음과 같다(보건복지부, 2014). 〈표 2-2〉에서 볼 수 있듯이, 노인(65세 이상)이 평생교육 프로그램을 수강하기 위해 찾는 기관은 시·군·구 회관/동·읍·면 주민자치센터 24.3%, 노인복지관 24.2%, 문화예술회관 14.4%, 경로당 12.6%, 종교기관 9.3%, 사설문화센터·학원 8.2%, 대한노인회 2.4%, 기타 2.4%, 학교(대학부설) 2.2% 순으로 나타났다.

성별로 보면, 남성노인이 많이 참여하는 기관은 시·군·구 회관/동·읍·면 주민자치센터(26.5%), 노인복지관(25.3%), 문화예술회관(14.0%) 순이었고, 여성노인은 노인복지관(23.8%), 시·군·구 회관/동·읍·면 주민자치센터(23.6%), 경로당(14.7%) 순이었다. 연령별로 보면, 65~69세는 시·군·구 회관/동·읍·면 주민자치센터(35.1%), 노인복지관(17.5%), 문화예술회관(16.1%) 순으로 나타났으나, 70세부터 84세까지는 노인복지관이 가장 높게 나타났다. 85세 이상은 경로당이 42.4%이고 노인복지관이 23.1%로 나타났다.

교육 수준별로는 무학(글자 모름)의 경우 노인복지관(30.3%), 경로당(28.1%), 종교기관(16.3%) 순이었으며, 무학(글자 해독)의 경우는 경로당(27.0%), 노인복지관(22.5%), 시·군·구 회관/동·읍·면 주민자치센터(16.7%) 순이었다. 그러나 교육 수준이 높아질수록 평생교육기관으로서 경로당의 선호도는 상대적으로 떨어지는 것으로 나타났다. 초등학교의 경우 노

표 2-2   노인(65세 이상)의 평생교육 프로그램 실시기관   단위: 비율(%)

	특성	노인 복지관	경로당	대한 노인회	종교 기관	시·군·구/ 읍·면·동	학교	문화 예술회관	사설문화 센터·학원	기타
	전체 소계	24.2	12.6	2.4	9.3	24.3	2.2	14.4	8.2	2.4
성	남자	25.3	6.9	3.7	6.5	26.5	2.8	14.0	11.5	2.8
	여자	23.8	14.7	1.9	10.3	23.6	2.0	14.5	7.0	2.2
연령	65~69세	17.5	6.4	1.8	3.3	35.1	3.4	16.1	12.6	3.8
	70~74세	28.2	9.6	2.8	6.9	24.9	1.8	15.8	7.6	2.4
	75~79세	25.9	15.9	3.0	16.4	17.1	2.0	12.4	5.6	1.7
	80~84세	31.4	24.6	2.8	19.3	7.8	1.0	10.7	2.4	0.0
	85+세	23.1	42.4	0.0	12.8	8.9	0.0	9.5	3.5	0.0
교육 수준	무학(글자 모름)	30.3	28.1	0.0	16.3	13.7	2.0	4.6	5.0	0.0
	무학(글자 해독)	22.5	27.0	2.8	12.5	16.7	1.2	12.3	4.2	0.8
	초등학교	25.2	15.1	1.9	9.4	24.9	2.6	11.8	6.4	2.7
	중학교	27.6	5.7	1.5	8.2	32.4	1.6	12.6	8.0	2.4
	고등학교	25.5	3.8	3.4	7.8	23.9	1.5	21.0	10.5	2.6
	전문대학 이상	14.7	1.1	3.5	5.2	28.7	5.0	20.3	17.1	4.4

출처: 보건복지부(2014). 노인실태조사를 토대로 재구성함.

인복지관(25.2%), 시·군·구 회관/동·읍·면 주민자치센터(24.9%), 경로당 (15.1%) 순이었고, 중학교의 경우 시·군·구 회관/동·읍·면 주민자치센 터(32.4%), 노인복지관(27.6%), 문화예술회관(12.6%) 순이었으며, 전문대학 이상의 경우 시·군·구 회관/동·읍·면 주민자치센터(28.7%), 문화예술회 관(20.3%), 사설문화센터·학원(17.1%) 순이었다.

결과적으로 볼 때, 성별, 연령, 교육 수준에 따라 노인이 선호하는 교육기 관이 달라지고 있다. 남성이며 연령이 낮을수록, 또한 교육을 많이 받을수록, 교육기관으로 시·군·구 회관/동·읍·면 주민자치센터나 문화예술회관을 선호하고, 여성이며 연령이 높을수록, 또한 교육을 적게 받을수록 경로당이

나 종교기관을 선호하는 것으로 나타났다. 또한 성별, 연령, 교육 수준과 상
관없이 노인복지관은 노인이 선호하는 대표적인 교육기관으로 자리 잡고 있
음을 알 수 있다.

3) 평생교육 영역 참여 현황

노인이 어떠한 평생교육 프로그램에 참여하고 있는지를 2014년도 노인실
태조사에 토대하여 알아보면 다음과 같다(보건복지부, 2014). 〈표 2-3〉에서
볼 수 있듯이, 노인이 참여한 평생교육의 영역은 예술문화(41.5%), 건강관리/
운동(36.0%), 어학(10.4%), 정보화(6.9%), 인문학(2.9%), 기타(1.2%), 취업/직
업(1.1%) 순으로 나타났다.

성별로 볼 때, 남성노인은 예술문화(34.3%), 건강관리/운동(29.2%), 정보
화(19.1%) 순이었고, 여성노인은 예술문화(44.1%), 건강관리/운동(38.4%), 어
학(10.8%) 순이었다. 노인은 모두 예술문화와 건강관리/운동 프로그램에 가
장 많이 참여하는 것으로 나타났으며, 다음으로 남성노인은 정보화 프로그램
에, 여성노인은 어학 프로그램에 많이 참여하는 것으로 나타났다.

교육 수준별로 볼 때, 무학(글자 모름)은 건강관리/운동(41.1%), 예술문화
(32.7%), 어학(24.1%) 순이었고, 무학(글자 해독) 역시 약간의 정도 차이는 있
으나 건강관리/운동(45.7%), 예술문화(35.1%), 어학(15.3%) 순이었다. 초등
학교의 경우 예술문화(43.7%), 건강관리/운동(42.1%), 어학(5.9%) 순이었고,
중학교의 경우 예술문화(52.7%), 건강관리/운동(23.7%), 정보화(11.7%) 순이
었으며, 고등학교의 경우 예술문화(39.1%), 건강관리/운동(32.2%), 정보화
(11.4%) 순이었다. 전문대학 이상의 경우도 예술문화(37.5%), 건강관리/운동
(24.8%), 정보화(12.2%) 순이었다.

이상에서 볼 수 있듯이, 참여하는 교육 영역 역시 성별, 연령, 교육 수준에
따라 차이가 나는 것을 알 수 있다. 가장 많이 참여한 영역은 예술문화와 건강

| 표 2-3 | 노인(65세 이상)의 평생교육 프로그램 참여 영역 | | | | | 단위: 비율(%) | |

특성		건강관리/운동	예술문화	어학	인문학	정보화	취업/직업	기타
전체 소계		36.0	41.5	10.4	2.9	6.9	1.1	1.2
성	남자	29.2	34.3	9.2	4.5	19.1	2.1	1.6
	여자	38.4	44.1	10.8	2.3	2.6	0.7	1.1
연령	65~69세	32.4	41.1	9.2	3.8	8.8	2.8	1.9
	70~74세	39.9	38.4	12.4	1.5	7.3	0.1	0.4
	75~79세	35.8	45.1	10.3	2.8	4.6	0.2	1.2
	80~84세	32.7	46.7	11.8	3.1	5.4	0.0	0.3
	85+세	50.8	32.9	2.4	6.7	3.7	0.0	3.5
교육 수준	무학(글자 모름)	41.1	32.7	24.1	0.0	0.0	0.0	2.1
	무학(글자 해독)	45.7	35.1	15.3	0.7	2.8	0.2	0.2
	초등학교	42.1	43.7	5.9	2.2	3.3	1.0	1.8
	중학교	23.7	52.7	8.1	3.7	11.7	0.1	0.0
	고등학교	32.2	39.1	11.3	4.7	11.4	0.5	0.8
	전문대학 이상	24.8	37.5	11.7	5.5	12.2	5.2	3.1

출처: 보건복지부(2014). 노인실태조사를 토대로 재구성함.

관리/운동이나, 다음 영역으로는 남성이며 교육 수준이 높을수록 정보화 프로그램에 참여하는 것으로 나타났다. 흥미로운 것은 약간의 정도 차이가 있으나, 많은 노인이 어학 프로그램에 많은 관심을 보인다는 점이다.

6. 평생교육으로서 노인교육의 방향과 과제

앞서 보았듯이, 노인의 노인교육 참여율은 빠르게 증가하고 있고 교육기관 역시 다양화되고 있다. 그러나 문제는 노인이 참여하고 있는 교육 프로그램에는 큰 변화가 없다는 점이다. 보건복지부가 2011년에 실시한 노인실태조사에 의하면, 노인이 가장 선호하는 프로그램은 여가취미(43.3%), 일반교양(20.6%), 건강관리/운동(20.1%)순으로 나타났고(보건복지부, 2011), 2014년에 실시한 노인실태조사에서도 여전히 예술문화(41.5%), 건강관리/운동(36%)이 큰 비중을 차지하는 것으로 나타났다(보건복지부, 2014). 앞서 언급하였듯이, 노인의 생애주기적 특성상 이러한 프로그램이 필요한 것도 사실이다. 그러나 문제는 노인에게 필요한 것이 이러한 프로그램이 전부는 아니라는 점이다. 빠르게 고령화되고 있는 사회에서, 노인에게는 혼돈과 혼란으로부터 스스로 벗어날 수 있는 방법을 알려 주는 교육도 필요하다고 할 수 있다. 즉, 노인에게는 스스로 학습과 삶의 주체가 되어 자신이 처해 있는 상황을 정확하게 인식하고, 나아가 자신의 환경을 좀 더 나은 환경으로 바꾸기 위해 무엇을 해야 할지를 깨닫고, 거기서 멈추지 않고 자신이 알고 있는 바를 구체적인 현장에서 적극적으로 실천해 나갈 수 있게 해 주는 교육도 필요하다.

그러나 현재 노인교육이 여전히 여가·취미·교양 위주로 이루어지고 있는 상황에서, 앞으로는 앞서 언급했듯이 노인을 학습과 삶의 주체로 키워 주는 노인교육이 평생교육의 주요한 교육으로 인정받고 활성화되어야 할 것이다. 그리고 그렇게 될 때만이 노인은 빠르게 고령화되는 사회에서 불안과 혼란으로부터 주체적으로 벗어나 주요한 사회구성원으로서의 역할을 해 나갈 수 있을 것이다. 물론 현재 한국의 노인교육이 평생교육으로서 자리매김도 하지 못한 상황에서 이러한 방향으로 나아가는 것은 결코 쉽지 않을 것이다. 먼저 많은 과제가 해결되어야 할 것이다.

이제 마지막으로 이 중 우선적으로 해결해야 할 과제가 무엇인지를 살펴본다.

첫째, 「평생교육법」에 노인교육을 다루는 조항이 포함되어야 할 것이다. 「평생교육법」은 1999년 처음 제정되고 2007년 개정되었다. 2007년 개정된 법에는 비록 노인교육에 대한 언급은 없지만, 그래도 성인문해교육에 대한 조항이 삽입되면서 진일보하였다고 할 수 있다.[8] 2007년 법이 개정되고 10년이 지난 현 시점에서「평생교육법」의 전면적인 개정이 이루어져야 할 것이다. 그리고 개정되는「평생교육법」에는 노인교육을 평생교육으로 규정하고 이에 대한 법적 근거를 마련해야 할 것이다.

둘째, 평생학습을 담당하는 교육부 부서에서 노인교육과 관련한 업무를 담당해야 할 것이다. 앞서 언급하였듯이, 노인교육이 양적으로 확대되고 있음에도 2008년 교육과학기술부가 노인교육을 평생학습정책과의 업무 목록에서 삭제한 이후 지금까지 교육부 어디에서도 노인교육 업무를 담당하지 않고 있다. 이처럼 노인교육은 노인을 대상으로 하는 교육이지만 교육부 내에 담당하는 부서가 없다는 것은 결국 교육적 관점에서 노인교육에 대한 장기적인 계획이 세워지지 않고 있고, 예산도 따로 배정되지 않고 있다는 것을 의미하며, 나아가 노인교육사업과 관련하여 관리나 감독도 체계적으로 이루어지지 않고 있다는 것을 의미한다.

셋째, 평생교육사 양성 과정에서 노인교육 분야를 강화하거나 따로 노인교육을 지도할 전문가를 양성하는 프로그램을 개설해야 할 것이다. 교육인적자원부는 2000년부터 2004년까지 매년 10여 개의 대학을 선정하여 각 대학당 1,000만 원씩 노인교육 담당자 및 전문가 양성 과정을 지원하는 예산을 배정하였으나 특별한 이유 없이 2005년에 갑자기 중단하였고(장미옥, 2008, p. 73), 이후 아직 양성 과정이 재개되지 않고 있다. 따라서 조만간 현재 중단된 노인교육 담당자 및 전문가 양성 과정을 다시 대학부설 평생교육원에 개설한다든지 아니면 대학이 직접 담당하여 전문적으로 노인교육을 담당할 전문 인력을 양성해야 할 것이다. 그리고 장기적으로는「평생교육법」을 개정하여, 평생교육사 자격증을 노인교육을 포함한 전문 영역별로 나누어 각 영역의 전문성을

---

8) 2007년 개정된「평생교육법」에서는 일반화된 '문해교육' 대신 '문자해득교육'이라는 용어를 사용하고 있다. 그러나 이 책에서는 법과 관련한 내용을 제외하고는 문해교육으로 용어를 통일하고자 한다.

제고하는 데 필요한 과목을 선정함으로써 학생들이 이수할 수 있도록 하는 것도 한 방법이라고 할 수 있다.

넷째, 평생학습진흥종합계획에 노인교육에 대한 구체적인 계획이 수립되고 실천되어야 할 것이다. 2001년 교육인적자원부에서 노인교육발전 5개년계획을 수립하였고, 평생교육에 대한 장기적인 계획을 포함한 평생학습종합계획을 2002년, 2008년, 2013년 세 차례 발표하였다.[9] 2001년에 마련된 노인교육발전 5개년계획의 주요 내용은 제1차 평생학습진흥종합계획에 포함되어 실천되었다. 2008년에는 제2차 평생교육진흥기본계획이 수립되었는데, 제1차에 비해 노인을 위한 '인문학 교양교육, 지역사회 참여교육, 환경변화 적응 및 세대 간 적응 프로그램 등 평생교육 프로그램 특화·개발' 사업 등 흥미로운 사업이 많이 포함되었으나 정권 교체 등으로 인해 많은 사업이 제대로 실현되지 못했다. 현재 제3차 평생교육진흥기본계획이 수립되어 실천되고 있으나, 그 안에 포함된 내용은 구체성이나 현실성이 많이 부족하다고 할 수 있다. 따라서 앞으로 수립될 제4차의 경우에는 명확한 비전에 바탕을 두고 현실을 반영하는 노인교육정책을 포함해야 할 것이다. 또한 그 계획안에는 지금까지 세워진 정책 중 제대로 실천되지 못한 정책을 평가한 후 여전히 유효한 정책을 적극적으로 포함시켜야 할 것이며, 세워진 정책이 적극적으로 실천될 수 있도록 실천 전략도 제시해야 할 것이다.

다섯째, 노인교육을 활성화하는 데 있어 필요한 재정이 지원되어야 할 것이다. 현재 중앙정부 차원의 평생교육 예산 중 노인교육과 관련한 예산은 성인문해교육사업 정도이다. 그리고 이 사업에는 2006년 13억 7,500만 원, 2007년 18억 원, 2008년 20억 원, 2009년 20억 원, 2010년 20억 원, 2011년 18억 원, 2012년 15억 원, 2013년 19억 5,000만 원, 2014년 28억 원, 2015년

---

9) 평생학습진흥종합계획은 세 차례 발표되었는데, 제1차의 경우 '평생학습진흥종합계획', 제2차와 제3차의 경우에는 '평생교육진흥기본계획'으로 발표되었다.

38억 원, 2016년 38억 원이 지원되었다(교육부, 2015, 2016). 그러나 이 사업이 노인만을 대상으로 하고 있지는 않다는 점에서 미루어 볼 때, 현재 중앙정부 차원에서 노인을 대상으로 하는 교육에 지원하는 예산은 턱없이 부족하다고 할 수 있다. 따라서 앞으로는 평생교육 예산에서 노인교육만을 위한 예산이 별도로 책정되고 확보되어 다양한 노인의 요구를 반영하는 프로그램이 노인 교육의 장에서 적극적으로 개발·실천될 수 있도록 해야 할 것이다.

여섯째, 평생교육과 노인교육 학자는 평생교육과 노인교육이 어떠한 관계를 맺는 것이 바람직한지에 대한 논의와 연구를 활발하게 진행해야 할 것이다. 또한 이러한 논의와 연구는 이론적인 차원을 넘어서 노인교육 현장에 적극적으로 적용될 수 있어야 할 것이다. 현재 한국에서는 많은 노인교육 프로그램을 제공하고 있지만, 문제는 거의 모든 프로그램이 비슷하고 대부분이 노인의 여가, 취미, 교양 등에 초점을 맞추고 있다. 이러한 상황에서 아마도 현재 필요한 것은 노인교육이 처해 있는 상황을 면밀히 점검하고, 노인이 원하는 프로그램은 무엇이며 노인에게 필요한 교육은 무엇인지를 구분한 후 가능하다면 두 트랙으로 나누어 프로그램을 개발하는 것이다. 그럴 경우, 한국에는 없지만 외국에서 성공적으로 이루어지고 있는 노인교육 프로그램이나 현재 한국 노인에게 필요한 노인교육 프로그램은 무엇인지 연구한 후 그 결과를 실제로 노인교육 현장에 적용해 보는 것도 생각해 볼 수 있다.

7. 나가며

한국 사회가 빠르게 고령화되어 가는 상황에서 노인교육을 활성화하는 것은 시급한 시대적 과제가 되고 있다. 왜냐하면 앞으로의 사회발전은 노인이 사회에서 어떠한 역할을 하는가가 크게 좌우할 수 있기 때문이다. 외국의 경우 이미 오래전부터 노인의 사회적 역할에 관심을 갖고 노인교육에 많은 지원을 해 오고 있으며, 최근 들어서는 학력이 높고 건강한 베이비부머를 어떻게 사회적으로 활용할 것인가가 중요한 사회적 이슈로 떠오르고 있다. 한국에서도 노인의 수가 기하급수적으로 늘고 있고 상대적으로 학력 수준이 높은 베이비부머가 노인세대에 진입하고 있는 상황에서 노인은 더 이상 복지의 대상만이 아니라 교육의 대상이 되어야 할 것이며, 그 교육은 단순히 노동력 향상에 초점을 맞추어서는 안 되고 평생학습자로서 살아가는 데 필요한 능력을 제대로 제공해 주어야 한다. 즉, 앞으로 노인교육은 노인이 평생학습자가 되어 자신의 삶에 영향을 끼치는 문제에 관심을 갖고 문제 해결에 적극적으로 참여하여야 한다는 것을 알고, 실제로 문제 해결에 적극적으로 참여할 수 있게 해 주어야 할 것이다. 그리고 이러한 노인교육이 활성화되기 위해 노인교육은 평생교육의 주변에서 중심으로 나와야 하고, 평생교육 내에 필요한 법적·제도적·정책적 기반이 구축되어야 할 것이다.

문제는 현재와 같이 노인교육이 복지적 관점에서 이루어지고 평생교육의 주변에 머물러 있게 될 경우 질적으로 도약하는 것은 쉽지 않을 것이며, 만약 노인교육이 이러한 상태로 계속 이루어진다면 우선 피해자는 노인이 될 것이고 궁극적으로 사회 전체가 피해자가 될 것이라는 것이다. 지금과 마찬가지로 많은 노인이 노인교육에 참여하겠지만, 그들은 현재와 가까운 미래에 닥칠 다양한 환경 변화에 주체적으로 대처할 능력을 갖추지 못하게 될 것이며, 그렇게 될 때 노인은 더욱 빠르게 변화할 사회에서 수동적인 객체로 남아 있을 수밖에 없을 것이다. 이것은 결국 사회적으로도 불행일 수밖에 없다. 한국에서 노인의 수는 계속 증가하여 2017년에는 전체인구의 14%가 노인인 고령사회로 접어들었다. 그런데 이들이 사회구성원으로서 사회에 적극적으로 참여할 수 없을 경우, 사회는 고령화가 가져올 어려움 속에서 쉽게 벗어나지 못할 것이다. 이런 이유로 노인은 평생학습자가 되어야 하고, 노인을 평생학습자로 만드는 역할은 노인교육이 담당해야 하며, 노인교육의 발전은 평생교육 내에 자리매김하면서 가능해질 것이다.

참고문헌

교육과학기술부(2008). 평생교육진흥기본계획(2008~2012). 서울: 교육과학기술부.

교육과학기술부, 국가평생교육진흥원(2009). 2009 평생교육백서. 서울: 교육과학기술부, 국가평생교육진흥원.

교육과학기술부, 국가평생교육진흥원(2011). 2010 평생교육백서. 서울: 교육과학기술부, 국가평생교육진흥원.

교육부(2013). 제3차 평생교육진흥기본계획(2013~2017). 세종: 교육부.

교육부(2014). 2015년도 교육부 소관 예산 및 기금운용 계획 개요. 세종: 교육부.

교육부(2015). 2016년도 교육부 소관 예산 및 기금운용 계획 개요. 세종: 교육부.

교육부, 국가평생교육진흥원(2014). 2013 평생교육백서. 세종: 교육부, 국가평생교육진흥원.

교육인적자원부(2002). 국가인적자원개발 기본계획의 실행을 위한 평생학습진흥종합계획. 미간행 자료.

교육인적자원부(2004). 국가인적자원개발기본계획 2005년 시행계획. 서울: 교육인적자원부.

교육인적자원부, 한국교육개발원(2006). 2006 평생교육백서. 서울: 교육인적자원부, 한국교육개발원.

교육인적자원부, 한국교육개발원(2007). 2007 평생교육백서. 서울: 교육인적자원부, 한국교육개발원.

보건복지부(2004). 2004년도 노인복지시설현황. 서울: 보건복지부.

보건복지부(2011). 2011년도 노인실태조사. 서울: 보건복지부.

보건복지부(2014). 2014년도 노인실태조사. 세종: 보건복지부.

보건복지부(2015). 2015년도 노인복지시설현황. 세종: 보건복지부.

보건복지부, 한국보건사회연구원(2012). 인구 고령화의 경제적 영향 분석 및 고령화 대응 지수 개발. 서울: 보건복지부, 한국보건사회연구원.

신미식(2007). 평생교육으로서 한국노인교육의 발전방향. 평생교육학연구, 13(1), 1-24.

장미옥(2008). 우리나라 노인교육의 성과와 전망. Andragogy Today, 11(1), 57-83.

통계청(2001). 2000년 인구주택총조사. 대전: 통계청.

통계청(2013). 2013년 고령자통계. 대전: 통계청.

통계청(2015). 2015년 고령자통계. 대전: 통계청.

한국교육개발원(2007). 고령사회에 대응하기 위한 노년교육 장기 발전 방안 연구. 서울: 한국교육개발원.

허정무(2002). 노인교육이론과 실천방법론. 경기: 양서원.

Findsen, B., & Formosa, M. (2011). *Lifelong learning in later life*. Rotterdam: Sense Publishers.

Freire, P. (1970). *The pedagogy of the oppressed*. New York: The Continuum Publishing.

Knowles, M. S. (1980). *The modern practice of adult education: From Pedagogy to Andragogy*. Cambridge, MA: The Adult Education Company.

Lengrand, P. (1975). *An introduction to lifelong education*. Paris: The Unesco Press.

Mehrotra, C. (2003). In defense of offering educational programs for older adults. *Educational Gerontology*, *29*, 645-655.

Mezirow, J. (1991). *Transformative dimensions of adult learning*. San Francisco, CA: Jossey-Bass.

제3장

문해교육과 여성노인

1. 들어가며

일반적으로 한국에서 노인이라고 할 때는 연령상 65세 이상인 사람을 의미한다. 2015년 현재 한국의 전체인구는 약 4,970만 6,000명이고, 이 중 65세 노인인구는 약 656만 9,000명으로 전체인구의 13.2%에 달한다. 65세 이상 노인인구 중 여성노인인구는 약 380만 6,000명, 남성노인인구는 약 276만 3,000명으로, 여성 대비 남성노인인구는 72.6%이다(통계청, 2016, pp. 13-14). 남성노인의 수가 점차 증가하고 있지만 여전히 65세 이상 노인인구 중 여성노인이 차지하는 수가 훨씬 많다. 이처럼 여성노인이 남성노인에 비해 수적으로 많다는 것은 노인 문제를 다룰 때 성 문제를 간과해서는 안 된다는 것을 의미하기도 한다. 그러나 지금까지 노인 문제는 그저 노인 문제이지 여성노인 문제, 남성노인 문제로 구분되지는 않고 있다.

흥미로운 점은 성인기까지 여성과 남성의 구분이 명확하고 남녀 사이에 존

재하는 다양한 불평등의 문제가 중요하게 다루어지지만 노년기가 되면서 성
인기까지 존재하던 남녀 사이의 구분은 갑자기 사라지고, 이들이 여성노인,
남성노인으로 구분되기보다 노인이라는 연령 범주로 함께 묶여 그냥 노인으
로만 불리게 된다는 점이다. 그러나 비판적 노년학자가 지적하고 있듯이, 노
인도 다른 사회구성원과 마찬가지로 그들의 계층, 성, 인종에 따라 서로 다른
사회적 · 경제적 위치에 놓이게 된다.[1] 즉, 노인이 되었다고 하여 지금까지의
성, 인종, 계층 등에서 비롯된 불평등으로부터 갑작스럽게 자유로워지는 것
이 아니라, 오히려 노인은 성, 인종, 계층 등으로 인한 불평등에 연령으로부
터 오는 불평등이 더해짐으로써 이전보다 더 열악한 상황에 놓이게 된다. 한
국의 여성노인도 여기서 예외가 될 수 없다.

현재 한국의 여성노인은 한국이 정치적 · 경제적 · 문화적으로 가장 어려
웠던 시기에 태어나 많은 어려움을 겪어 온 세대이다(신미식, 2007, pp. 264-
265). 식민지시대를 경험했고 해방 이후에는 전쟁을 경험했으며 유교사상이
강하게 남아 있는 가부장적인 문화 속에서 여성이기 때문에 엄청난 차별을
감수해야 했다. 여성노인이 받은 대표적인 차별의 유형은 학교교육을 제대
로 받지 못한 것으로 나타났다. 이들은 부모가 경제적 여유가 있더라도, 여자
에게 공부는 필요 없다고 보는 가부장적 문화 때문에 학교 문턱에도 가 보지
못했으며 부모가 경제적 여유가 없어 자식 모두를 공부시킬 수 없을 때 남자
형제를 위해 공부를 포기하도록 강요받거나 남자형제가 계속해서 공부를 할
수 있도록 뒷바라지하기를 강요받았다. 이처럼 대다수의 여성노인은 단순한
경제적 이유만이 아니라 문화적 이유로도 초등학교에 입학조차 못했거나 입
학하더라도 졸업을 하지 못했다.

이는 1990년 이후 실시된 문해 실태조사 결과에 잘 나타나 있다. 1990년

---

1) 대표적인 비판적 노년학자로는 밍클러(Minkler, 1996), 에스테스(Estes, 2001, 2003), 마하키언
   (Mahakian, 2001), 비그스(Biggs, 2003) 등이 있다.

한국교육개발원은 전국 13세 이상 인구의 문해 실태를 문자문해, 기초문해, 생활기능문해를 중심으로 나누어 조사하였는데, 그 결과는 기초문해의 경우 완전 비문해자의 비율이 9.1%였으며, 성별로는 남성이 7.0%, 여성이 11.0% 였고, 연령별로는 40대가 7.8%, 50대가 23.6%, 61세 이상이 67.5%로 나타났다(최운실, 2005, pp. 189-191). 2002년에 한국교육개발원에서 자체적으로 문해조사 도구를 개발하여 3,000명의 한국 성인을 대상으로 실시한 문해 실태 조사에서도, 기초문해의 최저 단계에 해당하는 1수준에 속하는 여성의 비율 (11.8%)이 남성(4.7%)에 비해 두 배 이상 높은 것으로 나타났다. 연령별로 보면, 60대의 33.7%, 70대의 75.9%가 이 단계에 해당하는 것으로 나타났다(이희수 외, 2002, pp. 130-131).

2010년 통계청 조사에 의하면 여전히 초등학교 졸업 이하의 학력을 가진 사람은 552만 7,000명이나 되며, 이 중 60세 이상이 차지하는 수는 415만 8,000명으로 전체의 75.2%를 차지하고 있다. 이를 다시 성별로 구분하면, 남성은 116만 3,000명(28%), 여성은 299만 5,000명(72%)에 달한다(통계청, 2010). 또한 전혀 교육을 받지 못한 무학자의 수는 159만 5,000명인데, 이 중 60세 이상이 145만 4,000명으로 전체 무학자의 91%에 달하며, 그중 여성은 120만 5,000명으로 60세 이상 무학자의 약 83%를 차지하고 있다(통계청, 2010). 이처럼 대다수의 여성노인의 학력 수준은 초등학교 이하로, 여전히 글을 읽지도 쓰지도 못하는 비문해 상태에 있거나 읽거나 쓰더라도 그 수준이 낮은 반문해 상태에 놓여 있을 가능성이 높다고 할 수 있다(노일경, 2011).

이 장에서는 먼저 이렇게 많은 여성노인이 비문해자 혹은 낮은 학력의 소유자로 남아 있을 수밖에 없었던 원인을 규명하기 위해 정부의 문해교육정책을 고찰하고, 2007년 개정된 「평생교육법」에 문해교육에 대한 국가적 책무성이 포함된 후 정부 차원에서 이루어지고 있는 문해교육의 현황을 살피며, 나아가 문제점은 무엇인지를 탐색한다. 또한 이러한 문제점을 극복하면서 발전하기 위해 앞으로 여성노인을 위한 문해교육은 어떠한 방향으로 나아가는 것이 바람직한지, 그리고 그 방향으로 나아가기 위해 해결해야 할 과제는 무엇인지를 살펴본다.

2. 정부의 문해교육정책과 여성노인

한국 정부가 1959년도에 전국 비문해율은 단지 4.1%에 불과하다고 하면서 국가 차원의 문해교육이 더 이상 필요 없게 되었음을 천명했지만, 이 수치에 많은 여성은 포함되지 않았다는 것이 후에 드러나게 된다(교육인적자원부, 한국교육개발원, 2006, p. 58). 문해교육정책은 해방 이후 최근까지 특성상 크게 4단계, 즉 문해교육 도입기, 문해교육 암흑기, 문해교육 재도약을 위한 준비기 그리고 문해교육 재도약기로 나뉜다(황종건, 2005, p. 26). 여기서는 지금의 여성노인이 과거 정부의 문해교육정책에서 어떻게 소외되어 왔는지를 살펴본다(신미식, 2007, pp. 271-274).

1) 1단계: 문해교육 도입기(해방 후~1959년)

시민의 거의 80% 이상이 제대로 글을 읽지 못하는 비문해자라는 것은 해방 후 민주주의 국가를 건설하는 데 커다란 걸림돌로 작용하였다. 민주주의를 건설하기 위해서는 시민이 제대로 투표권을 행사할 수 있어야 하는데 대다수의 시민이 비문해 상태에 놓여 있어 제대로 투표권을 행사할 수 없었다(황종건, 2005, p. 22). 이런 상황에서 정부는 문교부, 내무부, 국방부, 농림부, 보건사회부, 공보관과 합동으로 1954년에서 1958년까지 문맹교육 5개년 계획을 수립하여 실천하였다.[2] 이 문맹교육은 국민학교(현 초등학교) 2학년을

---

2) 초기에는 '문맹교육'이라는 용어를 사용하였으나 이것은 학습자를 폄하하는 의미가 담겨 있다고 여겨져 이후에는 주로 '문해교육'이라는 용어를 사용하게 되었다.

수료한 정도의 국문해득력과 일상생활에 필요한 계산력, 기타 기초과목 및 공민지식을 지도하는 것을 목적으로 하였고, 그 결과는 최소한 지표상으로는 매우 '성공적'이었다. 문맹교육의 첫해인 1954년에는 전국 비문해율이 14%로 감소하였고, 1955년에는 12%로, 1956년에는 10%, 1957년에는 8%, 그리고 마지막 해인 1958년에는 4.1%로 감소하였다(윤복남, 1990, p. 119).

그러나 이 단계의 문해교육의 문제는 당시 문해교육이 누구보다 절실한 대상인 비문해 여성에게 기회를 제공하지 못했다는 점이다. 다시 말해, 강한 가부장적인 문화 속에서, 또한 어려운 경제적인 상황 속에서 학교교육으로부터 제외된 여성은 또다시 정부에서 제공한 문해교육에서도 소외되었다는 점이다. 여성은 여전히 가부장적인 문화 때문에, 가난하여 돈을 벌어야 하기 때문에, 혹은 이미 결혼하여 가사일에 얽매여서 문해교육에 참여할 수 없었다. 하지만 그 당시 정부는 이들 여성의 문해교육 참여를 돕기 위해 어떠한 노력도 하지 않았다. 반면, 남성에 대한 정부의 입장은 달랐다. 정부는 남성을 우선적으로 문해교육에 참여시키려고 했으며, 기회를 놓쳤을 때는 군대에 가서라도 문해교육을 받을 수 있게 하였다. 윤복남(1990, p. 121)에 따르면, 그 당시 군대에서 군인들을 대상으로 행해진 문맹퇴치사업은 남성에게 매우 중요한 문해교육의 기회가 되었다. 이처럼 당시 정부의 문해교육정책 역시 가부장적인 문화로부터 자유롭지 못했다고 할 수 있다.

2) 2단계: 문해교육 암흑기(1960년~1980년대 말)

이 단계 정부의 문해교육정책은 정치적 상황과 맞물려 매우 암울했다. 당시 실시된 다른 비문해 실태조사 결과는 1959년 발표된 비문해율 4.1%와는 매우 다른 결과를 보여 주고 있다. 그러나 정부는 이러한 결과들에 대해서는 개의치 않으면서 문해교육과 관련된 모든 교육정책을 '한국의 비문해율은 4.1%'라는 결과에 토대하여 세웠다. 뿐만 아니라 1960년에 의무교육에 해

당하는 초등학교 취학률이 96%에 달하게 되면서 한국 정부는 더 이상 한국
에는 문해교육이 필요없다는 입장을 공식화했다(윤복남, 1990, p. 5). 결과적
으로 한국에서는 1960년 이후부터 문해교육에 관한 새로운 논의가 시작된
1980년대 말까지 더 이상 정부 차원의 문해교육사업이 이루어지지 않았다.

물론 그 중간에 정부 지원 단체인 재건국민운동본부의 문해교육사업이
1961년 후반부터 시작되었으나, 그것도 정치적인 이유 등으로 1964년 초에
중단되면서 1970, 1980년대 말까지 이 단계의 문해교육은 거의 암흑기를 보
냈다. 한편, 오직 몇 안 되는 사회교육학자[3]만이 한국은 여전히 문해교육이
필요하다는 것을 강조하였고, 야학을 중심으로 몇몇 민간단체가 어려운 여건
에서도 묵묵히 현장에서 문해교육을 실시했다. 그러나 그것조차도 군사정부
하에서 반정부 활동으로 오해받아 탄압을 받거나 감시의 대상이 되었다. 결
과적으로 문해교육을 실시하고자 하는 단체도, 문해교육을 받고자 하는 비문
해자도 위축될 수밖에 없는 상황에서 1988년에는 불과 10여 개의 문해교육
기관만이 확인되었다(양병찬, 2004, p. 216).

이렇게 문해교육이 위축되는 상황에서 가장 피해를 본 집단은 다름 아니라
비문해자의 주 대상인 여성이었다. 이들은 무엇보다 문해교육 자체가 제공
되지 않아 문해교육을 받을 기회조차 갖지 못했고, 나아가 '한국에는 더 이상
비문해 문제가 없다'는 사회 분위기에서 자신의 비문해를 철저히 숨길 수밖
에 없었으며, 결과적으로 비문해로부터 오는 모든 고통을 개인적으로 감수할
수밖에 없었다.

3) 3단계: 문해교육 재도약을 위한 준비기(1980년대 말~2005년)

이 단계는 군사독재정권으로부터 문민정권으로 교체되는 과도기 속에서

---

3) 대표적인 학자로는 황종건, 김종서, 정지웅, 김신일 등이 있다.

정부에 앞서 사회교육학자와 민간단체가 중심이 되어 문해교육 도약기를 위한 발판을 만들어 간 시기이다.[4] 암흑기를 벗어나 사회적으로 문해교육에 다시 관심을 갖기 시작한 것은 1980년 말부터인데, 그것이 가능했던 것은 국제적으로 문해교육에 대한 관심이 고조되었기 때문이다. 유네스코 등 국제기구는 1986년부터 비문해 퇴치를 위한 대대적인 전략을 수립하였고, 유엔은 1990년을 '국제문해의 해(International Literacy Year)'로 정하였다. 이와 더불어 여러 선진국에서는 문해가 단순히 읽고 쓰는 것 이상의 의미를 가져야 한다고 주장하면서 새로운 관점에서 문해교육에 접근하려고 하였다.

문해에 대한 이러한 국제기구의 관심과 선진국을 중심으로 한 문해에 대한 새로운 해석은 한국의 사회교육학자에게 영향을 끼쳐, 1987년에는 거의 30년 만에 유네스코의 후원하에 서울, 대구, 광주의 3대 도시 빈민 지역 여성들의 비문해 실태조사를 실시하게 되었고, 1990년에는 정부 출연기관인 한국교육개발원에 의해 전국 규모의 문해 실태조사가 실시되었다. 하지만 이런 조사가 정부에 영향을 주어 문해교육에 대한 정책을 수립하게 하는 데까지는 이르지 못했다. 실제로 독재정권 이후 처음으로 진정한 의미의 민주주의 선거에 의해 들어선 문민정부도 비문해 문제에 대해서는 크게 관심을 보이지 않았다.

그러나 최소한 문민정부하에서는 민간 차원의 문해교육 기관 및 단체에 대한 정부의 탄압이나 감시가 사라지면서 이들 단체나 기관이 다시 문해교육에 관심을 갖기 시작하였다. 결과적으로 문해교육을 하는 민간단체 수가 1990년대 들어 부쩍 증가하였다. 1992년 2월에는 서울, 부산, 대구에만 120개의 문해교육 기관 및 단체가 있었으나, 1999년에는 그 수가 230여 개로 늘어났다

---

4) 1995년 교육개혁에 '평생교육'이라는 용어가 처음 등장하기 이전에 한국에서는 평생교육이라는 용어 대신 '사회교육'이라는 용어를 사용했다. 1980년대는 여전히 사회교육이라는 용어가 쓰이던 때라 여기서는 '평생교육학자'라는 용어 대신 '사회교육학자'라는 용어를 사용하고자 한다.

(양병찬, 2004, p. 216). 뿐만 아니라 비문해자들의 안타까움에 동참하고 그 해결을 모색하려는 뜻에서 학자, 평생교육자, 문해운동가 등이 모여 한국문해교육협회(1992)를 결성하였고, 문해교육을 담당하는 시민단체를 중심으로 전국문해성인기초교육협의회(1999), 야학의 연합체인 전국야학협의회(2000) 그리고 한국문해기초교육연합회(2004) 등이 설립되었다.

이처럼 문해교육이 음지에서 양지로 나오고 문해교육을 실시하는 기관이나 단체의 수도 빠르게 증가하면서 어느 누구보다 비문해자로 오랫동안 고통을 받아 온 여성노인이 전보다 많은 혜택을 받을 수 있게 되었다. 물론 대부분의 문해교육기관이 도시에 몰려 있어 상대적으로 농·어촌 지역에 살고 있는 여성노인은 문해교육을 받을 기회가 많지 않았지만, 그래도 이전과 달리 자신이 원한다면 멀리라도 가서 문해교육을 받을 수 있게 되었다는 점은 커다란 진전이라고 할 수 있다. 또한 문해교육기관을 찾은 많은 비문해 여성노인은 생각한 것과 달리 자신과 같은 비문해자가 많다는 것을 알게 되면서, 자신만이 비문해자라고 생각하면서 가졌던 절망감에서 조금이나마 벗어날 수 있게 되었다.

4) 4단계: 문해교육 재도약기(2005년 이후)

이 단계는 민간 주도의 문해교육이 확대되면서 지금까지 남몰래 숨죽이고만 있던 많은 비문해자가 좀 더 적극적으로 문해교육에 참여하게 되고, 또한 평생교육이 발전하면서 더 이상 침묵할 수만은 없게 된 정부가 거의 반세기 만에 문해교육에 관심을 갖게 되는 시기이다.

한국교육개발원은 2000년대 들어 두 차례(2001, 2002년)에 걸쳐 문해 실태조사를 하였고, 그 결과 아직도 많은 수의 비문해자가 있다는 것을 확인하게 되었다. 그 후 많은 학자와 민간교육단체의 노력으로, 1959년 비문해율이 4.1%로 한국에는 더 이상 문해교육정책이 필요 없다고 공포한 지 46년 만인

2005년에 정부는 660만 명의 중학교 졸업 미만자 등을 포함한 비문해자를 대상으로 한 성인문해교육을 위하여 초·중학교, 공공 및 민간 단체, 야학 등의 문해교육에 지원할 것을 약속하였다. 2006년에는 성인문해지원사업이 시작되어 교육인적자원부가 175개 성인문해교육 프로그램에 16억 원의 재정을 지원하였고, 2007년에는 「평생교육법」이 개정되면서 법(제39조)에 처음으로 "국가 및 지방자치단체가 성인의 사회생활에 필요한 문자해득능력 등 기초능력을 높이기 위하여 노력하여야 한다."라고 명시함으로써 문해교육 지원을 위한 법적 근거를 마련하였다. 이후 중앙정부 차원에서 성인문해지원사업은 계속되었다. 또한 지자체 차원에서 문해교육에 대한 관심을 확대하기 위해 기초자치단체가 국가 지원액의 30% 이상에 해당하는 대응투자를 필수적으로 하도록 하였다(교육부, 국가평생교육진흥원, 2014). 이처럼 정부가 문해교육정책을 다시 수립하고 문해교육에 대한 지원을 제공하면서, 지금까지 문해교육에서 배제되어 왔던 여성노인도 공식적으로 문해교육을 받을 기회를 갖게 되었다.

그러나 여기서 문제는 정부의 문해교육정책이 비문해자에 대한 정확한 분석을 토대로 장기적인 청사진을 갖고 문해교육에 접근하기보다는 손쉽게, 이미 이루어지고 있는 프로그램에 재정을 지원하는 방향으로 이루어지고 있다는 것이다(교육부, 국가평생교육진흥원, 2013). 이러한 현실에서 비문해자의 주 대상인 여성노인의 문해교육은 정확한 데이터를 기반으로 하지도 않고, 뚜렷한 방향도 없이 이루어지고 있으며, 따라서 적잖은 문제점을 노출하고 있는 실정이다. 다음은 좀 더 구체적으로 여성노인의 문해교육이 처해 있는 상황은 어떤지, 문제점은 무엇인지를 문해교육기관, 참여자, 프로그램 내용, 교재, 교사로 나누어 탐색한다.

3. 여성노인 문해교육의 현황과 문제점

1) 문해교육기관

문해교육을 담당하는 기관에 대한 정확한 실태조사가 아직 이루어지지 않아 얼마나 많은 문해교육 기관과 단체가 있는지 그 정확한 수를 파악하기 쉽지 않지만, 2003년 비영리문해교육기관에 정보화교육을 위한 교육인프라 구축을 지원하는 사업을 위해 실시한 기관 및 단체 현황조사에 따르면 문해교육 실시 기관 및 단체는 총 227개였다(양병찬, 2005, p. 423). 또한 2004년 실시된 전국문해교육기관 실태조사 결과에 따르면 문해교육을 실시하고 있는 기관은 총 393개로, 문해교육 전담기구(70개), 문해교육 역점기관(59개) 그리고 문해교육 운영기관(264개)이 있다.[5] 이후 2008년 439개로 늘었다가 2009년에는 353개, 2010년에는 348개, 2011년에는 360개, 2012년에는 189개, 2013년에는 261개, 2014년에는 306개, 2016년에는 384개가 있는 것으로 조사되었다.[6]

한글교실이나 한글학교를 운영하고 있는 기관 및 단체의 유형으로는 사회복지관(45.9%), 야학(22.0%), 시민단체(8.4%), 공공기관(7.6%), 종교단체(6.6%) 등이 있다(한국정보문화진흥원, 2004, p. 19). 이 외에도 최근 들어서는 남해군이나 단양군과 같이 지자체가 직접 나서서 마을회관, 경로당, 복지회관 등을 빌려 '찾아가는 한글교육'을 개설하는 경우도 있다. 또한 2005년에는 한국 최초로 성인 대상의 정규학력 인정시설인 양원초등학교가 세워졌고,

---

5) 이 조사에서는 문해교육 전담기관은 문해교육 프로그램의 운영 비율이 전체 프로그램 중 75%인 경우, 문해교육 역점기관은 50% 이상 75% 미만인 경우, 그리고 문해교육 운영기관은 50% 미만인 경우로 분류하고 있다.

6) 국가평생교육진흥원, http://www.nile.or.kr(검색일: 2017년 10월 13일).

2009년부터는 지난 3년간의 문해교육사업 운영 실적을 바탕으로 우수한 문해교육기관을 거점기관으로 선정하기 시작하여 2009년 23개, 2010년 27개, 2011년 24개, 2012년 39개, 2013년 17개의 지역거점기관이 생겨났다(교육부, 국가평생교육진흥원, 2014).

　그런데 문제는 대부분의 문해교육 기관 및 단체가 대도시 혹은 중소도시에 위치해 있다는 점이다. 많은 비문해 여성노인이 농촌에 거주하고 있는 상황에서 문해교육 기관 및 단체가 대도시나 중소도시에 몰려 있다는 것은 아직도 많은 비문해자가 문해교육을 제대로 받고 있지 못한다는 것을 의미한다고 볼 수 있다. 최근 지자체가 중심이 되어 농촌 지역에 찾아가는 한글교육을 실시하고 있지만 그 수는 턱없이 부족한 실정이다.

2) 문해교육 참여자

　문해교육 참여자는 각각 2006년 1만 4,668명, 2007년 1만 8,832명, 2008년 2만 5,579명, 2009년 2만 4,638명, 2010년 2만 3,778명, 2011년 2만 135명, 2012년 1만 6,334명, 2013년 1만 8,154명, 2014년 2만 3,164명, 2016년 3만 6,039명이었다.[7] 문해교육 참여자는 60대 이상 여성이 대부분으로, 중복수강 학습자를 제외하고 2012년에는 전체 학습자 1만 4,963명 중 1만 2,390명(약 70%)이고, 2013년에는 전체 학습자 1만 7,590명 중 1만 2,711명(약 72%)에 달하였다. 문해교육기관에 따라 60세 이상의 여성노인의 수는 약간씩 차이가 나는데, 예를 들면 부천시의 한 문해교육기관에 참여하고 있는 학습자의 경우 역시 여성이 94.5%로 압도적으로 많고, 연령대별로도 60대 이상이 75.5%, 40대 9.5%, 50대 9.3% 순이었다(홍숙희, 2006, p. 46).

　그러나 문제는 아직 여성노인의 비문해자 수나 그들의 비문해 수준이 명확

---

7) 국가문해교육센터, http://le.or.kr(검색일: 2017년 10월 13일).

하게 파악되어 있지 못하다는 점이다. 현재 많은 여성노인이 문해교육을 수
강하고 있지만, 과연 그들이 전체 비문해자 가운데 몇 %를 차지하는지, 각각
의 수준은 어떤지에 대한 체계적인 조사가 전혀 이루어지지 않고 있다. 이런
맥락에서 흥미로운 점은, 앞의 통계에서 보았듯이 현재 많은 기관에서 문해
교육을 제공하고 있지만 매년 학습자의 수가 감소하기는커녕 증가하고 있다
는 점이다. 이는 문해교육을 받고자 하는 비문해자 여성노인이 아직도 많다
는 것, 또한 문해교육을 받게 된 여성노인은 단순히 글을 읽고 쓰는 데 그치
는 것이 아니라 문해후교육에도 관심이 많다는 것을 의미한다고 할 수 있다.
따라서 정부는 비문해자와 관련된 공식 통계를 제공하는 시스템을 갖추어 정
확한 비문해자 수를 파악해야 할 것이며, 나아가 문해교육을 마친 여성노인
을 위한 문해후교육에도 좀 더 관심을 가져야 할 것이다.

   개정된 「평생교육법」 제40조에는 "제39조에 따라 설치 또는 지정된 문자해
득교육 프로그램을 이수한 자에 대하여는 그에 상응하는 학력을 인정하되,
교육과정 편성 및 학력인정 절차 등에 필요한 사항은 대통령령으로 정한다."
라고 명시함으로써 문해교육을 받은 자의 학력을 인정하고자 하였다. 이러
한 맥락에서 2011~2012년 성인문해교육 지원사업은 문자해득교육 프로그램
을 통한 학력인정 기회 확대를 위해 시 · 도교육청 협의회, 초등과정 문해교육
교원 양성, 중학교과정 성인문해교육과정 및 교과서 개발을 추진하였고, 결과
적으로 2013년 기준 전국 11개 시 · 도교육청의 134개 문해교육기관에 4,700여
명이 학력인정 프로그램에 참가하고 있다(교육부, 국가평생교육진흥원, 2014,
p. 126). 그러나 문제는 현재 이러한 양성기관은 11개 시 · 도교육청에만 설
치되어 있어 그 외 시 · 도 지역의 문해학습자는 학력을 인정받을 기회를 갖
지 못하고 있다는 것이다(교육부, 국가평생교육진흥원, 2014, p. 131). 또한 모든
여성노인이 문해교육을 수강하는 이유가 학력인정이 아닐 수 있음에도 아직
그들이 문해교육 후에 원하는 것이 무엇인지에 대한 정확한 조사가 제대로 이
루어지지 않고 있다. 게다가 지나치게 여성노인의 문해교육의 성과를 단지 학

력인정이라는 틀에 가둔다면 그들이 문해교육을 통해 얻고자 한 사회 · 문화
적 의미를 희석시킬 수 있다는 점도 염두에 두어야 할 것이다.

3) 문해교육 프로그램

여성노인에게 제공되는 문해교육 프로그램은 매우 다양하다. 현재 정부
차원에서 지원하는 성인문해교육 지원사업의 프로그램은 교육 수준별로 초
등학교 1~2학년 수준의 문해 1단계, 초등학교 3~4학년 수준의 문해 2단계,
초등학교 5~6학년 수준의 문해 3단계, 중학 수준으로 되어 있다(교육부, 국가
평생교육진흥원, 2014, p. 123). 마찬가지로 정부 지원 없이 자발적으로 이루어
지고 있는 민간기관에서의 프로그램 역시 다양하다. 한글교육만을 제공하기
도 하고, 한글교육과 기초수학을 동시에 제공하기도 하고, 간혹 초등학교 검
정고시 준비과정을 개설하기도 한다. 횟수도 주 2회에서 주 5회까지 다양하
고 1회 강좌 시간은 주로 두 시간이다.

성인을 대상으로 하는 정규학력 인정시설인 양원초등학교의 경우 다른 초
등학교와 거의 동일한 과정을 개설하고 있다. 1학년의 경우, 학습자는 국어,
수학, 바른생활, 즐거운생활을 배우고, 주 5일 수업을 하며, 오전반의 경우
9시 50분부터 12시 50분, 오후반의 경우 1시 35분부터 4시 40분까지 수업을
받는다.[8]

한글교실을 가장 많이 운영하고 있는 기관인 복지관의 경우는 대부분이 한
글반을 수준별로 나누어 개설하고 있으며 일반적으로 주 2회, 두 시간 수업
을 하고 있다. 농촌 지역의 경우는 아직 수준별로 나누어 이루어지기보다는
'찾아가는 한글교육'(남해군)이나 '한글작문교실'(순천시)에서 볼 수 있듯이 하
나의 강좌만이 개설되어 있고, 이 강좌들은 주 2~3회, 1회 두 시간 이상 교육

---

8) 양원초등학교, http://www.ajummaschool.com(검색일: 2016년 2월 10일).

이 이루어지고 있다(손호일, 2006, p. 42).

이처럼 기관이나 단체에 따라 문해교육 프로그램은 유형, 수준, 내용 그리고 시간 면에서 매우 다양하다. 그러나 문제는 이런 다양성이 대상에 대한 충분한 연구 후에 대상의 특성에 맞춰 발전된 다양성이라기보다는 단체와 기관의 열악한 시설이나 재정 형편에 따라 어쩔 수 없이 생겨난 다양성이라는 것이다. 또한 프로그램을 좀 더 자세히 살펴보면, 프로그램 내용이 실제 여성노인의 요구를 반영하기보다는 프로그램 기관에서 제공할 수 있는 내용을 위주로 하고 있다는 것을 알 수 있다.

4) 문해교육 교재

교육부는 성인학습자를 위한 학력인정 문해교육 교재로 2006년부터 초등학력 인정을 위한 '소망의 나무(1단계)' '배움의 나무(2단계)' '지혜의 나무(3단계)'를 개발하고 2009년부터는 중학학력 인정을 위한 국어 · 영어 · 수학 · 사회 · 과학 교과서를 개발하였다. 그러나 이 교재들은 학력인정을 목적으로 하기 때문에 모든 학습자의 상황에 맞지 않고 내용이 부족하며 비체계적이라는 문제점이 지적되기도 한다(노병윤, 2009). 이러한 비판에 직면한 교육부는 2013년에 2006년 개발한 초등과정 성인문해 교과서 내용의 시의성과 계열성을 고려하여 교과서 단원 체계를 재구성하고 교육 내용을 재편하는 등의 전면 개정을 추진하였다(교육부, 국가평생교육진흥원, 2014, p. 127).

현재 모든 문해교육기관이 학력인정기관이 아닌 상황에서 모든 문해교육기관이 교육부에서 개발한 교재를 사용하고 있는 것은 아니다. 그리고 사용하는 경우조차 교과서 내용이 부족하여 기본 교재와 함께 부속 자료를 사용하고 있는 형편이다(강옥경, 2014, p. 20). 또한 재정적으로 덜 열악한 문해교육기관은 교육부에서 개발한 교재를 사용하지 않고 자체적으로 교재를 개발하고 있지만, 그렇지 못한 기관은 이미 개발한 교재를 사용하거나 초등학생이 사용하는 교재를 그대로 사용하고 있다.

그러나 현재 사용하고 있는 대부분의 다른 교재도 학습자의 특수성이 충분히 고려되지 않고 단순히 그들의 문해능력만을 고려함으로써 많은 경우 학습자인 여성노인에게 적합하지 못한 실정이다. 사실 여성노인은 문해능력이 부족하더라도 오랜 삶으로부터 많은 경험과 지혜를 갖고 있는데, 그럼에도 대부분의 교재는 이러한 점을 충분히 살리지 못하고 있다. 따라서 여성노인은 자신의 삶과 전혀 관련 없는 내용을 다루고 있는 교재에 공감대를 형성하지 못하여 교육 내용에 흥미를 잃거나, 교재 속에서 자연스럽게 자신을 그리고 자신의 삶을 발견하지 못함으로써 자신의 존재가 여전히 존중받지 못하고 있다는 느낌을 쉽게 떨쳐 버릴 수 없게 된다.

5) 문해교육 교사

현재 문해교육 교사를 위한 다양한 양성 프로그램이 제공되고 있다. 대표적으로 국가평생교육진흥원에서는 초등과정·중학과정 문해교육교원 연수 프로그램을 운영하고 있다. 초등과정 문해교육교원 연수 과정은 참여 자격에 따라 기본과정과 심화과정으로 구분된다. 기본과정은 고등학교 졸업 이후 480시간 이상 문해교육기관에서 자원봉사를 한 경력자와 대학(교) 졸업자를 대상으로 집합교육 6일, 현장실습 20시간의 교육과정으로 구성되어 있다. 심화과정은 참여 자격에 따라 두 개의 과정으로 나뉘는데, 고등학교 졸업 이후 문해교육기관에서 3년(480시간) 이상 근무한 현직 종사자를 대상으로 하는 경우는 3일 집합교육이 있으며, 평생교육사 또는 초·중등교사 자격증 소지자, 고등학교 졸업 이후 타 기관에서 주최하는 문해교육 연수 과정을 30시간 이상 이수한 자를 대상으로 하는 경우는 3일 집합교육과 20시간의 현장실습으로 구성되어 있다(교육부, 국가평생교육진흥원, 2014, p. 127).

한편, 한국문해교육협회는 문해교사 3급과정 연수 프로그램을 제공하고

표 3-1   2015년 한국문해교육협회 문해교육 3급과정 연수 일정표

차시	시간	세부 교육 내용
1일차	3	연수 과정과 과제 안내 문해교육사 입문 워크숍
2일차	3	문해교육의 이해
	3	문해교육의 의미와 영역
3일차	3	문해교육과정의 이해
	3	교수설계와 교수−학습과정안 작성
4일차	3	문해학습자의 이해
	3	문해교육에서의 평가
5일차	3	문해교육의 현장−다문화
	3	문해학습자 상담과 지원
6일차	3	국내문해교육의 동향
	3	문해교육의 방법론
7일차	3	우리(이웃) 지역의 문해교육
	3	문해교사의 역할과 자세
8일차	2	국어 어문규정의 이해
	3	문해수업안의 개발(조별)
	1	평가와 네트워크

출처: 한국문해교육협회, http://cafe.daum.net/edu.seoul(검색일: 2016년 2월 11일).

있는데, 이는 8차 45시간으로 구성되어 있다. 프로그램 내용은 〈표 3-1〉과 같다.

현재 문해교사는 대부분이 자원봉사자로 무료로 일하거나 아주 낮은 보수를 받고 일하고 있으며, 그들의 직업 및 직책은 전직 교사(교장·교감 포함), 일선 교사, 직장인, 대학생, 가정주부, 마을 이장, 부녀회장 등 다양하다. 이들은 비록 자발적으로 또한 낮은 보수에도 불구하고 열정을 갖고 가르치는 일을 시작하였지만 주 2~3회 혹은 많게는 주 5회를 일해야 하는 상황에서

중도에 그만두는 경우가 적지 않다. 이는 결국 문해교육 교사의 잦은 교체를 가져오고, 궁극적으로 문해교육 전반에 부정적인 영향을 끼치고 있다. 따라서 이런 문제를 극복하기 위해서는 문해교육기관에 전담교사를 두는 것이 바람직하나 대부분의 문해교육기관의 연간 운영비가 1,000만 원 미만인 현 상황에서는 그것이 거의 불가능하다고 할 수 있다(정찬남, 2005, p. 296).

이러한 공식기관에서 제공하는 연수 프로그램 외에도 많은 문해교육기관에서 자체적으로 양성교육 연수나 양성 프로그램을 운영하고 있기는 하나, 제공되는 시간이 매우 적어 전문성 있는 문해교육 교사를 키우는 데는 턱없이 부족한 실정이다. 따라서 결과적으로 많은 문해교사의 교육자로서의 자질과 전문성에 적지 않은 문제가 있을 수 있다. 재정적으로 어려운 상황에서 그나마 교사로서 일해 주는 것은 고마운 일이 아닐 수 없으나, 김호석(2006, p. 10)이 지적하였듯이 "문해교육 교사는 결코 아무나 할 수 있는 역할이 아니다."라는 점은 명심할 필요가 있다.

특히 전문적인 훈련을 받지 못한 교사는 학습자인 여성노인의 삶과 특성을 정확하게 파악하지 못해 많은 문제에 부딪히게 된다. 무엇보다 여성노인이 비문해자로서 살아오면서 겪은 심리적인 고통과 절망감을 헤아리는 데 어려움을 겪음으로써 의도하지 않게 여성노인에게 그들 자신이 무시당하고 있다는 느낌을 받게 할 수 있다. 또한 여성노인의 삶을 이해하고 공감하지 못해 여성노인에게 상처 주는 말을 하거나 행동을 할 수 있다. 뿐만 아니라 여성노인은 오랜 시간 비문해자로 있으면서 자신감을 상실한 상태라서 학습 중에 수시로 자신감을 북돋아 주어야 하는데, 그렇게 하지 못할 수 있다. 교수 방법과 관련하여서도, 나이가 많고 경험은 많으나 학교교육에 대한 경험이 없는 여성노인의 학습자로서의 특성을 제대로 파악하지 못함으로써 수업에 효과적으로 대처하지 못할 수 있다. 문해교육 교사 연수 프로그램을 개발·실시하는 기관과 단체가 점차 늘고 있지만 아직 문해교육 참가자의 대다수를 차지하는 여성노인에 대한 이해를 돕기 위해 여성노인의 심리, 여성노인의 삶 그리고 학습자로서 여성노인의 특성에 대한 전문 지식을 제공하는 교사 연수 프로그램이 거의 없다는 것은 안타까운 일이 아닐 수 없다.

지금까지 현재 한국에서 여성노인을 위해 제공되는 문해교육의 현황과 문제점을 살펴보았다. 비문해자 여성노인의 수가 제대로 파악되지 않은 상태에서 문해교육의 혜택은 여전히 소수 여성노인에게 주어지고 있으며, 교육 프로그램은 비문해자의 다양한 요구를 반영하지 못하고 있다. 또한 교재는 여성노인의 삶을 기반으로 하지 못하고 있고, 교사 연수는 학습자인 여성노인의 특성을 고려하여 반영할 정도로 전문적이지 못하다. 이처럼 현재 여성노인 문해교육은 여성노인에게 문해능력을 제공할지는 몰라도 오랫동안 비문해자로 살 수밖에 없는 상황에서 겪은 고통, 창피함, 억울함 등을 극복할 수 있는 기회까지는 제공하지 못하고 있다고 할 수 있다. 따라서 다음 절에서는 여성노인이 비문해에서 벗어나 진정한 의미의 문해자로 거듭나기 위해서 앞으로 문해교육은 어떠한 방향으로 나아가는 것이 바람직한지를, 그리고 그러한 방향으로 나아가기 위해서 해결해야 할 과제는 무엇인지를 탐색한다.

4. 여성노인 문해교육의 발전 방안

1) 여성노인 문해교육의 방향

앞서 살펴보았듯이, 지금까지의 한국 여성노인을 위한 문해교육은 오랫동안 정부의 문해교육정책 미비와 부재 속에서 비문해자인 여성노인에게 단순히 글을 읽고 쓸 수 있게 하는 데 초점을 둔 것이 대부분이었다. 물론 글을 읽고 쓸 줄 모르는 여성노인이 글을 읽고 쓰게 되는 것은 대단한 성과이지만, 문제는 이러한 문해교육이 그들에게 필요한 문해교육의 전부는 아니라는 점이다. 여성노인이 비문해에서 벗어난다는 것은 단순히 글을 읽고 쓰는 문해

능력을 갖는다는 것뿐만 아니라 오랫동안 비문해자로 살 수밖에 없는 현실 속에서 자연스럽게 내면화시킨 절망감과 열등감에서도 벗어나야 한다는 것을 의미한다. 그러나 현재 여성노인 문해교육은 여성노인에게 단순히 글을 읽고 쓰는 문해능력만을 제공하여, 결국 여성노인이 글을 읽고 쓸 수는 있게 되더라도 오랫동안 내면화된 절망감과 열등감에서는 벗어나지 못하고 있다. 따라서 앞으로 여성노인을 위한 문해교육은 가능하면 여성노인에게 문해능력뿐만 아니라 오랫동안 내면화된 절망감과 열등감을 벗어날 수 있게 해 주는 문해교육이 되어야 할 것이다. 그리고 그런 문해교육은 지금까지의 문해교육과는 다른 문해교육이 되어야 할 것이다.

현재 문해교육은 크게 기능적 문해교육과 비판적 문해교육으로 나뉘는데, 이 중 기능적 문해교육에서 문해란 좀 더 높은 수준의 지식 추구를 위한 수단으로서 글을 읽고 쓰는 것을 의미한다.[9] 반면, 비판적 문해교육에서 문해란 단순히 글을 읽고 쓰는 것(reading the word)뿐만 아니라 세상을 읽고 쓰는 것(reading the world)도 포함한다(Freire & Macedo, 1987, p. 43). 왜냐하면 글은 그것이 토대한 사회적 맥락과 불가분의 관계에 있으므로 글을 읽고 쓸 수 있다고 하더라도 세상을 읽어 낼 수 없을 때는 진정한 의미의 문해능력을 갖고 있다고 할 수 없기 때문이다. 비판적 문해교육을 주장한 대표적인 이론가이며 실천가인 프레이리(Freire, pp. 76-77)는 비문해자인 사회적 소외자가 문해교육을 받는다는 것은 단순히 글을 읽고 쓰는 것을 배우는 것 이상의 의미로, 처음으로 세상과 소통하는 수단을 배우는 것을 의미한다고 주장한다. 이처럼 비판적 문해교육을 통해 비문해자는 글을 읽고 쓰는 것을 배우게 될 뿐만 아니라 세상을 읽어 내는 것을 배우게 되고, 마침내 세상을 읽어 낼 수 있게 되면서 자연스럽게 자신이 처한 상황을 비판적으로 볼 수 있게 되고 자신

---

9) 김신일(2005)은 기능적 문해를 단순히 읽기, 쓰기에 그치는 것이 아니라 가정생활, 사회생활, 직업생활에서 기능하는 데 불편함이 없을 정도의 능력을 가진 문해라고 보기도 한다.

의 상황을 바꾸기 위해 무엇을 해야 할지를 알게 된다.

　한국 여성노인이 비문해자로 오랫동안 살아야 했던 이유가 개인적인 잘못
이나 무지에 기인한 것이 아니라 사회구조에 기인한 것임에도 기능적 문해교
육이 대부분인 현 문해교육에서 그들은 자신의 비문해 문제를 사회구조적으
로 파악할 수 있는 능력을 키우지 못하고 있다. 물론 현재의 한국 상황은 프
레이리가 비판적 문해교육을 발전시킨 당시의 남미 상황과 많이 다르다. 그
러나 여성이기 때문에, 가난하기 때문에, 나이가 들었기 때문에 비문해로 살
아가야 하거나 단순한 문해능력을 갖는 것으로 충분하다는 시각은 옳지 않
다. 늦었지만 그들에게 세상을 볼 수 있는 눈을 키워 주어 자신이 한국 사회
에서 소외받고 있는 이유, 그리고 자신이 오랫동안 비문해자로 있었던 것이
자신의 운명이거나 개인적인 모자람 때문이 아니라는 것을 알게 하는 것은
글을 읽고 쓰는 것만큼 중요하다. 왜냐하면 여성노인이 세상과의 관계에서
자신의 위치를 재정립하면서 자신이 겪어야만 했던 비문해 문제가 개인적인
잘못이 아닌 사회구조적 잘못에 기인한 것임을 알게 될 때 비로소 오랫동안
내면화된 절망감과 열등감에서 벗어나 자신감을 회복할 수 있기 때문이다.

　이처럼 한국 여성노인의 비문해 문제를 해결하기 위해 필요한 문해교육은
여성노인에게 글을 읽고 쓰는 능력뿐만 아니라 그들 자신의 비문해 문제를
사회구조적으로 읽어 내는 능력을 키우도록 하는 비판적 문해교육이다. 그
리고 앞으로 여성노인을 위한 문해교육정책이 나아가야 할 방향도 현재의 기
능적 문해교육을 넘어서 비판적 문해교육을 활성화하는 방향이 되어야 할 것
이다. 그러나 이것이 단순한 주장에 그치지 않고 현실적으로 실현되기 위해
서는 현재 이루어지고 있는 문해교육에 많은 변화가 필요하다.

2) 여성노인 문해교육 발전을 위한 과제

여기서는 향후 여성노인 문해교육이 비판적 문해교육의 방향으로 나아가기 위해서는 구체적으로 어떠한 변화가 필요한지를 알아보고자 한다(신미식, 2010, pp. 287-290).

첫째, 여성노인의 비문해 문제에 개인적인 차원에서뿐만 아니라 사회구조적 차원에서 접근해야 한다. 한국의 경우 오랫동안 비문해자의 존재 자체를 부인해 온 상황에서 비문해 문제를 사회구조와 연결시키는 논의 자체가 쉽지 않았다. 그러나 한국에서 여성노인의 비문해는 개인적 무지나 불행에서 비롯된 것이 아니라 차별적이며 정의롭지 못한 사회구조에서 비롯된 사회문제이다. 즉, 남성 중심의 사회에서 혹은 젊은 사람을 중시하는 사회에서 여성노인은 인간으로서 기본적으로 누려야 할 권리인 글을 읽고 쓰는 권리조차 박탈당해 왔다. 이처럼 여성노인의 비문해 문제는 사회구조 혹은 사회현실에 대한 이해 없이는 정확하게 파악될 수 없으나, 아직 한국에서는 비문해 문제를 사회구조적으로 보려고 하지 않고 있다. 이런 상황에서 여성노인을 위한 문해교육은 한국 정부가 왜 그렇게 오랫동안 여성노인의 비문해에 무관심하였는지, 그런 무관심 속에서 여성노인은 어떠한 고통을 받았는지, 그들이 겪은 고통은 그들의 삶에 어떠한 영향을 끼쳤는지 등에 대한 철저한 분석에 토대해서 이루어져야 한다. 실제로 그럴 때만이 여성노인을 위한 문해교육은 진정성을 가질 수 있다.

둘째, 여성노인이 비문해 문제를 사회구조적 차원에서 이해할 수 있도록 하기 위해서는 글을 읽고 쓰는 능력과 더불어 세상을 읽어 내는 능력을 제공해야 한다. 글을 읽고 쓰는 능력과 세상을 읽어 내는 능력은 불가분의 관계이다. 그런데 이 둘을 분리하여 단순히 글을 읽고 쓰는 것만을 배우게 될 경우, 여성노인은 글을 읽고 쓰게 될지는 모르지만 자신이 왜 비문해자가 되었는지, 왜 그렇게 성인이 될 때까지 비문해자로 남아 있어야 했는지 등에 대한 구조적인 이해를 할 수 없게 되어 자신이 비문해자로 살면서 어쩔 수 없이 가졌던 절망감과 열등감을 떨쳐 버릴 수 없다. 따라서 여성노인을 위한 문해교육은 여성노인의 단순한 기능적 문해능력뿐만 아니라 그들 자신이 문해자로서 살면서 내면화했던 고통, 절망감, 열등감을 사회구조 속에서 읽어 낼 수 있도록 해 주어야 할 것이다.

셋째, 교수자는 새로운 교수 방법을 적극적으로 개발하고 활용해야 한다. 교수자는 일방적으로 학습자에게 지식을 전달하는 은행식 교육 방법이 아닌 학습자의 경험과 지식을 중요하게 여기고 그것을 토대로 학습자와 대화하는 교육 방법을 활용해야 한다. 지금까지 여성노인을 위한 문해교육에서 교수자는 학습자에게 필요한 모든 것을 아는 절대 권위자로서 군림하였으며, 스스로가 아무것도 모른다고 생각한 여성노인은 교수자의 일방적 학습을 받아들이고 따르는 교육의 객체 이상의 역할을 하지 못했다. 그러나 앞으로 교수자는 비록 글을 읽고 쓰지는 못하지만 여성노인이 자신만큼 혹은 그 이상으로 많은 경험과 지식을 갖고 있다는 점을 인정하고 강조함으로써 처음에는 힘들지 모르지만 가능한 한 그들을 학습의 주체로서 학습의 전 과정에 적극적으로 참여시켜야 할 것이다.

넷째, 교재는 가능한 한 여성노인의 경험을 토대로, 그들이 사용하는 언어, 그들이 중요하게 여기는 문제 중심으로 만들어져야 한다. 다시 말해, 여성노인에게 문해능력뿐만 아니라 세상을 읽어 내는 능력을 갖게 하기 위해서 교재는 여성노인의 삶에 바탕을 두어야 하고, 교재에서 사용하는 단어도 여성노인이 삶에서 사용하거나 의미를 갖는 단어여야 한다. 그래야만이 여성노인은 단어를 배우면서 동시에 자신의 삶에 대해, 자신의 현실에 대해 배울 수 있기 때문이다. 지금까지 한국 여성노인을 위한 대부분의 교재는 초등학교에서 사용하는 교과서이거나, 충분한 재정 및 시간 투자 없이 만들어진 것으로서 과학적·체계적이지 못했다. 따라서 여성노인은 교재를 통해 배우더라도 자신의 삶까지는 읽어 낼 수 없었고 나아가 비문해자로 살면서 어쩔 수 없이 가졌던 열등감이나 절망감도 극복할 수 없었다. 이러한 상황에서 앞으로는 교재를 제작하는 데 좀 더 많은 시간과 재정을 투자하여, 이를 통해 여성노인이 자연스럽게 자신의 삶을 사회구조적으로 읽어 낼 수 있고, 결과적으로 오랫동안 비문해자로서 살면서 내면화한 열등감과 절망감에서 벗어날 수 있게 되어야 할 것이다.

다섯째, 문해교사에게 전문적이면서도 체계적인 교육의 기회를 제공해야 한다. 최근 들어 조금씩 달라지고는 있지만 많은 문해교육 교사는 아직 문해교사로서의 전문성이 부족한 실정이다. 특히 여성노인에게 문해능력 이외에 사회구조를 읽어 내는 능력을 제공하기 위해서 교사는 전문적인 교육을 통해 학습 현장에서부터 그들을 교육의 주체로 여겨야 한다는 것을 알아야 할 것이다. 또한 여성노인의 비문해 문제를 사회구조적으로 이해할 수 있어야 할 것이다. 그렇지 못할 경우, 교사는 여성노인에게 그들 자신이 비문해로 남아있었던 이유는 자신이 못나거나 불운해서가 아니라 가난하고 가부장적인 문화가 강했기 때문이라는 것을 이해시킬 수 없다. 또한 여성노인에게 그들 자신이 살아온 세상을 비판적으로 읽어 낼 수 있게 하기 위해서 교사는 가르치는 강의 내용이 그들이 살아온 삶의 역사·경험·문화에 기반을 두어야 함을 알아야 할 것이다. 나아가 교사는 학습자로서 여성노인만이 갖는 특성이 무엇인지를 알고 그것에 토대하여 그들에게 적합한 교육 방법을 개발·실천할 수 있어야 할 것이다.

여섯째, 문해교육 자체만큼 문해후교육의 중요성을 강조해야 한다. 한 번의 문해교육으로 문해능력과 세상을 읽어 내는 능력을 갖는다는 것은 불가능하다. 비록 여성노인은 글을 읽고 쓸 수 있게 되고 세상을 읽어 낼 수 있게 되더라도 계속해서 문해능력과 세상을 읽어 내는 능력을 유지하고 향상시킬 필요가 있고, 그러기 위해서는 문해후교육이 필요하다. 한국의 경우, 문해교육 자체도 힘든 상황에서 체계적인 문해후교육은 엄두조차 낼 수 없었다. 그러나 최근 들어 문해후교육으로 학력인정 시스템이 도입되고 있다. 학력 콤플

렉스에 시달리는 여성노인이 많은 상황에서 학력인정 시스템 도입은 진일보한 정책이라고 할 수 있다. 그러나 문제는 모든 여성노인이 다 학력을 인정받기 위해 문해교육을 받는 것은 아니라는 점이며, 또한 앞서 살펴보았듯이 현재 학력인정을 받을 수 있는 기관이 시·도에 국한되어 있어 많은 비문해자 여성노인이 살고 있는 농촌 지역에서는 원하더라도 받을 수 없다는 점이다. 이러한 상황에서는 무엇보다 문해교육을 받고 있는 여성노인이 문해후교육으로 어떠한 교육을 받기 원하는지에 대한 요구조사가 이루어져야 하고, 그러한 요구에 맞게 다양한 프로그램이 개발되어야 할 것이다. 또한 여성노인의 문해교육과 문해교육 후 학습 경험을 인정하는 채널을 학력인정으로 단일화하기보다는 다양한 채널을 만들어 그들의 학습 경험이 다양한 방식으로 인정받고 존중받도록 해야 할 것이다.

5. 나가며

지금까지 한국 여성이 왜 오랫동안 비문해자로 있을 수밖에 없었는지에 대해 정부의 정책을 중심으로 살펴보았다. 최근 들어 정부의 문해정책이 바뀌면서 많은 여성이 문해교육에 참여할 수 있게 된 점은 그나마 다행스러운 일이다. 그러나 정부는 문해교육정책의 책임자로서 문해교육이 여성노인에게 문해능력을 제공하는 데 그치는 것이 아니라 그들이 비문해자로서 살면서 오랫동안 내면화한 고통, 억울함, 창피함에서도 벗어날 수 있도록 해 주어야 할 것이다. 그기 위해서 정부는 먼저 문해교육에 대한 재정 지원을 확대해야 한다. 또한 앞으로 정부는 비문해 실태에 대한 체계적이고 과학적인 조사가 이루어질 수 있도록 주도적인 역할을 해야 할 것이다. 현재까지 한국에서 실시된 문해교육 대상자에 대한 조사는 국립국어원의 국민 기초문해력 조사(2008)와 인구주택총조사(2010)로, 이를 통해 잠재 수요자를 파악하는 수준에 머물러 있다(교육부, 국가평생교육진흥원, 2014, p. 130). 그래서 실제로 여성노인 중 정확하게 얼마나 많은 여성노인이 비문해자인지, 그들의 문해 수준은 어느 정도인지, 지금까지의 문해교육을 통해 어떠한 수준에 이르렀는지 등을 파악하기는 쉽지 않은 실정이다.

또한 정부는 문해교육에 대한 전문적이고 체계적인 연구를 지원해야 한다. 한국의 경우, 외국과 달리 문해교육에 대한 이론적 연구와 구체적 사례에 대한 연구가 아직 활발하게 이루어지지 않고 있는 상황에서 정부는 비문해자인 여성노인을 대상으로 하는 문해교육에 대한 연구가 활성화될 수 있도록 많은 지원을 해야 할 것이다. 또한 이러한 맥락에서 비판적 문해교육에 대한 연구 역시 좀 더 활발하게 진행될 수 있도록 지원해야 할 것이다. 비판적 문해교육은 사회적 소외자에게 문해능력뿐만 아니라 사회의식을 제공하는 문해교육으로 이미 여러 국가에서 이루어졌고, 또한 많은 성공 사례를 갖고 있다. 따라서 정부는 비판적 문해교육이 한국 여성노인에게 적용될 수 있을지와 더불어 이를 위해 어떠한 전략과 방안 등이 필요한지를 연구할 수 있도록 지원해야 할 것이다.

참고문헌

강옥경(2014). 찾아가는 성인문해교육에 대한 교사의 인식. 경남대학교 대학원 석사학위논문.

교육부, 국가평생교육진흥원(2013). 2011~2012 평생교육백서. 서울: 교육부, 국가평생교육진흥원.

교육부, 국가평생교육진흥원(2014). 2013 평생교육백서. 서울: 교육부, 국가평생교육진흥원.

교육인적자원부, 한국교육개발원(2006). 2006 평생교육백서. 서울: 교육부, 한국교육개발원.

김신일(2005). 비문해의 개인적 요인과 사회적 요인. 한국의 문해교육(pp. 355-364). 서울: 문음사.

김호석(2006). 효과적인 성인 문해교육 운영 방법. 성인문해교육 우수 사례 공유 및 확산(pp. 1-14). 서울: 한국교육개발원.

노병윤(2009). 한국의 성인문해교육의 현황과 성인문해 교과서의 활용에 관한 조사연구. 세명대학교 교육대학원 석사학위논문.

노일경(2011). 제12차 평생교육정책포럼: 인생 100세, 평생교육의 새 길을 묻다. 서울: 국가평생교육진흥원.

변종임(2006). 성인 문해교육 지원사업 운영보고서. 서울: 한국교육개발원.

손호일(2006). 성인문해교육 지원사업 우수 사례발표-남해군 사례 발표. 국민기초능력 향상을 위한 문해교육 활성화(pp. 41-44). 서울: 한국교육개발원.

신미식(2007). 한국여성노인의 문해교육 현황과 정책. 한국동북아논총, 제12권, 제4호, 261-283.

신미식(2010). 하나의 담론으로서 한국문해교육의 비판적 연구. 한국동북아논총, 제15권 제12호, 273-294.

양병찬(2004). 학습권 관점에서 본 성인문해교육 지원정책 분석. 평생교육학연구, 제10권, 4호. 207-230.

양병찬(2005). 학습권 관점에서 본 성인문해교육지원. 한국문해교육협회(편). 한국의 문해교육(pp. 411-436). 서울: 문음사.

윤복남(1990). 한국 문해교육의 사회사적 고찰. 고려대학교 대학원 박사학위논문.

이지혜(2003). 학습사회에서 성인문해의 의미. 평생교육학연구, 제9권, 제3호, 57-74.

이지혜(2006). 문해교육기관과 성인학습자의 이해. 국민 기초능력 향상을 위한 문해교육 활성화(pp. 85-116). 서울: 한국교육개발원.

이희수(2006). 현대 지식사회에서 문해교육의 의미와 전망. 국민기초능력 향상을 위한 문해교육 활성화(pp. 193-219). 서울: 한국교육개발원.

이희수, 이지혜, 안도희, 변종임, 박상옥, 이현석(2002). 한국성인의 비문해 실태 조사연구. 서울: 한국교육개발원.

정찬남(2005). 한국여성생활연구원의 문해교육. 한국의 문해교육(pp. 281-304). 서울: 문음사.

체재은(2005). 미국의 성인문해교육 지원체제 분석과 시사점. **평생교육학연구, 제11권,** 11호. 1-20.

한국정보문화진흥원(2004). 전국문해교육기관 실태조사. 서울: 한국정보문화진흥원.

최운실(2005). 1990년대 한국의 문해실태. 한국의 문해교육(pp. 163-200). 서울: 문음사.

통계청(2010). 인구주택총조사. 대전: 통계청.

통계청(2016). 2016 고령자 통계. 대전: 통계청.

한국문해교육협회(2005). 한국의 문해교육. 서울: 문음사.

홍숙희(2006). 부천시 성인문해학교 운영지원을 통한 부천시 문해교육 진흥 사업. 국민기초능력 향상을 위한 문해교육 활성화(pp. 45-56). 서울: 한국교육개발원.

황종건(2005). 문해운동의 역사적 의의. 한국의 문해교육(pp. 9-29). 서울: 문음사.

Estes, C. L., & Mahakian, J. L., (2001). The political economy of productive aging. In N. Morrow-Howell, J. Hinterlong, & M. Sherraden, *Productive aging: Concepts and challenges* (pp. 197-213). Baltimore & London: The Johns Hopkins University Press.

Estes, C. L., Biggs, S., & Phillipson, C. (2003). *Social theory, social policy and ageing: A critical introduction.* Berkshire: Open University Press.

Freire, P. (1970). *The pedagogy of the oppressed.* New York: The Continuum Publishing.

Freire, P., & Macedo, D. (1987). *Literacy.* Westport, CT: Bergin & Garvey.

Minkler, M. (1996). Critical perspective on ageing: New challenges for gerontology, *Ageing and Society, 16,* 467-487.

제4장
노인인적자원개발[1])

1. 들어가며

1997년 IMF를 겪은 한국 정부는 모든 초점을 국가 경쟁력 제고에 맞추고, 이를 위해 물적 자원이 부족한 우리의 현실에서는 인적자원개발이 절대적으로 필요함을 강조해 왔다. 이런 가운데 2001년 교육부가 교육인적자원부로 바뀌었고, 2001년 12월에는 제1차 국가인적자원개발기본계획이 발표되고 2002년 8월 「인적자원개발기본법」이 제정되었으며, 2006년에는 제2차 국가 인적자원개발기본계획이 발표되었다.

발표된 제1차, 제2차 국가인적자원개발기본계획은 한국 사회를 저출산 · 고령화사회로 보고, 이런 사회가 겪을 수밖에 없는 생산적 노동인구의 감소

---

1) 이 장은 신미식(2009). 한국노인인적자원 개발 현황 및 발전 방향. 한국동북아논총, 제14권, 제3호, 247-269를 부분 수정하여 재계재함.

문제를 해결하기 위해 노인을 대상으로 하는 인적자원개발의 필요성을 강조하고 있다. 그러나 이렇게 강조는 되고 있으나, 실제로 국가인적자원개발기본계획에서 노인을 대상으로 하는 인적자원개발은 그렇게 심도 있게 다루어지지 않았다. 제1차 계획에 노인을 대상으로 하는 인적자원개발과 관련된 항목은 '사회적 취약계층의 능력개발 지원'을 위해 '고령사·노인의 평생학습 및 봉사활동에 대한 지원을 강화하고 고용촉진을 위한 제도를 정비'한다는 것 정도가 포함되어 있을 뿐이었다. 또한 2006년에 발표된 제2차 계획 역시 노인을 대상으로 하는 인적자원개발과 관련해서는 '사회통합 및 교육·문화 복지 증진'을 위한 청소년층 및 중고령층 인적자원개발 촉진이 포함되어 있을 뿐이었다. 하지만 이마저도 이명박 정부 이후 인적자원개발에 대한 관심이 약화되면서 노인을 대상으로 하는 인적자원개발에 대한 관심도 약화되었다.

현재 사회보장제도가 미흡하고, 국민연금이 있기는 하나 상당수의 노인이 혜택을 받지 못하는 상황에서 노인은 여전히 생계를 유지하기 위해 일자리를 찾을 수밖에 없는 처지에 있다. 2014년 고령층(55~79세) 중 장래에 일하기를 원하는 비율은 62.0%로, 전년(59.9%) 대비 2.1%가 증가하였다(통계청, 2015, p. 35). 동시에 경제적으로 여유 있는 고학력 노인층이 늘어나면서 경제적 일자리 외에도 사회적으로 기여할 수 있는 사회적 일자리를 원하는 상황에서, 노인을 대상으로 하는 인적자원개발은 여전히 중요한 문제라고 할 수 있다.

이러한 이유로 이 장에서는 지금까지의 노인인적자원개발을 평가하고 앞으로 노인인적자원개발은 지금까지와는 어떻게 다르게 이루어져야 할지를 살펴보고자 한다. 이를 위해 구체적으로, 첫째, 노인인적자원개발이 무엇을 의미하는지 개념적 정의를 살펴본다. 둘째, 한국에서 이루어지고 있는 노인인적자원개발의 현황과 문제점을 밝혀본다. 셋째, 인적자원개발과 비슷한 의미로 사용되어 온 생산적 노년기를 살펴보고, 이로부터 한국의 노인인적자원개발은 어떠한 시사점을 얻을 수 있을지 알아본다. 넷째, 이러한 시사점을 토대로 한국의 노인인적자원개발은 앞으로 어떠한 방향으로 나아가는 것이 바람직한지를 탐색한다.

2. 노인인적자원개발의 개념적 정의

여기서는 먼저 인적자원개발이란 무엇을 의미하는지를 알아보고, 이를 토대로 노인인적자원개발은 무엇을 의미하는지를 정의 내린다.

많은 학자는 인적자원개발을 교육 및 훈련과 연결하여 정의 내리고 있다. 대표적으로 천세영(2002, p. 203)은 인간자원개발과 인간자원관리를 구분하여, 전자는 주로 인간자원의 개발에 한정하여 사용되는 대신에 후자는 개발된 인간자원의 활용과 재개발까지를 포함하는 광범위한 개념으로 사용된다고 주장한다. 그는 인적자원개발과 인간자원개발을 동일하게 보고, 인적자원개발에 있어 가장 주요한 부분은 교육이며 현재는 인적자원개발과 교육의 관계가 새롭게 정립되는 단계이지만 궁극적으로는 교육의 핵심 개념이 인적자원개발이 되어야 한다고 주장한다. 그러나 여기서의 교육은 현재처럼 학교교육으로 한정되어서는 안 되고 평생교육까지 포함해야 한다고 강조한다. 왜냐하면 평생교육은 학교교육에 비해 형식적으로 훨씬 유연하고 내용 면에서도 사회의 요구에 즉각 대응할 수 있으며, 훨씬 많은 대상을 포괄할 수 있어 인적자원개발에 더 적합할 수 있기 때문이다. 이처럼 천세영은 학교교육뿐만 아니라 평생교육의 핵심 요소가 인적자원개발이 되어야 한다고 강조한다.

이에 반해 박성정(2001, p. 170)은 인적자원개발이 평생교육의 핵심 요소가 되어야 한다는 데 대해 비판적 시각을 제기한다. 그는 인간의 개발을 논할 때는 사회적 · 정치적 · 문화적 · 윤리적 성장을 포함해야 함에도 현재 한국에서 진행되고 있는 인적자원개발은 인간의 전반적인 개발이 아니라 오직 생산성과 경제성만을 강조하는 개발에 치우쳐 있다고 비판하면서, 이처럼 지나치게 경제성과 생산성만을 강조하는 인적자원개발은 비판성과 창조성을 포함하여 인간의 전반적 성장을 강조하는 평생교육과 동일시될 수 없다고 주장한다.

김남희(2003, p. 155)는 지금까지 인적자원개발의 개념을 너무 협의로만 이해해 왔다고 비판하면서, 인적자원개발 안에는 크게 성과 중심적 인적자원개발과 학습 중심적 인적자원개발이 있는데 일반적으로 '조직을 우선으로 하고 경제적 가치를 중시하는' 인적자원개발은 성과 중심적 인적자원개발이며, 이와 달리 '개인 중심적이고 인간의 내재적 가치를 중시하는' 인적자원개발은 학습 중심적 인적자원개발이라고 주장한다. 이처럼 김남희는 일반적으로 받아들여지는 경제성 · 생산성만을 강조하는 성과 중심적 인적자원개발 외에 또 다른 형태인, 사회적 · 정치적 · 문화적 · 윤리적 성장을 가능하게 하는 학습 중심적 인적자원개발도 있음을 제시함으로써 인적자원개발에서 학습의 중요성을 강조하고, 결과적으로 인적자원개발이 평생교육과 많은 부분을 공유하고 있음을 확인시키고자 했다.

이처럼 학자에 따라 인적자원개발에 대한 정의는 다르지만, 대부분의 학자는 인적자원개발에서 교육이나 학습의 중요성을 강조한다. 다만 인적자원개발이 직업 및 기술교육에만 치중해야 할지 아니면 좀 더 포괄적인 성장에 초점을 맞추어야 할지에 따라 다소 차이가 있을 뿐이다. 반면, 2001년 10월 제정된 「인적자원개발기본법」 제2조 제1항은 인적자원개발을 국가, 지자체, 교육기관, 연구기관, 기업이 주체가 되어 인적자원을 양성 · 배분 · 활용하고, 이와 관련되는 사회적 규범과 네트워크를 형성하기 위해 행하는 제반 활동으로 정의하고 있다.

앞서 제시한 여러 학자의 정의에 토대하여 정리하자면, 노인인적자원개발은 인적자원으로서 가치를 높이기 위해 노인을 교육 · 훈련시키는 행위라고 볼 수 있다. 물론 여기서 단순히 경제적 가치만을 높일 것인가 아니면 사회적 · 정치적 · 문화적 · 윤리적 가치를 함께 높일 것인가의 차이가 있을 수 있다. 한편, 「인적자원개발기본법」에 토대하여 정의하자면, 노인인적자원개발은 국가 등이 나서서 인적자원으로서 노인을 양성·배분·활용하고, 이와 관련되는 사회적 규범과 네트워크를 형성하기 위해 행하는 제반 활동으로 정의내릴 수 있다. 그러나 여기서 짚고 넘어가야 할 점은 인적자원으로서 노인이 갖는 특수성이다. 물론 모든 집단이 각기 다른 특성을 가지고 있지만 노인의 경우 다른 집단과 달리 생애주기의 마지막 단계에서 죽음에 앞서 생을 정리해야 하며, 그러면서도 아직 삶의 연장선에 놓여 있다는 점에서 다른 집단에 비해 훨씬 복합적인 삶의 과제를 갖고 있다. 또한 노인 중에는 나이 듦에 따라 신체적인 혹은 정신적인 제약으로 인해 인적자원개발 대상이 될 수 없는 노인도 상당수 있다는 점을 간과해서는 안 될 것이다.

3. 노인인적자원개발의 현황과 문제점

1) 노인인적자원개발 현황

여기서는 다른 집단과 많은 차이점을 가진 한국의 노인을 위한 인적자원개발은 실제로 어떻게 이루어지고 있으며, 문제점은 무엇인지를 살펴보고자 한다. 한국의 노인인적자원개발을 국가가 주도해 오고 있는 상황에서, 정부에서 계획하고 발표한 제1차 계획과 제2차 계획의 노인인적자원개발이 어떻게 다루어지고 있는지를 중점적으로 고찰한다.

한국 정부는 IMF 이후 국가 경쟁력 강화가 주요한 이슈로 부각되면서 국가 차원에서 인적자원개발을 추진하기로 결정하고, 2001년 12월에 제1차 국가인적자원개발기본계획(2001~2005)과 2006년에 제2차 국가인적자원개발기본계획(2006~2010)을 마련하였다. 이 두 계획에는 저출산·고령화사회로 진입한 한국이 직면할 수밖에 없는 생산가능인구 감소 문제에 대비하기 위해 인적자원으로서 노인을 어떻게 개발해야 할지에 대한 계획이 담겨 있다.

제1차 국가인적자원개발기본계획(2001~2005)은 노인을 사회적 취약계층
으로 분류하고 노인의 인적자원개발을 위한 계획으로 '고령자·노인의 평생
학습 및 봉사활동에 대한 지원을 강화하고 고용촉진을 위한 제도를 정비'한
다라고 하고 있다. 구체적으로는 고령자·노인의 평생학습 및 봉사활동 지원
강화를 위해 크게 평생교육체제 정비, 지역사회 가용자원을 활용한 고령자·
노인 교육 확대, '생산적 노후생활'을 위한 각종 자원봉사 지원체제 마련을 계
획하였으며, 고령자 및 노인의 고용 촉진을 위한 제도 정비를 위해서는 고령
자 고용 촉진을 위한 「고령자고용촉진법」 개정과 노인 전문인력 뱅크 설치를
계획하였다(교육인적자원부, 2002, pp. 25-27; 대한민국정부, 2001, p. 10).

이런 계획하에 2005년까지 추진된 사업은 다음과 같다(교육인적자원부,
2003, pp. 73-74; 교육인적자원부, 2005, pp. 75-80). 첫째, 대학부설 평생교육원
에 노인교육과정 개설을 적극 유도하거나 노인 수강생에게 할인 혜택(88개
교)을 주었고 전북대학교에 처음으로 노인을 위한 대학 청강생제도를 마련하
였다. 둘째, 고령자·노인의 자원봉사 활동 지원을 강화하기 위해 2002년에
는 퇴직 교육자를 중심으로 교육봉사를 하는 금빛평생교육봉사단을 창단하
고 운영비를 지원하였다. 셋째, 2002년에 대학부설 평생교육원에서 노인교
육 전문가 양성 과정을 운영하였고 대학원과정에 노인교육전공을 개설할 것
을 권장하였다. 넷째, 한국교육개발원 평생교육센터에서 표준화된 노인교육
교재 개발이 이루어졌고, 세대 공동체 프로그램, 직업교육 프로그램 등 노인
교육과정이 시범 운영되었다. 다섯째, 평생교육 시설 및 단체 등에서 노인을
대상으로 하여 교육 프로그램을 운영할 경우 지원하였다.

나아가 고령자·노인의 고용 촉진을 위해 다음과 같이 제도를 정비하였
다. 첫째, 「고령자고용촉진법」이 개정되어 사업주가 근로자를 모집·채용·
해고할 때 연령을 근거로 할 수 없도록 하는 차별금지 조항이 신설되었다. 둘
째, 고령자의 고용 연장을 위해 정년퇴직자 계속고용장려금 지원 제도를 신
설하고 고령자신규고용장려금의 지원 요건을 완화하였다. 셋째, 고령자 취

업 적합 직종에 대한 단기훈련 과정과 퇴직고령자에 대한 실업자 훈련을 지속적으로 실시하도록 하였다. 넷째, 노인인력 운영을 활성화하기 위해 노인인력 운영센터를 설립·운영하고, 지역 특성에 맞는 노인 일자리를 창출하고, 노인일자리 박람회를 개최하도록 하였다.

이처럼 제1차 국가인적자원개발기본계획에 따라 진행된 노인인적자원개발은 국가 차원에서 처음으로 실시되었다는 점에서 의의를 찾을 수도 있으나, 저출산·고령화사회의 심각성이 강조된 것에 비해 내용 면에서 구체적이지도 다양하지도 못하고, 대상 면에서도 일부 노인층에 국한하여 이루어지는 데 그쳤다는 한계가 있다. 그리고 이러한 경향은 제2차 국가인적자원개발기본계획에서도 크게 달라지지 않았다.

제2차 국가인적자원개발기본계획(2006~2010)에 포함된 노인인적자원개발과 관련한 주요 과제는 '사회통합 및 교육·문화복지 증진' 영역에서 '청소년층 및 중고령층의 인적자원개발 촉진'이다. 이 중 노인교육과 관련된 부분은 비문해 성인의 기초교육 지원을 통한 저학력 성인(노인 포함) 계층의 평생학습 참여능력 제고와 중고령자를 위한 특화된 직업훈련의 개발·보급 정도이다. 고용과 관련해서도 임금 피크제 도입 등을 통한 연령 중심의 구조조정 완화, 대기업 등 산업계에서 은퇴한 고급 기술인력의 효율적 활용 확대, 중고령여성(50세 이상)을 유치원의 유급 자원봉사 인력으로 활용함으로써 유아-여성노인 협력망 조성 지원 등이 있을 뿐이다(대한민국정부, 2006, p. 54).

대신 제2차 계획에는 노인일자리사업이 크게 강조된다. 노인일자리사업은 노무현 정부의 국정과제로서 인구 고령화에 따른 생산가능인구의 감소로 인해 국가 경쟁력이 저하되는 것을 막기 위해 일할 의사가 있고 능력을 갖춘 노인에게 일자리를 제공하고자 하는 사업이다. 이 사업은 65세 이상 노인 중 많은 노인이 경제적 어려움으로 인해 일자리를 원하는 상황이지만 기존 노동시장 체계로는 노인 일자리 확보가 어렵다는 판단에서 이루어진 노인만을 위한 일자리사업이다. 보건복지부 노인지원팀이 정책 결정과 예산 지원을 담당하고, 한국노인인력개발원이 사업개발, 추진실적 분석, 평가를 담당하며, 지방자치단체가 지역 내 사업을 총괄하고 예산을 지원하고 있다. 실제 사업 수행은 지방자치단체, 시니어클럽, 노인복지회관, 대한노인회, 노인복지기관 등 다양한 기관이 담당하도록 하였다(보건복지가족부, 2009, pp. 3-17; 보건복지부, 2007, pp. 1-8).

정부는 무엇보다 노인일자리사업을 통해 노인을 위한 일자리를 2007년까지 8만 개 창출하고, 2010년 16만 개로 확대하고자 했다. 이를 위해, 첫째, 은퇴한 CEO로 구성된 사업단의 시장형 사업에 대한 경영자문, 담당자들의 능력 제고를 위한 전문교육과정 운영 등을 통한 노인일자리사업의 내실화를 꾀하였다. 둘째, 노인일자리사업과 관련하여 지방자치단체 및 사업수행기관의 자율성을 강화하고자 했다. 셋째, 일자리 유형도 초기에 주류를 이루던 공익형 일자리를 축소하고 대신 교육복지형과 자립지원형의 비율을 확대하고자 하였으며, 2009년에는 창업모델형을 새롭게 추가하였다. 넷째, 안정적으로 노인일자리사업을 지원하고자 민·관의 유기적 협력 체계를 구축하였다. 다섯째, 노인일자리사업의 제도화와 활성화를 위한 조사·연구를 강화하였다. 여섯째, 대국민 인식개선을 위한 '연령차별 근절 캠페인(Age Positive Campaign)'을 추진하기 위해 정부는 2006년에는 1,106억 원, 2007년에는 1,610억 원, 2008년에는 1,779억 원의 예산을 책정하였다.[2]

지금까지 노인인적자원개발과 관련하여 제1차, 제2차 국가인적자원개발 기본계획을 살펴보았다. 제1차 계획과 제2차 계획은 기본적인 구조에 있어서는 크게 다르지 않지만 내용상 약간의 차이를 보인다. 첫째, 둘 다 국가가 전적으로 주도하고 있지만, 제1차 계획에서는 인적자원으로 노인의 능력을 개발하기 위해 교육(양성) 부분과 고용(활용) 부분을 모두 고려한 데 반해, 제2차

---

2) 교육인적자원부에서 발간한 『2006년도 국가인적자원개발시행계획』과 『2007년도 국가인적자원개발시행계획』을 참조하여 재정리함.

계획에서는 양성 부분은 거의 빠지고 활용, 즉 노인일자리사업에 초점을 맞추었다. 둘째, 제1차 계획은 노인의 경제성과 생산성을 강조하면서도 노인교육과 봉사활동을 강조함으로써 어느 정도 사회적·정치적·문화적·윤리적 성장까지 도모하려 하였으나, 제2차 계획은 노인인적자원의 활용에만 초점을 둔 일자리사업을 강조함으로써 인적자원으로서 노인의 가치를 지나치게 경제성과 생산성에만 맞추었다. 셋째, 제1차 계획에도 한국 노인이 처해 있는 경제적 어려움을 덜기 위해 노인을 위한 고용의 기회를 확대하고자 하는 노력이 없지는 않았지만, 노인만을 위한 일자리사업이 따로 전개되지는 않았다. 그러나 제2차 계획에서는 경제적으로 어려움을 겪고 있는 노인들의 고통을 덜기 위해 본격적으로 노인만을 위한 일자리사업을 전개하고자 하였다.

제2차 국가인적자원개발기본계획은 실제로 2010년에 끝나게 되어 있지만 2008년 새로 들어선 이명박 정부는 '잃어버린 10년'을 외치면서 김대중, 노무현 정부 때 만들어진 많은 정책의 수용을 거부하였다. 인적자원개발정책도 예외가 아니었다. 노무현 정부 당시 인적자원개발 업무를 총괄하였던 교육인적자원부는 교육과학기술부로 축소되고, 부총리로 격상되었던 교육부 장관은 다시 장관으로 격하되었다. 뿐만 아니라 교육과학기술부가 더 이상 인적자원개발의 업무를 총괄하지 않게 되면서 그때까지 교육인적자원부에서 총괄하던 인적자원개발사업은 각 부처가 알아서 유지하거나 중단하였다.

이런 가운데 2009년 제시된 교육과학기술부의 국정과제에서 인적자원개발 관련 과제는 찾아볼 수 없었고 인적자원개발과 더불어 강조되던 평생교육도 단지 '평생학습계좌제' 도입과 고등교육기관의 평생교육 기능 강화 등의 과제로 축소되었다. 반면, 노인일자리사업은 이명박 정부에 들어서 보건복지부에서 바뀐 보건복지가족부가 계속 담당하게 되었다. 보건복지가족부가 발행한 2009년 노인일자리사업 안내는 다음과 같은 추진 내용을 담고 있다. 첫째, 노인의 욕구에 맞는 맞춤형 노인 일자리의 창출·확대를 통해 2008년 11만 7,000개로부터 2009년에는 16만 개의 일자리를 만든다. 둘째, 맞춤형 노인 일자리 창출을 위한 사업 관리를 강화하고 내실화를 추구한다. 셋째, 노인 일자리 개발·보급을 위해 사업 수행 인프라를 지원하고 강화한다. 넷째, 노인일자리사업의 질적 향상을 위한 체계적인 교육을 지원한다. 다섯째, 교육-일자리 창출 연계사업 시범 운영을 확대한다. 특히 은퇴 전후 준비교육(Program for Beautiful Life)을 수료한 고령자에게 교육 내용에 대한 지역사회 적응훈련 프로그램(Internship Program)을 실시하고 노인일자리사업 아이템의 자체 개발을 통해 일자리 창출과 연계한다(보건복지가족부, 2009, pp. 5-6).

노무현 정부에서도 노인인적자원개발이 충분히 체계적으로 이루어지지는 않았지만, 이명박 정부에 들어서 교육인적자원부가 교육과학기술부로 바뀌고 인적자원개발이 더 이상 중요하지 않게 됨에 따라 노인인적자원개발 역시 더 이상 큰 관심을 끌지 못하게 되었다. 물론 정권이 변하면 정책 변화가 불가피하고, 노인인적자원개발정책도 예외가 될 수 없을 것이다. 그러나 지금까지 노인인적자원개발의 필요성에 대한 주장의 근거인 약화된 국가 경쟁력은 아직도 크게 향상되지 못하고 있고 여전히 저출산·고령화사회는 더욱 심각하게 진행되고 있는데, 갑자기 노인인적자원개발이 더 이상 필요하지 않다고 하는 것은 문제가 있다고 할 수 있다.

노인인적자원개발에 커다란 관심을 보이지 않는 이런 추세는 박근혜 정부에 들어서도 큰 변화 없이 지속되었다. 박근혜 정부에서도 노인인적자원개발이라는 용어는 크게 관심을 끌지 못하였다. 다만 보건복지부가 중심이 되어 노인일자리사업만은 계속 실시하고 있는데, 이 사업은 주로 경제적으로 어려움을 겪는 노인을 대상으로 복지 차원에서 경제적 안정을 제공하는 데 초점을 맞추고 있다는 점에서 교육에도 중요한 가치를 둔 노인인적자원개발과는 근본적으로 다르다고 볼 수 있다. 이에 대해 노인일자리사업에도 인적자원개발 측면의 평생학습 접근이 필요하다는 주장이 새롭게 등장하고 있기도 하다(교육부, 국가평생교육진흥원, 2014, p. 164). 이처럼 한국에서 고령화가 더욱 심화되는 상황에서 노인들의 인적자원개발에 대한 관심이 새롭게 부각되는 것은 고무적인 일이 아닐 수 없다. 하지만 앞으로 노인인적자원개발은 최소한 제1차, 제2차 국가인적자원개발기본계획의 노인인적자원개발이 갖고 있던 문제점을 극복하는 방향으로 나아가야 할 것이다.

2) 노인인적자원개발의 문제점

이러한 이유로 여기서는 우선 국가인적자원개발기본계획에서 이루어진 노인인적자원개발의 문제점은 무엇인지를 중점적으로 살펴본다.

첫째, 노인인적자원개발이 지나치게 국가 주도로 이루어졌고 국가의 이해관계를 우선시했다는 점이다. 노인인적자원개발과 관련하여 정부가 모든 계획을 세우고 재정을 지원한 반면, 노인은 국가가 세운 정책을 수동적으로 따르는 대상에 불과하였다. 이처럼 처음부터 한국의 노인인적자원개발에서는 개인으로서의 노인의 이해가 우선시되기보다는 조직으로서 국가나 기업의 이익이 우선시되었다. 비록 저출산·고령화사회에서는 국가 경쟁력의 약화로 인해 노인의 인적자원개발이 주요한 화두가 되고 있지만, 지나치게 국가 경쟁력이라는 화두에 얽매여 인적자원개발 대상이 스스로 생각할 수 있는 인간이라는 점, 특히 노인의 경우 오랜 인생의 경험을 가지고 있으면서 한편으로 생애주기의 마지막 단계에 놓인 특수성을 가진 집단이라는 점을 간과하고 있다. 다른 자원개발의 경우에는 국가가 전적으로 주도할 수 있지만 인적자원개발의 경우는 다르다. 즉, 다른 자원개발의 경우 국가의 요구가 가장 중요하지만, 인적자원개발의 경우 국가의 요구와 마찬가지로 개발 대상의 요구 역시 중요하게 여겨져야 한다. 특히 노인은 국가의 발전을 위해 많은 기여를 한 집단으로 그들에 대한 배려가 우선시되어야 함에도, 지금까지 한국에서 이루어진 노인인적자원개발은 노인의 특성이 무엇인지, 또한 그들의 요구가 무엇인지를 파악하려는 노력이 거의 없었다.

둘째, 노인인적자원개발에서는 교육(양성)과 활용(고용) 부분이 균형 있게

이루어져야 함에도 제1차, 제2차 국가인적자원개발기본계획의 노인인적자
원개발은 양성 부분을 매우 미약하게 다룬 반면, 활용을 위한 노인일자리사
업 부분은 상대적으로 크게 강조하였다는 점이다.

　제1차 계획에는 어느 정도 노인교육의 중요성이 부각되어 있고, 노인교육
의 활성화를 위해 다양한 사업이 계획 · 추진되었다. 그러나 여전히 노인교
육을 위해 투자한 재정은 다른 사업에 비해 상내적으로 매우 낮았다.[3] 그리
고 그나마 있던 일반 노인을 위한 교육사업은 제2차 계획에서 성인기초문해
교육과 중고령층을 위한 직업훈련 프로그램 개발 · 보급이 대신하고 있다.
제2차 계획의 노인인적자원개발을 위해 채택된 대표적인 정책인 노인일자
리지원사업에 교육에 관한 부분이 없는 것은 아니다. 예를 들면, 노인일자리
사업 참여자는 소양교육으로 6시간, 그리고 일자리의 유형에 따라 8시간(공
익형, 복지형, 시장형, 인력파견형)부터 20시간(교육형)의 직무교육을 받도록 하
고 있다(보건복지가족부, 2009, p. 24). 그러나 이들이 받는 교육은 노인의 전반
적인 능력을 제고하기 위한 것이라기보다는 특정 직업을 수행하는 데 필요한
최소한의 훈련에 불과하다. 이처럼 한국의 노인인적자원개발은 인적자원개
발의 근간인 교육 부분을 상대적으로 소홀하게 다루고 있는데, 이는 노인이
다른 집단에 비해 개발 가치가 적다는 시각에서 비롯된 것이라고 할 수 있다.

　셋째, 노인인적자원개발을 담당하는 부처 간의 업무 불균형이 심각하였다
는 점이다. 노인인적자원개발에 있어서도 교육인적자원부의 역할이 매우 중
요함에도 교육인적자원부의 관심은 노인교육으로까지 확대되지 못했다. 그
마저도 교육인적자원부가 교육과학기술부로 바뀌면서 교육과학기술부에서
노인교육을 포함한 평생교육 업무를 담당한 부서인 평생학습정책과의 업무

---

3) 2005년 시행계획에는 고령자 · 노인의 평생학습 및 봉사활동을 지원 · 강화하기 위해, 첫째, 평생
　교육 시설 · 단체 등에 개설된 노인 대상 교육 프로그램 운영비로 1억 2,000만 원, 노인교육 전문가
　양성 과정 지원에 1억 6,000만 원, 그리고 고령자 · 노인이 주체가 된 자원봉사단인 금빛평생교육
　봉사단의 운영에 5억 원을 배정하고 있다(교육인적자원부, 2005).

중에 노인 관련 업무는 '노인 등 사회·경제적 취약계층의 인적자원개발' 정도만 있을 뿐이었고 이후 교육과학기술부가 다시 교육부로 바뀌었지만 교육부 내 평생교육을 담당하는 평생학습정책과의 업무 목록에는 노인 관련 업무가 사라져 버렸다. 대신 노인인적자원개발의 핵심 사업이던 노인일자리사업은 보건복지부가 맡아서 하고 있다. 하지만 노인인적자원개발에서 교육 부분이 빠진 채 보건복지부가 노인일자리사업을 주도하고 있다는 것은 장기적인 측면에서 바람직하지 않다고 할 수 있다. 왜냐하면 보건복지부는 노인을 사업 혹은 복지의 대상으로만 여기면서, 노인이 인적자원개발의 주체가 되는 데 필요한 역량을 제대로 키워 줄 수 없기 때문이다.

넷째, 노인인적자원개발은 인적자원으로서 노인의 경제성과 생산성을 강조한 반면, 사회적·정치적·문화적·윤리적 성장 등에 대해서는 크게 관심을 갖지 않았다는 점이다. 한국에서 이루어진 국가인적자원개발은 IMF 이후 국가 경쟁력 실추를 만회하기 위해 시작되었고, 이후에도 그 틀에서 크게 벗어나지 못하였다. 이처럼 한국의 노인인적자원개발은 인적자원으로서 노인의 경제적 가치를 높이기 위해서는 단순히 생산성에만 초점을 맞추어서는 안 되고 다른 사회적·정치적·문화적·윤리적 영역에서의 성장이 동반되어야만 한다는 점을 간과하고 있다. 뿐만 아니라 생산성에 초점을 맞추더라도 진정한 의미에서 생산성이 제고되기 위해서는 정부가 어떤 부분에서 얼마나 많은 고령노동자로 대체될 수 있을지, 그리고 그것을 위해 어떠한 교육이나 훈련이 필요한지 등을 철저히 분석하고, 그런 분석을 토대로 계획을 세우며, 적극적으로 많은 시간과 재정을 투여하여야 함에도 그런 노력을 제대로 하지 않았다. 특히 다른 인적자원도 마찬가지이지만 인생의 마지막 단계에서 삶을 마무리해야 하는 노인에게 마지막까지 좀 더 생산적이기를, 그리하여 국가 혹은 기업을 위해 희생하기를 강요하는 인적자원개발은 분명 올바른 방향의 인적자원개발이라고 할 수 없다.

다섯째, 노인인적자원개발은 노인이라는 집단 내의 다양성을 제대로 보지 못해, 결과적으로 노인의 다양한 요구를 제대로 반영하지 못했다는 점이다. 물론 연금제도의 혜택을 볼 수 없는 노인들에게 생존을 위한 일자리 마련은 중요한 문제이지만, 다른 집단과 마찬가지로 노인 또한 다양한 구성원의 집합체로서 모든 노인이 일자리를 원하지는 않는다. 그러나 지금까지 노인인적자원개발은 지나치게 일자리, 그것도 저임금의 단순노동을 요하는 일자리 사업에만 초점을 맞춤으로써 이미 경제적으로 여유가 있고 학력이 높은 노인의 인적자원개발 욕구는 제대로 반영하지 않았다.

이처럼 국가인적자원개발기본계획에서 다루어 온 노인인적자원개발은 전적으로 국가가 주도하고 노인은 단지 대상으로만 참여하였으며, 노인의 요구보다는 국가의 요구를 우선시하였다는 점에서 균형 잡힌 인적자원개발이라고 보기 어렵다. 뿐만 아니라 인생의 마지막 단계에 놓인 특수한 집단으로서의 노인의 특성도 충분히 반영하지 않았다고 할 수 있다. 그리고 그마저도 정권이 바뀌면서 겨우 일자리사업으로 명목만 유지하고 있을 뿐이다. 하지만 고령화가 심화되는 현 상황에서 노인인력을 어떻게 개발·활용할지에 대한 고민은 그 어느 때보다 필요하다. 따라서 다음은 미래 한국에서 이루어질 노인인적자원개발은 지금과는 어떻게 다르게 이루어지는 것이 바람직할지를 살펴보고자 한다.

4. 노인인적자원개발의 미래 방향

여기서는 먼저 한국보다 먼저 고령화사회에 접어든 국가에서 한국의 노인인적자원개발과 비슷한 의미로 사용하고 있는 '생산적 노년기(pro-ductive aging)' 개념을 살펴보고, 이로부터 한국은 어떠한 시사점을 얻을 수 있을지를 탐색한다.

1) 생산적 노년기

생산적 노년기는 한국에서 노인인적자원개발이라는 용어가 사용되기 훨씬 전부터 비슷한 의미로 서구나 일본 등지에서 사용하고 있다. 생산적 노년기는 1980년대 초까지 팽배해 온 노인의 부정적 이미지, 즉 노인은 아무런 가치가 없고 그리하여 비생산적이라고 보는 시각을 비판하면서 시작되었고, 1980년대와 1990년대를 거쳐 이론으로 체계화되었다. 대표적인 학자로는 배스, 카로와 첸(Bass, Caro, & Chen, 1993), 모로−하우웰, 힌터롱과 셰라든(Morrow-Howell, Hinterlong, & Sherraden, 2001) 등이 있다. 이들은 많은 노인이 젊은 사람 못지않게 노동자로서, 자원봉사자로서 사회에 기여해 오고 있고 또한 젊은 사람 못지않게 많은 잠재력을 갖고 있다고 주장하면서, 앞으로 사회는 노인의 이런 잠재력을 인정하고 적극적으로 개발할 필요가 있다고 강조한다(Bass, Caro, & Chen, 1993, p. 5). 특히 생산적 노년기는 노인이 과거에 얼마나 생산적이었는가 혹은 사회에 기여했는가와는 별도로 노년기의 노인이 앞으로 얼마나 생산적일지 혹은 사회에 기여할 수 있을지를 중요하게 여긴다(신미식, 2007, p. 10).

물론 생산적 노년기는 한국의 인적자원개발과 비슷한 비판을 받아 오고 있다. 무엇보다 생산적 노년기는 노인의 생산성만을 지나치게 강조함으로써 인생의 마지막 단계인 노년기조차 경제 논리에 따르게 하고 있고(Estes & Mahakian, 2001, pp. 205-211), 다른 집단과 달리 생산적이고 싶지만 그렇지 못한 노인이 많음에도 지나치게 생산성을 강조함으로써 생산적이지 못한 노인을 또다시 희생자로 만든다는 이유로 비판을 받는다. 게다가 모든 노인이 생산적이어야 한다는 논리로 인해 생산적이지 못한 노인에 대한 국가적 · 사회적 책임을 회피하는 구실을 제공한다는 비판도 있다(Moody, 2001, p. 182). 뿐만 아니라 이 개념은 생산성에서의 사회적 맥락을 무시함으로써 근본적으로 노인의 계층, 성별, 인종 등에 따라 생산성이 달라질 수 있다는 점을 간과한

다. 그러나 이러한 비판에도 불구하고 생산적 노년기는 한국 노인인적자원
개발과 비교할 때 몇 가지 차이점이 있다.

첫째, 한국 노인인적자원개발은 경제적 생산성을 강조하는 데 비해, 생산
적 노년기는 돈을 버는 데 초점을 맞춘 경제적 생산성 못지않게 사회에 기여
하는 사회적 생산성을 강조하고 있다. 생산적 노년기는 노인이 계속해서 건
강하고 행복하게 살기 위해서는 노동자로서, 직장인으로서 경제활동에 참여
하는 것도 중요하지만 또한 자원봉사자로서 사회에서 요구하는 활동에 적극
참여하여 사회발전에 기여하는 것도 중요하다고 보고 있다. 실제로 생산적
노년기는 노인이 도서관의 사서로서, 청소년의 상담자로서, 지역사회의 활동
가로서 적극적으로 사회에 참여하기를 강조하고 있다.

둘째, 한국 노인인적자원개발에서 생산성을 강조하는 이유는 무엇보다 국
가의 경쟁력을 향상시키는 데 있지만, 생산적 노년기에서 생산성을 강조하
는 이유는 국가 경쟁력 향상보다는 노년기에 놓여 있는 노인의 삶을 좀 더 풍
요롭게 하는 데 있다. 생산적 노년기에 따르면, 노인은 인생의 마지막 단계에
서 삶을 정리해야 하는 특수성을 가지고 있기 때문에 노인의 생산성 역시 국
가라는 조직의 발전보다는 노인의 개인적인 이익이나 혜택을 우선시해야 한
다. 다시 말해, 생산적 노년기는 생산성이 다른 목적이 아니라 인생의 마지막
단계에 놓여 있는 노인이 좀 더 의미 있게 자신의 삶을 정리할 수 있도록 하
는 데 활용되어야 한다고 주장한다.

셋째, 한국 노인인적자원개발에서의 주체는 국가이지만 생산적 노년기에
서의 주체는 노인이라는 차이점이 있다. 비록 국가가 아무리 노인의 요구를
반영하려고 노력한다고 하더라도 그것을 정확하게 파악하는 것은 쉽지 않
다. 특히 노인인적자원개발의 궁극적인 목적을 국가의 경쟁력 향상에 두고
있는 상황에서는 더욱더 그렇다. 이에 반해 생산적 노년기는 노인이 주체로
서 참여할 필요성을 강조하고, 노인 자신이 좀 더 생산적이 되기 위해서는 어
떠한 교육과 훈련이 필요할지, 어떠한 역할을 담당해야 할지를 스스로 파악

하게 함으로써 결과적으로 노인이 생산적 노년기의 활동에 보다 적극적으로 참여할 수 있게 하고 있다.

2) 한국 노인인적자원개발의 방향

앞서 살펴본 한국의 노인인적자원개발과 생산적 노년기의 차이점은 앞으로 한국에서 인적자원개발이 나아가야 할 방향을 시사해 준다. 이러한 이유로 다음은 생산적 노년기가 주는 시사점을 토대로 앞으로 한국 노인인적자원개발은 어떠한 방향으로 나아가야 할지를 살펴본다.

첫째, 앞으로 노인인적자원개발은 노인을 위한, 노인에 의한 인적자원개발이 되어야 할 것이다. 생산적 노년기는 노인이 의존적이며 나약하게 그려지는 것에 반대하면서 노인도 젊은 사람 못지않게 생산적일 수 있고 또 생산적이라는 점을 강조하며, 노인이 자신의 생산성을 개발하는 과정에 주체로서 참여해야 함을 주장하고 있다. 이에 반해 지금까지 한국의 노인인적자원개발은 저출산·고령화사회에서 국가 경쟁력 제고를 위한 하나의 수단으로 여겨졌고, 결과적으로 그 과정에서 노인의 이익보다는 국가나 기업의 이익이 우선시되었다. 하지만 미래의 노인인적자원개발은 국가 경쟁력보다는 노인의 이익이 우선시되어야 할 것이다. 국가 경쟁력 제고는 몇몇 기업이나 특정 대상을 위한 것이 아니라 모든 국가구성원을 위한 것이라는 전제에서 노인인적자원개발은 노인을 위한 개발이 되어야 하고, 개발 이익 역시 개발 대상이 우선 수혜자가 되어야 할 것이다.

그리고 그러기 위해서 무엇보다 필요한 것은 노인이 자신의 인적자원개발에 주체로서 적극 참여해야 한다는 점이다. 지금까지의 한국 노인인적자원개발의 모든 정책은 정책 담당자의 생각으로부터 나왔고, 노인은 단순히 개발되어야 할 대상 이상의 의미를 지니지 못했다. 앞으로 노인인적자원개발은 노인이 적극적으로 참여함으로써 당사자인 노인에 의한, 노인을 위한 개발이

되어야 할 것이며, 국가는 이 과정에서 필요한 재정적 · 제도적 지원만을 담
당하는 역할을 수행해야 할 것이다.

둘째, 앞으로 노인인적자원개발은 생산성의 범위를 좀 더 확대하여야 할
것이다. 생산적 노년기는 돈을 버는 데 초점을 맞춘 경제적 생산성 못지않
게 사회에 기여하는 사회적 생산성의 중요성을 강조한다. 왜냐하면 이미 경
제적으로 안정된 노인들은 더 이상 돈을 버는 데 큰 의미를 두지 않고 오히려
사회적 기여를 통해 노년기의 삶의 의미를 찾으려 하기 때문이다. 한국에서
도 모든 노인이 경제적으로 어려운 것은 아니다. 연금 등으로 인해 앞으로는
경제적으로 여유 있는 노인의 수가 증가할 것이고, 특히 교육을 많이 받은 베
이비부머 세대가 대거 노인층으로 편입할 것이다. 이러한 상황에서 앞으로
는 생산성의 범위를 확대하여 지금까지의 경제적 생산성에 국한할 것이 아니
라 사회적 생산성, 나아가 자아실현을 위한 생산성까지 포함해야 할 것이다.

셋째, 앞으로 노인인적자원개발에서는 교육을 강조해야 하고, 교육 내용도
달라져야 할 것이다. 현재 한국에서 이루어지고 있는 노인인적자원개발은 다
른 구성원의 인적자원개발과 달리 교육 부분이 중요하게 여기지 않는다. 물
론 제1차 국가인적자원개발기본계획에는 노인교육 부분이 어느 정도 포함되
었지만 충분하지 못했고, 제2차 국가인적자원개발기본계획에는 그나마 있던
노인교육 부분이 사라졌다. 인적자원개발은 말 그대로 인적자원 대상이 '경
쟁력'을 갖출 수 있도록 교육과 훈련을 제공하는 것이라고 해도 과언이 아닌
상황에서 앞으로 노인인적자원개발은 지금까지 노인인적자원개발이 교육 부
분을 상대적으로 경시함으로써 어떠한 결과가 발생하였는지를 정확하게 분
석하는 것을 우선시해야 할 것이다. 그리고 분석 결과를 토대로 어떻게 하면
교육 부분을 강화시킬 수 있을지에 대한 방안을 모색해야 할 것이다.

넷째, 앞으로 한국 노인인적자원개발은 노인의 경제적 생산성 외에도 노
인의 사회적 · 문화적 · 정치적 · 윤리적 가치를 높이는 데 기여해야 할 것이
다. 생산적 노년기는 다른 대상과 달리 노인은 인생의 마지막 단계에 놓여 있

기 때문에 생산성만을 강조할 수 없다는 것, 노인 중 상당수는 생산적이고 싶어도 더 이상 생산적일 수 없는데 그런 노인에게 무조건적으로 생산성의 잣대를 들이대는 것은 '생산적'이지 못하다는 것을 시사하고 있다. 따라서 한국의 노인인적자원개발은 인생의 마지막 단계에 놓인 노인에게 경제적 생산성 위주의 인적자원개발만을 강조하는 것은 자칫 노인을 생의 마지막까지 자본주의 시장 논리에서 벗어나지 못하게 할 수 있다는 점을 명심해야 할 것이다. 앞으로 노인인적자원개발은 노인에게 노년기까지 시장 논리에 휘둘리지 않고, 인생의 말년을 뒤돌아보고 정리할 수 있는 기회를 제공할 뿐만 아니라 노년기에 또 다른 삶의 의미를 찾을 기회를 제공함으로써 경제적 가치 이외의 다른 가치도 제고할 수 있도록 해야 할 것이다.

다섯째, 앞으로 노인인적자원개발은 노인 개개인의 다양성을 충분히 고려해야 할 것이다. 노인의 생산성과 관련하여 사회적 맥락을 무시하고 있다는 생산적 노년기에 대한 비판은 한국의 노인인적자원개발에도 그대로 적용될 수 있다. 지금까지 한국의 노인인적자원개발은 노인 사이의 다양한 배경에 관심을 갖지 않음으로써 그들이 속한 사회적 배경으로 인해 생길 수밖에 없는 생산성 차이를 간과해 왔다. 따라서 앞으로 노인인적자원개발에서는 노인도 다른 집단과 마찬가지로 구성원 사이에 많은 차이점이 있다는 것을 인정해야 할 것이다.

또한 노인 중에는 생산성 개발이 가능한 노인이 있는 반면 그렇지 못한 노인도 있고, 생산성 개발이 가능한 노인의 경우에도 계속해서 생산적이고 싶어 하는 노인이 있는가 하면 더 이상 생산적 활동에 참여하고 싶어 하지 않는 노인도 있다. 계속해서 생산적이고 싶어 하는 노인의 경우 경제적 활동이 아닌 사회봉사 활동에만 참여하고 싶어할 수도 있다. 이런 이유로 앞으로 한국의 노인인적자원개발은 노인 사이의 다양한 요구에 민감해야 할 것이다. 특히 생산적이고 싶지만 그렇게 할 수 없는 노인에게 복지를 제공하는 것의 중요성을 간과해서는 안 될 것이다. 왜냐하면 지금까지 사회에 충분히 기여했지만 현재는 더 이상 생산적일 수 없는 노인이 편안하게 생을 마감할 수 있게 해 주는 것 역시 궁극적으로 노인이라는 전체 집단의 생산성을 제고하는 데 절대적으로 필요하기 때문이다.

5. 나가며

노인은 다른 사회구성원 못지않게 중요한 사회구성원이고, 앞으로 고령화가 가속화되면서 노인의 역할은 지금보다 훨씬 중요해질 수밖에 없다. 이러한 맥락에서 국가와 사회는 노인이 앞으로 사회에서 다양한 역할을 수행할 수 있도록 준비시킬 의무가 있으며, 노인인적자원개발이 바로 그 역할을 담당해야 할 것이다. 그러나 지금까지 한국에서의 노인인적자원개발은 그러한 역할을 제대로 하지 못했다고 할 수 있다. 따라서 앞으로 한국의 노인인적자원개발이 실천의 장에서 진정성을 갖기 위해서는 지금까지의 노인인적자원개발과는 본질적으로 다른 노인인적자원개발이 이루어져야 할 것이다.

그렇게 되기 위해서 무엇보다 노인인적자원개발과 관련한 다양한 논의와 연구가 좀 더 활발하게 이루어지는 것이 필요할 것이다. 특히 노인인적자원개발이 어떠한 방향으로 나아가야 할지에 대한 이론적 논의가 활발하게 이루어져야 할 것이다. 또한 인적자원개발의 대상인 노인 사이에 존재하는 차이에 대한 구체적인 연구가 이루어져야 하며, 이러한 연구의 결과는 노인인적자원개발 관련 정책을 수립하는 데 적극 반영되어야 할 것이다. 뿐만 아니라 인적자원개발 대상인 노인이 처해 있는 상황을 충분히 고려하여, 그들의 요구에 부합하는 인적자원개발 프로그램의 개발도 이루어져야 할 것이다. 그러나 단순히 현재의 능력에 초점을 맞춘 개발이 아니라 필요한 능력을 갖출 수 있도록 하는 개발이 되어야 한다는 전제에서, 여기서의 프로그램은 단순한 훈련이나 연수가 아닌 교육을 강조하는 프로그램이 되어야 할 것이다.

현재 노인인적자원개발의 필요성에 대해서는 어느 정도 공감대가 형성되어 있다. 그러나 구체적으로 어떠한 인적자원개발인가에 대해서는 확실한 방향이 세워지지 못한 상황에서 이러한 노력들이 합쳐질 때, 지금의 불확실성은 새로운 도전으로 받아들여지고 또한 한국의 노인인적자원개발은 진정한 의미에서 노인을 위한 인적자원개발로 거듭나게 될 것이다.

참고문헌

교육부, 국가평생교육진흥원(2014). 2013 평생교육백서. 세종: 교육부, 국가평생교육진흥원.

교육인적자원부(2002). 국가인적자원개발기본계획의 실행을 위한 평생학습진흥종합계획. 미간행 자료.

교육인적자원부(2003). 국가인적자원개발기본계획에 따른 분야별 시행계획(2003-2004). 미간행 자료.

교육인적자원부(2005). 국가인적자원개발기본계획 2005년도 시행계획. 미간행 자료.

교육인적자원부(2006). 2006년도 국가인적자원개발 시행계획. 미간행 자료.

교육인적자원부(2007). 2007년도 국가인적자원개발 시행계획. 미간행 자료.

교육인적자원부, 한국교육개발원(2006). 2006 평생교육백서. 서울: 교육인적자원부, 한국교육개발원.

교육인적자원부, 한국교육개발원(2007). 2007 평생교육백서. 서울: 교육인적자원부, 한국교육개발원.

김남희(2003). 인적자원개발에 대한 오해: 경제적 효율성이 전부인가? 평생교육과의 협력적 미래관계 모색을 위한 탐색. 평생교육학연구, 9(2), 147-168.

김태준, 홍영란, 김선자, 박응희, 정혜령, 한정란(2007). 고령사회에 대응하기 위한 노년교육 장기 발전 방안 연구. 서울: 한국교육개발원.

노동부(2007). 제1차 평생직업능력개발기본계획(2007~2011). 미간행 자료.

노동부(2008. 11. 4.). 고령인력 활용이 국가 경쟁력 열쇠. 미간행 보도자료.

노동부(2008. 12. 23.). 내년 3월 22일부터 연령차별이 금지된다! 미간행 보도자료.

노동부(2008. 2. 5.). 어르신~ 고령자인재은행이 일자리를 찾아드리겠습니다! 미간
　　행 보도자료.

노동부(2009. 1. 21.). 직업훈련과 현장 연수를 연계한 『고령자 뉴스타트 프로그램』 운
　　영. 미간행 보도자료.

대한민국정부(2001). 국가인적자원개발기본계획: 사람, 지식 그리고 도약. 서울: 교육인
　　적자원부.

대한민국정부(2006). 제2차 국가인적자원개발기본계획('06-'07) 인재강국 코리아(Creative
　　Korea). 서울: 교육인적자원부.

류윤석(2005). 평생학습사회에서의 노인 직업교육 활성화 방안. 한국교육, 32(3), 377-
　　399.

박성정(2001). 평생교육 관점에서 본 인적자원개발체제. 평생교육학연구, 7(2), 159-175.

보건복지가족부(2008. 7. 25.). 금년상반기 노인일자리사업 참여노인 13만 4천 명 돌
　　파. 미간행 보도자료.

보건복지가족부(2009). 2009년도 노인일자리사업 안내. 서울: 보건복지가족부.

보건복지부(2007. 2. 8.). 노인일자리, 복지·교육형 중심으로 개편. 미간행 보도자료.

보건복지부, 한국노인인력개발원(2007). 2007년도 노인일자리사업 종합안내. 미간행
　　자료.

신미식(2007). 평생교육으로서 한국노인교육의 발전방향. 평생교육학연구, 13(1),
　　1-24.

신미식(2009). 한국노인인적자원개발 현황 및 발전 방향. 한국동북아논총, 제14권, 제3호,
　　247-269.

천세영(2002). 인적자원개발과 교육에 대한 음미. 평생교육학연구, 8(1), 201-219.

통계청(2008). 2008 고령자 통계. 대전: 통계청.

통계청(2015). 2015 고령자통계. 대전: 통계청.

Bass, S. A., & Caro, F. G. (2001). Productive aging: A conceptual framework. In
　　N. Morrow-Howell., J. Hinterlong, & M. Sherraden (Eds.), *Productive aging:*

Concepts and challenges (pp. 37-78). Baltimore, MD: Johns Hopkins University Press.

Bass, S. A., Caro, F. G., & Chen, Y. (Eds.). (1993). *Achieving a productive aging society*. Westport, CT: Auburn House.

Estes, C. L., & Mahakian, J. L., (2001). The political economy of productive aging. In N. Morrow-Howell, J. Hinterlong, & M. Sherraden, *Productive aging: Concepts and challenges* (pp. 197-213). Baltimore & London: The Johns Hopkins University Press.

Minkler, M. (1996). Critical perspective on ageing: New challenges for gerontology, *Ageing and Society*, *16*, 467-487.

Moody, H. (1988). *Abundance of Life*. New York: Columbia University Press.

Moody, H. (1995). Meaning and late life learning. In E. Heikkinen, J. Kuusinen, I. Ruoppila, & University of Jyväskylä (Eds.), *Preparation for aging* (pp. 1-7). New York: Plenum Press.

Moody, H. (2001). Productive aging and the ideology of old age. In N. Morrow-Howell, J. Hinterlong, & M. Sherraden (Eds.), *Productive aging: Concepts and challenges* (pp. 175-196). Baltimore & London: The Johns Hopkins University Press.

Moody, H. (2004). *Aging: Concepts and controversies*. Thousand Oaks, CA: Pine Forge Press.

Morrow-Howell, N., Hinterlong, J., & Sherraden, M. (Eds.). (2001). *Productive aging: Concepts and challenges*. Baltimore & London: The Johns Hopkins University Press.

제2부

외국 노인교육의 이론과 실제

제5장 노년기 담론과 노인교육

제6장 삼세대대학

제7장 은퇴후교육

제8장 일본 노인교육

제5장
노년기 담론과 노인교육[1]

1. 들어가며

한국과 마찬가지로 서구에서도 1950~1960년대까지만 하더라도 노인은 쓸모없고(useless), 무기력하며(invalid), 의존적인(dependent) 존재로 여겨지면서, 대부분의 노인은 현실적으로는 그렇지 않음에도 소극적이며 수동적인 위치에서 자신에게 씌워진 부정적인 이미지를 수용하였다. 이렇게 노인을 부정적으로 보는 입장은 노인을 더 이상 가치가 없는 실패자(failure)의 집단이라고 본다는 점에서 실패자 모델(failure model)이라고 부르기도 한다(Moody, 2001, p. 177). 이 모델은 불쌍한 노인에게 필요한 것은 그들을 좀 덜 외롭고 덜 불쌍하게 만드는 것이고, 그러기 위해서 국가는 노인을 위해 많

---

1) 이 장은 신미식(2007). 평생교육으로서 한국노인교육의 발전 방향. 평생교육학연구, 13(1), 1-24에서 '노인교육 담론' 이후 실린 부분을 수정하여 재게재함.

은 복지 서비스나 혜택을 제공해야 한다고 주장하였다. 이러한 이유로 당시에 서구에서는 노인 문제를 해결하기 위해 엄청난 복지비 증가가 필요하였으며, 노인을 위한 교육도 복지 서비스의 일환으로 이루어졌다. 그러나 1970년대 이후 복지의 무제한적 증가로 인해 재정적인 어려움에 직면한 서구는 노인 문제를 바라보는 데 있어 실패자 모델의 한계를 느끼게 되었고, 또한 학력이 높아지고 건강해진 노인 역시 단순히 복지 서비스 차원의 여가·교양·취미·건강 위주의 노인교육에 만족하지 못하게 되었다. 이러한 불만 속에 노인과 노년기를 보는 새로운 담론인 성공적 노년기, 생산적 노년기, 비판적 노년학, 공적 노년학 담론 등이 자연스럽게 등장하게 되었다.

이 장에서는 서구에서 실패자 모델을 비판하면서 새롭게 등장한 이들 담론을 집중적으로 살펴보고자 한다. 구체적으로 이들 담론은 과거 노인을 실패자로 보고 노년기를 부정적으로 본 실패자 담론과 어떠한 점에서 어떻게 다른지를 살펴보고, 이러한 담론에 토대한 노인교육은 어떠한 특징을 가지고 있는지를 탐색한다. 나아가 이들 담론적 관점에서 한국 노인교육을 진단하고, 이로부터 한국 노인교육은 어떠한 시사점을 얻을 수 있을지를 밝혀 본다.

2. 성공적 노년기와 노인교육

성공적 노년기(successful aging)는 실패자 모델에 한계를 느낀 학자들, 대표적으로는 볼츠와 볼츠(Baltes & Baltes, 1990), 볼츠와 카스텐슨(Baltes & Carstensen, 1996), 로와 칸(Rowe & Kahn, 1998), 등이 새로운 담론을 모색하게 되면서 등장하였다. 실패자 모델과 달리 성공적 노년기는 노년기가 실패의 시기라기보다는 성공의 시기, 나아가서 새로운 창조의 시기라고 보고 있다(Moody, 2001, p. 177). 이 담론에서는 노인이 성공적 노년기를 보내기 위해 세 가지 요소가 필요하다고 주장한다(Rowe & Kahn, 1998, p. 39). 첫째, 병과 장애를 피함으로써 건강을 유지하는 것(avoidance of disease and disability), 둘째, 계속해서 인지적이고 신체적인 기능을 유지하는 것(maintenance of cognitive and physical function), 셋째, 삶에 적극적으로 참여하는 것(sustained engagement with life)이다. 이 중 가장 중요한 요소는 노년기까지 생존과 병으로부터 건강을 지키는 것으로, 성공적 노년기를 보내기 위해 노인은 죽기 직전까지 건강을 유지할 수 있어야 한다고 강조하고 있다.

실패자 모델의 경우, 노인이 지금보다 더 잘 살기 위해서 필요한 것은 복지이고 그것의 책임이 전적으로 국가에 있다고 강조한 반면, 성공적 노년기의 경우 노인이 성공적으로 노년기를 보내기 위해 가장 필요한 요소는 건강이고 그것을 책임지는 것은 바로 노인 자신이라는 점을 강조한다. 실제로 성공적 노년기에 대한 이러한 주장은 노인 의료비 증가의 부담을 개인의 책임으로 돌리려고 한 정부의 입장과도 맞아떨어졌고, 또한 부정적인 이미지에 불만을 가져온 노인으로부터도 많은 호응을 얻으면서 중요한 노년기 담론으로 자리 잡게 되었다.

성공적 노년기는 무엇을 강조하는가에 따라 적극적 노년기(active aging) 혹은 긍정적 노년기(positive aging) 등의 다양한 이름으로 불린다. 적극적 노년기는 과거보다 건강하고 학력도 높은 노인이 노년기에도 젊었을 때와 마찬가지로 사회활동에 적극적으로 참여할 수 있게 되는 것을 의미하며, 긍정적 노년기는 과거보다 건강하고 학력이 높아진 노인이 자연스럽게 과거에 가졌던 부정적 이미지에서 벗어나 좀 더 긍정적인 이미지를 갖고 노년기를 보내게 되는 것을 의미한다(Estes, Biggs, & Philipson, 2003, pp. 67-68).

성공적 노년기는 노인을 실패자로만 규정한 이전의 실패자 모델로부터 벗어나 노인을 좀 더 긍정적으로 묘사하려 했다는 점에서 진일보한 담론이라고 볼 수 있지만 몇 가지 문제점에 노출되어 있기도 하다. 첫째, 성공적인 것을 젊고 건강한 것과 일치시킴으로써 노인을 성공적인 노년기를 보내는 노인과 그렇지 않은 노인으로 '성공적으로' 구분하고(Moody, 2001), 그중 오직 젊고 건강한 노인만을 성공한 노인으로 보고 있다는 점이다. 둘째, 성공적 노년기를 보낼 수 없는 노인이 그럴 수밖에 없는 이유를 충분히 천착하지 않고, 단지 젊지 못하고 건강하지 못하다는 이유만으로 그들을 성공적이지 않다고 낙인찍고 있다는 점이다. 셋째, 노인 개인에게 건강하지 못하고 활동적이지 못한 책임을 모두 돌림으로써 그들이 겪고 있는 문제들을 사회구조 속에서 이해할 수 없게 할 뿐만 아니라 문제 해결에 있어서도 사회적 책임을 소홀히 다루고 있다는 점이다.

성공적 노년기에 토대한 노인교육은 노인의 건강, 젊음, 삶의 만족을 중심 주제로 삼고 있다. 따라서 이 담론에 토대한 노인교육은 노인이 젊은 사람 못지않게 건강할 수 있도록 그들의 건강을 유지시키고 촉진시켜 주는 다양한 건강 관련 프로그램이 주를 이룬다. 대표적인 프로그램으로는 요가, 골프, 게이트볼 등이 있으며, 이 외에도 건강한 노인도 젊은 사람 못지않게 활동적일 수 있다는 것을 보여 주기 위해 고강도의 체력을 요구하는 삼종 철인게임, 패러글라이딩, 마라톤 등도 강조한다. 반면, 이 담론에 토대한 노인교육은 주 대상을 성공적인 노인 혹은 성공적이기를 원하는 노인에 초점을 맞추기에, 성공적이지 못한 노인이 자신이 처해 있는 상황을 이해하는 데, 그리고 자신이 처해 있는 상황을 개선하기 위해 무엇을 해야 할지를 아는 데 도움을 주는 프로그램은 제공하지 못하고 있다.

3. 생산적 노년기와 노인교육

성공적 노년기에서 한 단계 나아가 지금까지 노인을 아무런 가치가 없고 비생산적인 존재라고 보아 온 시각에서부터, 노인도 젊은 사람 못지않게 생산적일 수 있으며 따라서 노년기 역시 개인적 성장과 사회적 공헌을 할 수 있는 시기라고 보는 생산적 노년기(productive aging) 담론이 등장하였다(Bass &

Caro, 2001; Bass, Caro, & Chen, 1993). 이 담론은 노인을 사회에 부담을 주는 존재로서가 아니라 노동자로서, 자원봉사자로서 사회에 기여하는 존재로 보고 있으며, 따라서 노인의 생산성과 사회공헌성을 가장 중요한 가치로 간주하고 있다. 또한 노인이 과거에 얼마나 생산적이었으며, 얼마나 사회에 기여했는가와는 별도로 노년기의 노인이 앞으로 얼마나 생산적일지, 얼마나 사회에 기여할 수 있을지를 중요하게 여기고 있다. 이 담론은 만약 노인이 계속 열심히 일하고 사회에 기여하게 되면 노인의 삶은 충만해지고 사회에서 노인의 이미지도 크게 달라질 것이라고 주장하고 있다.

　그러나 여기서 문제는 노인이 여러 가지 이유로 생산적이지 못할 수 있다는 점이다. 무디(Moody, 2001, p. 182)는 생산적 노년기 담론이 새로운 의미로 희생자를 비난(blaming victims)하는 수단이 되거나 이미 소외된 노인에게 필요한 것을 제공하지 않는 구실을 줄 수 있다고 경고하고 있다.

　에스테스와 매허키언(Estes & Mahakian, 2001, pp. 205-211)은 생산적 노년기 담론이 갖고 있는 부정적인 면을 정치경제학적 시각에서 다음과 같이 분석하고 있다. 첫째, 생애 한 주기로서 노년기는 사회 구조나 특성으로부터 독립하여 존재할 수 없음에도, 생산적 노년기는 구조보다는 개인에 초점을 둠으로써 노인이 속해 있는 사회 여건을 제대로 파악할 수 없게 만들고 있다. 노인이 얼마나 생산적인가는 실제 노인이 어떠한 배경(인종, 계층, 성 등)에 처해 있었는가가 결정적인 영향을 끼치고 있음에도, 생산적 노년기는 단순히 노인 개개인의 생산성에만 초점을 맞춤으로써 노인을 둘러싼 이러한 사회적 여건을 제대로 볼 수 없게 하고 있다. 둘째, 생산적 노년기는 지나치게 시장의 논리를 따르고 있다. 생산성(productivity)은 경제적 용어로, 그것이 내포하고 있는 의미는 얼마나 자본주의 경제와 시장 경제에 도움을 주는가이다. 결국 노년기조차 철저하게 시장 경제 논리를 따르게 함으로써 노인으로 하여금 인생의 말년인 노년기에 찾을 수 있는 또 다른 의미를 찾을 기회를 갖지 못하게 하고 있다. 셋째, 생산적 노년기는 노인의 생산성에 대한 모든 책임을 개인에게 돌림으로써 정부나 지역사회가 담당해야 할 책임을 면제해 주고 있다. 현 사회에서 노인의 생산성은 불평등한 사회구조에 의해 결정적으로 영향을 받고 있음에도, 생산적 노년기는 노인의 생산성의 책임을 전부 개인에게 돌림으로써 불평등한 상황에 놓여 있는 노인에게 좀 더 평등한 혜택과 서비스를 제공할 의무가 있는 정부와 지역사회의 책임을 면제해 주고 있다.

생산적 노년기 담론에 따른 노인교육은 노인을 좀 더 생산직이게 만드는 데 주력하고 있다. 이 담론은 서구를 중심으로 발전된 담론이지만 가장 먼저 초고령사회로 접어든 일본도 적극적으로 받아들이고 있다. 일본은 이 담론에 입각하여 노인이 국가와 지역사회를 위해 좀 더 생산적인 역할을 수행할 수 있도록 국가 주도로 다양한 교육 프로그램을 개발·실천해 오고 있다(신미식, 2006, pp. 229-230). 즉, 일본 정부는 노인에게 독립적이고 자립적인 생활을 할 수 있는 사회적 능력을 키워 주고, 그것을 토대로 노인이 적극적으로 사회활동에 참여할 수 있게 하여 궁극적으로 사회와 국가 발전에 기여할 수 있도록 하는 노인교육에 관심을 가져 왔다. 이러한 노인교육을 대표하는 프로그램으로는 복지 관련 강좌, 자원봉사 활동, 지역활동 이해, 지역사회 참여, 지도자 과정 등이 있다. 이처럼 일본의 노인교육은 노인을 사회구성원으로 인정하고 그들이 사회에 필요한 구성원으로서의 역할을 하는 데 수반되는 자세, 기술, 지식, 능력을 길러 주려고 했다는 점에서 의미가 있다. 하지만 지나치게 정부가 주도하고 생산성에만 초점을 맞춤으로써 노인교육 내에서 존재할 수 있고 또 존재해야만 하는 다양성에 덜 민감하고, 노인교육이 나아갈 방향을 결정하는 데 있어 노인의 이익보다는 국가의 이익을 우선시한다는 문제점에 노출되어 있기도 하다(Ogawa, 2013, p. 138).

4. 비판적 노년학과 노인교육

1) 비판적 노년학

최근 서구에서는 기존의 노년학에 대한 비판을 제기하면서 노인 문제에 새롭게 접근하려는 시도가 있어 왔는데, 이런 시도 중 대표적인 것이 비판적 노년학(critical gerontology)이다. 바즈(Baars, 1991)에 의하면 비판적 노년학은 주류 노년학 연구에서 제외된 질문, 문제 그리고 분석에 새롭게 관심을 가지려는 노력으로서, 노년학을 대안적 시각에서 보고자 한다. 비판적 노년학은 크게 두 입장으로 대표되는데(Minkler, 1996; Moody, 2001), 한 입장은 정치경제학적 입장이고, 다른 한 입장은 인간주의적 입장이다.

첫 번째 입장을 대표하는 학자로는 에스테스 등(Estes et al., 2003), 타운젠드(Townsend, 1981), 워커(Walker, 1990)가 있다. 이 입장은 이전의 노년학과 달리 노인을 사회구조 속에서 이해하려고 한다. 이 입장에 따르면 노인은 다른 사회구성원과 마찬가지로 사회구조와 불가분의 관계에 있으며, 동일한 집단이 아니라 계층, 성별, 인종에 따라 다른 위치에 놓여 있는 여러 노인의 집합체이다. 지금까지의 주류 노년학에서는 노인을 단지 연령으로만 구분함으로써 그들의 삶에 영향을 끼쳐 온 다른 많은 요인, 즉 계층, 성, 인종 등의 중요성을 간과하고 있지만, 실제로 노인의 삶은 연령 못지않게 이런 요인에 영향을 받는다. 예를 들면, 가난한 노인은 부유한 노인보다 노년기에도 더 힘든 삶을 살고, 여성노인은 남성노인보다 경제적으로 많은 어려움을 겪는다. 이처럼 이 입장은 사회에서 노년기가 어떻게 정의되고 어떻게 접근되는지를 결정하는 것은 인구학(demography)이 아닌 정치라는 것을 주장하고 있다. 따라서 노인의 문제는 단순히 연령과 관련된 문제라기보다는 권력 · 임금 · 재산 분배에서의 불평등으로 특징지어진 사회구조적 문제이기 때문에, 노인이 되어서도 여전히 벗어나지 못하는 억압의 다양한 원인에 좀 더 관심을 기울일 필요가 있음을 강조하고 있다.

비판적 노년학의 또 다른 입장은 인간주의적 입장이다. 비판적 노년학에서 인간주의적 입장을 취하는 대표적인 학자로는 콜, 아첸바움, 제이코비와 캐스텐바움(Cole, Achenbaum, Jakobi, & Kastenbaum, 1993), 헵워스(Hepworth, 1991), 홀스타인(Holstein, 1992), 무디(Moody, 1988, 1995, 2001, 2004) 등이 있다. 정치경제학적 입장이 노인 문제를 사회구조 속에서 다루기를 강조하였다면, 인간주의적 입장은 인간주의적 시각에서 노년기를 볼 필요가 있음을 강조한다. 지금까지의 주류 노년학은 노년기를 '객관화' 혹은 '대상화'함으로써 노년기가 노인에게 어떠한 의미를 갖는지 혹은 어떠한 의미를 가져야 하는지에 관심을 갖지 않았다. 이에 비해 인간주의적 입장은 노년기에 '인간의 얼굴(human face)'을 씌워 줄 필요가 있으며, 그 바탕 위에 노년기가 노인에게 어떠한 의미를 갖는지 혹은 어떠한 의미를 가져야 하는지를 물어야 한다고 주장하고 있다.

포스트모더니즘의 영향을 많이 받은 인간주의적 입장에 따르면(Minkler, 1996, p. 471), 포스트모던 시대의 다양한 라이프스타일이나 끊임없는 이동은 생애주기에 대한 뚜렷한 구분을 모호하게 만들고 있어, 노년기와 관련해서도 언제부터를 노년기로 볼지 더 이상 확실하지 않다. 많은 노인이 연령적으로는 노인임에도 그들 자신을 노인으로 보고 있지 않고, 또한 나이가 든다는 것과 노년기에 접어든다는 것도 개인에 따라 달라질 수 있기 때문에 노년기를 일반화하는 것은 문제가 있다. 따라서 중요한 것은 노인 개개인이 노년기에 대해 어떻게 생각하는가이다. 이처럼 노인에 따라 노년기는 달라질 수 있으며, 노인이 아닌 다른 사회구성원이 각자의 삶의 가치나 방식이 인정받기를 바라듯이 노인도 그들의 삶의 가치나 방식을 인정받아야 한다. 따라서 노년학에서 중점적으로 다루어야 할 노인 문제는 지금까지 지속적으로 발전시켜 온 노인의 삶의 가치나 방식을 어떻게 계속 발전시켜 나갈 수 있게 하는가이다. 이처럼 인간주의적 입장은 산업사회에 들어 잃어버린 노년기에 대해 혹은 나이 듦에 대해 새로운 의미를 부여하고, 그것을 사회적으로 수용할 필요성을 강조하고 있다.

지금까지 비판적 노년학의 대표적인 두 입장을 살펴보았다. 무엇보다 이두 입장은 기존 노년학이 간과하고 있던 문제인 정치경제학적 문제와 인간주의적 문제를 다루고 있으며, 노인이 처해 있는 문제를 해결하기 위해서 무엇보다 필요한 것은 사회 변화이고 그것을 이끌 주체는 바로 노인이 되어야한다고 주장한다. 나아가 노인이 변화의 주체가 되기 위해서는 임파워먼트(empowerment), 즉 노인로 하여금 자신의 처지를 정확하게 파악하고 주체적으로 상황을 변화시키는 데 참여할 수 있게 하는 능력과 힘이 필요함을 강조한다. 그러나 여기서 문제는 임파워먼트는 그냥 얻어지는 것이 아니라 교육을 통해서만이 얻어질 수 있다는 것이다. 이런 이유로 자연스럽게 비판적 노년학으로부터 비판적 노인교육이 발전하게 되었다.

2) 비판적 노인교육

비판적 노인교육(critical educational gerontology)을 주장하는 대표적인 학자로는 쿠색(Cusack, 1995, 1999), 핀드슨(Findsen, 2007), 포모사(Formosa, 2002), 무디(1988, 1995, 2001, 2004) 등이 있다. 실제로 비판적 노인교육은 비판적 교육학(critical pedagogy)과 여성주의 교육학(feminist pedagogy) 등 진보적인 교육이론으로부터도 영향을 받았다. 쿠색(1999, p. 22)의 경우, 자신은 비판적 노년학뿐만 아니라 비판이론(critical theory)과 프레이리의 해방신학에서도 영향을 받고 있다고 밝혔다.

비판적 노인교육학자들이 노인교육에서 가장 중요하게 여기는 것은 다름 아닌 노인의 임파워먼트이다. 비판적 노인교육의 대표적인 학자인 쿠색(1995, 1999)에 따르면, 노인교육의 가장 중요한 목적은 무엇보다 노인으로 하여금 교육을 통해 임파워먼트를 갖게 하는 것이다. 여기서 임파워먼트란 개인이나 공동체가 자신이 처한 환경을 정확하게 이해하고 자신의 환경을 좀 더 나은 방향으로 변화시킬 필요성을 느끼게 되고, 실제 그 방향으로 변화시키는 데 적극적으로 참여하는 것을 의미한다. 그러나 안타깝게도 지금까지 많은 노인은 임파워먼트를 가질 수 없었다. 왜냐하면 그들은 교육의 기회를 가질 수 없었고, 가진다고 하더라도 매우 제한적인 수준에 그쳤으며, 그 제한적 기회에서조차 교육은 노인의 무한한 잠재력을 인정하고 그것을 키워 주는 교육이 아니었기 때문이다.

쿠색은 구체적으로 임파워먼트 과정에서 생기는 힘(power)은 가르치고 배우는 데 있어 누군가의 위에 군림하는 힘이 아니라 함께 더불어 가르치고 배우는 데서 생기는 힘이며, 노인에게 영향을 끼치는 지역사회의 환경을 변화시키거나 정책 및 프로그램을 새롭게 개발하는 데에도 쓰인다는 점에서 일반적 의미의 힘과 다르다고 주장한다. 따라서 쿠색에 따르면, 임파워먼트에 목적을 둔 노인교육 프로그램은 이전의 노인교육 프로그램과는 많은 점에서 다르게 운영되어야 한다. 교수자는 굳이 권위나 책임을 포기할 필요는 없으나 가능하면 배우는 데 있어서의 책임을 학습자가 지도록 해야 하며, 학습자와 교수자가 불평등한 힘의 관계에서 벗어나 좀 더 평등한 힘의 관계를 갖도록 하는 전략을 세워야 한다. 또한 교수자와 학습자는 개인의 요구와 집단의 요구 사이에 균형을 잡기 위해 계속해서 대화와 타협을 해 나가야 하고, 이 과정에서 교수자는 대화를 건설적으로 이끄는 기술을 갖고 있어야 하며, 학습자가 새로운 비판적 사고력을 키울 수 있도록 하는 전략을 대화 과정에 통합할 수 있어야 한다. 나아가 교수자는 전 교육과정이 지금까지의 믿음 체계나 관습적인 생각 및 행동의 토대가 되어 온 전제에 질문을 던지고, 필요하다면 그런 전제를 과감하게 청산하는 과정이 되도록 해야 한다. 한편, 이러한 교육과정에 참여하면서 노인은 이전과는 다르게 생각하고 행동하게 되고, 건강 또한 더욱 촉진되어 자연스럽게 삶의 의미를 새롭게 되찾으려고 노력하게 된

다. 그리하여 지금까지 의존과 쇠락의 시기였던 노년기는 도전과 희망으로
시기로 바뀌게 된다.

또 다른 비판적 노인교육학자인 무디(1995, 2001)는 노인교육에서 임파워
먼트의 중요성과 더불어 의미의 중요성도 강조할 필요가 있음을 주장한다.
그에 따르면, 노인교육은 죽음에 대한 교육이 아닌 치열한 삶에 관한 교육이
며 그러면서도 인생의 마무리 단계, 즉 '삶이라는 연극의 마지막 장'에 주어지
는 교육이라는 특수성을 가지고 있다. 이런 점에서 노인에게 계속해서 새로
운 것을 배우게 함으로써 마치 그들이 계속해서 젊어질 수 있다는 환상을 심
어 주는 현재의 노인교육은 문제가 있으며, 오히려 노인에게 필요한 교육은
인생의 유한함을 인정하면서 그 안에서 자신의 삶의 의미를 찾아보는 기회
를 제공하는 그런 교육이어야 한다. 나아가 그는 현재 많은 형태의 노인교육
이 특정한 의미나 목적 없이 교육 자체만을 위해 존재하는 것에 대해 경고하
면서, 의미나 목적 없이 행해지는 노인교육은 겉으로는 학습자의 다양한 취
향을 반영하는 것 같지만 실제 경제적 생산성이나 인간자본 형성의 수단으로
활용되기 쉽다는 점을 지적하고 있다. 이런 이유로 무디는 노인교육의 중심
에 의미를 두어야 한다고 주장하는데, 여기서 의미란 노인이 삶의 초기에 가
졌던 생각이나 가치를 뛰어넘어(초월) 새로운 가능성이나 변화를 추구하는 것
을 말한다. 이처럼 무디에게 있어서 노인교육은 노인에게 과거를 돌아보고
(life-review), 통찰(generativity)을 통해 미래의 가능성을 타진(contemplation)
할 기회를 제공해 줄 수 있어야 한다.

지금까지 실패자 모델 담론을 비롯하여 이를 비판하면서 발전해 온 성공적
노년기, 생산적 노년기, 비판적 노년학 담론을 살펴보았다. 이러한 노년기 담
론은 현재에도 계속해서 지지받고 또 비판받으면서 중요한 노년기 담론으로
자리 잡아 가고 있다. 다음은 아직 하나의 체계화된 노년기 담론으로까지 인
정받고 있지는 않지만 최근에 상당히 주목받고 있는 공적 노년학 담론을 간
단히 짚어 보고자 한다.

5. 공적 노년학과 노인교육

공적 노년학(public gerontology)이라는 용어가 처음 등장한 것은 정치경제학적 입장의 비판적 노년학자인 에스테스(2008)가 쓴 논문「첫 세대 비판적 노년학자의 비판적 노년학에 대한 반성(A First Generation Critic Comes of Age: Reflections of a Critical Gerontologist)」에서였다. 이 논문에서 에스테스(2008, p. 125)는 지금까지 노년학과 관련하여 많은 담론이 나왔지만 그것들은 단지 이론에 그치고 있고 실제 노인이나 사회에 크게 도움을 주지 못하고 있다고 반성하고 있다. 사회학자로서 에스테스는 다른 사회학자인 버러워이(Burawoy, 2005)에게서 많은 영향을 받았는데, 버러워이는 많은 사회학 이론이 시간이 지나도 세상을 바꾸는 데 기여하기보다는 많은 사회 문제를 설명하는 데 그침으로써 문제를 해결하기보다는 그대로 보존하는(conserve) 데 기여하고 있다고 주장하며, 사회발전에 사회학이 기여하기 위해서는 새로운 사회학인 공적 사회학이 필요하다고 강조하였다(Andrews & Muzumdar, 2010, p. 144 재인용).

같은 맥락에서 에스테스는 비판적 노년학을 포함하여 지금까지의 노년기 담론은 노인과 사회발전에 기여하기보다는 보존하는 데 기여하고 있다고 비판하면서, 앞으로 노년학은 공적 노년학으로 나아가야 한다고 주장하였다(Estes, 2008, p. 127). 그는 노인 문제도 실제로는 전체적인 사회경제적·생태적 구조 속에서 그리고 다른 여러 사회문제와의 관계 속에서 발생함에도 불구하고, 지금까지 노인과 관련한 담론이 지나치게 노인에만 초점을 맞추어 왔으며, 심지어 가장 최근 발전한 비판적 노년학 담론조차 노인 속에서의 연령 외에 계층, 인종, 종교 등의 다양한 억압적인 요소를 고려하고자 하고는 있지만 여전히 노인이라는 틀을 벗어나지 못하고 있음을 비판한다. 그는 현재와 같이 자원이 고갈되고 경쟁이 심화되는 상황에서 노인 문제를 노인이라는 틀 안에서만 풀려고 해서는 안 되고, 과감하게 노인이라는 틀을 벗어나 전체적인 사회경제적·생태적 구조의 한 부분으로 그리고 다른 세대가 겪는 문제와의 연결선상에서 풀어 가야 한다고 강조한다. 또한 노인세대의 이기주의를 넘어 상호 의존적이면서도 공적인 이익을 우선시하고, 앞으로 닥칠 위험에 대해서도 책임을 공유해야 함을 주장한다. 이후 공적 노년학은 현재와 같이 빠르게 글로벌화되고 있는 사회에서, 사회구조의 틀을 국내에만 국한할 것이 아니라 국외에까지 확대해야 한다고 강조한다(Andrew & Muzumdar, 2010).

공적 노년학은 아직 이론적으로 체계화되지 못해 교육과 관련하여 많은 언급을 하고 있지는 않지만 여전히 자유, 가능성, 사회 변혁의 실천을 강조한다는 점에서나, 교수자는 유기적 지식인으로 학습자인 노인이 처해 있는 문제 상황을 정확하게 분석하고 그 토대 위에서 학습자와 더불어 문제를 해결하는 과정에 적극 참여한다. 즉 프레이리가 강조한 프락시스를 교육을 통해 실천하려고 한다는 점에서 비판적 노인교육과 맥을 같이한다고 할 수 있다(Estes, 2008, p. 128).

지금까지 한국보다 먼저 고령화를 경험한 서구에서 발전한 노년기 담론을 살펴보았다. 실제로 이러한 담론은 명확한 경계가 있기보다는 서로 자유롭게 오가며 필요할 때 영향을 주고받으면서 노인교육의 발전에 기여해 오고 있다. 따라서 다음 절에서는 아직 노인 관련 담론이 잘 발달하지 않은 한국에서 노인교육이 양적 확대를 넘어 질적 도약을 하는 데 앞서 논의한 담론이 많은 기여를 할 수 있다고 보고, 각 담론의 관점에서 현재 한국 노인교육을 분석하며, 나아가 이러한 담론으로부터 한국의 노인교육은 어떠한 시사점을 얻을 수 있을지를 탐색한다.

6. 노년기 담론이 한국 노인교육에 주는 시사점

1) 실패자 모델, 성공적 · 생산적 노년기 담론과 한국 노인교육

실패자 모델은 무엇보다 노인에 대한 부정적 이미지에서 시작되었다. 이 모델에서는 노인을 쓸모없고 무기력하며 누군가의 도움 없이는 살 수 없는 존재로 보고, 그렇기에 노인에게 무엇보다 필요한 것은 다름 아닌 복지임을 강조한다. 그러나 지나치게 복지를 강조하게 되면서 국가에는 재정적 어려움을, 건강하고 교육받은 노인에게는 불만족스러운 서비스를 제공하게 되어, 외국에서는 더 이상 호응을 얻지 못하고 있다. 하지만 한국의 노인교육은 여전히 실패자 모델에서 크게 벗어나지 못하고 있다. 한국에서 대부분의 노인교육은 아직도 노인은 별 가치가 없고, 외롭고, 불쌍하며, 누군가의 도움 없이는 살 수 없는 의존적이고 나약한 존재라는 이미지를 기반으로 하고 있고, 따라서 노인에게 필요한 것은 복지이며, 노인교육은 이런 외롭고 쓸쓸한 노인의 외로움을 달래 주는 복지 서비스의 일환이 되어야 한다는 점을 강조하고 있다.

아직 한국에서 노인학습자는 성인학습자와 달리 지적 능력이 떨어지고, 신체적으로 허약하며, 집중력이 부족하다는 이미지를 갖고 있는데, 더 큰 문제는 학습자인 노인 역시 자신에 대한 이런 이미지를 내면화하고 있다는 것이다. 이러한 상황에서 현재 한국 노인교육이 필요로 하는 것은 외국과 마찬가지로 노인의 부정적 이미지를 기반으로 한 실패자 모델에서 벗어나는 것이다. 왜냐하면 노인이 학습의 주체가 되기 위해서는 자신도 다른 성인처럼 학습을 할 수 있고 또 잘할 수 있다는 자신감이 필요한데, 실패자 모델이 토대하고 있는 노인의 부정적 이미지로부터는 그런 자신감이 나올 수 없기 때문이다.

　　실패자 모델과 달리 노인에 대한 긍정적인 이미지에 토대하여 시작한 성공적 노년기는 노인도 다른 사회구성원, 특히 젊은이처럼 성공적일 수 있음을 강조하고 있다. 이런 이유로 이 담론은 경제적으로 성공하고 젊은 사람 못지않게 건강한 노인들로부터 많은 지지를 얻고 있다. 한국도 마찬가지이지만, 젊음이 숭상받는 서구에서 늙어서도 계속 젊음을 유지할 수 있다는 것은 노인에게 상당히 매력적일 수밖에 없다. 특히 경제적으로 성공하고 육체적으로 젊은이 못지않게 건강한 노인에게 늙음은 자신의 성공적 삶을 영위하는 데 큰 장애가 되지 않는다. 실제로 성공적 노년기를 기반으로 한 노인교육은 '젊은' 노인이 계속 젊음을 유지할 수 있게 도와주려는 데 목적이 있다. 아직 많은 노인이 경제적으로 어려움을 겪고 있는 한국의 경우, 그에 토대한 노인교육이 외국처럼 활발하지는 못하다. 그러나 한국에서도 경제적으로 여유 있고 건강한 노인의 수가 증가하고 있는 추세에서 성공적 노년기에 토대한 노인교육은 활성화될 수밖에 없을 것이다. 하지만 한국에서 활성화되기에 앞서 이 담론이 가지는 문제점, 즉 젊음과 성공을 동일시함으로써 여전히 늙음을 부정적인 시각으로 볼 가능성을 완전히 배제하지 못하고 있는 점, 아무리 젊고 건강하고 싶어도 그럴 수 없는 노인에 대한 고려가 거의 없다는 점, 또한 현재처럼 부가 양극화되어 가는 상황에서 한국 노인교육이 다시 '가진' 노인만을 위한 교육이 될 수 있다는 점 등에 대해 충분히 인지하고, 이를 최소화할 수 있는 다각적인 대안이 마련되어야 할 것이다.

　　성공적 노년기가 노인의 젊음을 강조한 것과 마찬가지로, 생산적 노년기는 노인도 젊은 사람 못지않게 생산적일 수 있으며 사회활동에 적극적으로 참여할 수 있음을 강조하고 있다. 생산적 노년기에 따른 노인교육은 노인이 사회에서 좀 더 생산적일 수 있도록 자원봉사자 교육이나 인적자원개발에 초점을 맞추고 있다. 이런 점에서 한국의 인적자원개발 위주의 노인교육은 넓게 볼 때 생산적 노년기에 기초한 노인교육이라고 볼 수 있지만 외국의 경우와는 약간 차이가 있다. 외국의 경우, 이에 토대한 노인교육은 노인이 어느 정도 경제적 안정을 얻은 상태에서 노인을 지역사회의 리더로서, 사회의 적극적인 구성원으로서, 그리고 자원봉사자로서 키우는 데 초점을 맞추고 있다. 따라서 노인은 노인교육을 통해 사회의 중요한 구성원으로서의 역할을 할 수 있게 되고, 그 역할을 수행하는 과정에서 자신감뿐만 아니라 삶에 대한 만족도 얻게 된다.

반면, 한국에서 생산적 노년기에 토대하고 있다고 볼 수 있는 인적자원개발 위주의 노인교육은 노인이 아직 경제적 안정을 확보하지 못한 상태에서 노인으로 하여금 생계에 필요한 돈을 벌게 하는 데 주목적이 있다고 볼 수 있다. 이처럼 한국의 인적자원개발 위주의 노인교육은 사회의 전반적인 생산성 향상에 기여하기보다는 개인의 생산성 향상에 더 초점을 맞춤으로써 노인의 다양한 교육적 요구를 충분히 반영하지 못하고 있으며, 또한 노인의 교육적 요구를 경제적인 데 한정함으로써 인생의 마지막 장을 살아가는 노인의 삶조차 경제 논리에 또다시 종속되게 하는 문제점이 있다. 따라서 이 담론으로부터 한국의 노인교육이 얻을 수 있는 시사점은 먼저 인적자원개발에 초점을 맞춘 노인교육이라도 지나치게 경제적 생산성에만 초점을 맞추어서는 안 되고, 생산성의 범위 역시 개인적 생산성을 넘어 사회적 생산성까지 확대되어야 하며, 생산성 향상을 위한 교육과정에의 노인 참여가 강제로 이루어지기보다는 자발적으로 이루어지도록 해야 한다는 점이다.

2) 비판적 노년학 담론과 한국 노인교육

성공적 노년기 담론, 생산적 노년기 담론 등 주류 담론이 가지고 있는 문제점을 비판하면서 노인 문제를 보는 데 있어 대안적 시각을 제시하는 비판적 노년학은 노인교육이 한국에 자리 잡는 데 그 어떤 담론보다 많은 점을 시사한다. 무엇보다 비판적 노년학의 정치경제학적 입장은 노인 문제 역시 사회구조적 맥락에서 이해할 필요가 있음을 강조하면서, 노인으로 하여금 그들 자신이 처해 있는 상황을 좀 더 정확하게 분석하기 위해서는 연령 외에도 지금까지 등한시해 온 계층, 성, 인종 등의 요인에 대한 복합적인 이해가 필요함을 보여 주고 있다. 아직 한국의 경우 외국과 달리 인종은 주요한 요인이 아니지만 연령과 더불어 계층이나 성은 일반적인 노인 문제를 다루는 데 있어서도, 그리고 교육과 관련하여서도 결코 간과할 수 없는 중요한 요인이다. 즉, 한국 노인이 현재 어떠한 상황에 있느냐는 그들이 현 사회구조 속에서 어떠한 위치에 있는가와 밀접하게 연결되어 있고, 교육과 관련해서도 노인이 실제 어느 계층에 속하는가와 어느 성에 속하는가에 따라 그들의 교육 수준, 여건, 경험은 달라진다. 그러나 지금까지 대부분의 한국 노인교육이 노인에게 그들의 복합적인 상황을 이해하게 하는 데 크게 도움을 주지 못하고 있는 상황에서 비판적 노년학은 한국 노인교육도 연령 못지않게, 계층, 성 등을 중요하게 다루어야 한다는 점을 시사해 주고 있다.

비판적 노년학의 인간주의적 입장에 의하면, 인생의 마지막 장이지만 여전히 치열한 삶이 계속되는 장인 노년기는 노인이 과거의 자신을 돌아보는 시기이기도 하지만 새로운 미래를 건설할 수 있는 시기이기 때문에 열정을 갖고 마지막으로 자신의 꿈을 키워 갈 수 있는, 무한한 가능성을 지닌 발견되지 않은 땅(undiscovered country)이기도 하다. 그러나 지금까지 한국 노인교육에서 다뤄 온 노년기는 희망이 여전히 존재하고 가능성이 남아 있는 시기가 아닌, 다른 시기와 동떨어져 고립되어 있고 죽음만을 앞둔 외롭고 쓸쓸한 시기였다. 이러한 맥락에서 비판적 노년학의 인간주의적 입장은 한국에서도 노년기가 생애주기의 마지막 시기라는 점, 그러면서도 아직 삶의 연장선에 놓여 있는 시기라는 점, 그렇기 때문에 치열하게 삶의 의미를 찾고 새로운 가능성을 실현하기 위해 노력하여야 하는 시기로 보아야 한다는 점을 시사해 주고 있다.

비판적 노년학으로부터 발전한 비판적 노인교육은 노인이 그들 자신의 학습의 주체가 되는 데 있어 임파워먼트가 얼마나 필요한지를 보여 준다. 임파워먼트를 통해 노인은 사회에서 씌운 부정적인 이미지를 벗어나 좀 더 긍정적으로 자신과 다른 노인을 보게 되면서 자신에 대해, 그리고 노인 전체에 대해 점차 자신감을 키워 가게 될 뿐만 아니라 자신의 문제를 좀 더 사회구조적으로 이해할 수 있게 되고, 그런 문제를 해결하는 데 노인의 참여가 절대적으로 필요하다는 것을 깨닫게 될 것이다. 나아가 노인은 건강하건 건강하지 못하건 자신의 몸 상태를 뛰어넘어 나이 듦, 노년이 자신에게 주는 본질적인 의미를 생각해 본 후 자신에게 남은 가능성을 최대한 발휘하는 데 노력을 기울이게 될 것이다.

이처럼 노인이 학습 주체로 거듭나는 데 있어 절대적으로 필요한 임파워먼트는 아직 한국 노인교육의 장에서는 생소한 개념이다. 여전히 대부분의 노인교육은 전통적인 교수 방법에 따라 진행되고 있다. 교수자는 가르치고 학습자인 노인은 배우고, 교수자는 교육에 관해 모든 권위를 갖고 있고 학습자인 노인은 교수자를 무조건 따르는 상황이다. 그러나 한국 노인에게도 임파워먼트가 무엇보다 중요하기에, 앞으로 한국 노인교육의 현장도 비판적 노인교육이 수용될 수 있는 교육 현장으로 바뀌어야 할 것이다. 가능한 한 교수자와 학습자가 좀 더 평등하고, 동반자적 관계를 맺고 서로의 학습에 책임을 지는 쪽으로 바뀌어야 할 것이다. 또한 교수자는 학습자와의 끊임없는 대화를 통해 그들의 비판적 사고력을 키워 주어야 하고, 비판적 사고력을 갖게 된 노인은 그것을 통해 현재 자신의 삶을 좀 더 나은 방향으로, 자신이 살고 있는 사회를 좀 더 발전적으로 변화시키는 데 적극 참여해야 할 것이다. 그리고 그렇게 될 경우 한국의 노인교육도 단순한 양적 확대에서 벗어나 질적 도약을 할 기회를 갖게 될 것이다.

7. 나가며

지금까지 한국보다 빨리 고령화사회 및 고령사회에 접어든 국가에서 발전된 노년기 담론은 어떤 것들이 있는지 살펴보았다. 그리고 이런 담론을 토대로 발전한 노인교육을 살펴봄으로써 한국에서 노인교육이 질적으로 발전하기 위해서는 무엇이 어떻게 바뀌어야 할지를 탐색하였다. 이미 노인교육이 발전한 국가에서 실패자 모델이 별 호응을 얻지 못하고 있다는 사실은 아직 부정적 이미지에 토대한 노인교육이 대부분인 한국에서 최소한 앞으로 노인교육은 어떤 방향으로 나아가는 것이 바람직할지를 잘 보여 준다. 현재 주류 담론으로 통하는 성공적 노년기나 생산적 노년기 담론은 노인의 긍정적인 이미지에 근거한 노인교육이 노인에게도, 또 사회에도 훨씬 유익하다는 것을 보여 주고 있다. 그러나 이들 주류 담론에 토대한 노인교육은 사회적으로 혜택을 받고 있는 노인에게 더 유리하고, 교육적으로 소외받고 있는 노인은 여전히 소외시키고 있다는 문제점을 갖고 있다.

최근 들어 이런 주류 담론이 가지고 있는 문제점을 비판하면서 새롭게 등장한 비판적 노년학 담론과 공적 노년학 담론 그리고 이에 토대한 비판적 노인교육은 노인이 배움의 주체로서 거듭나는 데 있어 임파워먼트가 얼마나 중요한지, 그리고 임파워먼트는 어떻게 가능한지를 구체적으로 보여 주고 있다는 점에서 다른 담론에 비해 노인을 학습의 주체이자 삶의 주체로 키워 내야 하는 한국의 노인교육에 많은 시사점을 던져 준다. 그러나 다른 담론과 달리 아직 현장에서는 생소하다는 점, 그리고 자칫 진보적인 담론이 그렇듯이 또 하나의 이데올로기로 변질될 수 있다는 점은 앞으로 한국 노인교육학자가 비판적 노인교육을 한국 상황에 적용할 때 각별히 주의해야 할 점이라고 본다.

다른 여러 국가보다 한국에서 노인교육이 덜 발달하였다는 것을 꼭 단점으로 볼 필요는 없다. 한국의 노인교육은 다른 국가들의 노인교육이 이미 겪은 많은 문제를 반복하지 않아도 된다는 장점이 있기 때문이다. 성공적 노년기나 생산적 노년기 등 주류 담론에 토대한 노인교육의 경우도 예외가 아니다. 이미 다른 국가에서의 경험은 한국 노인교육에 이러한 담론에 토대한 노인교육이 가지는 문제점이 무엇인지를 충분히 인지하게 해 주고 있다. 이런 상황에서 한국에서 노인교육을 연구하는 연구자나 실천가는 다른 국가에서의 경험을 통해 주류 담론에 토대한 노인교육이 갖고 있는 문제를 한국에서 반복하지 않거나 최소화할 수 있는 다양한 방안을 마련하도록 노력해야 할 것이다. 그리고 아직 현장에서 거의 적용되지 않은 비판적 노인교육이 한국 현장에서 좀 더 활성화될 수 있도록 많은 노력을 기울여야 할 것이다.

참고문헌

신미식(2006). 일본 노인교육의 현황, 특징, 문제점, 그리고 시사점. 한국동북아논총, 제11권, 제2호. 225-248.

신미식(2007). 평생교육으로서 한국노인교육의 발전 방향. 평생교육학연구, 13(1), 1-24.

Andrews, G. J., & Muzumdar, T. (2010). Rethinking the applied: Public gerontology, global responsibility. *Journal of Applied Gerontology*, *29*(2), 143-154.

Baars, J. (1991). The challenge of critical studies. *Journal of Aging Studies*, *5*, 219-243.

Baltes, M. M., & Carstensen, L. L. (1996). The process of successful aging. *Ageing and Society*, *15*, 397-422.

Baltes, P. B., & Baltes, M. M. (1990). *Successful aging: Perspectives from the behavioral sciences*. New York: Cambridge University Press.

Bass, S. A., & Caro, F. G. (2001). Productive aging: A conceptual framework. In

N. Morrow-Howell., J. Hinterlong, & M. Sherraden (Eds.), *Productive aging: Concepts and challenges* (pp. 37-78). Baltimore, MD: Johns Hopkins University Press.

Bass, S. A., Caro, F. G., & Chen, Y. (Eds.). (1993). *Achieving a productive aging society.* Westport, CT: Auburn House.

Cole, T., Achenbaum, A., Jakobi, P., & Kastenbaum, R. (Eds.). (1993). *Voices and visions of aging: Toward a critical gerontology.* New York: Springer.

Cusack, S. (1995). Developing a lifelong learning program: Empowering seniors as leaders in lifelong learning. *Educational Gerontology, 21*(4), 305-320

Cusack, S. (1999). Critical educational gerontology and the imperative to empower. *Education and Ageing, 14*(1). 21-37.

Estes, C. (2008). A first generation critic comes of age: Reflection of a critical gerontologist. *Journal of Aging Studies, 22,* 120-131.

Estes, C. L., & Mahakian, J. L., (2001). The political economy of productive aging. In N. Morrow-Howell, J. Hinterlong, & M. Sherraden, *Productive aging: Concepts and challenges* (pp. 197-213). Baltimore & London: The Johns Hopkins University Press.

Estes, C. L., Biggs, S., & Phillipson, C. (2003). *Social theory, social policy and ageing: A critical introduction.* Berkshire: Open University Press.

Findsen, B. (2007). Freirean philosophy and pedagogy in the adult education context: The case of older adults' learning. *Studies in Philosophy and Education, 25*(6), 545-559.

Formosa, M. (2002). Critical gerogogy: Developing fractical possibilities for critical educational gerontology. *Education and Aging, 17*(1), 73-85.

Freire, P. (1970). *The Pedagogy of the oppressed.* New York: The Continuum Publishing Corporation.

Heikkinen, E., Kuusinen, J., Ruoppila, I., & University of Jyväskylä. (Eds.). (1995). *Preparation for aging.* New York: Plenum Press.

Hepworth, M. (1991). Positive ageing and the mask of age. *Journal of Educational*

Gerontology, 6(2), 93-101.

Holstein, M. (1992). Productive aging: A feminist critique. *Journal of Aging and Social Policy, 4*(3-4), 17-34.

Minkler, M. (1996). Critical perspective on ageing: New challenges for gerontology, *Ageing and Society, 16,* 467-487.

Moody, H. (1988). *Abundance of life.* New York: Columbia University Press.

Moody, H. (1995). Meaning and late life learning. In E. Heikkinen, J. Kuusinen, I. Ruoppila, & University of Jyväskylä (Eds.), *Preparation for aging* (pp. 1-7). New York: Plenum Press.

Moody, H. (2001). Productive aging and the ideology of old age. In N. Morrow-Howell, J. Hinterlong, & M. Sherraden (Eds.), *Productive aging: Concepts and challenges* (pp. 175-196). Baltimore & London: The Johns Hopkins University Press.

Moody, H. (2004). *Aging: Concepts and controversies.* Thousand Oaks, CA: Pine Forge Press.

Morrow-Howell, N., Hinterlong, J., & Sherraden, M. (Eds.). (2001). *Productive aging: Concepts and challenges.* Baltimore & London: The Johns Hopkins University Press.

Ogawa, A. (2013). Risk management by a neoliberal state: Construction of new knowledge through lifelong learning in Japan. *Discourse: Studies in the cultural politics of education, 34*(1), 132-144.

Putney, N. M., Alley, D. E., & Bengtson, V. L. (2005). Social gerontology as public sociology in action. *The American Sociologiest (Fall/Winter), 36,* 88-104.

Rowe, J. W., & Kahn, R. L. (1998). *Successful aging.* New York: A Dell Trade Paperback.

Townsend, P. (1981). The structured dependency of the elderly: Creation of social policy in the twentieth century. *Ageing and Society, 1*(1), 5-28.

Walker, J. (1990). The politics of provision and participation. In F. Glendenning & K. Percy (Eds.), *Ageing, Education and Society: Readings in Educational*

Gerontology (pp. 96–113). Staffordshire: University of Keele, Association for Educational Gerontology.

Weiland, S. (1995). Critical gerontology and education for older adults. *Educational Gerontology, 21,* 593–611.

제6장
삼세대대학[1)]

1. 들어가며

삼세대대학(University of the Third Age)은 프랑스에서 처음 시작되었고, 대학이 주도하고 있으며, 프랑스에서 엄청난 인기를 끌면서 영국을 거쳐 전 유럽으로까지 확대 발전한 유럽의 대표적인 노인교육을 말한다(Swindell & Thompson, 1995, p. 431). 삼세대대학에서 '삼세대(third age)'[2)]는 과거의 부정적인 이미지를 갖고 있는 노인과 달리 퇴직은 하였으나 여전히 건강하고 자신의 성장에 관심을 갖는 노인을 의미하며, '대학'은 이러한 노인의 요구를 충

---

1) 이 장은 신미식(2005). U3A(the University of the Third Age)가 한국 노인교육에 주는 시사점. **평생교육학연구**, 11(3), 127-149을 대폭 수정하여 재게재함.

2) 일세대(first age)는 아동기와 사춘기로, 의존, 사회화, 교육을 특징으로 하고, 이세대(second age)는 직업을 가지고 돈을 버는 성인기로 성숙, 독립, 가족과 사회 책임을 특징으로 한다. 삼세대(third age)는 퇴직은 하였으나 건강한 노년기로 개인의 성장을 특징으로 하고, 사세대(fourth age)는 인생의 마지막 단계로 의존과 노쇠를 특징으로 한다(Laslett, 1991, pp. 144-158).

족시켜 주기 위해 이루어지는 다양한 교육 활동을 의미한다. 이처럼 삼세대
대학은 노인에 대해 가져 온 부정적인 이미지에서 벗어나, 노인도 지적 욕구
가 강하며 따라서 그 욕구를 충족시킬 기회가 제공되어야 하고, 또한 만약 이
러한 기회가 제공된다면 노인은 젊은 사람 못지않게 잘해 낼 수 있다는 전제
에서 시작된 노인교육이다.

현재 양적으로는 확대되고 있으나 아직 질적 발전이 이루어지지 않고 있는
한국 노인교육은 오랜 역사와 경험을 갖고 있고 지금도 많은 노인에게 지지
와 호응을 얻으면서 심지어는 노인교육운동으로까지 간주되는 삼세대대학
으로부터 많은 시사점을 얻을 수 있을 것이다. 따라서 여기서는 구체적으로,
첫째, 삼세대대학은 무엇을 의미하며, 역사적으로 어떻게 발전해 왔는지를
살펴본다. 둘째, 삼세대대학의 대표적인 두 모델인 프랑스 모델과 영국 모델
은 어떠한 차이가 있는지를 알아보고, 나아가 삼세대대학의 최근 변화를 추
적한다. 셋째, 삼세대대학은 노인교육으로서 어떠한 특징을 가지고 있는지
를 고찰한다. 넷째, 한국의 노인교육은 삼세대대학으로부터 어떠한 시사점
을 얻을 수 있을지, 앞으로 삼세대대학을 한국 노인교육에 적용할 때 프랑스
모델과 영국 모델 중 어느 모델이 더 적합한지를 밝혀 본다.

2. 삼세대대학의 정의와 발전 과정

1) 삼세대대학의 정의

삼세대대학에서 '삼세대'는 노인이 가정이나 직장에서 퇴직한 후 개인의
성장과 발전을 위해 사용할 시간을 갖게 되면서 그 시간을 실제로 개인의 성
장과 발전을 위해 적극적으로 활용하는 시기를 의미하기도 하고, 개인의 성
장과 발전을 위해 노력하는 노인 자체를 의미하기도 한다. 여기서 '대학'은 일

반적인 의미의 대학이라기보다는 원래의 대학의 의미, 즉 개인의 지적 성장에 헌신하는 사람들의 모임이라는 뜻이 강하다(Laslett, 1991, p. 175). 이처럼 삼세대대학은 삼세대 시기에 있는 노인이 적극적으로 자신의 성장과 발전을 위해 함께 모여 공부하는 모임 혹은 교육활동을 의미한다.

2) 삼세대대학의 역사적 발전 과정

삼세대대학이 시작될 수 있었던 배경은 1950년대로 거슬러 올라간다. 유럽의 많은 노인은 건강이나 영양 상태가 좋아 수명이 길어지고, 또한 일정한 나이에 퇴직을 하게 되어 많은 여가 시간을 갖게 되면서 그 시간을 좀 더 의미 있게 보내기를 원하게 되었다. 뿐만 아니라 연금 등을 통해 경제적 안정과 여력을 갖게 되면서 지적으로 도전받고자 하는 요구가 강해져, 결과적으로 노인은 교육에 많은 관심을 갖게 되었다. 노인의 교육에 대한 이러한 요구는 노인의 독립성을 강조함으로써 복지에의 의존도를 줄이고자 했던 정책 입안자의 의도와 부합하면서 새로운 노인교육에 대한 필요성으로 나타났다(Swindell & Thompson, 1995, p. 430). 이러한 분위기 속에서 삼세대대학은 프랑스에서 처음 시작되었다. 1968년에 프랑스에서는 대학이 지역사회에 좀 더 많은 교육 기회를 제공해야 한다는 골자의 법을 통과시켰고, 이 법에 의해 1973년 프랑스의 툴루즈 대학교는 지역사회의 퇴직 노인을 위한 노년학 강의를 개설하게 되는데 이것이 삼세대대학의 시초가 된다.

그러나 이렇게 별로 특별할 것 없이 시작한 툴루즈 대학교의 삼세대대학은 흥미롭게도 빠른 속도로 전 프랑스에 퍼져 나갔고, 이어 벨기에, 스웨덴, 폴란드, 이탈리아, 스페인, 캐나다 등지까지 확대되었다. 1975년에는 빠르게 국제적으로 취지되는 삼세대대학의 국제적 연대를 도모하려는 취지에서 삼세대대학 국제연맹(International Association of Universities of the Third Age: AIUTA)이 결성되기도 하였다.[3]

프랑스의 삼세대대학은 1981년 영국 케임브리지에 상륙하면서 많은 변화를 겪게 된다. 즉, 영국의 삼세대대학은 프랑스에서처럼 대학이 주도하는 노인교육이 아니라 노인 스스로 교수자도 되고 학습자도 되는 자조그룹(self-help group)의 형태로 이루어지게 된다. 이처럼 대학이 주도하던 프랑스의 삼세대대학은 영국으로 건너가면서 노인이 주축이 되어 스스로 만들어 가는 노인교육으로 바뀌게 되고, 이런 영국의 삼세대대학은 호주나 뉴질랜드로 퍼져 나가게 되었다.

이처럼 1973년 프랑스에서 처음 시작한 삼세대대학은 1981년 영국을 거쳐 전 세계로 빠르게 확산되었고, 그 과정에서 어떤 국가는 대학이 주도하는 프랑스식 모델을 따르기도 하고 어떤 국가는 노인이 주도하는 영국식 모델을 따르기도 하였다. 다시 말해, 전 세계로 퍼져 나간 삼세대대학은 크게 대학 주도의 프랑스식 삼세대대학과 자조그룹 중심의 영국식 삼세대대학의 두 유형으로 나뉘어 발전하였다. 다음에서는 이 두 유형의 삼세대대학에 대해 좀 더 자세히 살펴본다.

3. 삼세대대학의 유형

1) 프랑스 모델

프랑스의 삼세대대학은 교육적 욕구는 강하나 그것을 충족할 수 있는 교육 기회를 제대로 가지지 못하고 있는 노인의 현실을 안타깝게 여긴 툴루즈대학교 교수 피에르 벨라(Pierre Vellas)가 처음 시작하였다. 그는 노인의 수가 증가하고 있지만 삶의 조건이 여전히 만족할 만하지 못한 상황에서, 프랑스

---

3) University of the Third Age, http://www.u3a.org.uk(검색일: 2016년 5월 21일).

의 대학이 노인에게 교육의 기회를 제공한다면 그들의 삶은 훨씬 나아질 것이라고 주장하였다. 그의 이런 주장은 툴루즈 대학교의 동의를 얻어 현실로 옮겨졌다. 툴루즈 대학교에서는 처음으로 퇴직 노인을 위해 노년학 강좌를 개설하였고, 이 강좌는 개설되자마자 노인들로부터 엄청난 인기를 끌어 100여 명의 노인이 이 강좌를 수강하기 위해 모였다.[4] 이 강좌의 성공은 곧바로 다른 대학이 앞다투어 노인을 위한 강좌를 개설하는 계기가 되었다.

　노인이 프랑스 삼세대대학 프로그램에 참여하기 위해서는 특별한 조건이 필요 없다. 퇴직 연령이 지난 누구나 참여할 수 있고 특별한 자격이나 시험도 요구되지 않는다. 프랑스 삼세대대학에서 제공하는 프로그램은 일반적으로 공개 강의, 대학 강의, 계약 코스, 학습조직, 워크숍, 클럽 등의 형태를 띠고 있고(Radcliffe, 1982, p. 13), 프로그램 내용은 인문학이나 예술 쪽이 대부분이다. 또한 프랑스 삼세대대학은 참여 노인에게 직접 노인과 관련한 주제에 대해 연구하도록 적극 장려하기도 하는데, 예를 들면 낭시에 있는 삼세대대학의 경우 노인이 노년기의 배움에 대해 연구하였고, 오를레앙의 삼세대대학의 경우는 노인이 삼세대대학이 가진 사회적 역할에 대한 연구를 수행하였다(Radcliffe, 1982, p. 13).

　초기 삼세대대학 프로그램은 대학이 재정을 지원하였기 때문에 아주 저렴했지만 최근 들어 경제 상황이 악화됨에 따라 대학의 지원이 감소하면서 참가하는 노인의 개인적 부담이 증가하고 있다. 또한 최근에는 대학과 직접 연결되지 않은 삼세대대학도 등장하고 있으며, 그 대상도 노인만이 아니라 교육의 혜택으로부터 소외된 다른 대상, 즉 조기 퇴직자, 가정주부, 실업자, 장애인으로까지 확대되고 있다. 명칭도 삼세대대학이라는 이름 하나로만 불리기보다는 무엇을 강조하느냐에 따라 여가시간대학(University of Leisure Time), 자유시간대학(Free Time University) 세대간대학(Inter-Age University)

---

4) University of Malta, http://www.um.edu.mt/pub/formosam5.html(검색일: 2012년 3월 13일).

등 다양하게 불리고 있다(Swindell & Thompson, 1995, p. 431).

이런 변화가 일어나고는 있지만 여전히 프랑스의 삼세대대학을 주도하는 기관은 대학이고, 교육을 받는 주 대상도 여전히 60세 이상의 노인층이다(Swindell & Thompson, 1995, p. 435). 이처럼 프랑스 삼세대대학의 경우, 대학이 주도하게 되면서 노인이 새로운 지식을 쉽게 접할 기회를 갖게 되거나 자주 젊은 세대(second agers)와 접촉할 기회를 깆게 되는 장점은 있으나, 노인교육에 접근하는 방식이 위(대학)에서 아래(노인)로의 하향식(top-down) 접근을 벗어나지 못하고, 또 엘리트적 성격도 여전히 강하다는 한계를 노출하고 있다(Yenerall, 2003, p. 705).

2) 영국 모델

프랑스에서 시작한 삼세대대학이 1981년 영국 케임브리지에 상륙하였을 때 삼세대대학은 많은 변화를 겪게 되었는데, 무엇보다 이전까지의 대학주도의 프랑스 삼세대대학과는 달리 대학과는 무관한 형태로 발전하였다. 그 이유가 정확하게 어디에서 기인되었는지를 분석한 연구는 별로 없지만(Yenerall, 2003, p. 706), 프랑스와 달리 평생교육의 전통이 오래된 영국에서는 이미 노인이 다양한 형태의 평생교육 프로그램에 참여한 경험이 있고, 그런 경험을 가진 노인은 노인교육 프로그램 운영을 전적으로 대학에 맡기는 것에 만족하지 못했을 것이라고 추측할 수 있다. 혹은 프랑스와 달리 전통적으로 대학과 지역사회의 관계가 밀접하지 않고 대학의 상아탑적 성격을 중시하던 영국에서는 대학이 전통적 의미의 학생이 아닌 노인을 중요한 학문의 대상으로 여기지 않았을 가능성도 있다. 이처럼 노인의 평생교육 참여 경험이나 대학의 엘리트적 태도는 오히려 영국의 삼세대대학을 노인이 스스로 만들어 가는 노인교육이 되게 하였다고 할 수 있다.

삼세대대학을 처음 영국에 도입한 래슬릿(Laslett)은 프랑스 삼세대대학을 본 후 매우 인상적이나 여전히 대학이 주도함으로써 다분히 엘리트적 성격을 갖고 있다고 평가하면서, 영국의 삼세대대학은 프랑스의 것과는 달리 노인이 주도하는 노인교육으로 만들겠다는 의지를 보였다. 그리고 그의 이런 의지는 "가르치는 자는 또한 배울 것이고, 배우는 자는 또한 가르칠 것이다."라는 모토하에 영국의 삼세대대학을 대학이 주가 아닌 노인이 주가 되는 자조그룹으로 발전시켰다(Laslett, 1991, pp. 172-174).

2001년 영국 삼세대대학에 참여하는 노인의 특성을 조사한 결과에 의하면,[5] 노인의 평균 연령은 70.6세이고, 60세 이하는 단지 6%, 60∼64세는 15%, 65∼69세는 24%, 70∼74세는 25%, 75∼79세는 17%, 80세 이상은 13%였다. 성별로는 여성이 74%, 남성이 26%를 차지하였고, 계층으로는 대부분이 중산층에 속하였으며, 직업별로는 전문직 40%, 관리직 15%, 행정직 15%, 기술직 4%, 노동직 4%, 무직 5% 등으로 구성되었다. 또한 대부분(84%)이 연금을 받고 있고, 참여 이유는 55%가 사회적 접촉을 원해서, 14%가 지식을 획득하기 위해, 12%가 기술을 습득하기 위해, 10%가 비슷한 흥미를 가진 사람을 만나기 위해, 10%는 지적 자극을 받기 위해서 등으로 나타났다.

자조그룹 형태로 발전한 영국의 삼세대대학은 프랑스의 삼세대대학보다는 좀 더 자유롭고 덜 구조화된 틀 안에서 상황에 맞게 교육의 형태, 내용, 방식 등을 변화시켜 나갔다. 초기 영국 삼세대대학의 프로그램 내용은 주로 지역 역사, 책읽기, 글쓰기, 음악 등으로 이루어졌고, 그 밖에 걷기, 수영 등 운동적 요소도 포함되었다. 그러나 점차 회원들은 초기의 관심에서 벗어나 다양한 영역까지 관심의 폭을 넓히고자 하였으며, 그들의 새로운 관심은 노인교육의 주요한 주제가 되어 언어, 과학, 테크놀로지 등도 새로운 교육 내용으로 등장하게 되었다. 최근에는 지역 삼세대대학끼리 주제별 네트워크(subject networks)를 만들어 서로 정보를 나누고 세미나나 워크숍을 개최하

---

5) THE U3A STORY, http://www.u3a.org.uk, pp. 8-9(검색일: 2016년 5월 21일).

고 있다.[6)

영국 삼세대대학에 참여하는 노인은 그들 가운데 충분히 많은 전문가가 있고, 노인을 위한 교육에 그들의 지적 능력을 충분히 활용할 수 있다고 생각하기 때문에 군이 젊은 사람(second agers)의 도움이 필요하지 않다고 생각하고 있으며, 따라서 삼세대대학의 모든 과정은 노인에 의해 이루어지고 있다. 노인 회원은 자신에게 필요한 학습 규칙을 만들고, 학습을 이끌 리더를 뽑으며, 모든 회원이 교수자와 학습자로 참여하고 있다.[7) 또한 영국의 삼세대대학의 경우 누구든지 새로운 것을 배우고자 하는 열의만 있으면 참여할 수 있으며 노인 스스로가 교수자로, 또한 자원봉사자로 삼세대대학의 모든 운영에 참여하고 있기 때문에 군이 비싼 강의료를 부담할 필요가 없다. 교육 장소 역시 교육이 가능한 어느 곳이든지 가능하다. 일반적으로 지역사회센터, 도서관, 회원들의 집, 학교 등이 활용되고 있는데, 빌리는 가격은 아주 싸거나 무료이다. 결과적으로 영국 삼세대대학에 참여하는 회원들은 아주 적은 회비만을 내면 되는데, 사실 이 회비는 프로그램 운영을 위한 운영비나 삼세대대학의 전국 조직인 삼세대 트러스트(Third Age Trust)를 유지하는 데 쓰이고 있다. 2013년 기준으로 영국에서 삼세대대학은 900개에 달하고 셰필드 삼세대대학의 경우 참여 인원이 3,000명을 넘어섰다.[8) 그리고 2016년 말에 드디어 영국에서 삼세대대학의 수는 1,000개를 넘어섰고 전체 참가 인원도 40만 명을 넘어섰다.[9)

영국의 삼세대대학은 프랑스의 삼세대대학과 달리 평생교육의 정신인 상호 협력 및 자원봉사를 그대로 이어 가고 있다. 또한 프랑스의 삼세대대학과 달리 노인교육을 운영하는 데 있어 상향식(bottom-up) 접근을 취하고 있어,

---

6) University of the Third Age, http://db.u3a.org.uk(검색일: 2012년 3월 13일).

7) THE U3A STORY, http://www.u3a.org.uk, p. 12(검색일; 2016년 5월 21일).

8) THE U3A STORY, http://www.u3a.org.uk, p. 13(검색일: 2016년 5월 21일).

9) University of the Third Age, http://www.u3a.org.uk(검색일: 2017년 10월 13일).

결과적으로 더 민주적이고 덜 엘리트적이다. 그러나 지나치게 자조를 강조함으로써 다른 사회구성원, 특히 젊은 계층으로부터 고립될 수 있는 문제점을 갖고 있다.

3) 삼세대대학의 변화

시간이 흐름에 따라 삼세대대학은 더 이상 프랑스 모델 혹은 영국 모델이라고 뚜렷하게 구분되기보다는 혼합형을 띠게 되었다. 프랑스의 경우 영국과 같이 대학으로부터 자유로운 자조그룹이 나타나고 있다. 반면, 영국의 경우 전통적 의미의 대학이 무너지면서 지역사회 활동에 참여하기를 원하는 새로운 대학인 '신대학'이 생겨나기 시작하였고, 이 대학은 지금까지와는 달리 상아탑의 위치에서 벗어나 좀 더 지역사회 주민과 가까워지려고 노력하는 가운데 노인을 위한 교육 프로그램을 개설하기 시작하였다. 특히 신대학은 노인이 필요로 하는 기술인 퇴직 후 생존기술, 컴퓨터 기술, 건강과 관련된 기술 등을 위주로 하는 프로그램을 공개 강의 형식으로 제공하고 있으며, 이 외에도 노인이 알고 싶어 하는 주제, 예를 들면 지역사회, 역사, 고고학 등을 중심으로 강의를 개설하기도 한다(Third Age Learning, 1998, p. 273).

그러나 최근 경제 침체기를 겪으면서 유럽의 많은 국가가 대학에 재정 지원을 축소하고 있는 상황에서 대학은 경제적 어려움을 극복하기 위해 대학에서 수강하고 있는 학생의 부담을 늘리고 있으며, 프랑스처럼 삼세대대학을 대학이 주도하던 국가의 경우 이런 재정적 어려움은 노인교육의 위기로 연결되기도 한다. 특히 경제적으로 여유가 많지 않은 저소득층 노인이 이런 위기에 가장 심하게 영향을 받고 있다. 반면, 대학이 아닌 노인이 스스로 주축이 되어 노인교육을 실시하고 있는 영국의 삼세대대학은 이런 경제적 침체로부터 어느 정도 자유로울 수 있어 현재는 영국 삼세대대학 모델이 노인들로부터 더 많은 호응을 얻고 있다.

최근 영국의 경우, 삼세대대학이 있는 지역으로 이동하기 쉽지 않은 노인이나 양로원(residential homes)에 있는 노인을 위해 온라인 강좌를 확대하려하고 있다. 이언 셜리(Ian Searle)는 "배움의 기회가 주어지지 않는 이들 노인에게 집은 단순히 죽음을 기다리는 정거장이 되고 있다."라고 비판하면서, 이러한 처지에 놓여 있는 노인에게도 지적 자극을 받을 기회가 주어져야 한다고 강조한다.[10] 이처럼 삼세대교육은 초기 중산층 노인 위주의 교육에서 점차 교육 기회로부터 소외된 노인의 교육에까지 관심을 확대하면서 많은 노인의 전폭적인 지지를 얻고 있다. 또한 지역적으로 유럽 전역뿐만 아니라 캐나다, 미국, 뉴질랜드, 호주 등지까지 영향을 끼치면서 단순한 하나의 노인교육 형태가 아닌 범세계적인 노인교육운동으로 여겨지고 있다.

4. 삼세대대학의 특징

기존의 노인교육과 달리, 삼세대대학이 노인에게 많은 인기를 얻는 교육 프로그램으로 발전할 수 있었던 것은 그것이 기존의 노인교육과는 다른 특징을 가지고 있기 때문이다. 여기서는 좀 더 구체적으로 삼세대대학이 다른 노인교육과 비교해서 어떠한 차이점이 있는지를 살펴본다.

첫째, 삼세대대학이 토대한 노인의 이미지는 긍정적이다. 삼세대대학에서 보이는 노인은 무력하거나 젊은 사람에게 의존하는 노인이 아니라 매우 독립적이며 다른 사회구성원과 마찬가지로 좀 더 나은 삶을 살아가기 위해 매사에 적극적인 노인이다. 삼세대대학의 경우 노인을 우선 삼세대(third age)와 사세대(fourth age)로 구분하여, 연령과는 상관없이 퇴직 후 건강하게 자신의 삶을 살아가는 모든 노인은 90세가 되건 100세가 되건 삼세대라고 간주한다.

---

10) THE U3A STORY, http://www.u3a.org.uk, p. 11(검색일; 2016년 5월 21일).

반면, 사세대는 병 등으로 혼자 독립적으로 살아갈 수 없는, 즉 다른 사람의 도움이 필요한 노인을 의미한다. 이처럼 삼세대와 사세대는 연령에 따른 구분이 아니라 얼마만큼 독립적으로 살아갈 수 있느냐에 따른 구분이며, 따라서 삼세대대학은 연령과는 상관없이 독립적으로 살아갈 수 있는 모든 노인을 대상으로 하고 있다.

둘째, 삼세대대학은 학습자로서 노인이 전 교육과정에 적극적으로 참여할 것을 강조한다. 프랑스의 삼세대대학의 경우 대학이 주도하고, 가르치는 사람은 대학 교수나 강사이며, 많은 행정적 절차가 위로부터 아래로 이루어지고 있기는 하지만, 여전히 전 교육과정에 걸쳐 노인의 적극적인 참여를 강조하고 있다. 영국 삼세대대학의 경우는 자조그룹 형태로 노인이 주축이 되어 노인교육이 이루어진다. 노인이 가르치고, 노인이 배우고, 노인 스스로 필요한 것이 무엇인지를 파악하여 교육과정을 짜는 것처럼 시작부터 끝까지 노인에 의해 노인교육은 이루어진다.

셋째, 삼세대대학은 노인의 개인적인 발전과 성장에 대한 욕구를 충족시키기 위해 다양한 주제를 다루고 있으며, 학습 방법도 다양하게 활용하고 있다. 프랑스의 경우 처음 툴루즈 대학교에서 노인교육이 실시될 때는 노년학이 주요한 주제였지만, 시간이 감에 따라 노인교육의 주제는 더 이상 특정 주제에 한정되지 않으며 학습 방법 역시 단순히 강의만이 아니라 토론, 워크숍 등의 다양한 형태를 활용하고 있다. 영국의 경우 노인교육은 자조그룹을 중심으로 이루어졌고 각 그룹은 그룹에 참여한 노인이 원하는 주제를 선택하게 됨에 따라 주제의 범위나 깊이가 매우 다양하다. 또한 교수자는 회원 중에서 그 주제를 가장 잘 가르칠 수 있는 자가 선정되고 있다. 학습 방법 역시 교수자의 강의에 의존하기보다는 기본적으로 학습자와 교수자의 뚜렷한 구분이 없이 모두가 참여하는 토론 방식으로 이루어지고 있다.

넷째, 삼세대대학은 노인교육을 단순한 교육 프로그램을 넘어 하나의 사회운동 차원으로 끌어올리고 있다. 삼세대대학은 지금껏 사회에서 소외되어 온 노인에게 교육의 기회를 제공하고, 거기서 그치는 것이 아니라 노인에게 스스로 설 수 있는 힘을 주고, 노인 스스로 사회 참여의 필요성을 깨닫게 하고 있다. 결과적으로 노인은 그 전과 다른 변화된 모습을 갖게 되고 이런 노인의 변화된 모습은 노인에 대한 사회적 인식의 변화에도 기여하고 있다. 삼세대대학이 활발하게 이루어지고 있는 유럽에서 노인은 더 이상 무기력하고 젊은 사람에게 짐이 되는 존재가 아니라 젊은 사람 못지않게 자신의 삶을 가꾸고 변화시키려고 하는 존재로 여겨지고 있다. 나아가 사세대 노인을 돕는다든가 다른 사회적 약자를 돕는 것과 같이 적극적으로 사회활동에도 참여하고 있다(Swindell & Thompson, 1995, p. 438).

지금까지 삼세대대학의 노인교육은 어떠한 특징을 갖고 있는지 살펴보았다. 실제 한국의 노인교육은 이러한 특징에 토대한 삼세대대학과는 여러 점에서 차이가 난다. 다음 절에서는 삼세대대학과 한국의 노인교육 사이의 차이점은 무엇인지를 분석하고, 이에 토대하여 한국 노인교육이 삼세대대학으로부터 어떠한 시사점을 얻을 수 있을지를 알아보고자 한다.

5. 삼세대대학이 한국 노인교육에 주는 시사점

한국의 노인교육은 삼세대대학과 비슷한 시기에 시작하였고 지난 30년 동안 엄청난 양적 팽창을 이루었다. 그러나 이러한 양적 팽창이 질적 발전으로 연결되지는 못한 가운데 노인교육은 교육보다는 복지 혹은 인적자원개발과 연결되어 이루어져 왔고, 다루는 주제 역시 매우 한정되어 있다. 이러한 상황에서 순수하게 노인의 개인적인 성장과 발전을 목표로 하거나 노인이 받고 있는 차별을 없애는 데 기여하는 노인교육은 찾아보기 쉽지 않은 실정이다. 이러한 맥락에서 앞으로 한국에서도 다양한 형태의 노인교육이 가능하도록 질적 발전이 이루어져, 노인교육이 노인의 개인적인 성장·발전에 기여할 뿐

만 아니라 사회적인 성장·발전에도 기여할 수 있어야 할 것이다. 특히 한국
에서도 삼세대대학과 같은 프로그램이 활성화되어, 노인이 자신의 잠재적 능
력을 믿고, 특별한 부담 없이 자유롭게 자신의 잠재력을 개발해 나갈 수 있는
교육에 참여하여 자신감도 회복하고, 결과적으로 자신의 삶의 주체로서 혹은
사회변화 매개자로서 거듭날 수 있어야 할 것이다.

　이러한 이유로 한국의 노인교육이 삼세대대학으로부터 얻을 수 있는 시사
점은 무엇인지를 탐색하고자 한다.

　첫째, 한국의 노인교육도 긍정적인 노인의 이미지에 토대해야 할 것이다.
물론 삼세대대학이 시작된 유럽 국가에서도 처음부터 노인의 이미지가 긍정
적이지는 않았을 것이다. 아마 그렇기 때문에 새로운 개념인 삼세대가 생겨
났을 것이다. 그러나 노인에 대한 이전의 부정적인 이미지에서 벗어나 좀 더
긍정적인 이미지로 노인교육을 시작하려 한 삼세대대학의 노력은 아마도 삼
세대대학을 성공적으로 이끄는 데 결정적인 역할을 하였을 것이다. 지금까
지 한국에서 실시되고 있는 대부분의 노인교육은 노인의 부정적인 이미지
에 토대해 오고 있으며, 특히 복지의 연장선상에서 실시하고 있는 노인교육
은 노인을 교육 수준이 낮고 경제적으로 무능하기 때문에 사회적 도움이 절
대적으로 필요한 존재로 보고 있다. 이처럼 노인에 대한 부정적 이미지에 토
대한 한국의 노인교육은 결과적으로 노인이 홀로 서는 것이 얼마나 중요하며
노인이 자신의 삶의 주체가 되는 것이 얼마나 필요한가를 그다지 강조하지
않고 있다. 오히려 '힘들고' '많은 도움을 필요로 하는' 노인에게 어려움을 덜
어 주고 필요한 도움을 제공하는 노인교육이 얼마나 필요한가를 강조하고 있
다. 그러나 문제는 이러한 노인교육으로는 노인이 배움의 주체, 삶의 주체로
거듭날 수 없다는 점이다. 따라서 한국에서도 노인교육이 발전하기 위해서
는 무엇보다 하루하루 열심히 살아가는 노인의 모습을 토대로 해야 하고, 나
아가 그들이 삶을 살아오면서 얻은 지식과 지혜가 중요한 자원으로 여겨져야
할 것이다. 그리고 그렇게 될 때만이 노인의 적극적인 참여를 유도할 수 있을

것이다.

둘째, 한국에서 삼세대대학과 같은 노인교육이 활성화되기 위해서는 우선 노인의 기본적 생활이 보장되어야 할 것이다. 삼세대대학에 참여하고 있는 대부분의 노인은 비록 경제적으로 풍요롭지는 않으나 그렇다고 기본적인 생활이 위협을 받고 있지도 않다. 하지만 한국 노인의 경우는 다르다. 한국에서 2013년에 국민연금, 공무원연금, 사학연금의 공적연금을 받는 고령자는 총 230만 5,000명으로 전체 고령인구 중 37.6%를 차지하는 것으로 밝혀졌다 (통계청, 2014). 공적 연금을 받지 못하는 노인에게 현재 공적으로 제공되는 것은 국민기초생활보장과 기초연금 등이다. 국민기초생활보장의 전체 수급자는 125만 8,000명이며 이 중 고령자는 37만 6,000명으로 29.9%에 달하고 있다(통계청, 2014). 그러나 경제적으로 어려움을 겪고 있는 많은 노인이 자식이 있거나 약간의 재산이 있기 때문에 국민기초생활보장 수급자에 포함되지 못하고 있다. 이 밖에도 박근혜 정부에 들어서 2008년부터 시행되어 온 기초노령연금이 기초연금으로 바뀌면서, 65세 이상의 전체 노인 중 소득과 재산이 적은 소득 하위 70%의 노인은 매달 일정액의 연금을 지급받고 있다. 하지만 매달 받는 연금액이 턱없이 적어 한국의 많은 노인은 여전히 기본 생계조차 위협받고 있는 실정이다. 이처럼 한국의 많은 노인에게 있어 경제 문제는 심각한 수준이다.[11] 물론 앞으로 연금 등의 확대로 좀 더 경제적으로 여유로운 생활을 할 수 있는 노인의 수가 늘어나겠지만, 여전히 많은 노인은 경제적 안정을 확보하지 못한 상태에서 경제적인 어려움을 겪게 될 것이다. 이런 상황에서 한국의 많은 노인에게는 교육이 필수적인 것으로 받아들여지지 않고 있다. 이런 이유로 서유럽과 달리 한국의 경우 노인교육은 당분간 노인복지와 함께 갈 수밖에 없지만, 이 둘의 관계는 복지 속에 교육을 가두거나 교육 속

---

11) 2014년 기준 한국 노인의 빈곤율은 OECD 국가 중 최고인 49.6%에 달하는 것으로 보고되었다 (OECD, 2015).

에 복지를 가두는 것이 아니라 복지와 교육이 서로의 영역을 최대한 인정해 주는 관계가 되어야 할 것이다.

셋째, 한국에서도 노인교육의 목적이 지금까지처럼 다른 목적을 위한 수단이 아닌 교육 자체에 맞춰져야 할 것이다. 물론 노인은 단순한 형태의 여가 및 건강 프로그램에 참여함으로써 즐거움을 느낄 수 있으나, 그들이 전 교육과정을 통해 배움의 주체로 참여함으로써 느끼는 즐거움은 다른 차원의 즐거움일 것이다. 그렇게 될 때 노인은 배움의 주체로서 느낀 즐거움을 삶으로까지 연장하려 할 것이고, 그러면서 자연스럽게 삶의 주체로 거듭나게 될 것이다. 최근 서구에서는 비판적 노인교육이 중요한 노인교육 이론으로 자리 잡아 가고 있는데, 이 이론은 지금까지의 다른 노인교육이론과 달리 노인이 자신의 학습의 주체로 참여하게 되면서 자연스럽게 힘을 얻고(임파워먼트), 이렇게 얻은 힘으로 자신이나 사회가 처해 있는 환경을 변화시키는 데 적극적으로 참여하게 된다는 점을 강조하고 있다. 실제로 삼세대대학은 비판적 노인교육이론이 현장에서 실천된 구체적 예라고 볼 수 있고, 그 결과가 매우 성공적이라고 할 수 있다는 점에 근거하여 한국의 노인교육도 이러한 관점에서 삼세대대학의 경험을 좀 더 적극적으로 벤치마킹할 필요가 있다.

넷째, 한국의 노인교육도 교육과정에 노인의 적극적 참여를 유도하여야 할 것이다. 삼세대대학이 성공할 수 있었던 중요한 이유 중 하나는 다름 아닌 노인을 전 교육과정에 적극적으로 참여시켰기 때문이다. 특히 영국 삼세대대학의 경우 노인이 모든 과정을 계획 및 결정하고 있다. 젊은 사람이 짠 교육과정에 따라 젊은 강사가 가르치기보다는, 노인이 스스로 배우고 싶은 주제를 선택하고 노인 중 그 주제에 대해 잘 알고 있는 사람이 교육과정을 이끌고 있다. 실제 노인의 적극적인 참여를 유도하는 가장 효과적인 방법은 노인으로 하여금 자신의 배움에 스스로 책임을 지게 하는 것이다. 따라서 한국에서도 노인이 직접 자신의 교육에 참여할 수 있도록 해야 할 것이며, 노인교육 전문가도 젊은 사람이 아닌 노인 사이에서 찾아야 할 것이다. 곧 상대적으로 교육 수준이 높은 베이비부머가 대거 노인세대로 진입하게 되는 상황에서, 점차 각 분야에 전문 지식과 기술을 가진 노인도 늘어날 것이다. 따라서 앞으로 이들 중 지식, 기술, 자질을 갖춘 노인을 재교육시켜 노인교육 전문가로 양성하는 것이 무엇보다 필요하다.

다섯째, 한국에서도 노인교육의 주제가 좀 더 다양해져야 할 것이다. 초기 삼세대대학은 한국의 노인교육과 마찬가지로 다양한 주제를 다루지는 않았다. 그러나 삼세대대학이 발전하고 노인 참여가 활발해지면서 삼세대대학의 주제는 더 이상 특정 주제에 한정되지 않고 있다. 노인이 관심 있어 하는 모든 주제는 노인교육의 주제가 될 수 있다는 전제하에 다양한 주제를 다루고 있다.[12] 이에 반해, 현재 한국 노인교육에서 다루는 주제는 매우 한정되어 있다. 이것은 아직 한국 노인교육이 질적으로 발전하지 못한 결과일 것이다. 그러나 그렇게 한정된 주제는 다른 분야에 관심이 있는 노인이나 교육 수준이 높은 노인을 노인교육으로부터 멀리하게 하는 하나의 원인이 되고 있다. 이러한 상황에서 만약 노인교육의 주제가 다양해지고 수준도 차별화된다면 현재 참여하기를 회피하고 있는 많은 노인의 참여를 유도할 수 있을 것이다.

여섯째, 한국의 노인교육도 전통적 방법인 강의 위주의 교육 방법에서 벗어나 노인의 수준에 맞고 요구에 부합하는 다양한 교육 방법을 개발해야 할 것이다. 경제적으로 어려운 상황에 있고 교육 경험이 많지 않은 한국의 노인이 선호하는 교육 방법은 전통적으로 가장 많이 활용되어 온 강의법이다. 한 조사에 따르면, 교사로 가장 적합한 사람을 묻는 질문에 노인은 대학 교수라고 응답하였고, 가장 선호하는 학습 방법은 강의라고 응답했다(나항진, 2004, pp. 201-202). 이들은 자신과 같이 낮은 교육 수준에 놓여 있는 사람은 교육을

---

12) 영국 삼세대대학의 경우, 회원들이 원하는 모든 주제가 삼세대대학의 주제가 되고 있다. 예를 들어, 현재 영국의 삼세대대학에서는 가족사(family genealogy), 프랑스어 회화, 우쿨렐레 등 다양한 주제를 다루고 있다(University of the Third Age, http://www.u3a.org.uk, 검색일: 2016년 2월 7일).

많이 받은 사람에게 교육을 받아야 한다고 생각하고, 또한 그것이 바로 교육이라고 생각하고 있다. 이처럼 한국의 노인은 아직 교육에 대해 전통적인 생각을 갖고 있고, 자신의 교육도 그런 식으로 이루어지기를 원하고 있다. 실제한국의 노인교육 현장에서 노인교육의 거의 모든 내용과 방법의 선택이 전문가나 젊은 사람에 의해 이루어지고 있고, 반면 대부분의 노인은 여전히 수동적인 학습자로서 교육에 참여하고 있다.

이에 비해 프랑스의 삼세대대학은 단순 강의만이 아니라 토론, 워크숍 등의 다양한 형태의 교육 방법이 활용되고 있다. 그리고 영국의 삼세대대학은 노인 스스로 교육 주제를 고르고 그 주제를 가장 잘 가르칠 수 있는 노인이 교수자로서 참여하고 있으며, 학습 방법 역시 강의에 의존하기보다는 모든 노인이 참여하는 토론식이나 체험식으로 진행되고 있다. 이처럼 삼세대대학은 필요에 따라 다양한 교육 방법을 활용하고 기본적으로 학습자와 교수자의 뚜렷한 구분이 없는 상황에서 모두가 참여할 수 있는 학습 방식을 선호하고 있다. 한국의 경우 강의식이 아닌 교육 방식에 익숙하지 않은 노인이 학습 과정에서 대화나 토론에 적극적으로 참여하는 것이 힘들겠지만, 이 또한 교육으로 변화할 수 있다는 점을 염두에 두고 그들의 참여를 적극적으로 유도하는 다양한 교육 방법을 활용해야 할 것이다.

일곱째, 한국의 노인교육도 개인적인 성장이나 발전을 넘어 사회의 발전에 기여할 수 있어야 할 것이다. 삼세대대학은 노인교육을 하나의 사회운동 차원으로 끌어올려 지금껏 사회에서 소외되어 온 노인에게 교육의 기회를 제공하며, 거기서 그치지 않고 노인에게 스스로 설 수 있는 힘을 제공해 줄 뿐만 아니라 사회 참여의 필요성을 깨닫게 하고 있다. 이에 따라 노인은 지역사회의 구성원으로서 다양한 자원봉사활동에 참여하기를 원하게 되고, 실제 적극적으로 참여하고 있다. 서유럽의 경우 삼세대대학에 참여한 노인은 더 이상 무기력하고 젊은 사람에게 짐이 되는 존재가 아니라 젊은 사람 못지않게 자신의 삶을 가꾸고 변화시키려 하는 존재가 되고 있으며, 사세대 노인을 돕는

다든가 다른 사회적 약자를 돕는 데 있어서 어느 사회집단보다 적극적인 집단이 되고 있다(Swindell & Thompson, 1995, p. 438).

이에 비해 한국 노인교육은 삼세대대학과 비교하여 아직 성과가 뚜렷하지 않다. 노인교육은 노인의 삶을 향상시키는 데 크게 기여하지 못하고 있을 뿐만 아니라 노인에 대한 사회적 인식 변화에도 크게 기여하지 못하고 있다. 노인에 대한 부정적인 이미지가 여전히 팽배해 있으며, 노인의 세력화나 변화 매개자로서의 노인은 생각할 수조차 없다. 결국 이러한 차이는 삼세대대학이 노인에게 호응을 얻고 지지를 받으면서 사회적으로도 좋은 반응을 얻게 되어 국내적으로나 국제적으로 확대될 수 있는 계기를 제공한 반면, 한국의 노인교육이 아직 그렇게 되지 못한 이유가 될 수 있다. 따라서 앞으로 한국 노인교육도 이러한 점을 염두에 두고 개인에게도, 나아가 사회에도 기여할 수 있는 방향으로 나아가야 할 것이다.

지금까지 한국의 노인교육은 삼세대대학의 경험으로부터 무엇을 배울 수 있을지, 그리고 어떤 점이 어떻게 달라져야 할지를 중심으로 살펴보았다. 다음은 마지막으로 한국에 삼세대대학을 어떻게 적용할 수 있을지에 대해 논의해 보고자 한다.

6. 삼세대대학의 한국 적용 가능성

한국에서 노인교육이 발전한 배경은 삼세대대학이 발전한 배경과 많이 다르다. 분명 한국에서 노인교육이 현재의 모습으로 발전한 데는 나름대로 이유가 있겠지만 그렇다고 굳이 현재의 모습을 앞으로도 그대로 고집할 필요는 없다.

앞서 살펴보았듯이 삼세대대학은 한국 노인교육이 맞이할 새로운 미래를 대비하는 데 많은 도움을 줄 수 있다. 특히 삼세대대학은 한국 노인의 교육에 대한 새로운 요구를 어느 방향으로 이끄는 것이 노인을 위해서도, 또 사회를 위해서도 바람직한지를 알려 주고 있다. 따라서 한국 노인교육의 발전을 위해 필요한 것은 현재의 한국 노인교육에 삼세대대학이 주는 시사점을 최대한 반영하는 것일 것이다. 그리고 가능하다면 다양해지고 새로워지는 한국 노인의 교육적 요구에 대처하는 측면에서 삼세대대학 자체를 부분적으로나마 받아들이는 것도 고려해 볼 수 있을 것이다. 아직 한국 노인에게는 복지도, 기본적 생계를 해결하기 위한 일자리도 필요하지만, 또 한편 확실한 것은 노인의 새로운 교육 요구를 만족시켜 주기 위해서는 현재의 한국 노인교육으로는 부족하다는 점이다. 노인의 경제 사정이 좋아지고 교육 수준이 높아지면서 한국의 노인도 개인적인 성장과 발전에 관심을 가지게 될 것이고, 스스로 배움의 주체, 삶의 주체가 되고 싶어 할 것이다. 그러나 현재 시행되고 있는 복지 위주의 노인교육이나 인적자원개발 위주의 노인교육은 노인의 이런 새로운 요구를 충분히 만족시켜 주지 못한다.

이런 상황에서 앞으로의 한국 노인교육은 현재의 형태도 나름대로 유지할 필요가 있지만, 또 한편 삼세대대학 자체를 부분적으로나마 받아들여 삼세대대학이 현재의 한국 노인교육에 새로운 도전을 제공하면서 향후 노인의 새로운 교육 욕구를 충족시키는 데 기여할 수 있도록 해야 할 것이다. 한국에는 현재의 한국 노인교육도, 삼세대대학도 모두 필요한 실정인데, 그 둘의 관계는 함께 공존하면서 서로를 도와주고 서로의 부족한 부분을 채워 주는 관계가 되어야 할 것이다. 그렇게 될 때 한국의 노인교육은 지금보다 훨씬 풍요롭고, 결과적으로 노인에게 그리고 사회에 더 많은 기여를 할 수 있게 될 것이다.

현재 한국에서 삼세대대학 자체를 부분적으로나마 받아들일 경우, 삼세대대학의 두 모델 중 어느 모델을 받아들이는 게 한국 노인교육의 미래를 위해 더 바람직할지를 고민해 볼 수 있다. 그리고 결론적으로 말하자면, 여러 가지 상황을 고려할 때 한국에서는 프랑스식 모델을 거쳐 영국식 모델로 나아가는 것이 바람직할 것 같다. 비록 광범위하지는 않지만 한국 대학 중에는 노인교육에 참여하는 대학이 있기 때문에 프랑스식 모델로 나아가는 것이 그래도 쉬울 것이다. 반면, 영국식의 자조그룹이 발전할 만한 여건은 아직 조성되지 않았으나 그럼에도 궁극적으로 영국식 모델로 나아가야 한다고 주장하는 것은 현재 한국 노인에게 가장 필요한 것은 스스로 설 수 있다는 자신감과 함께 스스로 설 수 있는 능력을 키워 주는 것인데, 영국식 모델이 프랑스식 모델보다 그 기능을 더 잘해 낼 것이기 때문이다.

사실 한국의 대학은 아직 프랑스 대학처럼 노인교육에 활발하게 참여하고 있지 않다. 오히려 대학보다는 대학부설 평생교육원이 노인교육에 좀 더 적극적인 편이다. 이런 상황에서 한국의 노인교육이 프랑스식 모델로 나아가기 위해 무엇보다 필요한 것은 좀 더 많은 대학이 지역사회와 그 중요한 구성원인 노인에게 대학의 문을 여는 것이다. 노인을 위한 다양한 강좌를 개설하고 노인이 원할 경우 학교 시설을 사용할 수 있게 하거나 교수와의 협의하에 원하는 강의를 택할 수 있도록 해야 할 것이다.

이처럼 아직 대학에서조차 노인교육이 활발하게 이루어지지 않은 상황에 영국식 자조그룹을 이야기하는 것은 아마 시기상조일지 모른다. 영국에서 자조그룹형 노인교육이 성공할 수 있었던 것은 무엇보다 노인 개개인이 오랫동안 쌓아 온 민주적인 훈련과 교육 경험이 있었기 때문일 것이다. 영국의 경우 오랜 평생교육의 전통이 있고 많은 노인이 이미 여러 형태의 평생교육 프로그램에 적극적으로 참여한 경험이 있어 그들에게 자조그룹은 자연스러운 것이었다. 그러나 그러한 경험이 부족한 한국의 노인에게 영국식 자조그룹은 아직 생소할 수밖에 없다. 하지만 지금은 힘들더라도 한국 노인교육의 방향을 노인이 스스로 설 수 있고, 스스로 자신의 삶을 개척하고, 사회의 변화 매개자로서의 역할을 할 수 있는 쪽으로 맞추고 그 방향으로 노인교육이 나아갈 수 있도록 노인교육 관련자들이 힘을 모은다면 영국식 모델이 한국에 정착하는 것 또한 그리 어려운 일은 아닐 것이다.

7. 나가며

삼세대대학은 한국에서 노인교육이 처음 시작된 시기와 비슷한 시기에 프랑스를 시작으로 영국 그리고 전 세계로 퍼져 나간 노인교육이다.[13] 이 장에서는 30년 이상의 시간이 지난 지금 한국 노인교육은 여전히 크게 발전하지 못한 데 반해 삼세대대학은 어떻게 놀라운 속도로 발전할 수 있었는지 그 이유를 밝혀 보았고, 또한 삼세대대학의 이런 경험으로부터 한국의 노인교육은 무엇을 배울 수 있을지를 알아보았다. 그리하여 급속도로 고령화되고 있는 한국 상황에서 과연 노인을 위해, 사회를 위해 필요한 노인교육은 어떤 노인교육이어야 할지, 그리고 그러기 위해서는 어떠한 변화가 필요한지를 짚어 보았다.

결과적으로 삼세대대학의 경험으로부터 얻은 바는, 연령은 노인에게 더 이상 단점이나 한계가 아니라는 점과 연령이 더 이상 노인에게 단점이나 한계로 작용하지 않도록 노인의 계속적인 자기계발을 위해 필요한 교육 기회를 제공해야 한다는 점이다. 사실 한국 노인이 처해 있는 교육적·사회적·경제적 수준에 비추어 볼 때 복지 연장선상에서의 노인교육도, 인적자원개발의 노인교육도 필요하지만, 거기서 그쳐서는 안 되며 앞으로 노인이 살아가면서 가질 수 있는 지적 호기심을 만족시키고 그들이 자신의 삶의 주체로서, 사회의 변화 매개자로서 살아가는 데 필요한 자신감과 능력을 제공해 주는 노인교육도 필요하다.

현재 한국의 노인교육은 아직 노인의 지적 호기심을 충족시켜 주거나 노인을 그들 자신의 배움의 주체로, 그리고 궁극적으로 삶의 주체로 키워 주는 데

---

13) 한국에서 최초로 세워진 노인학교는 1972년 종로 태화관에서 문을 연 서울평생교육원이다(김남선 외, 2003, p. 17).

한계가 있다. 이러한 상황에서 볼 때, 프랑스에서 시작하여 주변의 다른 국가로 빠르게 확대되고 있는 삼세대대학은 한국 노인교육이 가지고 있는 이러한 한계를 극복하는 데 많은 도움을 줄 수 있을 것이다. 왜냐하면 삼세대대학은 한국 노인교육이 지금과 달리 노인에게도, 사회에서도 인정받고 환영받기 위해서는 무엇이 어떻게 달라져야 하는지를 보여 주기 때문이다. 물론 현재 한국의 노인교육을 무조건 삼세대대학의 방향으로 바꾸는 것은 쉽지 않을 것이며 바람직하지도 않을 것이다. 그러나 삼세대대학이 한국 노인교육에 새로운 가능성을 보여 주고 있다는 확신을 갖고, 그것이 한국 노인교육에 주는 시사점을 차근차근 한국 노인교육의 장에 실천해 간다면 한국 노인교육의 미래가 어둡지만은 않을 것이다.

참고문헌

교육인적자원부(2004). 국가인적자원개발기본계획 2005년도 시행계획. 미간행 자료.

김남선, 김미령, 박성복, 이옥분, 정일환, 한상철(2003). 노인교육개론. 서울: 형설출판사.

나항진(2004). 노인교육론. 서울: 교육과학사.

신미식(2005). U3A(the University of the Third Age)가 한국 노인교육에 주는 시사점. 평생교육학연구, 11(3), 127-149.

이옥분, 장미옥, 권인탁, 박응희(2001). 고등교육기관을 활용한 노인교육 활성화 방안연구. 서울: 교육인적자원부.

통계청(2014). 2014 고령자 통계. 대전: 통계청.

Clark, F., Heller, A. F., Rafman, C., & Walker, J. (1997). Peer learning: A popular model for seniors education. *Educational Gerontology, 23*, 751-762.

Cusack, S. (1999). Critical educational gerontology and the imperative to empower.

Education and Ageing, 14(1). 21-37.

Heikkinen, E., Kuusinen, J., & Ruoppila, I. & University of Jyväskylä. (Eds.). (1995). *Preparation for aging.* New York: Plenum Press.

Kerka, S. (1999). Universities of the Third Age: Learning in retirement. *Trends and Issues Alert, 2,* 3-4.

Laslett, P. (1991). *A fresh map of life.* Cambridge, MA: Harvard University Press.

Lemieux, A. (1995). The University of the Third Age: Role of senior citizens. *Educational Gerontology, 21,* 337-344.

Mehrotra, C. (2003). In defense of offering educational programs for older adults. *Educational Gerontology, 29,* 645-655.

Moody, H. (2004). *Aging: Concepts and controversies.* Thousand Oaks, CA: Pine Forge Press.

Moody, H. (1995). Meaning and late life learning. In E. Heikkinen, J. Kuusinen, I. Ruoppila, & University of Jyväskylä. (Eds.), *Preparation for aging* (pp. 1-7). New York: Plenum Press.

Moody, H. (1988). *Abundance of life: Human development policies for an aging society.* New York: Columbia University Press.

OECD. (2015). *Pensions at a glance 2015: OECD and G20 indicators.* Paris: OECD Publishing.

Purdie, N., & Boulton-Lewis, G. (2003). The learning needs of older adults. *Educational Gerontology, 29,* 129-149.

Radcliffe, D. (1982). U3A: A French model for the later years. Paper presented at the annual conference of the Comparative and International Education Society. New York. March.

Schneider, K. (2003). The significance of learning for aging. *Educational Gerontology, 29,* 809-823.

Swindell, R., & Thompson, J. (1995). An international perspective on the University of the Third Age. *Educational Gerontology, 21,* 429-447.

Third Age Learning. (1998). International notes on third age learning and social policy issues. *Education and Ageing, 13*(3), 271–279.

Yenerall, J. (2003). Educating an aging society: The University of the Third Age in Finland. *Educational Gerontology, 29*, 703–716.

제7장

은퇴후교육[1]

1. 들어가며

은퇴후교육(Learning in Retirement: LIR)[2]은 미국에서 1962년 몇몇 지식인 노인이 중심이 되어 이전과는 다른 노인교육을 만들어 보려는 의도에서 출발하였다. 이들이 생각하는 노인교육은 노인을 복지의 대상으로 여기고, 노인교육을 그 연장선에서 보려는 것도 아니고, 또한 노인을 젊은 사람과 동등하게 보고 기존 대학에 편입시키려는 것도 아니다. 이들이 구상한 은퇴후교육은 다른 구성원과 마찬가지로 지적 성장을 원하고 있고, 또한 다른 구성원 못지않

---

1) 이 장은 신미식(2008). 미국 LIR(Learning in Retirement)의 한국 적용 가능성과 발전 방향. Andragogy Today, 11(4), 23–52를 일부 수정하여 재게재함.

2) 'Learning in Retirement'는 우리말로 '은퇴후교육' 외에도, '은퇴후학습'으로 번역할 수 있지만, 여기서는 노인교육의 연장선상에서 이해할 필요가 있다고 보아 은퇴후학습보다는 은퇴후교육으로 번역하고자 한다.

게 당당하고, 주체적이며, 자신의 교육에 스스로 책임지려 한다는 점을 최대한 살린 노인교육이다. 이러한 은퇴후교육은 1960년대에는 대학을 중심으로 대학과 관련 있는 은퇴한 교직원과 그들의 배우자 그리고 소수 지식인 노인을 위한 교육에 머물렀지만 1980년대 후반부터는 많은 노인의 호응을 얻으면서 전국적으로 확대되었고, 최근 미국에서 가장 빠르게 발전하는 노인교육으로 자리매김하고 있다(MacNeil, 1998, p. 28).

현재의 여가나 취미·오락 위주의 노인교육에서 벗어나 노인의 지적인 호기심을 자극할 뿐만 아니라 자아실현을 가능하게 해 주는 노인교육이 그 어느 때보다 필요한 한국에서 은퇴후교육은 한국 노인교육에 많은 시사점을 주고 있다. 이런 이유로 이 장에서는 미국에서 새로운 노인교육의 대안으로 등장하여 괄목할 만한 성공을 거두고 있는 은퇴후교육을 집중적으로 탐구하고, 나아가 은퇴후교육이 한국에서 하나의 노인교육 모델이 될 수 있을지의 가능성을 타진하고자 한다. 이를 위해, 첫째, 은퇴후교육이 미국에서 주요한 노인교육으로 등장하게 된 배경을 살펴본다. 둘째, 이렇게 등장한 은퇴후교육은 어떻게 정의될 수 있으며, 어떻게 발전되어 오고 있는지, 그리고 이전 노인교육과 비교해 어떠한 특징을 가지고 있는지를 분석한다. 나아가 은퇴후교육이 미국 노인에게 인기가 있는 이유는 무엇이며, 은퇴후교육이 갖고 있는 문제점은 무엇인지를 밝혀 본다. 셋째, 은퇴후교육을 한국에 적용하기 위해서는 어떠한 여건이 필요한지를 알아 보고, 한국 은퇴후교육은 미국 은퇴후교육과 어떤 점에서 차별화하면서 발전하는 것이 바람직한지를 탐색한다.

2. 은퇴후교육의 등장 배경

미국에선 제2차 세계대전 이후 출생한 베이비부머(baby boomers)[3]가 노년기로 접어들면서 노인 수가 급증하게 된다. 전체 미국 인구는 2014년 기준 3억

1,885만 7,056명으로, 이 중 65세 이상 노인 인구는 14.5%에 달한다.[4] 이들 중 베이비부머는 과거 노인과 달리 대부분이 학교교육을 받은 세대로, 이전 세대의 노인보다 교육 수준이 훨씬 높다. 이미 2008년에 65세 이상 노인인구 중 72.8%(남성 73.9%, 여성 72.0%)가 고등학교를 졸업하였고, 18.7%(남성 24.6%, 여성 14.4%)는 대학 졸업 이상의 학력을 갖고 있는 것으로 조사되었다.[5]

나아가 미국에서는 1960, 1970년대를 거쳐 사회보장(Social Security), 노인의료보험(Medicare), 「미국노인법(Older Americans Act)」이 정착되면서 노인이 이전에 비해 경제적으로 그리고 건강상 훨씬 안정된 생활을 영위하고 있다. 이처럼 높은 교육 수준과 안정된 생활은 이들로 하여금 자연스럽게 노년기 생활을 어떻게 보낼지에 대해 많은 고민을 하게 만들었고, 이런 과정에서 노인교육은 새로운 관심사로 떠올랐다. 그러나 이들이 원하는 노인교육은 과거의 노인교육과 달리 노인의 특성에 부합하며, 노인도 젊은 사람 못지않은 지적 능력을 갖고 있고, 더 나아가 젊은 사람 못지않게 계속적으로 지적 성장을 추구하기를 원한다는 것을 인정하고 그렇게 되도록 해 주는 노인교육이다.

미국에서 노인교육이 성인교육의 한 형태에서 벗어나, 본격적으로 노인을 주 대상으로 하는 교육 형태로 자리 잡은 것은 1950년대이지만, 당시의 노인교육은 아직 다양한 사회복지제도가 제대로 갖추어지지 못해 노인의 1/3이 사회빈곤층에 속해 있던 당시 상황을 그대로 반영하고 있다(Manheimer, Snodgrass, & McMenzie, 1995, p. 135). 당시 대부분의 노인교육은 아프고 외롭고 사회적 도움이 필요한 노인의 외로움을 달래 주고, 그들이 건강을 유지할 수 있도록 함으로써 사회생활을 하는 데 있어서의 불편함을 덜어 주려는 데 목적을 두었다. 따라서 교육 내용도 지적인 도전이나 자극을 주는 내용이라

---

3) 미국에서 베이비부머는 제2차 세계대전 직후인 1946년부터 1964년 사이에 태어난 사람들을 일컫는다.

4) US Census Bureau, https://www.census.gov(검색일: 2015년 11월 15일).

5) US Census Bureau, https://www.census.gov(검색일: 2008년 2월 20일).

기보다는 여가나 취미 혹은 교양을 함양하는 내용이 주를 이루었다. 당시의 대표적인 노인교육기관으로는 시니어 센터(Senior Center)가 있다.[6]

1950년대에 시작된 복지 위주의 노인교육은 1970년대까지 지속되었다. 그러나 앞서 살펴보았듯이, 1960년대 중반에 노인을 위한 다양한 법과 제도가 도입되고 정착되면서 미국 노인의 경제 사정이 이전보다 나아졌고, 결과적으로 노인의 삶도 전보다 훨씬 안정되었다. 그리고 이런 노인의 삶의 변화는 사회에서의 노인의 이미지에도 영향을 끼치게 되면서 노인은 더 이상 약하고 의존적인 존재로 여겨지지 않게 되었고, 또한 노년학의 발전은 노인의 인지적 혹은 지적 능력이 젊은 사람과 크게 차이가 나지 않음을 보여 주었다.

1970년대에는 노인에게 젊은 사람과 동등한 교육의 기회를 제공함으로써 노인을 정규교육에 편입시키려는 주류모델(mainstream model)이 등장한다(Manheimer et al., 1995, p. 13). 이 모델을 적극적으로 지지해 온 연방정부와 주정부는 노인이 정규 대학교육에 참여할 기회를 막는 것은 바로 등록금이라는 전제에서, 많은 주립대학으로 하여금 노인에게 등록금을 면제해 주는 '등록금 면제정책(Tuition Waiver Policy)'을 채택하도록 권고하였다. 결과적으로 11개 주를 제외하고는 나머지 모든 주가 노인에게 등록금을 면제해 주는 제도를 실행하게 되었으나, 흥미롭게도 이 제도를 활용하여 대학에 등록한 노인의 비율은 전체 노인 중 1%에도 못 미쳤다(Martin, 2002, p. 43).[7]

---

6) 시니어 센터는 교육과 복지를 종합적으로 다루는 멀티 서비스 기관으로 건강, 영양, 여가, 취미, 교육과 더불어 무료 급식 제공, 노인 건강 진단 클리닉, 교통수단 제공 등 다양한 서비스를 제공하고 있다(Martin, 2002, p. 41).

7) 이 모델이 성공할 수 없었던 이유는 노인이 젊은 사람 못지않게 지적 성장에 대한 욕구는 가지고 있으나, 노인의 특성을 고려하지 않은 상태에서 젊은 사람과 똑같이 시험을 보고, 숙제하고, 경쟁하도록 하는 것을 노인들이 탐탁하게 여기지 않았기 때문이다. 즉, 이 모델은 노인이 자신의 지적 성장을 젊은 사람과 시험 등을 통해 경쟁하면서 추구하기보다는 시험이나 경쟁의 부담에서 벗어나 편안한 분위기에서 추구하고 싶어 한다는 것을 깨닫지 못했다.

　　이런 가운데 1975년에 아주 중요한 노인교육 형태인 엘더호스텔(Elderhostel)이 등장한다. 엘더호스텔은 노인의 지적 욕구를 충족시키려는 목적에서 시작된 노인교육으로, 노인은 방학 동안 대학 기숙사에 머물면서 대학이 제공하는 다양한 교육 프로그램에 참여하게 된다. 엘더호스텔에 참여하는 비용은 전적으로 노인이 부담하며, 교육 내용은 복지적 성격의 여가나 교양과는 거리가 먼, 순수한 지적 호기심을 자극하거나 지적 탐구를 목적으로 하는 내용이었다. 이러한 엘더호스텔은 노인들에게 엄청난 호응을 얻으면서 급속도로 확대되어 갔다. 심지어 노인들은 자신이 살고 있는 지역에서 방학만이 아니라 일 년 내내 엘더호스텔에서 제공하는 프로그램과 같은 프로그램을 제공하는 노인교육을 원하게 되었고, 미국 노인의 이러한 교육적 요구는 미국 정부의 노인정책 변화와 맞물려서 새로운 국면을 맞게 되었다.

　　미국 정부가 고령화사회를 대비한다는 취지 아래 1961년에 처음 개최한 백악관노인회의(White House Conference on Aging)[8]는 그 후 매년 10년 주기로 열렸다. 이 회의는 노인교육을 포함해 미국 노인과 관련한 모든 정책에 대한 청사진을 마련하는 회의라는 점에서 매우 중요한 회의이다. 예를 들면, 1961년 회의는 1965년 「미국노인법」과 노인의료보험을 제정하는 계기가 되었다.[9] 특히 1971년에 개최된 회의는 노인교육과 관련하여 중요한 의미를 가진다. 이 회의는 지금까지와 달리 정부의 노인정책이 좀 더 노인의 요구에 부합할 필요가 있음을 강조하면서, 노인은 단순한 생존 욕구 외에도 표현의

---

8) White House Conference on Aging은 다양하게 번역될 수 있지만 여기서는 이 회의의 중요한 주제가 노인에 관한 것이기 때문에 백악관노인회의로 번역하고자 한다.

9) 노인교육과 관련하여 「미국노인법」은 매우 중요한 법이다. 이 법은 노인교육을 포함해 모든 노인문제를 총괄적으로 다루는 중앙정부기구인 노인행정과(Administration on Aging: AOA)를 미국 건강·교육·복지부(Department of Health, Education and Welfare: DHEW) 내에 설치하고, 지방정부기구인 지역노인행정과(Areawide Agencies on Aging: AAA)를 주정부 내에 설치하도록 하였다.

욕구, 기여의 욕구, 영향을 끼칠 욕구를 가지고 있으며 이런 욕구를 충분히 실현할 수 있도록 정부가 도움을 제공해야 한다고 주창한 회의이다. 따라서 이 회의는 노인이 은퇴 후에도 성공적 노년기를 맞이하기 위해서는 노인교육이 절대적으로 필요하다는 점을 확인하고, 이를 위해 정부 차원에서 노인교육을 위한 정책이 마련될 필요가 있다는 것을 지지해 준 회의이다(Manheimer et al., 1995, p. 137). 실제로 이 회의 이후 대부분의 주정부는 노인의 교육을 돕기 위해 등록금 면제제도를 도입하게 된다.

1981년 백악관노인회의에서도 노인교육의 중요성이 다시 한 번 강조된다. 그러나 이 회의에서는 많은 정책 담당자가 노인교육에 공적 자원을 투자하는 것에 거부감을 보이기 시작한다. 즉, 아동이나 청소년에게 투자할 공적 자원조차 충분하지 못한 상황에서 노인교육에 공적 자원을 투자하는 것은 옳지 않다는 입장을 보이기 시작하였고, 그 결과 1980년대에는 정부의 지원을 받는 노인교육이 크게 발전하지 못했다.

이런 미국 정부의 노인교육에 대한 입장은 1995년 백악관노인회의에서 다시 한 번 확인된다. 이 회의에서 미국 정부는 노인을 하나의 집단으로 보는 것에 반대하면서 노인 중에는 여전히 사회적 도움이 필요한 노인이 있는 반면, 경제적으로 풍요롭고 여유 있는 노인도 있다는 점을 명확히 하였다. 그리고 경제적으로 어려운 노인을 위한 교육에는 도움을 줄 책임이 있지만, 그렇지 않은 노인은 정부의 도움 없이 자신의 교육에 스스로 책임을 져야 한다는 입장을 표명하였고, 현재까지 이런 입장을 유지하고 있다.

이처럼 미국에서는 노인의 생활 여건이 나아지면서 새로운 교육에 대한 욕구가 생겨나게 되었고, 이런 욕구에 부합하여 등장한 엘더호스텔이 성공하면서 많은 노인이 엘더호스텔과 같은 노인교육이 지역사회에 뿌리내리기를 바라게 되었다. 뿐만 아니라 재정 압박 속에서 미국 정부가 경제적으로 여유 있는 노인을 위한 교육에 더 이상 재정 지원을 하지 않겠다는 입장을 천명하면서 노인이 정부의 도움 없이 스스로 재정적으로 책임지는 노인교육을 만들어

갈 필요가 생겨났다. 그리고 이런 가운데 지금까지 대학을 중심으로 은퇴한 교직원과 그들의 배우자의 지적 성장을 도모하기 위해 만들어진 은퇴후교육이 새로운 변화에 부합하는 노인교육의 모델로 떠올랐다. 다음은 미국에서 새롭게 노인교육의 대안 모델로서 떠오른 은퇴후교육을 구체적으로 살펴보고자 한다.

3. 은퇴후교육의 정의, 특징, 한계

1) 은퇴후교육의 정의와 발전 과정

은퇴후교육은 초기에는 대학에서 은퇴한 교수와 교직원 그리고 그들의 배우자를 위해 은퇴한 후에도 계속적으로 지적 성장을 도모할 수 있도록 해 주는 노인교육 형태로 정의되었다. 그러나 최근 들어서 은퇴후교육은 대학에 소속되어 있던 사람만이 아니라 대학이 속해 있는 지역사회의 주민까지를 포함하는 교육으로 확대 · 발전하면서 단순히 은퇴자를 위한 교육이라기보다는 은퇴와 상관없이 은퇴 연령에 속하거나 지적 호기심을 추구하고 자아실현을 바라는 노인을 위한 교육으로 재정의되고 있다. 은퇴후교육은 처음에 대학이라는 기관을 중심으로 이루어졌기 때문에 '은퇴후교육기관(Learning in Retirement Institute: LRI)' 혹은 '은퇴후교육을 위한 기관(Institutes for Learning in Retirement: ILR)'으로 불리기도 하고, 최근 들어 평생교육에 대한 관심이 고조되면서 '평생학습기관(Lifelong Learning Institutes: LLI)'으로 불리기도 한다 (Brady, Holt, & Welt, 2003, p. 851).

은퇴후교육은 1962년에 이전까지의 노인교육에 만족하지 못한 노인들이 뉴욕에 있는 대학인 사회조사를 위한 뉴스쿨 대학교(New School for Social Research: NSSR)의 도움으로, 동 대학에 자신들이 원하는 강좌를 개설하여 운영하게 되면서 시작되었고,[10] 이러한 은퇴후교육이 다른 지역으로까지 확대되기 시작한 것은 1970년대에 들어서이다. 그러나 당시만 하더라도 여전히 대학을 중심으로 확대되었고,[11] 그 수는 많지 않아 1985년까지 은퇴후교육을 실시하는 대학은 약 50개에 불과하였다.

그러다기 은퇴후교육이 급격하게 승가하기 시작한 것은 1980년대 후반이다. 1980년대 엘더호스텔의 급격한 성장은 노인이 지금까지 지적 성장에 목말라 왔음을 보여 주었고, 또한 노인이 살고 있는 지역에 엘더호스텔과 같은 노인교육기관이 만들어질 필요가 있음을 보여 주었다. 이런 가운데 엘더호스텔을 주관하는 단체인 엘더호스텔 연합(Elderhostel, Inc.)은 노인의 이러한 욕구를 지역사회에서 충족시켜 주기 위해 엘더호스텔의 대안으로 은퇴후교육에 관심을 갖게 되었다. 실제로 이 단체는 은퇴후교육을 만들고자 하는 대학이나 노인에게 필요한 도움을 주거나, 이미 만들어진 은퇴후교육이 좀 더 발전할 수 있도록 돕기 위해 엘더호스텔 네트워크(Elderhostel Institute Network: EIN)를 만들기도 하였다. 이처럼 은퇴후교육은 엘더호스텔이 지역사회로 확대된 형태로도 볼 수 있다. 이후 은퇴후교육을 실시하는 기관은 엘더호스텔 네트워크의 도움으로 급격하게 수가 늘어, 1990년대에는 250여 개로, 2000년대에 들어서는 500여 개로 늘어났다.[12]

최근 들어서 더 이상 대학과 연관을 맺지 않는 은퇴후교육도 생겨나면서 그 수는 더욱 빠르게 증가하고 있다. 또한 은퇴후교육은 지금까지 존재해 오던 다른 형태의 노인교육, 예를 들면 시니어 센터 등에도 많은 영향을 끼치고 있다. 한 시니어 센터 소장에 의하면, 은퇴후교육의 영향으로 시니어 센터 프로그램도 과거 레크리에이션 위주의 프로그램에서 순수학문 위주로, 교육 방

---

10) Elderhostel, http://www.elderhostel.org(검색일: 2008년 8월 14일).

11) 하버드, 듀크 등의 대학에서 그 대학의 은퇴한 교직원과 배우자의 교육을 담당하려는 목적으로 은퇴후교육을 만들었던 시기가 바로 1970년대이다.

12) Harvard Institute for Learning in Retirement, http://hilr.harvard.edu(검색일: 2008년 2월 5일).

법도 토론 위주로 바뀌고 있다.[13] 다음은 은퇴후교육이 갖는 특징을 중심으로 도대체 무엇이 은퇴후교육을 이렇게 빠르게 성장하는 노인교육으로 만들었는지를 살펴본다.

2) 은퇴후교육의 특징

은퇴후교육은 이전 노인교육과 비교해서 다음과 같은 특징을 가진다.

첫째, 은퇴후교육은 대학과 밀접한 관계를 유지하며 대학을 중심으로 이루어지고 있으나, 기본적으로 대학과의 관계는 매우 독립적이다. 오랫동안 미국 정부나 노인들은 상아탑의 전당으로서 대학이 노인을 위한 교육에 많은 영향을 끼쳐야 한다고 생각해 왔다. 이런 이유로 1970년대에 미국 정부는 노인들에게 대학교육을 받을 수 있는 기회를 제공하려고 많은 지원을 제공하였다. 그러나 그 당시 교육의 주체는 대학이고, 노인은 교육의 객체로서 참여할 뿐이었다. 이와 달리 은퇴후교육에서 교육의 주체는 노인이고, 대학은 단지 노인에게 필요한 자원을 제공하는 역할을 하였다. 노인은 대학으로부터 강의실을 제공받고, 대학 도서관에서 자유롭게 자료를 찾고, 대학에서 개최하는 강좌나 특강을 들을 수 있다. 이 밖에도 노인은 대학으로부터 강의실이나 주차장 사용 등과 관련한 행정 문제 처리를 위한 행정조교를 제공받기도 하지만 여전히 은퇴후교육을 운영하거나 교육을 담당하는 주체는 모두 노인이다.

그럼에도 은퇴후교육은 계속 대학과의 관계를 유지하려고 한다. 왜냐하면 은퇴후교육에 참여하는 노인들은 학문의 전당이자 학문의 중심지로서 대학이 노인교육을 위해 담당해야 할 역할이 있다고 보기 때문이다. 특히 학문의 전당으로서 대학이 은퇴후교육의 수준을 대학 수준으로 유지하는 데 기

---

13) 이는 저자가 미국 매사추세츠 주 앰허스트에 소재한 시니어 센터 소장과의 면담을 통해 얻은 사실이다(면담일: 2008년 7월 21일).

여할 수 있다고 보았다. 이런 이유로 대부분의 은퇴후교육은 후원 대학의 이름을 사용하고 있기도 하고,[14) 연중 교육 스케줄도 후원 대학과 같게 하고 있다. 반면, 미국 대학이 은퇴후교육에 참여하는 이유는 한국 대학과 달리 미국 대학의 경우 지역사회와 항상 상호 협력적인 관계를 유지하면서 지역사회 주민을 위한 다양한 서비스를 제공해 온 전통에서 비롯되었다고 할 수 있다. 대학은 지역 주민을 위한 다양한 문화 강좌를 제공하면서 지역사회의 문화 중심지 역할을 해 오고 있으며 대학에 재학하고 있는 학생은 지역 주민을 위한 다양한 자원봉사 활동에 참여하고 있다. 결과적으로 은퇴후교육에 참여하게 된 지역 노인은 대학에 좀 더 관심을 갖게 되고, 대학이 자신에게 베푼 만큼 갚기를 원해 대학이 필요할 경우 도서관이나 박물관 지킴이 등의 자원봉사자로서 참여하기도 하고 대학의 발전 기금에 기부하기도 한다(Lamdin & Fugate, 1997, p. 111).

둘째, 은퇴후교육은 원칙적으로 '동료 노인에 의한 가르치기와 배우기(Peer Teaching/Peer Learning: PT/PE)' 체제를 기본으로 하고 있다(Brady, Holt, & Welt, 2003; Clark, Heller, Rafman, & Walker, 1997). '동료 노인에 의한 가르치기와 배우기'는 은퇴후교육이 처음 시작할 때부터 이루어졌다. 초기 은퇴후교육에 참여했던 노인은 이전의 노인교육에서 그들이 단지 교육의 객체로서 참여한 것에 대해 비판적 입장을 취하면서, 노인이 비록 나이는 들었지만 젊은 사람 못지않은 지식을 갖고 있는 상황에서 자신의 교육을 젊은 사람에게 맡기기보다 스스로 책임지기를 원했다. 특히 초기 은퇴후교육에 참여했던 대부분

---

14) 이것은 많은 은퇴후교육이 지원하고 있는 대학에 따라 고유의 이름을 갖고 있는 데서도 알 수 있다. 하버드 대학교의 경우 하버드 은퇴후교육(Harvard Institute for Learning in Retirement: HILR), 듀크 대학교의 경우 듀크 은퇴후교육(Duke Institute for Learning in Retirement: DILR), UCLA의 경우 플라톤 소사이티(PLATO Society), 보스턴 대학교의 경우 에버그린(Evergreen), 사회조사를 위한 뉴스쿨 대학교의 경우 은퇴후교육(Institute for Retired Professionals: IRP), 브라운 대학교의 경우 은퇴후교육 커뮤니티(Community for Learning in Retirement: CLR)이다.

의 노인이 은퇴한 교수, 교사 등 전문가 집단이었기 때문에 은퇴후교육 내에서 교수자를 확보하는 데 크게 문제가 없었다. 또한 교수자를 제외한 다른 노인들도 지금까지 일방적으로 교육을 받는 방식을 답습하기보다는 교수자와 마찬가지로 적극적으로 자신의 배움에 참여하기를 원했다. 은퇴후교육의 이러한 초기 전통은 이후 은퇴후교육이 확대되었어도 그대로 유지·발전되고 있다.

은퇴후교육 회원 중에는 은퇴한 대학교수나 교사가 많이 있지만 이들만이 교수자의 역할을 하는 것은 아니다. 자신이 관심을 가져 온 분야를 다른 사람에게 가르치고 싶어 하는 사람은 누구든지 교수자가 될 수 있다. 그러나 은퇴후교육에서 교수자(teacher)의 역할은 일반적 의미의 교수자의 역할과는 다르다. 은퇴후교육에서 교수자는 다른 노인 회원의 참여를 적극 촉구하면서 일반 강의보다는 집단토의(group discussion) 방식으로 수업을 진행하는데, 이 과정에서 다른 참여자는 특정 주제에 대해 발표를 하거나 토론에 적극적으로 참여하게 된다. 이런 이유로 은퇴후교육의 교수자는 강의를 위주로 하는 교수자와의 구분을 위해 중재자(moderator), 지도자(leader), 조정자(facilitator), 촉구자(promotor) 등으로 불리기도 한다(Clark, Heller, Rafman, & Walker, 1997, p. 758). 또한 교수자 중에는 열의는 있으나 교수 능력이 부족한 경우가 종종 있는데, 이런 문제를 해결하기 위해 은퇴후교육은 교수자 훈련 프로그램을 제공하기도 한다(Brady, Holt, & Welt, 2003, p. 852).

셋째, 은퇴후교육은 노인도 지적 탐구에 관심이 많고 지적 성장을 원한다는 전제에서 주로 인문사회과학(liberal arts) 관련 내용을 다루고 있지만, 근본적으로 모든 교육 내용은 회원에 의해 결정되고 있다. 사실 개별 은퇴후교육의 교육 내용은 각각의 은퇴후교육 내에 있는 커리큘럼 위원회에서 결정되기 때문에, 은퇴후교육은 회원이 관심 있어 하는 어떠한 교육 내용도 다룰 수 있다. 회원 중에 특정 주제를 다루고 싶거나 가르치고 싶은 회원이 있을 때, 그는 가르치고 싶은 내용에 대한 제안서를 커리큘럼 위원회에 제출하여야 하고, 커리큘럼 위원회는 회의를 거쳐 그 주제가 적절하다고 판단할 경우 가르치도록 허락한다. 이처럼 각각의 은퇴후교육은 이런 과정을 통해 은퇴후교육 회원이 원하는 고유의 교육과정을 갖게 된다. 예를 들면, 하버드 대학교 은퇴후교육의 경우 대표적인 강좌로는 'DNA와 생명의 언어' '멕시코 벽화와 20세기 멕시코 예술' '21세기 중국 변혁' '모차르트의 후기 심포니' 등이 있다.[15] UCLA의 플라톤 소사이티(Plato Society)의 대표적인 프로그램으로는 '냉전' '대통령 린든 B. 존슨과 그의 시대' '오스만 제국의 흥망성쇠' '현대 이란 사회와 역사' 등이 있다.[16]

넷째, 은퇴후교육은 미국 정부로부터의 어떠한 재정 지원도 없이 전적으로 참여 회원의 회비로 운영되고 있다. 1980년대 이후 노인교육정책의 변화로 인해 미국 정부는 더 이상 노인교육에 재정을 거의 지원하지 않고 있으며, 특히 경제적으로 여유가 있는 계층에 속한 노인을 위한 교육은 전적으로 노인 자신이 책임지도록 하고 있다. 이러한 상황에서 주로 중산층 노인의 교육을 담당하고 있는 은퇴후교육은 전적으로 회원이 낸 회비로 운영되고 있다. 현재 몇몇 은퇴후교육의 경우 회원 수가 1,000명이 넘기도 하지만, 대부분 은퇴후교육의 회원 수는 200~300명에 불과하다. 또한 회원이 내야 하는 회비는 은퇴후교육에 따라 다른데, 적게는 일 년에 100불 정도에서 많게는 1,000불까지 이르며 형편에 따라 가입할 수 있는 다양한 회원제(정회원 외에 준회원, 계절제 회원)가 도입되어 있다.[17] 그러나 회원 수가 한정되어 있는 상황에서 비용을 절감하기 위해 은퇴후교육은 많은 부분을 회원의 자원봉사에 의존하고 있

---

15) Harvard Institute for Learning in Retirement, http://hilr.harvard.edu(검색일: 2016년 2월 5일).

16) Plato Society of LA, https://www.theplatosociety.org(검색일: 2016년 2월 7일).

17) UCLA의 은퇴후교육인 플라톤 소사이티의 경우 일 년 회비는 485불로, 이 역시 은퇴후교육의 운영에 거의 사용된다. 물론 소수 어려운 노인을 위해 장학금이 제공되기도 하지만 재정적인 어려움으로 인해 많은 회원이 혜택을 받고 있지는 못하다(Plato Society of LA, https://www.theplatosociety.org, 검색일: 2016년 5월 28일).

다. 은퇴후교육에서 가르치는 교수자나 프로그램을 계획하고, 개발·운영하는 모든 노인은 돈을 받지 않고 자원봉사자로 일하고 있다.

다섯째, 은퇴후교육의 모든 결정권은 회원인 노인에게 있으며, 의사결정은 몇 사람에 의해 이루어지기보다는 회원의 자발적 참여를 기반으로 하여 만들어진 위원회를 통해 이루어지고 있다. 예를 들면, UCLA의 플라톤 소사이어티의 경우, 집행부(Executive Council)와 네 개의 상임위원회, 조정자 위원회(Coordinator Committee), 커리큘럼 위원회(Curriculum Committee), 콜로키움 위원회(Colloquium Committee), 멤버십 위원회(Membership Committee)가 있고, 모든 중요 결정은 이 위원회들을 통해서 이루어진다. 나아가 은퇴후교육의 이런 민주적 방식은 은퇴후교육과 그것의 연합체인 엘더호스텔 네트워크와의 관계에도 그대로 적용된다. 처음에는 은퇴후교육이 엘더호스텔 네트워크에 회비를 내면서 필요한 도움을 받는 관계였으나, 은퇴후교육이 발전하면서 더 이상 엘더호스텔 네트워크에 회비를 납부하지 않게 되었고, 그러면서 둘의 관계도 독립적인 관계로 바뀌었다. 이처럼 은퇴후교육은 외부의 어떠한 기관에도 종속되기를 거부하면서 철저히 회원의 민주적 참여에 의해 운영되는 방식을 취하고 있다.

여섯째, 개별 은퇴후교육은 앞서 언급한 특성을 일반적으로 공유하나, 또한 각각의 고유한 특성도 지니고 있다. 이것은 은퇴후교육이 운영되는 방식과도 연관되는데, 은퇴후교육은 다른 외부 기관에 영향을 받기보다는 은퇴후교육 회원이 어떻게 구성되었느냐에 따라 영향을 받고 있기 때문이다. 이런 이유로 각각의 은퇴후교육은 자신만의 고유한 색깔을 띠게 된다. 실제로 은퇴후교육은 다른 은퇴후교육에서 잘 이루어진 프로그램이나 활동이라도 그대로 받아들이지는 않는다. 그리고 같은 은퇴후교육 내에서도 몇 년씩 계속되는 프로그램이 없는 것은 아니나 매 학기, 매년 새로운 프로그램이 개설되고 새로운 활동이 소개된다. 이처럼 각각의 은퇴후교육은 전체적으로 은퇴후교육이라는 틀을 공유하지만, 개별적으로는 고유한 색깔을 유지하면서도 한 자리에 머물러 있지 않고 끊임없이 새롭게 변화·발전하고 있다.

지금까지 은퇴후교육이 가지는 특성을 살펴보았다. 은퇴후교육의 이러한 특성은 새로운 노인교육에 목말라 하던 많은 미국 노인에게 오아시스로 여겨졌고, 궁극적으로는 이전의 노인교육과 차별화를 가지면서 성공의 요인으로 작용하였다. 이처럼 노인은 은퇴후교육을 통해 이전의 노인교육에서는 얻을 수 없던 새로운 경험을 하게 되고, 자신뿐만 아니라 다른 노인도 이런 경험을 갖기를 원하게 된다. 그리고 이것이 바로 은퇴후교육이 노인 사이에 급속도로 퍼져 나가는 이유이기도 하다. 그러나 은퇴후교육은 아직도 발전해 가는 노인교육으로, 극복해야 할 문제점도 갖고 있다.

3) 은퇴후교육의 한계

여기서는 지금까지 이루어지고 있는 은퇴후교육의 한계가 무엇인지를 짚어 본다.

첫째, 은퇴후교육은 점차 개선되고는 있지만 아직 백인, 중산층, 그리고 상대적으로 교육 수준이 높은 노인을 위한 교육기관의 성격이 강하다. 이것은 은퇴후교육에 참여하고 있는 대상을 보면 잘 알 수 있다. 한 조사에 의하면 은퇴후교육의 참여 노인 중 거의 90% 정도가 2년제나 4년제 대학 이상의 학력을 갖고 있고(Kim & Merriam, 2004, p. 449), 반면 소수인종이나 저소득층, 그리고 상대적으로 교육을 받지 못한 노인의 참여는 저조한 상태이다. 물론 참여 조건으로 정규교육을 꼭 받아야 한다는 규정을 만들어 놓은 것은 아니지만, 은퇴후교육이 대학을 중심으로 이루어지고 있다는 것은 대학에 대해 적지 않은 위압감을 느끼는 교육 수준이 낮은 노인의 참여를 저해하는 요인이 될 수 있다. 또한 은퇴후교육에 참여하기 위해서는 적지 않은 회비를 부담해야 한다는 점도 경제적으로 여유가 없는 저소득층 노인의 은퇴후교육 참여를 막는 중요한 원인이 되고 있다.

둘째, 은퇴후교육은 교육 내용에 있어서도 지나치게 학구적이다. 이것은 배움 자체에 목적을 두고 있다는 점에서 장점이 되기도 하나, 지나치게 순수한 의미의 학문에만 치우치고 있어 현실 활용도가 떨어진다는 문제점이 있다. 실제로 은퇴후교육에서 배우는 지식은 실천을 통해 사회에 환원하는 의미의 지식이라기보다는 지식을 위한 지식에서 크게 벗어나지 못하고 있다. 몇몇 은퇴후교육의 경우 개인적인 차원에서 회원의 지역사회 활동 참여를 권장하기도 하지만, 은퇴후교육의 한 부분으로서 지역사회 자원봉사 활동을 강조하고 있지는 않다.

셋째, 은퇴후교육이 미국 정부로부터 재정 지원을 받지 않는다는 것은 나름의 독립성을 유지할 수 있어 장점으로 작용하나, 자칫 미국 정부로 하여금 더 이상 노인교육에 대해서는 관심을 가질 필요가 없다는 태도를 영속화시킬 수 있다. 미국 정부가 노인교육의 중요성은 인정하나 재정적인 어려움 속에서 노인은 자신의 교육에 스스로 책임을 져야 한다는 입장을 취해 왔고, 그런 맥락에서 은퇴후교육은 미국 정부의 도움 없이 스스로 재정적 책임을 져 왔다. 그러나 이러한 정부의 태도는 결국 중상층 노인교육에 한정되지 않고, 여전히 정부의 재정 지원이 필요한 다른 계층의 노인을 위한 교육에까지 확대될 수 있으며, 나아가 교육 문제뿐만 아니라 다른 노인 관련 문제에까지 확대될 위험성이 있다.

넷째, 은퇴후교육의 교육관은 교육이란 대학과 같이 구조화된 정규교육의 틀 안에서 이루어져야 한다는 전통적 교육관에서 크게 벗어나지 못하고 있다. 최근 들어 대학과 연관되지 않은 은퇴후교육이 등장하고는 있지만 대부분의 은퇴후교육은 대학과 밀접한 관련을 맺고 있고, 대학으로부터 다양한 물적·인적 자원을 제공받고 있다. 이처럼 대학과의 연계는 은퇴후교육의 질적 수준을 유지하는 데 커다란 기여를 해 오고 있다. 그러나 현재와 같은 평생학습사회에서 진정한 의미의 교육은 언제, 어디서, 누구에 의해서든 일어날 수 있음에도, 은퇴후교육은 교육을 정규교육의 틀에 가둠으로써 교육에 대한 고정관념의 틀을 벗어나지 못하고 있다.

다섯째, 은퇴후교육은 노인 사이에서는 매우 인기가 높지만 다른 사회구성원에게는 거의 알려져 있지 못하다. 이것은 아마 젊음만을 숭상하고 상대적으로 노인에 대해서는 무관심한 미국 문화와도 관련이 있을 수 있지만, 또 한편 은퇴후교육이 그만큼 상대적으로 지역사회에 자신을 알리는 데 별 관심이 없거나 지역사회 활동에 적극적으로 참여하지 않은 결과이기도 하다(Moody, 1993, p. 228). 국가가 주도적으로 재정 지원을 하는 일본의 경우, 국가 차원에서 노인을 자원봉사자로 활용하는 데 적극적인 반면, 노인교육에 재정 지원을 하지 않는 미국의 경우는 노인을 자원봉사자로 일하도록 강요하지 못하는 분위기이다. 이처럼 은퇴후교육은 노인의 자아실현을 강조하고 있으나 그것이 개인적인 차원을 크게 벗어나지 못하고 있고, 아직 전체 노인을 충분히 고려한 상황에서 다른 계층의 노인 및 다른 사회구성원과 더불어 잘 사는 사회를 만드는 데 참여하는 의미의 즉, 사회적 차원의 자아실현을 추구한다고 보기는 어렵다.

그러나 이러한 문제점에도 불구하고 은퇴후교육은 어떤 노인교육보다 빠른 속도로 많은 노인의 지지를 받으면서 발전해 가고 있고, 그 확대 범위는 미국에만 한정되지 않고 있다. 캐나다는 이미 오래전에 은퇴후교육을 받아들였고, 현재 캐나다의 은퇴후교육 역시 빠른 속도로 발전해 가고 있다(Clark et al., 1997).

4. 은퇴후교육과 한국 노인교육

1) 은퇴후교육의 한국 적용 가능성과 과제

한국의 경우 비록 미국과 같이 높은 교육 수준을 가진 다수의 베이비부머가 아직은 노인집단에 편입되어 있지 않지만, 곧 그렇게 될 것이다. 이들은 단순한 여가·교양·취미 위주의 노인교육에 만족하지 못하면서 좀 더 지적 자극을 줄 수 있고 지적 성장에 도움을 주는 노인교육을 원하게 될 것이며, 일부는 스스로 교육의 주체가 되어 자신의 교육에 책임을 지고 싶어 할 것이다. 그러나 현재 한국의 노인교육은 안타깝게도 빠르게 변화하고 있는 노인의 새로운 교육적 욕구를 제대로 채워 주지 못하고 있다. 이런 상황에서 한국에서 필요한 노인교육은 노인도 젊은 사람 못지않게 지적 호기심이 있고 지적 성장을 원한다는 점을 인정하면서, 또한 젊은 사람과 경쟁하기보다는 노인 간 협력하는 분위기 속에서 스스로의 교육에 책임을 지는 노인교육일 것이다. 아직 한국에 이런 노인교육이 제대로 발전되어 있지 못한 상황에서, 은퇴후교육은 한국 노인교육의 하나의 모델로서 고려해 볼 만한 가치가 있는 노인교육이라고 할 수 있다. 미국 노인의 지적 성장을 목적으로 발전한 은퇴후교육은 한국 노인에게도 지적 욕구를 채워 줄 수 있을 것이고, 미국에서 그랬던 것처럼 장기적으로는 한국 노인교육을 다양화하고 발전시키는 데 긍정적인 영향을 미칠 수 있을 것이다.

그러나 미국에서 발전한 은퇴후교육을 한국에 그대로 적용하는 것은 쉽지 않을 것이다. 그에 앞서 많은 준비와 고민이 따라야 할 것이다. 이런 맥락에서 이 절에서는 은퇴후교육을 한국에 적용하기 위해 노인교육의 환경은 어떠한 변화가 필요하고, 그러한 변화를 위해 해결해야 할 과제는 무엇인지를 진단한다.

첫째, 한국 노인은 자신의 새로운 교육 욕구가 정당하다는 것을 인정하고 그것을 해결하기 위한 하나의 교육 형태로서 은퇴후교육에 좀 더 많은 관심을 가져야 할 것이다. 평균적으로 보면 한국 노인의 교육 수준은 미국 노인의 교육 수준보다 낮다. 미국 은퇴후교육에 참여하고 있는 노인의 교육 수준은 거의 80%가 고등학교 졸업 이상이고, 많은 수가 대학교육을 받은 경험이 있다. 이에 비해 한국의 경우 고등학교 졸업 이상의 교육 수준을 갖고 있는 노

인의 비율은 매우 낮다.[18] 그러나 확실한 것은 앞으로 한국 노인의 교육 수준
은 빠르게 향상될 것이며, 10년 내지 20년 사이에 한국 노인의 교육 수준은
지금의 미국 노인의 교육 수준을 따라잡을 것이다. 그리고 현재에도 한국 노
인 중에는 미국 노인만큼은 아니더라도, 대학 교수직에서 은퇴한 노인, 초·
중등학교에서 교사로 은퇴힌 노인, 그리고 각종 전문직에서 은퇴한 노인이
적지 않다.

현재 한국에서 상당수의 노인은 자신에게 제공되는 노인교육에 만족하지
않고 있다. 특히 교육 수준이 높은 노인의 경우, 경로당이나 노인대학 혹은
노인복지관에서 제공되는 프로그램이 대동소이하고 자신의 지적 수준에 맞
지 않는다고 생각한다.[19] 그러나 이들은 아직 거기서 한 발짝 나아가 자신이
가진 불만을 해결하기 위해서는 무엇이 필요한지에 대해 고민하고, 그런 고
민의 결과를 현실화하는 데 적극적이지 못하다. 미국에서 은퇴후교육이 시
작될 수 있었던 것, 그리고 현재와 같이 발전할 수 있었던 것은 바로 미국 노
인교육에 불만을 품었던 노인들이 자신의 불만을 해결하기 위해 적극적인 자
세를 취하였기 때문이다. 이런 맥락에서 한국 노인 역시 자신의 새로운 교육
욕구를 해결하는 데 좀 더 적극적일 필요가 있다.

둘째, 은퇴후교육에 대한 정부의 지원이 좀 더 구체적이고 현실적일 필요
가 있다. 미국은 1950년대부터 노인교육의 필요성을 깨닫고, 이미 1960년대

---

18) 한국에서도 노인의 학력 수준은 빠르게 높아지고 있다. 2010년 기준 준고령자(55~65세)의 경우
    고등학교 이상의 학력을 가진 비율은 57.8%, 고령자(65세 이상)의 경우는 23.2%에 이르고 있다.
19) 저자가 가르치고 있는 과목인 '평생교육과 노인교육'에서 학생들은 과제로 노인의 노인교육 프로
    그램에 대한 만족도와 욕구를 알아보기 위해 노인을 인터뷰해야 한다. 흥미롭게도, 이 인터뷰의
    결과에 따르면 많은 노인, 특히 교육 수준이 높은 남성노인은 현재 제공되고 있는 노인교육 프로
    그램에 참여하였다가 만족하지 못하고 결국 중도에 포기하고 있는 실정이다. 따라서 지금까지 노
    인을 대상으로 노인교육 프로그램의 만족도와 욕구를 조사해 온 연구들은 이미 중도에 포기한 이
    런 노인의 교육적 욕구를 제대로 파악하지 못했을 가능성이 높다. 이런 이유로 앞으로 교육 수준
    이 높은 노인의 교육적 욕구를 좀 더 정확하게 파악할 수 있는 체계적인 연구가 요구된다.

에 미국 사회의 고령화에 대비하여 백악관 주재로 대책 회의를 개최했다. 이 회의의 주요한 주제 중 하나가 바로 노인교육의 활성화이다. 그러다가 비록 1981년 백악관노인회의 때부터 정부가 있는 자를 위한 노인교육에는 더 이상 관여하지 않을 것을 공표하였으나, 실제 미국 정부는 오래전부터 노인교육의 중요성을 강조해 왔다. 그런 미국 정부의 관심은 노인교육을 발전시키는 원동력이 되었으며, 그 결과 은퇴후교육과 같은 노인교육이 나올 수 있었다.

그러나 한국 정부는 지금까지 노인교육을 발전시키는 데 필요한 인프라를 구축하는 데 적극적이지 못했다. 아직 노인교육을 위한 법, 정책, 행정 등이 제대로 정비되어 있지 못한 실정이다. 결과적으로 한국에서 노인교육은 양적으로 확대되었으나 여전히 복지적 성격이 강하고, 교육부가 아닌 보건복지부에서 주도하고 있다. 그러나 은퇴후교육은 지금까지의 노인교육과 달리 사회복지적 성격을 벗어나 순수한 의미의 배움을 강조한다는 점에서 본격적으로 교육부가 나서서 주도해 나가야 할 노인교육이라고 할 수 있다. 교육부는 좀 더 주도적으로 대학을 설득하여 대학이 적극적으로 은퇴후교육을 후원할 수 있게끔 하고, 이런 과정에서 필요한 제반 지원을 아끼지 말아야 할 것이다.

셋째, 한국 대학은 지역사회에 은퇴후교육을 정착시키고 활성화시키는 데 중추적인 역할을 수행해야 한다. 미국 대학의 경우 지역사회 봉사를 매우 중요한 역할로 보고 있고, 지역사회를 위해 대학의 문을 개방하고 있으며, 지역 주민을 위해 다양한 서비스를 제공해 오고 있다. 은퇴후교육도 이러한 맥락에서 만들어졌다고 할 수 있다.

반면, 한국의 대학이나 대학부설 평생교육원은 미국만큼 지역사회에 문을 개방하고 있지 않고, 또한 노인을 포함한 지역 주민들의 교육 요구에 부합하는 프로그램이나 서비스를 제공하지 못하고 있다. 물론 한때 경북대학교 등에서는 명예학생제도를 도입하고 직접 운영해 왔지만, 최근 들어서는 대학부설 평생교육원이 주축이 되어 노인교육 프로그램을 운영하고 있다. 그러나 그 수는 크게 확대되지 못하고 있는 실정이다. 2006년 대학의 노인교육은 평생교육원 운영이 47개교, 독립기관 운영이 2개교, 연구소 운영이 1개교, 기타 부설기관 운영이 8개교 등 총 59개 기관에서 운영된 데 비해(교육인적자원부, 한국교육개발원, 2006, p. 91), 2016년 대학부설 평생교육원의 수는 403개로 늘었지만 노인교육 프로그램의 수는 크게 증가하지 못하였다.[20] 한 조사 결과에 의하면 2014년 기준 대학부설 평생교육원의 프로그램은 총 2만 6,561개이지만 이 중 노인교육 대상 프로그램 수는 107개로 비율로 따지면 0.4%에 불과하고, 프로그램에 참여한 총 학습자의 수도 83만 3,179명이지만 이 중 노인학습자의 수는 8,971명으로 비율로 따지면 1.09%에 불과하다(이상일, 2014). 이처럼 지역 주민의 평생교육을 담당하기 위해 설립된 대학부설 평생교육원에서도 노인을 위한 교육은 크게 주목받지 못하고 있다.

그럼에도 한국의 경우 대학도 많고 대학부설 평생교육원도 거의 대학 수만큼 있기에, 대학과 연계한 은퇴후교육을 만들 수 있는 인프라는 충분히 구축되어 있다고 할 수 있다. 따라서 앞으로 대학은 노인 스스로 교육의 주체가 되어 그들 자신에게 필요한 교육을 만들어 가는 은퇴후교육에 좀 더 관심을 기울여야 할 것이다.

넷째, 은퇴후교육을 연구하고, 필요한 경우 은퇴후교육과 관련한 기술적인 정보나 지식을 제공할 수 있는 전담기구가 필요하다. 미국에서 은퇴후교육이 발전할 수 있었던 것은, 대학 캠퍼스에서 방학 기간만을 이용하여 이루어지는 대표적인 미국의 노인교육인 엘더호스텔이 전 지역에서 이루어질 필요성을 느낀 몇몇 학자와 엘더호스텔 연합 책임자가 엘더호스텔 연합 내에 엘더호스텔 네트워크라는 조직을 결성하면서부터이다. 엘더호스텔 네트워크는 지역에서 은퇴후교육을 만들고자 하는 노인에게 필요한 조언이나 자료를 제공함으로써 노인의 은퇴후교육 결성을 전폭적으로 지지해 왔다. 실제

---

20) 교육부, http://www.moe.go.kr(검색일: 20016년 4월 29일).

미국에서 은퇴후교육이 현재와 같이 급속도로 확대 발전할 수 있었던 데는 바로 엘더호스텔 네트워크의 도움이 결정적이었다. 물론 현재 엘더호스텔 네트워크와 은퇴후교육의 관계가 과거와 달리 독립적으로 바뀌었지만, 여전히 엘더호스텔 네트워크는 새롭게 은퇴후교육을 만들고자 하는 노인에게 필요한 기술적인 자문을 제공해 오고 있다. 필요하다면 한국도 엘더호스텔 네트워크에 가입하여 은퇴후교육이 한국에 정착하는 데 필요한 기술적인 자문을 제공받는 방안도 고려해 볼 수 있을 것이다.

지금까지 은퇴후교육이 한국에서 적용되기 위해 필요한 변화가 무엇인지 살펴보았다. 한국의 노인은 생활 수준과 교육 수준의 향상으로 새로운 교육적 욕구를 갖게 되고, 이런 새로운 교육적 욕구는 한국에서도 은퇴후교육과 같은 노인교육 형태가 그 어느 때보다 필요하다는 것을 보여 주고 있다. 하지만 아직 한국에서는 은퇴후교육을 활성화하는 데 필요한 여러 여건이 만족할 만큼 성숙되어 있지 않은 실정이다. 그런데 미국의 경우 1962년에 처음 은퇴후교육이 만들어지고 거의 20여 년이 지나고 나서야 전국적으로 확대되기 시작하였다. 확실한 것은, 이런 시작이 없었다면 미국에서도 현재의 은퇴후교육이 존재할 수 없었다는 것이다. 이런 맥락에서 한국에서도 가능하면 빠른 시일 내에 완벽한 형태는 아니더라도 은퇴후교육을 시도해 볼 필요가 있다.

물론 한국에서 시작될 은퇴후교육은 미국의 은퇴후교육과는 다른 것이 되어야 할 것이다. 무엇보다 한국의 은퇴후교육은 한국 노인의 상황을 충분히 고려해야 할 것이며, 미국의 은퇴후교육이 갖고 있는 문제점을 답습하지 않아야 할 것이다. 다음은 이런 점들을 염두에 두고 한국의 은퇴후교육이 나아가야 할 방향을 모색해 본다.

2) 한국에서 은퇴후교육이 지향해야 할 방향

아직 은퇴후교육이 도입되지도 않은 상황에서 한국의 은퇴후교육이 나아

갈 방향을 말하는 것은 시기상조일지 모른다. 그렇지만 앞으로 한국에서 은
퇴후교육을 받아들일 경우, 그 방향은 미국의 은퇴후교육이 갖고 있는 문제
점을 최소화하거나 극복하는 방향으로 나아가야 할 것이다. 따라서 한국의
은퇴후교육이 미국의 은퇴후교육과 어떤 점에서 차별화하면서 발전하는 것
이 좋을지를 타진하고자 한다.

첫째, 한국의 은퇴후교육은 미국의 은퇴후교육이 추구하는 개인적인 차원
에서의 자아실현, 지적 성장을 넘어서야 할 것이다. 미국에서도 여전히 노인
중에 인종, 성, 계층 등의 이유로 소외받고 있는 노인이 없는 것은 아니나 한
국의 노인과 비교해서 상황이 양호한 형편이다. 특히 미국의 경우 정부의 노
인정책이 효과를 거두면서 대부분의 노인의 상황이 많이 향상되어 더 이상
노인을 사회적 소외자로 보고 있지 않다. 그러나 한국에서는 소수를 제외하
고 대부분의 노인이 아직도 매우 열악한 상황에 놓여 있고, 노인에 대한 이미
지도 매우 부정적인 상황이다. 따라서 한국의 은퇴후교육은 미국과 같이 개
인의 지적 성취나 자아실현을 제공하는 개인적 임파워먼트에만 머물러서는
안 될 것이다. 그러기 위해서는 한국의 은퇴후교육은 미국 은퇴후교육의 기
본 틀을 유지하되, 노인이 자신이 처한 문제를 사회구조적으로 파악할 수 있
고, 나아가 자신이 처한 사회구조를 좀 더 나은 방향으로 바꾸기 위해 무엇을
해야 할지를 알고, 그것을 실천에 옮기는 사회적 임파워먼트까지 포함해야
할 것이다.

둘째, 한국의 은퇴후교육은 중산층 위주의 미국 은퇴후교육과 달리 모든
계층을 아우르는 노인교육이 되어야 할 것이다. 미국의 은퇴후교육은 노인의
지적 욕구 충족, 지적 성장을 주목적으로 하는 개인적 임파워먼트에 초점을
두고 있다는 점에서 이 문제가 조금은 덜 심각할 수 있지만, 한국의 경우 개인
적 임파워먼트를 넘어 사회적 임파워먼트까지를 강조한다는 점에서 한국의
은퇴후교육은 중산층 중심에서 벗어나 모든 노인을 아우르는 노인교육이 되
어야 할 것이다. 한국 노인의 경우 단지 노인이라는 이유로 극소수를 제외하

고는 소외받고 있는 상황이므로, 노인 문제를 해결하는 일이 몇몇 노인만의 힘으로는 불가능하다. 노인 문제를 해결하기 위해서는 전체 노인의 힘 결집이 그 어느 때보다 필요하다. 이런 상황에서 한국 은퇴후교육은 모든 노인이 자신의 문제를 정확하게 파악하고, 자신의 문제를 해결하는 데 함께할 수 있도록 힘을 모으는 것을 도와주어야 할 것이다. 그러기 위해서는 한국의 은퇴후교육 역시 미국의 은퇴후교육처럼 처음에는 교육을 받은 노인을 중심으로 시작되겠지만 가능한 한 빠른 시일 내에 다른 계층의 노인이나 교육을 받지 못한 노인도 적극적으로 참여할 수 있도록 환경을 바꾸어 나가야 할 것이다.

셋째, 한국의 은퇴후교육은 미국의 은퇴후교육과 달리 노인 안에서의 공동체 구성뿐만 아니라 다른 구성원과의 연대까지도 강조해야 할 것이다. 실제 미국 은퇴후교육은 미국의 대표적인 노인교육기관으로 급성장하고 있지만 노인을 제외한 다른 구성원에게는 별로 알려져 있지 않다. 이것은 물론 젊음만을 지나치게 숭상하고 상대적으로 노인에 대해서 무관심한 미국 문화 때문이기도 하지만, 또한 미국 은퇴후교육의 경우 개인적 자아실현 혹은 지적 성장에만 초점을 두면서 굳이 다른 구성원과의 연대를 강조할 필요성을 느끼지 못한 결과이기도 하다. 그러나 한국 은퇴후교육의 경우 개인적 차원의 자아실현을 넘어 사회적 차원의 자아실현을 달성해야 한다는 점에서, 노인 사이의 연대뿐만 아니라 노인이 겪고 있는 사회적 억압에 공감하면서 함께 변혁에 참여할 다른 사회구성원과의 연대 역시 필요하다.

5. 나가며

한국에서 노인을 위한 교육의 필요성은 거듭 강조되고 있으나, 구체적으로 현재 노인교육의 현황은 어떤지, 앞으로 어떠한 노인교육이 필요한지에 대해서는 체계적인 연구가 활발하게 이루어지지 못하고 있는 실정이다. 한국은 과거와 달리 노인의 교육 수준이 다양화되고 있음에도, 한국의 노인교육은 아직 노인의 다양한 교육 수준을 반영하지 못하고 있다. 특히 상대적으로 교육 수준이 높은 노인을 위한 교육이 아직 제대로 발전하지 못함으로써 교육 수준이 높은 많은 노인은 자신의 교육 욕구를 충족시킬 만한 교육 프로그램을 찾지 못하고 있다.

이러한 맥락에서 미국에서 발전한 노인교육인 은퇴후교육은 지금까지의 노인교육과 달리 노인이 스스로 교육의 주체가 되어 교육 내용을 계획하고, 운영하며, 재정적으로도 책임을 진다는 점에서 매우 흥미로운 노인교육 형태이다. 물론 현재 한국의 노인교육 상황은 미국과 많이 다르지만, 한국에서도 교육 수준이 높은 노인을 위한 교육 프로그램이 필요한 상황에서 은퇴후교육을 노인교육의 한 모델로서 적극 적용해 보는 것은 매우 의미 있을 것이다. 특히 이전의 노인교육과 달리 노인이 더 이상 교육의 대상이 아닌 교육의 주체로서 자신의 교육에 교수자로, 그리고 적극적인 학습자로 참여한다는 것은 노인에게 이전과는 다른 교육 경험을 제공하게 될 것이다. 특히 노인은 지금과 달리 전 교육과정에 교육의 주체로 참여함으로써 자신의 교육에 통제권을 갖게 되고, 이런 경험이 자신의 삶에까지 연장되면서 삶에 대해서도 자신감을 갖게 될 것이다.

미국의 은퇴후교육은 개인적 임파워먼트만을 강조하는 한계가 있지만, 한국의 은퇴후교육이 미국의 은퇴후교육이 가지는 이런 한계를 극복하여 사회적 임파워먼트까지를 포함한다면, 노인은 자신에게 씌워진 부정적인 이미지를 벗어날 뿐만 아니라 불평등한 사회구조를 없애는 데 있어 변혁의 주체로 거듭날 수 있을 것이다.

참고문헌

교육인적자원부, 한국교육개발원(2006). 2006 평생교육백서. 서울: 교육인적자원부, 한국교육개발원.

기영화(2007). 노인교육의 실제. 서울: 학지사.

신미식(2005). U3A(the University of the Third Age)가 한국 노인교육에 주는 시사점. 평생교육학연구, 11(3), 127-149.

신미식(2008). 미국 LIR(Learning in Retirement)의 한국 적용 가능성과 발전 방향. Andragogy Today, 11(4), 23-52.

이상일(2014). 노인교육 정책 및 개선방안. 2014년 11월 제329회 국회(정기회) 정책 자료집.

Bass, S. A., Caro, F. G., & Chen, Y. P. (Eds.). (1993). *Achieving a productive aging society*. Westport, CT: Auburn House.

Brady, E. M., Holt, S. R., & Welt, B. (2003). Peer teaching in lifelong learning institutes. *Educational Gerontology, 29*, 851-868.

Clark, F., Heller, A. F., Rafman, C., & Walker, J. (1997). Peer learning: A popular model for seniors education. *Educational Gerontology, 23*(8), 751-762.

Findsen, B. (2005). *Learning later*. Malabar, FL: Krieger Publishing.

Fisher, R. B., Blazey, M. L., & Lipman, H. T. (Eds.). (1992). *Students of the Third Age*. New York: Macmillan Publishing.

Hopp, R. (1998). Experiencing elderhostel as lifelong learners. *Journal of Physical Education, Recreation & Dance, 69*(4), 27-29.

Kim, A., & Merriam, S. B. (2004). Motivations for learning among older adults in learning in retirement institute. *Educational Gerontology, 30*, 441-455.

Lamdin, L., & Fugate, M. (1997). *Elderlearning new frontier in an aging society*. Phoenix, AZ: American Council on Education & the Oryx Press.

Linnehan, M., & Naturale, C. (1998). *The joy of Learning In Retirement. Journal of*

Physical Education, Recreation & Dance 69(3). 32-33.

Lipman, H. T. (1992). The intellectually restless: View from the members. In R. Fisher, M. Blazey, & H. Lipmen (Eds.), *Students of the Third Age* (pp. 99-110). New York: Macmillan Publishing.

Lowy, L., & O'Connor, D. (1986). *Why education in the later years*. Lexington, MA: Lexington Books.

MacNeil, R. D. (1998). Leisure, lifelong learning and older adults: A conceptual overview. *Journal of Physical Education, Recreation & Dance, 69*(2), 26-28.

Manheimer, R. J., Snodgrass, D. D., & McMenzie D. M. (1995). *Older adult education a guide to research: Program and policies*. Westport, CT: Greenwood Press.

Martin, C. L. (2002). Learning in retirement institutes: The impact on the lives of older adults. Doctoral Dissertation. University of Massachusetts, Amherst.

Moody, H. R. (1988). *Abundance of life: Human development policies for an aging society*. New York: Columbia Publishing.

Moody, H. R. (1993). A strategy for productive aging: Education in later life. In S. A. Bass, G. Care, & Y. P. Chen (Eds.), *Achieving a productive aging society* (pp. 221-231). Westport, CT: Auburn House.

Peterson, D. A., Thornton, J. E., & Birren, J. E. (Eds.). (1987). *Education and aging*. Englewood Cliffs, NJ: Prentice-Hall.

제8장

일본 노인교육[1]

1. 들어가며

한국은 이미 2000년에 65세 이상의 노인인구가 전체인구의 7%가 되는 고령화사회로 접어들었고, 2017년에는 그 비율이 14%로 고령사회, 2026년경에는 그 비율이 20%로 초고령사회로 접어들게 되어 그 어느 국가보다 빠르게 고령화가 진행되고 있다(통계청, 2015). 프랑스의 경우 고령화사회에서 고령사회로 접어드는 데 115년, 독일의 경우 40년, 그리고 이미 초고령사회로 접어든 일본의 경우도 20년이 넘게 걸린 데 반해 한국은 단지 17년이 걸릴 것으로 예상되고 있으며, 더욱 심각한 것은 한국이 고령사회에서 초고령사회로 넘어가는 데 10년이 채 안 걸릴 것이라는 점이다.[2] 이처럼 지구상 유례없이 빠

---

1) 이 장은 신미식(2006). 일본노인교육의 현황, 특징, 문제점 그리고 시사점. 한국동북아논총, 제11권, 제2호, 225-248을 대폭 수정하여 재게재함.

르게 고령화사회에서 고령사회로, 고령사회에서 초고령사회로 바뀌고 있음
에도 문제는 아직 한국이 이에 대한 체계적이고 장기적인 대비를 하지 않고
있다는 점이다. 따라서 한국에서도 더 늦기 전에 가능한 한 빨리 고령화되고
있는 사회에 대한 다양한 대비책이 마련되어야 할 것이다. 그중 하나는 노인
교육을 활성화하는 것이다. 왜냐하면 노인은 교육을 통해 사회 소외자나 사
회적 약자에서 벗어나 중요한 사회구성원으로서, 그리고 변화의 매개체로서
거듭나게 될 것이며, 결과적으로 고령화되고 있는 사회를 좀 더 건강하고 생
산적으로 이끄는 데 중요한 역할을 담당할 수 있게 될 것이기 때문이다.

　1970년에 고령화사회, 1994년에 고령사회, 2005년에 초고령사회에 접어
들었고, 2016년에는 노인인구 비율이 26.7%에 달하는 일본은 빠르게 고령
화되고 있는 사회에서 직면할 수밖에 없는 문제를 해결하기 위해 오래전부
터 체계적이고 장기적인 대책을 마련해 오고 있다. 이러한 대책 중 하나가 바
로 노인교육을 활성화하는 것이었다. 일본 정부는 초고령사회에서 겪게 되
는 생산노동인구의 감소를 최소화하기 위해 노인인구를 계속해서 생산 현장
에서 활용할 수 있는 방안을 모색하게 되었고, 그 과정에서 자연스럽게 노인
교육에 관심을 갖기 시작하였다. 일본 정부는 1947년 제정된 「교육기본법」
을 2006년에 개정하고, 교육 이념을 사회발전을 위해 능력을 갖추고 양심적
으로 행동하는 시민인 신공민(New Public Commons) 양성에 두고자 하였다
(Ogawa, 2013, p. 133). 이런 가운데 신공민 양성을 위해 평생교육은 다시 한
번 강조되었고, 이를 통해 노인을 포함하여 학교교육에서 배제된 대상이 다
양한 교육 기회를 가질 수 있도록 하였다. 아울러 일본 정부는 평생교육 관점
에서 노인교육을 활성화하기 위해 제도를 정비하고 다양한 지원을 아끼지 않
았다.

---

2) OECD, Historical Population Data and Projection(1950~2050)를 참조함. OECD, http//www.
　oecd.org(발간일: 2016년 12월 16일).

이 장에서는 일본 노인교육의 현황과 문제점을 살펴보고, 이로부터 한국 노인교육은 어떠한 시사점을 얻을 수 있을지를 탐색한다. 구체적으로, 첫째, 고령사회에서의 일본 노인의 현황을 살펴보고, 일본 정부의 노인에 대한 정책을 살펴보고자 한다. 둘째, 일본 정부는 왜 고령사회에 대한 하나의 해결책으로서 노인교육에 관심을 갖게 되었는지, 노인교육의 활성화를 위해 어떠한 노력을 해 오고 있는지를 살펴본다. 셋째, 정부 주도로 발전된 일본 노인교육은 어떠한 특징을 가지고 있으며, 어떠한 한계를 드러내고 있는지를 탐색한다. 나아가 일본의 경험으로부터 한국은 어떠한 시사점을 얻을 수 있을지를 밝혀 본다.

2. 초고령사회와 일본 노인

1) 초고령사회에서 일본 노인의 현황

일본에서 노인인구 비율은 1955년까지 거의 5%에 달하였으나, 1970년에 이미 7%를 넘어서면서 고령화사회로 접어들었다. 한국이 고령화사회가 된 것이 2000년인 것과 비교해 볼 때, 일본은 한국보다 30년 빠르게 고령화사회가 되었다. 이후 일본의 노인인구(65세 이상)는 계속 증가하여 1994년에는 고령사회가 되었고, 2005년에는 초고령사회가 되었다. 그리고 2016년 기준 전체 인구 1억 2,711만 명 중 65세 이상 고령자 인구는 3,342만 명이며, 그 비율은 26.7%로, 일본인 4명 중 1명이 노인인 상황이 되었다(경향신문, 2016. 6. 30.).

일본에서 노인은 점차 자식과 독립해서 살아가고 있다. 2015년 기준 일본인의 평균수명은 남성이 80.5세, 여성이 86.8세로, 여성노인이 남성노인에 비해 오래 살고 있으며, 따라서 여성노인이 남성노인에 비해 배우자 없이 혼자 사는 경우가 많다(Choi & Hori, 2016, p. 717). 예를 들면, 고령 가구 중 혼자 사는 가구는 1995년 12.1%에서 2016년 16.8%로 늘었고, 이 중 남성노인은 8명 중 1명, 여성노인은 5명 1명이 혼자서 생활하는 것으로 조사되었다(경향신문, 2016. 6. 30.).

일본 노인의 삶의 질은 상대적으로 양호한 수준이다. 국제적으로 노인의 삶을 지표로 발표한 글로벌 에이지 워치 인덱스(Global AgeWatch Index, 2015)에 따르면, 일본 노인의 삶의 수준은 세계 전체 96개 국가 중 8위(한국은 60위)로, 모든 영역에서 높은 것으로 나타났다.[3] 소득보장은 75.1로 33위(한국은 24.7로 82위), 건강 상태는 83.9로 1위(한국은 58.2로 42위), 고용 수준은 62.7로 7위(한국은 47.6으로 26위), 사회 환경은 75로 21위(한국은 64.1로 54위)를 차지하였다. 이 지표에서 볼 수 있듯이, 일본에서 노인의 삶은 비교적 안정적인 편이라고 할 수 있다. 특히 일본의 경우 연금제도가 발달하여 노인세대의 평균 소득(303만 9,000엔) 중 약 74%를 연금소득으로, 나머지는 근로소득(19.5%)과 재산소득(5.8%)으로 충당하고 있다(류건식, 2014, p. 3). 뿐만 아니라 2013년 정년이 60세에서 65세로 연장되었으며, 또한 많은 기업이 은퇴한 노인을 재고용하고 있는 상황에서 노인의 취업이 대세로 자리 잡아 가고 있다. 일본 총무성의 노동력 조사에 따르면, 2014년 65~69세 고용률은 40.7%(남성 51%, 여성 31%)로 전년 대비 1.8% 증가하여 5명 중 2명이 '일하는 연금세대'가 되었다(한국일보, 2015. 6. 9.). 이처럼 일본에서 많은 노인이 연금을 받으면서도 일을 하고 있어 경제적으로 크게 어려움을 겪고 있지 않은 실정이다.

2) 일본 정부의 노인정책

앞서 보았듯이 일본 정부는 일본 사회가 고령화되어 가는 것에 대해 오래 전부터 고심을 해 왔다. 젊은 사람에 비해 노인인구가 계속 늘어난다는 것은

---

3) Global AgeWatch Index 2015, http://www.helpage.org/global-agewatch(검색일: 2016년 12월 1일).

일본 정부에 큰 부담으로 작용할 수밖에 없었다. 일본 정부는 노인인구 증가로 인한 상대적 생산인구 감소, 생산성 감소, 결과적으로 경쟁력 약화를 걱정해 왔고, 아울러 노인인구의 증가로 인해 발생할 수밖에 없는 국민연금 및 의료비의 무한한 증가를 우려해 왔다.

이런 가운데 일본 정부는 고령화 문제 해결책의 하나로 노인을 중요한 사회구성원으로 통합하여 사회 자원으로 적극 활용하는 방안을 모색하기 시작했다. 지금까지의 소극적이고 수동적인, 복지 수급자로서의 노인이 아니라 사회의 모든 영역에 적극적으로 참여하고 사회발전에 기여하는 노인을 통해 초고령사회의 문제를 해결하려고 하였다. 그리고 이런 과정에서 자연스럽게 서구에서 발전되어 온, 노년기에 접어든 노인 역시 젊은 사람 못지않게 생산적일 수 있음을 강조한 생산적 노년기 담론을 적극적으로 받아들이고 그에 토대한 노인정책을 펴 오고 있다.

일본 정부는 어떻게 하면 계속해서 노인을 생산적 경제활동에 남아 있게, 혹은 적극적으로 자원봉사 등 사회활동에 참여하게 할지에 큰 관심을 기울였다. 우선, 노인을 계속해서 경제 현장에 남아 있도록 하려는 목적에서 「고령자고용안정법」이 2012년 8월 29일 가결되었으며, 2013년 4월 1일부터 시행에 들어갔다. 이 법은 일본 기업으로 하여금 노인의 정년을 연장하거나 퇴직 후 재고용을 포함해 계속 고용을 하거나, 아니면 아예 정년을 폐지하도록 함으로써 노인이 계속해서 생산 현장에 머무를 수 있도록 하였다(이코노믹리뷰, 2014). 또한 노인이 자원봉사자로서 사회활동에 적극적으로 참여할 경우, 많은 사회적 비용을 줄일 수 있을 뿐만 아니라 노인이 보람 있는 삶을 살면서 건강을 유지할 수 있게 되어 의료 비용 역시 줄일 수 있다고 여긴(Sodei, 1995, p. 96) 일본 정부는 2000년에 비영리기구(NPOs)를 설립할 수 있게 하는 법을 제정하여 노인이 쉽게 비영리기구를 설립하거나 만들어진 기구를 통해 적극적으로 자원봉사 활동에 참여할 수 있도록 하였다. 이처럼 일본 정부는 노인이 적극적으로 경제활동과 사회활동에 참여할 수 있도록 하는 정책을 펴 오고 있는데, 이러한 정책은 건강하고 경제적으로도 안정된 노년 생활을 보내는 노인에게 많은 호응을 얻게 되었다.

이와 더불어 일본 정부는 노인의 적극적인 사회참여를 뒷받침해 주기 위해 노인교육을 강조해 오고 있다. 노인이 직장인 및 노동자로서 경제활동에 참여하거나, 자원봉사자로서 사회활동에 계속 참여하기 위해서는 필요한 기술과 지식을 습득해야 하는데, 그러기 위헤서는 노인이 계속 학습할 수 있도록 평생학습을 강화해야 한다고 주장해 오고 있다. 일본 정부의 노인교육에 대한 이러한 강조는 많은 노인이 적극적으로 노인교육에 참여하게 하는 계기가 되었으며, 결과적으로 노인교육도 활성화되었다. 조사에 따르면, 2011년 노인 중 '학습ㆍ자기계발ㆍ훈련' 등을 받은 비율은 26.0%에 달한다(한국경제매거진, 2012. 11. 15.).

다음 절에서는 노인정책의 변화에 따라 정부 주도로 이루어지고 있는 일본의 노인교육은 구체적으로 어떠한 과정을 거쳐 발전되었으며, 현재 어떠한 상황에 놓여 있는지를 짚어 보고자 한다.

3. 일본 노인교육의 발전 과정과 현황

1) 일본 노인교육의 발전 과정

일본은 이미 1947년 제정된 「교육기본법」에 평생교육과 사회교육의 기본 이념을 담고 있으며, 1949년에는 「교육기본법」에 담긴 사회교육 이념을 구체적으로 실현하기 위해 「사회교육법」을 통과시켰다. 이 법에는 학교 외에 가정ㆍ직장ㆍ사회 등에서 이루어지고 있는 사회교육은 일본인의 법적 권리이며, 중앙정부와 지방정부는 국민에게 사회교육을 받을 기회를 제공해야 한다고 명시되어 있다(Thomas, 1985, p. 61). 그러나 「사회교육법」에 노인을 위한 교육에 대한 조항이 따로 명시되어 있지는 않았다. 1965년에 일본 중앙정부는 지방정부에 계속적인 노인교육을 위한 시스템을 구축하는 데 협조할 것을 요구하였으나 예산 부족으로 노인교육기관이 세워지지는 못하였다. 그러다가 1973년에 일본 중앙정부가 지방정부에 노인교육기관을 세우는 데 필요한 기금을 제공함으로써 노인을 위한 교육 프로그램이 현실화되었다. 특히 1970년대 말부터 시정촌(市丁村) 단위에 세워진 사회교육기관인 공민관에 노인교실이 개설되면서 노인교육이 본격적으로 시작되었다. 이어 1984년 중앙정부는 노인의 일반적 복지를 향상시키기 위한 캠페인을 벌였는데, 그것의 주요 내용이 바로 중앙정부와 지방정부가 노인 문제에 관심을 가져 온 지방단체들과 협력하여 노인교육을 활성화함으로써 노인에게 교육받을 기회를 확대 제공하는 것이었다(Nojima, 1994, p. 465).

그러나 일본에서 노인교육의 필요성이 사회적 공감을 얻기 시작한 것은 1990년 「생애학습진흥법」이 통과된 이후이다.[4] 앞서 살펴보았듯이 이미 일본에서는 「사회교육법」이 1949년부터 있어 왔지만, 일본 정부는 급격하게 변화하는 사회에 대처해야 한다는 취지에서 다시 「생애학습진흥법」을 제정하였다. 윌슨(Wilson, 2001, p. 301)은 일본이 「생애학습진흥법」을 제정하게 된 환경적 요인을 크게 고령화사회, 지역사회 정체성 확립 요구, 경제적 변화의 세 가지로 들고 있으며, 특히 많은 노인이 은퇴 후의 삶에 새로운 의미를 부여하고자 하면서 교육의 중요성이 커지게 되었고, 결과적으로 지금까지의 사회교육 체제로는 노인의 교육적 욕구 수용이 불가능해짐에 따라 새로운 교육 체제인 평생교육 체제가 필요하게 되었다고 주장하였다.

1995년에는 고령자 문제에 종합적으로 대처하려는 목적에서 「고령사회대책기본법」이 만들어졌다. 이 법은 고령사회에 대처해 나가는 데 있어 국가와

---

4) 일본에서는 '평생학습' 대신 '생애학습'이라는 용어를 사용하고 있어, 이 장에서는 일반적으로 쓰이는 평생학습 대신 일본에서 사용하고 있는 용어인 생애학습을 그대로 사용하고자 한다.

지방자치단체의 책무를 강조하였다. 또한 고령사회에 대처해 나가기 위해서는 고령자에게만 초점을 맞추어서는 안 되고 사회의 모든 구성원이 함께 참여하여야 하며, 사회 전체 시스템이 변화해야 할 필요가 있음을 강조하였다(이이정, 2003, pp. 239-230). 이어 1997년 문부성의 자문기구인 중앙교육심의회는 '21세기의 관점에서 본 일본교육(Japanese education in perspective of the twenty-first century)에 대한 리포트'를 작성하였는데, 이 리포트는 미래 사회에서 노인이 독립적인 삶을 이끌어 나갈 수 있도록 하기 위해, 또한 노인이 다른 사람과 협동적으로 살아갈 수 있도록 하기 위해 노인교육이 활성화되어야 한다고 주장하고 있다(Ohsako, 1999, p. 3).

　이렇게 일본 정부는 오랫동안 노인교육에 관심을 가져 오고 있으며, 기회가 있을 때마다 새롭게 법을 제 · 개정하거나 다양한 대책을 마련함으로써 고령사회 문제의 해결책으로서 노인교육의 중요성을 천명해 오고 있다. 특히 노인이 사회에 의존하지 않고 독립적으로 사는 데 필요한 태도와 자립심을 키우는 노인교육, 사회활동에 적극적으로 참여하는 데 필요한 능력과 지식을 제공하는 노인교육을 활성화하는 데 많은 노력을 기울여 왔다.

2) 일본 노인교육의 행정기구와 재정

　여기서는 구체적으로 일본 정부가 노인교육의 활성화를 위해 어떠한 행정적 · 재정적 지원을 해 오고 있는지를 살펴본다.

　일본 중앙정부 차원에서 노인교육을 담당하고 있는 대표적인 행정기구는 문부과학성이다. 물론 다른 행정부처인 후생노동성도 노인교육에 참여하고 있지만, 일본에서 노인교육은 주로 평생학습의 틀에서 이루어진다는 점에서 대표적인 행정기구는 문부과학성이라고 할 수 있다.[5] 일본은 「생애학습진흥

---

5) 한국과 마찬가지로 일본에서도 후생노동성에서는 복지 차원의 노인교육을 제공해 오고 있다. 특히 1963년 통과된 「노인복지법」은 고령자 클럽을 만드는 데 필요한 법적 근거를 제공하였다.

법」이 통과되기 2년 전인 1988년에 문부성하의 사회교육국을 생애학습국으로 바꾸고, 그 밑에 생애학습진흥과, 사회교육과, 학습정보과, 청소년교육과, 부인교육과를 두었으며, 이 중 노인교육은 사회교육과에서 담당하도록 하였다.[6] 그리고 2016년 기준으로 문부과학성에서 평생교육을 담당하는 조직은 생애학습정책국이고, 그 밑에 정책과, 생애학습추진과, 정보교육과, 사회교육과, 청소년교육과, 남녀공동참획학습과, 참사관이 있으며, 여전히 노인교육 관련 업무는 사회교육과에서 담당하고 있다.[7]

지방자치단체 차원에서는[8] 노인교육이 활성화되기 위해 시정촌부터 노인교육이 활성화되어야 한다고 보고, 시정촌 수준에서 고령자 교육촉진회의를 구성하였다. 고령자 교육촉진회의는 시정촌의 교육위원회, 시정촌에서 고령자를 대상으로 교육사업을 실시하고 있는 부국의 담당자, 노인클럽 대표자, 학식 경험자 등 10명 정도로 구성되며, 지역 내에서 실시되는 고령자 교육에 관한 각종 사업을 조사하고, 관련 부국과 관련 기관의 정보교환과 연계가 가능하도록 종합 조정하는 역할을 담당하고 있다(이이정, 2003, pp. 241-242). 한편, 「생애학습진흥법」 제정 이후 평생학습 추진 체제로서 도도부현(道都府縣)의 역할이 강조되면서 노인교육과 관련해서도 도도부현의 사업이 중요하게 여겨지게 되었다.

이처럼 노인교육의 주요 실천 주체는 「사회교육법」 제정 이후 노인교육을 주로 담당해 왔던 시정촌의 공민관과 「생애학습진흥법」 제정 이후 새롭게 떠오른 도도부현의 평생학습센터로, 「생애학습진흥법」이 통과된 이후 노인교

---

6) 생애학습국의 사회교육과는 사회교육의 진흥에 관하여 기획하고 연락·조정하는 업무를 담당하는 부서로서 구체적으로는 성인교육, 고령자교육, PTA 활동의 진흥, 사회교육 관계 직원의 양성 및 연수, 시설 정비, 사회교육단체의 육성 등의 업무를 담당하고 있다(김도수, 김득영, 1998, p. 190).

7) 일본문부과학성, http://www.mext.go.jp(검색일: 2016년 12월 7일).

8) 일본의 지방자치단체란 도도부현과 시정촌을 가리키는데, 도도부현은 시정촌을 포함하는 광역지방자치 단체를 의미한다(김도수, 김득영, 1998, p. 195).

육은 단순히 시정촌 차원이 아니라 도도부현으로까지 확대되었다.

한국과 마찬가지로 일본에서도 복지 서비스의 일환으로 노인교육이 이루어져 왔으며, 이를 담당한 행정기구는 후생노동성이다.[9] 2016년 기준으로 후생노동성은 노건국 밑에 총무과, 인지증시책추진실, 개호보험지도실, 개호보험계획과, 고령자지원과, 진흥과, 노인보건과가 있고, 노인교육 관련 업무는 고령자지원과에서 담당하고 있다.

일본에서 노인교육 프로그램에 필요한 재정의 대부분은 지방평생학습진흥비 보조금에서 나오고 있다. 이 보조금은 지방공공단체가 평생학습 추진 체제를 정비하기 위해서 실시하는 사업과 각종 사회교육 활동을 종합적으로 촉진하기 위해서 실시하는 사업의 경비 일부를 충당하기 위해 국가가 보조하여 만들어졌다(이이정, 2003, p. 246). 구체적으로 지방평생학습진흥비는 다섯 영역, 즉 평생학습기반추진체제정비비, 장수화대책사업비, 평생학습시설네트워크추진사업비, 학습사업장려비, 지역영상정보정비충실사업비로 나뉘어 있다. 그리고 그중 노인교육과 관련한 사업을 위해서는 장수화대책사업비로부터 일정액을 보조받고 있다.

이이 외에도 중앙정부는 사회교육 및 생애학습 기관인 공민관, 도서관, 박물관, 여성교육시설, 청소년교육시설 등에 재정을 지원하기 위해 예산을 책정해 오고 있는데, 그 예산 역시 경제 상황이 악화되면서 대폭 축소되고 있다. 예를 들면, 2007년 생애학습예산은 전체 문부성 예산의 8.5%를 차지하였지만(Ogden, 2010, p. 7) 2015년에는 2.2%로 줄었다.[10] 생애학습예산 중 많은 부분이 공민관 같은 시설에 사용되고 있는 상황에서, 공민관의 주요 대상인 노인을 위한 교육예산도 대폭 축소되고 있다는 것을 알 수 있다.

---

9) 일본후생노동성, http://www.mhlw.go.jp(검색일: 2016년 12월 7일).

10) 일본문부과학성, http://www.mext.go.jp(검색일: 2017년 6월 5일).

3) 일본의 노인교육기관

일본도 YMCA, YWCA, 종교단체, 문화센터, 학습서클 등 민간 주도의 노인 교육기관이 있기는 하지만 대표적인 노인교육기관은 정부가 주도하고 있다. 앞서 언급하였듯이 평생학습 체제 내에서의 노인교육을 강조하는 상황에서 문부과학성의 재정 지원을 받고 있는 시정촌의 공민관과 도도부현의 평생학습센터는 대표적인 노인교육기관으로 여겨지고 있다. 또한 후생노동성에 속하는 건강 및 복지 관련 교육을 담당하는 노인대학, 노인의 취업과 관련한 교육을 담당하는 실버인재센터도 중요한 노인교육기관이다. 물론 그 외에도 방송통신대학이나 대학에서 노인청강생제도를 활용하여 고등교육을 받고자 하는 노인에게 기회를 제공하고 있고, 노인클럽, 고령자능력개발정보센터, 장수사회개발센터 등에서 건강 및 스포츠 등을 중심으로 다양한 노인건강교육 프로그램을 제공하고 있다. 다음은 앞서 언급한 대표적인 노인교육기관을 중심으로 그 기관의 특징과 프로그램 내용을 간략하게 살펴본다.

(1) 공민관의 고령자교실

공민관은 시정촌 단위에서 사회교육을 실현하는 대표적인 기관이다. 「사회교육법」 제20조에 따르면 공민관의 목적은 지역 주민의 일상생활이 좀 더 건강할 수 있도록, 또한 문화생활이 향상될 수 있도록 다양한 교육활동을 제공하는 데 있다(Thomas, 1985, p. 82). 거의 모든 시정촌은 최소한 한 개의 공민관을 가지고 있으며 각각의 공민관은 나름대로 지역의 특성을 반영하여 프로그램을 개설하고 있다. 2016년을 기준으로 일본에 공민관은 1만 7,143개 있으며, 지역의 다른 교육기관과 네트워크를 형성하여 지역 주민에게 교육 프로그램을 제공할 뿐만 아니라 모임 장소로도 활용되고 있다.[11] 공민관은

---

11) 일본문부과학성, http://www.mext.go.jp(검색일: 2016년 12월 8일).

초기에는 모든 지역 주민을 대상으로, 여성을 위한 육아교실, 지역 환경 문제, 여성학 등의 강좌를 제공하였으나, 최근에는 노인을 대상으로 하는 고령자교실에 더 치중하고 있다.

공민관에서 이루어지고 있는 고령자교실의 공통점을 대략 살펴보면 다음과 같다(Nojima, 1994, pp. 467-471). 남성노인보다 여성노인이 더 많이 참여하고 있다. 연령적으로 볼 때, 대략 50%의 노인은 60대에 속하고 나머지 50%는 70대 이상이다. 일반적으로 수업은 월요일부터 금요일까지 진행되고, 오전반(9~12시)과 오후반(1~4시)으로 나뉜다. 구체적으로, 개설되고 있는 프로그램은 생애학습과 관련하여서는 노인심리학, 생애교육과 노인, 죽음학, 종교학이 있고, 노인의 건강 및 영양과 관련하여서는 영양조리, 건강보호, 스포츠, 가족관계가 있으며, 일본사회와 관련하여서는 정치, 경제, 사회구조, 일본복지제도, 지역사회 이해, 범죄예방, 교통안정이 있다. 또한 취미 및 전통예술과 관련하여서는 서예, 공예, 원예, 무용, 영어회화가 있고, 지역활동과 관련하여서는 지역사회, 지역 아동그룹 돕기, 지역활동 참여, 재활용과 노인, 복지기관 방문 등이 있다. 고령자교실의 강사는 다양한 배경을 갖고 있는데, 간호사, 영양사, 공무원, 종교지도자뿐만 아니라 학교 교사, 사회복지사, 변호사 등이 강사로 참여하고 있다. 공민관의 노인교육은 가능한 한 노인을 교육시켜 지역사회의 자원으로 활용하고자 하지만, 실제 많은 노인이 지역사회활동에 참여하지는 못하고 있다. 특히 지역사회 지도자로 참여하는 경우는 극소수에 불과하다. 예들 들면, 고령자교실을 수강하고 있는 노인 중 59.7%가 프로그램을 이수하지만 지역사회 지도자나 노인교육 프로그램의 강사로서 일하는 노인의 수는 단지 2.7%에 불과하다.

(2) 생애학습센터의 장수학원

노인교육이 보편화되고 상당 시간이 지나서인지 실제로 지역의 많은 노인은 공민관에서 제공하는 프로그램을 거의 다 이수하게 된다. 따라서 일본의 중앙정부는 1989년 도도부현의 생애학습센터를 중심으로 이런 노인을 위해 좀 더 전문화된 노인교실을 개설하게 되었다. 공민관과 달리 장수학원의 경우 강좌를 들을 수 있는 자격을 제한하고 있다. 장수학원에서 강좌를 듣기 위해서 노인은 최소한 일 년 이상 공민관에서 강좌를 이수하거나 지역사회활동가로서 알려져 있어야 한다.

장수학원은 노인을 위해 기초과정과 전문과정으로 구성된 2년 교육과정을 제공하고 있다(Nojima, 1994, pp. 467-471). 기초과정은 학습자 전원이 수강하는 공통과목(주로 생활·건강에 관한 과목)과 지역의 지도자로서의 전문 교양을 기르기 위한 기초과목(문학, 역사, 교양) 등을 개설하고 있고, 전문과정에는 네 개 이상의 전공 코스를 설치하고 있다. 장수학원의 교육과정을 마치기 위해서 노인은 일정 학점을 이수해야 하고, 그 학점을 이수하면 수료증서가 수여된다. 그렇게 되면 지역사회의 리더가 될 자격을 갖게 된다. 물론 다른 기관에서 이수한 학점이나 지역사회 활동을 통해 얻은 학점이 인정되기도 한다.

이처럼 장수학원의 궁극적인 목적은 노인에게 필요한 지식과 능력을 제공함으로써 그들이 지역사회의 지도자로서 역할을 수행하는 데 문제가 없도록 하는 것에 있다. 그러나 흥미로운 사실은 일본 정부의 의도와는 다르게 장수학원을 졸업한 노인이 다시 지역사회로 돌아가도 지역사회 지도자 역할을 제대로 수행하지 못하고 있다는 점이다. 그것은 지도자로서 역할을 하는 데 필요한 지식이나 능력이 없어서가 아니라, 지역사회와의 관계에서 기인된다. 즉, 지역사회를 떠나 공부를 마치고 돌아온 그들은 계속 남아 있던 지역사회의 다른 노인에게 외부인(outsiders)으로 여겨져 지역사회의 지도자 역할을 하는 데 많은 어려움을 겪게 된다.

(3) 노인대학

공민관이나 장수학원과 달리 노인대학은 후생노동성에서 운영하고 있다. 후생노동성은 노인교육 중 노인의 건강 및 복지와 관련한 교육에 초점을 맞추고 있다. 이전의 복지적 접근은 도움이 필요한 노인에게만 도움을 제공하는 측면이 강했는데, 최근에는 도움을 필요로 하기 전에 노인에게 좀 더 건강하고 보람 있는 노후 생활을 할 수 있는 여건을 조성해 줌으로써 도움이 필요한 시기를 가능한 한 늦추거나 단축하려고 하고 있다. 이런 맥락에서 후생노동성의 노인대학은 건강체육 코스를 필수적으로 제공하고 있으며, 학습 내용에도 노인복지와 관련된 내용을 포함하고 있다(기영화, 2004, p. 74). 프로그램은 건강체육 코스가 오전이면 일반 학습 코스는 오후에, 그리고 일반 학습 코스가 오전이면 건강체육 코스는 오후에 짜여 있다. 학습 프로그램 내용은 사회, 복지, 생활, 문화 등으로 나뉘어 있고, 사회 코스에서는 고령화사회, 지역사회, 가족, 사회 변동을, 복지 코스에서는 노인홈, 자원봉사 활동을, 생활 코스에서는 역사, 삶의 방식 알기를, 문화 코스는 향토사, 문화사 등 다양한 내용을 다루고 있다(기영화, 2004, p. 73).

지금까지 일본의 문부과학성 및 후생노동성의 대표적인 노인교육기관을 살펴보았다. 앞서 살펴보았듯이 민간 노인교육기관이 없는 것은 아니나, 일본의 경우 대표적인 노인교육은 정부가 주도하고 있음을 알 수 있다. 이것은 무엇보다 재정 지원과 관련이 있는 것으로 보인다. 즉, 일본 정부는 노인교육에 필요한 막대한 재정을 댈 능력이 있었고, 노인교육을 활성화하는 데 필요한 재정적 지원을 기꺼이 제공해 왔다. 그러나 최근 들어 경제가 나빠지면서, 일본 정부는 노인교육에 대한 재정 지원을 대폭 삭감하고 있다. 하지만 여전히 노인교육에 대한 주도권을 놓고 있지는 않다. 앞에서 언급하였듯이, 일본 정부는 신공민과 같은 새로운 교육 이념을 내세워 노인이 경제나 사회발전에 적극 이바지하는 것이 시대적 책무라고 주장하고 있으며, 이를 위해 개인이나 지역사회가 나서서 노인에게 교육 기회를 제공하여 그들의 역량을 키움으로써 노인이 현재 일본이 처해 있는 위기를 극복하는 데 주요한 동력이 될 수 있도록 해야 한다고 강조하고 있다(Ogawa, 2013, p. 139). 그러면서도 정부는 재정적인 부담을 덜기 위해 지역사회나 지역 단체가 노인교육에 좀 더 적극적으로 참여하기를 권장하고 있다.

일본 정부가 노인교육에 많은 관심을 갖고, 그것의 활성화에 중요한 역할을 해 오고 있다는 것은 우리에게 많은 부러움을 갖게 한다. 그러나 정부가 주도하여 노인교육을 특정 방향으로 이끌려고 하는 것이 항상 긍정적일 수만은 없다는 점 또한 무시할 수 없다. 다른 교육과 마찬가지로 노인교육의 경우, 정부의 지원은 필요하지만 그것이 단순한 지원을 넘어 간섭으로 바뀌면 득보다 실로 작용할 가능성이 크다.

4. 일본 노인교육의 특징과 한계

이러한 이유로 여기서는 정부 주도로 이루어지는 일본 노인교육의 특징과 한계는 무엇인지를 살펴본다.

첫째, 정부 주도의 노인교육을 계획하고 실천하는 데 있어 중앙정부는 종종 지방정부와 갈등을 빚어 왔다. 일본에서 노인교육은 고령화 문제의 중요한 해결책의 하나로 여겨졌고, 이러한 견지에서 중앙정부는 노인교육과 관련한 정책을 기획하고, 법을 입안하고, 최저 기준을 작성하고, 재정적 부담을 져 오고 있다. 반면, 오래전부터 지방정부 역시 노인교육 실천에 적극적으로 참여해 오고 있다. 특히 지방정부단체인 시정촌의 공민관은 노인교육을 실천해 온 대표적인 기관이다. 공민관은 지방정부의 독자성과 자치성을 강조한 「사회교육법」 이념에 맞게 노인교육과 관련해서도 가능한 한 지방 노인의 교육적 요구를 반영하려 하고 있고, 지방의 특색에 맞는 노인교육 프로그램을 개발하려 하고 있다. 그러나 중앙정부가 노인교육에 많은 관심을 갖게 되고 특정 노인교육을 활성화하기를 원하게 되고, 나아가 그러한 노인교육을 지방정부에 강요할 때, 지방정부는 이러한 강요를 중앙정부에 의한 간섭이나 통제로 받아들이게 된다. 이런 가운데 지방정부는 오히려 지금껏 유지해 온

독자성을 유지하려고 하고, 그것을 위해 자체적으로 지방정부 차원에서 재정
을 조달하려는 노력을 하면서(Nojima, 1994, p. 465) 중앙정부와 불편한 관계
를 형성하곤 했다.

　둘째, 정부 주도의 노인교육은 평생학습 체제 내에서 중앙집권적으로 이
루어지고 있다. 일본의 노인교육은 1990년 「생애학습진흥법」이 통과되기 이
전부터 실시되고 있으나, 「생애학습진흥법」이 통과된 이후 좀 더 활성화될 수
있는 법적·제도적 장치가 마련되었다. 특히 「생애학습진흥법」 제정의 중요
한 환경 요인 중 하나가 일본 사회의 고령화라는 점에서도 알 수 있듯이, 일
본 정부는 평생학습 진흥을 통해 노인을 학습의 장으로 끌어들여 고령화 문
제를 가능한 한 극복하려고 하였다. 결과적으로 지방분권화를 강조했던 사
회교육 체제에서의 노인교육과 달리, 정부가 주도하는 평생학습 체제에서
의 노인교육은 문부과학성의 생애학습정책국, 도도부현의 생애학습센터, 시
정촌의 공민관으로, 즉 위에서 아래로 내려오는 체제로 운영되고 있다. 또한
사회교육 체제의 중심 노인교육기관인 시정촌의 공민관이 노인 학습에 직접
관여하기보다는 간접적인 지원을 하는 것을 우선으로 하였던 것에 비해 평생
학습진흥 체제의 중심 기관인 평생학습센터는 노인의 학습에 도도부현이나
중앙정부의 직접적인 역할을 강조하고 있다(Hori, 2004, pp. 2-3).

　셋째, 정부 주도의 노인교육은 노인의 요구보다는 정부의 요구를 우선시하
고 있다. 일본은 고령화 문제를 해결하기 위한 중요한 방안으로 노인교육에
관심을 갖게 되었는데, 무엇보다 그 이유는 노인교육을 통해 노인이 계속해
서 생산적인 활동에 참여할 수 있도록 하기 위한 것이었다. 일본 정부는 노인
이 교육을 통해 새롭게 변화하는 노동 현장에서 필요로 하는 지식과 기술을
배우고, 나아가 독립심과 자립심을 갖게 되면 자연스럽게 계속해서 생산인구
로서 노동 현장에 머물 수 있고, 또한 지역사회활동에도 적극적으로 참여하
게 되어 많은 경제적·사회적 비용이 경감될 수 있다고 보았다. 이런 이유로
일본 정부는 교육을 통해 노인이 빠르게 변화하는 노동시장에 필요한 지식

과 기술뿐만 아니라 지역사회활동에 참여하는 데 필요한 태도, 기술, 지식을 배울 수 있도록 하였다. 실제 일본 정부는「교육기본법」개정을 통해 신공민이라는 새로운 교육 이념을 강조해 오고 있는데, 노인도 여기서 예외가 될 수 없었다. 다시 말해, 노인 역시 교육을 통해 능력을 갖춰 사회활동 및 경제활동에 적극적으로 참여함으로써 초고령사회가 가진 문제를 해결하는 데 기여해야 한다고 보았다.

물론 건강하고 경제적으로 안정된 일본의 많은 노인은 경제활동이나 사회활동에 적극 참여하기를 원하고 있다. 그러나 문제는 모든 노인이 노후에도 계속 생산적이기를 원하는 것은 아니라는 점과 노인 중에는 생산적이기를 원하지만 그럴 수 없는 노인도 많다는 점이다. 이처럼 일본 정부의 생산적 노년기 담론에 토대한 노인교육은 노인을 지나치게 생산성이라는 경제 논리에 묶어 두면서 노인이 인생 말년인 노년기에 가질 수 있는 다양한 교육적 요구를 충분히 충족할 수 없게 하고 있다.

넷째, 정부 주도의 노인교육은 노인의 주체성을 크게 강조하지 않고 있다. 일본의 노인은 경제적으로 비교적 안정된 생활을 하고 있고, 65세 퇴직 이후 많은 여유 시간을 갖고 있으며, 지표상에도 나타났듯이 세계 최고의 건강 상태를 유지하고 있다. 이처럼 경제적·시간적으로 여유 있고 건강한 많은 일본의 노인은 사회 구석에서 빠르게 변화하는 세상에 제대로 따라가지 못하는 노인으로 있기보다는 적극적으로 학습에, 그리고 사회활동에 참여함으로써 사회의 떳떳한 한 구성원으로서 남아 있기를 바란다. 실제로 많은 노인이 공민관이나 생애학습센터 등에서 제공하는 노인교육 프로그램에 적극적으로 참여하고 있으며, 이를 통해 어느 정도 삶의 보람과 자립심을 얻은 이들은 가사 도움 서비스, 장애인 돕기, 특별 취미반 및 교양반 운영 등 다양한 사회봉사 활동에 참여하고 있다(Wilson, 2001, p. 308). 이처럼 일본에서는 노인이 자연스럽게 교육에 관심을 가질 수 있도록 사회적 여건이 조성되었으며, 노인의 노인교육 참여는 사회활동 참여로 연결되고 또 사회활동 참여는 다시 노인교육으로 연결되면서 노인은 노인교육에 대해 긍정적인 입장을 나타내고 있다. 하지만 정부 주도의 노인교육에서는 노인이 처음부터 끝까지 모든 것을 결정하고 책임지는 위치에 있지는 못한 실정이다.

다섯째, 정부 주도의 노인교육은 무엇보다 노인이 지역사회에서 중요한 역할을 할 수 있도록 하는 데 초점을 맞추고 있다. 일본의 노인교육은 지방자치단체인 시정촌에 있는 공민관이나 도도부현에 있는 생애학습센터에서 주로 이루어져 왔고, 프로그램 내용도 노인이 지역사회에서 중요한 역할을 담당할 수 있도록 하는 데 초점을 맞추었다. 결과적으로 노인교육에 참여한 노인은 자연스럽게 지역사회의 인재 활용을 위해 고안된 인재 뱅크에 등록하도록 장려되고, 지역사회는 필요한 인력이 있을 경우 인재 뱅크에 등록한 노인을 활용하도록 요구받고 있다. 또한 일본 정부는 노인의 사회참여를 확대하고, 장수학원의 경우에서 보았듯이 노인을 그 지역의 리더로 키우려고 하고 있다.

그러나 앞서 살펴보았듯이 노인교육을 받은 노인이 지역사회 활동에 참여하는 게 항상 순조롭지만은 않다. 노인교육을 받은 노인이 실제 기대한 만큼 지역사회 활동에 활발하게 참여하고 있는 것도 아니며, 노인에게 주어진 지역사회 활동의 대부분은 젊은 사람이 꺼리는 활동이고, 또한 지역사회 지도자로서 교육을 받기 위해 지역사회를 떠난 노인은 지역 주민으로부터 '외부인(아웃사이더)'으로 여겨져 교육이 끝난 후 돌아와 지도자로서의 역할을 하는 데 어려움을 겪기도 한다(Nojima, 1994, p. 467).

이상에서 일본 노인교육의 특징과 문제점을 살펴보았다. 일본 노인교육이 발전하는 데 주요 원동력이었던 중앙정부의 노인교육에 대한 관심과 지원은 일본 노인교육에 긍정적인 효과와 더불어 부정적인 효과를 주었다고 할 수 있다. 즉, 정부의 다양한 정책과 지원은 노인교육이 활성화되는 데 상당한 기여를 하였지만, 특정 방향에 맞춘 노인교육만을 강조함으로써 노인의 다양한 교육적 요구를 충족시키지 못했고, 또한 노인이 전 교육과정에 주체적으로 참여하는 데 걸림돌이 되고 있다.

5. 나가며

한국 사회는 빠르게 고령화되고 있다. 그럼에도 이에 대한 대비는 거의 하지 않고 있다. 한국보다 훨씬 먼저 고령화사회에 접어든 일본은 오래전부터 고령화로 발생할 문제에 대해 차근차근 대비해 왔다. 그런 과정에서 일본 정부는 자연스럽게 노인교육의 중요성을 깨닫고 노인교육의 활성화를 위해 많은 노력을 해 오고 있다. 특히 일본 정부가 노인교육에 관심을 갖게 된 이유는, 노인을 지금까지의 소극적이며 수동적인 복지의 대상으로서의 노인에서 사회의 모든 영역에 적극적으로 참여하여 궁극적으로는 사회발전에 기여하는 노인으로 변화시키기 위해서는 교육이 필요했기 때문이다.

일본 정부는 노인교육의 활성화를 위해 많은 정책 및 재정 지원을 해 오고 있고, 결과적으로 일본의 노인교육은 한국의 노인교육에 비해 훨씬 활성화되어 있다. 그러나 앞서 살펴보았듯이 일본 정부가 노인교육에 지대한 관심을 갖고 노인교육이 나아가야 할 방향을 정하여 그에 맞춰 정책을 수립하는 것을 무조건적으로 긍정적으로 볼 수만은 없다. 물론 노인교육이 아직 활성화되지 않은 한국의 경우, 일본의 경험은 많은 시사점을 주는 것이 사실이다. 그러나 한국 노인교육이 일본 노인교육에서 배워야 할 것은 단순히 일본 노인교육이 갖고 있는 장점뿐만이 아니며, 일본 노인교육이 갖고 있는 문제점으로부터도 배워야 한다는 것이다.

그러한 관점에서 볼 때 특히 유의해야 할 점은 노인교육을 활성화하는 데 있어 정부의 역할이다. 노인교육을 활성화하는 데 있어 정부의 관심은 필요하지만, 그것이 노인교육에 대한 간섭이나 통제로 이어져서는 안 될 것이라는 점이다. 왜냐하면 교육으로서 노인교육은 정부의 간섭이나 통제로부터 자유로울 때 제 기능을 발휘할 수 있을 것이기 때문이다. 또한 정부가 노인교육에 관심을 갖되, 그 목적이 정부의 위기를 극복하는 것에 맞추어져서도 안

될 것이다. 노인교육은 더 이상 다른 목적을 위한 수단이 되어서는 안 되고 그 자체가 목적이 되어야 하기 때문이다.

이러한 이유로 한국 노인교육에서는 노인이 교육의 중심에 서야 하고, 전 과정에 주체로 참여할 수 있어야 할 것이다. 또한 노인교육의 방향도 전적으로 노인이 결정하도록 열려 있어야 할 것이다. 다시 말해, 정부는 한국 노인교육이 활성화되도록 지원은 하되 통제나 간섭은 하지 말아야 할 것이며, 무엇보다 노인교육은 노인에 의한, 노인을 위한 교육이 되어야 할 것이다.

궁극적으로 한국 노인교육이 노인에 의해 주도될 경우, 노인은 교육의 주체이자 삶의 주체로 거듭나게 될 것이며, 자연스럽게 사회활동 참여에도 관심을 갖게 될 것이다. 그렇게 될 때만이 한국 노인교육은 일본과 같은 문제를 답습하지 않고, 한국 노인의 요구가 최대한 반영된 노인을 위한 교육으로 자리 잡아 갈 수 있을 것이다.

참고문헌

경향신문(2016. 6. 30.). 일본인 4명 중 1명은 '노인'… 인구 5년 새 94만 명 줄어. http://news.khan.co.kr/kh_news/khan_art_view.html?www&artid=201606301 004001&code=970203

교육인적자원부(2004). 국가인적자원개발기본계획 2005년도 시행계획. 미간행 자료.

교육인적자원부, 한국교육개발원(2004). 2004 평생교육백서. 서울: 교육인적자원부, 한국교육개발원.

기영화(2004). 일본의 노인평생교육과 노인직업교육에 관한 연구. 직업능력개발연구, 7(1), 63-83.

김도수, 김득영(1998). 일본 평생학습체계화 과정 연구. 사회교육학연구, 4(1), 178-182.

류건식(2014). 한국과 일본 노인 삶의 질과 노인복지에 관한 소고. KiRi Weekly, 제291호, 1-5.

신미식(2006). 일본노인교육의 현황, 특징, 문제점 그리고 시사점. **한국동북아논총**, 제11권, 제2호, 225-248.

이이정(2003). 일본의 노인교육정책. 인문연구논집, 8, 235-260.

이코노믹리뷰(2014. 5. 28.). 일본 '65세 정년': 기업은 임금개혁으로 흡수.

통계청(2015). **고령자통계 2015**. 대전: 통계청.

한국경제매거진(2012. 11. 15.). 일본 통계로 살펴본 '일본 노인의 평균 생활', 노인 취업 개선 중…배움 열기 '후끈'. http://magazine.hankyung.com/apps/news?nkey=2012111500885000541&c1=1004&nid=01&popup=0&mode=sub_view

한국일보(2015. 6. 9.). 日 노인 취업이 대세로… 5명 중 2명 일하는 연금세대. https://www.khidi.or.kr/board/view?pageNum=1&rowCnt=10&no1=46&linkId=153201&menuId=MENU00288&maxIndex=00001622779998&minIndex=00001256959998&schType=0&schText=&boardStyle=&categoryId=&continent=&country=

鈴木敏正(2004). **生涯學習 教育學**. 東京: 北樹出版.

松井政明, 山野井敦德, 山本都久(1997). **高齡者 教育論**. 東京: 東信堂.

Choi, I., & Hori, S. (2016). A comparative study on the governance of education for older people in Japan and Korea. *Educational Gerontology*, 42(10), 717-728.

Dhirathiti, N. (2014). Lifelong learning policy for the elderly people: A comparative experience between Japan and Thailand. *International Journal of Lifelong Education*, 33(6), 770-790.

Hori, S. (2004). Lifelong learning and elder education in Japan. Paper presented at the annual conference of Elder Education in East Asia Proceedings.

Japan Aging Research Center. (2003). *Aging in Japan*. Tokyo: JARC.

Morrow-Howell, N., Hinterlong, J., & Sherraden, M. (Eds.). (2001). *Productive aging: Concepts and challenges*. Baltimore & London: The Johns Hopkins University Press.

Nakamura, K. (1994). Education for understanding aged people and the aged society in Japan. *Educational Gerontology*, 20, 521-531.

Nojima, M. (1994). Japan's approach to continuing education for senior citizens. *Educational Gerontology, 20*, 463–471.

Ogawa, A. (2013). Risk management by a neoliberal state: Construction of new knowledge through lifelong learning in Japan. *Discourse: Studies in the cultural politics of education, 34*(1), 132–144.

Ogden, A. C. (2010). A brief overview of lifelong learning in Japan. *The Language Teacher: 34.6, November/December*, 5-12.

Ohsako, T. (1999). *Learning and social participation by senior citizens in Japan: Analysis of major issues from an international perspective*. Paris: UNESCO.

Roberts, G. S. (1996). Between policy and practice: Japan's silver human resource centers as viewed from the inside. In S. A. Bass, R. Morris, & M. Oka (Eds.), *Public and the old age revolution in Japan*. New York: The Haworth Press.

Sekiguchi, R. W. (1996). Rapid aging of the Japanese population and various learning opportunities as apparatus of restructuring social customs. *Educational Gerontology, 20*, 423–438.

Sodei, T. (1995). Tradition impedes organizational empowerment in Japan. In D. Thursz, C. Nusburg, & J. Prather (Eds.), *Empowering older people: An international approach*. Westport, CT: Auburn House.

Thomas, J. E. (1985). *Learning democracy in Japan: The social education of Japanese adults*. London: Sage.

Traphagan, J. W. (2000). *Taming oblivion: Aging bodies and the fear of senility in Japan*. New York: State University of New York Press.

Wilson, J. D. (2001). Lifelong learning in Japan: A lifeline for a 'maturing' society? *International Journal of Lifelong Education, 20*(4), 297–313.

제3부

미래 노인교육의 이론과 실제

제9장 고령화와 대학의 역할: 미국 대학을 중심으로

제10장 공민활동으로서 노인자원봉사: 미국 사례를 중심으로

제11장 세대간교육과 대학의 역할: 청년세대와 노인세대를 중심으로

제12장 노인교육의 미래: 비판적 노인교육을 중심으로

제9장

고령화와 대학의 역할:
미국 대학을 중심으로[1)]

1. 들어가며

미국 대학은 오래전부터 지역사회와 밀접한 관계를 맺으면서 지역사회가
안고 있는 문제를 해결하는 데 주요한 역할을 담당해 오고 있다. 이런 전통
으로 인해 고령화가 진전되면서 대학은 자연스럽게 노인 문제에 관심을 갖
기 시작하였고, 대학이 갖고 있는 자원을 활용하여 노인을 위한 다양한 서비
스를 제공해 오고 있다. 먼저, 교육기관으로서 대학은 노인교육에 관심을 갖
고 노인을 위한 교육 프로그램을 개발하여 제공해 왔다. 이런 가운데 '엘더호
스텔' '은퇴후교육' 등이 생겨났다. 나아가 고령화사회와 노인 관련 문제들에
대한 대학생의 인식을 높이기 위해 다양한 노년학 강좌를 개설하였으며, 빠

1) 이 장은 신미식(2013). 고령화사회에서 미국 대학의 역할과 한국에의 함의. 한국동북아논총. 제18집,
제3호, 253-274를 일부 수정하여 재게재함.

르게 고령화되어 가는 사회에서 요구되는 노인 관련 전문 인력을 양성하기 위해 자격증과정, 학사과정, 석·박사과정 등 다양한 노인전문가 양성 과정을 개설하여 운영하고 있다. 한편, 연구기관으로서의 대학은 대학이 가진 특수성을 살려 노인과 관련한 다양한 연구를 해 오고 있다. 이런 과정에서 많은 대학이 노인과 관련한 연구의 전문성과 활용성을 높이기 위해 고령화 연구센터(Center on Aging)를 운영하고 있다.

반면, 한국 대학은 아직 고령화사회나 노인과 관련한 문제에 크게 관심을 갖고 있지 않다. 물론 한국에서도 경북대학교를 비롯하여 몇몇 대학에서는 지역 노인들을 위한 명예학생제도를 실시하거나 대학부설 평생교육원에서 노인들을 위한 강좌를 개설하고는 있으나, 미국 대학만큼 활발하지는 못한 실정이다. 또한 대학부설 평생교육원을 중심으로 학위 과정은 아니지만 '노인교육 담당자 및 전문가 양성 과정'이 운영되었으나 2005년에 정부 지원이 끊기면서 중단되었고 대학생을 대상으로 한 다양한 노년학 강좌도 개설되지 않고 있으며, 또한 노인 전문가 양성도 사회복지 영역에 국한되어 이루어지고 있는 실정이다. 또한 노인에 관한 연구도 아직 활발하게 이루어지지 않고 있으며, 노인 관련 연구소는 서울대학교, 한림대학교, 한양대학교 정도에만 있을 뿐이다. 2)

이처럼 고령화 속도가 빨라지고 있는 상황에서 미국 대학이 그에 대처하기 위해 다양한 노력을 기울이고 있는 반면, 한국 대학이 그러지 못하고 있는

---

2) 이경희(2006, pp. 295-296)는 이 밖에도 영남대학교의 노인학연구소, 영동대학교의 장수연구센터, 여주대학의 노인보건복지연구소, 대구대학교의 노인보건복지연구소 등이 있다고 했다(한정란 외, 2006:.295-296). 그러나 연구자가 인터넷을 통해 각 대학의 조직도를 검색한 결과에 의하면 영남대학교의 경우 노인 관련 기관이 학교 조직도에는 있으나 2007년 이후의 활동이 전무하고(영남대학교, http://www.yu.ac.kr, 검색일: 2016년 5월 24일), 영동대학교는 교명 자체가 유원대학교로 바뀌었고, 여주대학교의 경우는 조직도에서조차 찾을 수 없었으며(여주대학교, http://www.yit.ac.kr, 검색일: 2016년 5월 24일), 대구대학교의 경우 노인보건복지연구소는 평생교육원 내의 사회지도자교육센터로 바뀌었다(대구대학교, http://www.daegu.ac.kr, 검색일: 2016년 5월 24일).

것은 안타까운 일이 아닐 수 없다. 그러나 한국도 미국처럼 혹은 그 이상으로 고령화 문제가 심각해져 가는 상황에서, 대학은 보다 적극적인 역할을 담당해야 할 것이다. 이 장에서는 미국 대학의 경험을 토대로, 한국 대학이 고령화 시대에 어떠한 역할을 담당해야 할지, 그리고 그런 역할을 담당하기 위해서는 어떠한 변화가 필요한지를 고찰하고자 한다.

이를 위하여, 첫째, 미국 대학이 노인 문제에 관심을 가지게 된 이유는 무엇인지 알아본다. 둘째, 미국 대학은 노인과 관련하여 어떠한 유형의 프로그램을 제공해 오고 있는지를 살펴본다. 셋째, 미국 대학은 이러한 프로그램을 통해 노인과 고령화사회에 어떠한 기여를 해 오고 있는지를 밝혀 본다. 넷째, 미국의 경험을 토대로, 지금껏 한국 대학이 고령화 문제에 적극적인 역할을 하지 못한 이유는 무엇이며, 앞으로 고령화사회가 겪고 있는 문제를 극복하기 위해 대학이 담당해야 할 역할은 무엇인지, 이를 위해서는 어떠한 변화가 필요한지를 규명해 보고자 한다.

2. 대학의 역할

슈구렌스키(Schugurensky, 2006, p. 303)는 대학이 중점적으로 담당해야 할 역할을 다음 네 가지로 구분하고 있다. 첫째는 상아탑으로서의 대학의 역할로, 무엇보다 대학은 학문의 자유를 강조하고 지적 우월성, 진리, 이성 등과 같은 가치를 추구해야 한다. 둘째는 인적자원을 개발하는 장소로서의 대학의 역할로, 대학은 우선적으로 국가의 경제발전에 기여해야 하기 때문에 경쟁력 있는 노동자를 양성해야 하고, 기업과 밀접한 관계를 맺어야 하며, 또한 산업발전에 기여할 수 있는 기술개발에 초점을 맞춰야 한다.

셋째는 사회 변혁을 이끄는 주체로서의 대학의 역할로, 1960년대와 1970년대 초반의 진보적인 대학교수 및 학생의 요구를 반영하고 있다. 이들에게 있어 대학은 무엇보다 교육 기회의 평등과 사회 정의를 실현하는 데 적극적으로 참여해야 하며, 따라서 현재의 불평등하고 정의롭지 못한 사회·경제·정치 관계를 변화시키는 데 기여해야 한다. 넷째는 교육 서비스를 제공하는 기업으로서의 대학의 역할로, 인적자원을 개발하는 장소로서의 대학을 강조하고 있다. 최근 시장이나 기업이 강조되는 분위기에서 발전하였으며, 대학을 기업으로, 학자를 기업가로, 그리고 지식을 상품으로 동일시하기도 한다.

미국 대학이 고령화와 노인 문제에 관심을 갖게 된 것은 무엇보다 사회 변혁을 이끄는 주체로서의 대학의 역할을 강조하는 입장과 관련이 있다. 1960년대와 1970년대에 일어난 시민권운동(civil rights movements)을 거치면서 미국에서 대학의 역할에 대한 기대도 변하게 되었다. 이전에는 단순히 상아탑으로서의 역할만이 강조된 데 반해, 시민권운동 이후 미국의 대학은 사회 변혁을 위해 중요한 역할을 담당해 줄 것을 요구받으면서 지역사회와의 관계도 훨씬 밀접해졌다. 그리하여 미국 대학은 지역 주민, 특히 노인을 위한 교육에 관심을 갖게 되었다.

이처럼 미국 대학이 노인 문제에 관심을 갖게 된 것은 대학이 상아탑의 전당에서 벗어나 사회문제에 좀 더 관심을 가질 것을 요구받게 되면서부터이다. 그리고 고령화 속도가 빨라지면서 대학은 초기의 노인교육에만 치중하던 것에서부터 연구 및 서비스 분야까지 관심 영역을 확대해 오고 있다.

3. 미국 대학과 노인

툴루즈 대학교에서 처음으로 노인교육 프로그램을 만든 벨라(Vellas, 1997, p. 1) 교수는 대학이 노인 삶의 질 향상에 기여해야 한다고 하면서 이를 위해 대학은, 첫째, 노인을 위한 평생교육 프로그램을 제공해야 하고, 둘째, 노인과 관련된 분야에서 일할 전문 인력을 양성해야 하고, 또한 지역사회 주민에게 노인에 대한 교육을 실시해야 하며, 셋째, 노인과 관련한 연구를 수행해야한다고 주장하였다. 비록 약간의 차이는 있지만 벨라 교수가 제시한 이런 영역은 이후 미국 대학이 노인 문제와 관련하여 관심을 갖고 참여해 온 영역이기도 하다. 여기서는 지금까지 미국의 대학이 노인 및 고령화 문제와 관련하여 관심을 가져 온 영역을 좀 더 구체적으로 살펴보고자 한다.

1) 노인을 대상으로 하는 노인교육

미국 대학은 프랑스 대학처럼 직접적으로 노인을 대상으로 교육 프로그램을 개설하고 있지는 않다. 하지만 미국 대학에서 이루어지고 있는 노인을 대상으로 하는 노인교육 프로그램은 대학과 밀접한 관계 속에서 대학으로부터 다양한 인적·물적 자원 및 시설들을 지원받고 있다. 현재 미국 대학에서 노인을 대상으로 제공하는 노인교육 프로그램의 대표적인 예로는 엘더호스텔[3]과 은퇴후교육이 있다.[4]

또한 최근 미국 대학은 대학의 정규과정 중 일부 과정을 개방하여 노인들이 청강 혹은 수강할 수 있도록 하고 있다. 예를 들면, UCLA는 노인을 대상으로 시니어 스칼라 프로그램(Senior Scholars Program)을 제공하고 있다. 이 프로그램은 노인이 적은 비용으로 정규과정 중 노인에게 개방된 과목을 청강할 수 있도록 한 프로그램이다.[5] 노인은 언어, 실험 혹은 미술 과목과 같이 매일

---

3) 엘더호스텔은 2010년에 이름을 로드 스칼라(거리의 학자)로 바꾸었는데, 그 이유는 앞으로 교육의 초점을 기관이 아닌 학습자에게 맞추고자 하였기 때문이다. 로드 스칼라(엘더호스텔)는 현재 미국과 캐나다를 중심으로 활발하게 이루어지고 있으며, 전 세계적으로 150여 개국이 참여하고 있고 프로그램 수도 5,500개에 달한다. 프로그램은 주제별 프로그램, 세대 간 프로그램, 야외활동 프로그램, 뱃길 탐험 프로그램, 도시 탐험 프로그램, 자원봉사 프로그램 등으로 나뉘어 있다 (Roadscholar USA, http://www.roadscholar.org, 검색일: 2016년 2월 7일).
4) 엘더호스텔과 은퇴후교육에 관한 상세한 내용은 이 책 7장 참조.
5) 노인들은 첫 번째 과목은 150불을, 그리고 그 이후부터는 과목당 100불을 지불하고 있다.

교수의 피드백을 요구하는 과목을 제외하고는 거의 모든 과목을 수강할 수 있으며, 노인이 편안한 분위기에서 수업을 들을 수 있도록 하려는 대학의 배려로 인해 다른 대학생처럼 발표를 하거나 숙제를 제출하거나 시험을 볼 필요가 없다. 다만 수업을 따라가는 데 지장이 없게 교재 및 주어진 자료는 반드시 읽어야 한다.[6] 이 외에도 동부에 있는 뉴햄프셔 주립대학교나 매사추세츠 주립대학교(앰허스트 소재)의 경우, 좀 더 많은 노인이 대학 강좌를 수강할 수 있도록 수업료 면제 혜택을 제공해 주고 있다. 뉴햄프셔 주립대학교의 경우 65세 이상 노인이 정규과목을 수강할 경우 두 과목까지 등록금을 면제해 주고,[7] 앰허스트 소재 매사추세츠 주립대학교의 경우는 과목 수와 상관없이 60세 이상의 노인에게 등록금을 면제해 주고 있다.[8]

2) 대학(대학원)생을 대상으로 실시하는 노년학 과정 및 자격증과정

미국의 많은 대학은 일반 학생도 노인과 고령화사회에 대해 학습할 필요가 있다고 보고, 그들을 위한 다양한 강좌를 개설하고 있다. 또한 노인인구가 증가함에 따라 노인을 위해 일할 전문가를 양성할 필요가 있는 상황에서, 대학은 학부에 노인 전문가 양성을 위한 전공, 부전공, 복수전공 과정을 설치·운영하고 있고, 대학원에 석사과정 및 박사과정을 설치·운영하고 있다. 이 외에도 이미 학사나 석사 학위를 취득한 사람 중에 현재 노인을 위해 일하고 있거나 일하고자 하는 사람을 대상으로 자격증과정을 운영하고 있다. 각각의 과정을 좀 더 자세히 살펴보면 다음과 같다.

---

6) UCLA, http://www.semel.ucla.edu/longevity(검색일: 2017년 4월 5일).

7) University of New Hampshire, http://www.learn2.unh.edu(검색일: 2017년 7월 27일).

8) University of Massachusetts, https://www.umass.edu(검색일: 2017년 7월 27일).

(1) 노년학 학사과정

현재 미국의 많은 대학은 노년학 학사과정을 운영하고 있는데, 대표적인 학교로는 남가주 대학교, 보스턴 소재 매사추세츠 주립대학교, 사우스플로리다 대학교, 아이오와 주립대학교, 샌디에이고 주립대학교, 샌프란시스코 주립대학교 등이 있다.[9] 이렇게 미국의 많은 대학이 노년학 학사과정을 개설하게 된 이유는 고령화가 빠르게 진행되면서 고령화 문제에 좀 더 학문적으로 접근할 필요가 있고, 또한 고령화 문제를 다루는 기관이 늘어나면서 노인 관련 전문 인력이 필요해졌기 때문이다.[10]

미국에서 처음으로 노년학 학사 프로그램을 개설하고 있는 남가주 대학교의 데이비스 스쿨 노년학과(Davis School of Gerontology)와 사우스플로리다 대학교의 노년학과(School of Aging Studies) 교육과정을 살펴보면 다음과 같다. 첫째, 남가주 대학교 노년학과 학사과정의 교과목 중 필수과목은 성인발달학(Science of Adult Development), 성인발달 심리학(Psychology of Adult Development), 사회와 성인발달(Society and Adult Development), 고령화사회에서 정책 · 가치 · 권력(Policy, Values, and Power in an Aging Society), 고령화와 행정 문제(Administrative Problems in Aging), 노인을 위한 사례관리(Case Management for Older Adults), 실습(Practicum), 시니어 세미나(Senior Seminar) 등이 있고 이 외에도 다양한 선택과목이 있다.[11]

둘째, 사우스플로리다 대학교의 노년학 학사과정은 문학학사(Bachelor of Art: BA)와 이학학사(Bachelor of Science: BS)로 나뉘어 있는데, 문학학사과정은 남가주 대학교의 학사과정과 비슷한 데 반해 이학학사과정은 노인을 위한 장기요양시설의 행정요원을 양성하는 프로그램으로 편성되어 있다. 이 과정

---

9) Campus explorer, http://www.campusexplorer.com(검색일: 2012년 7월 27일).

10) 현재 미국뿐만 아니라 캐나다, 영국, 핀란드, 몰타 등 많은 유럽 국가도 학부에서 노년학 학사과정을 운영하고 있다.

11) University of Southern California, http://www.usc.edu(검색일: 2012년 7월 7일).

에는 필수과목으로 장기요양 원칙과 실천의 이해(Understanding Principles and Practice in Long Term Care), 건강관리 운영(Healthcare Operations), 건강관리행정에서의 법적 측면(Legal Aspects in Health Care Administration) 등이 개설되어 있다.[12] 이처럼 같은 노년학 학사과정이더라도 대학에 따라 교육과정은 조금씩 차이가 있다.

또한 대학은 학부 학생에게 노년학을 복수전공이나 부전공으로 하도록 장려하고 있다. 남가주 대학교의 경우를 보면 학부 학생이 노년학 과정에서 제공하는 필수과목과 선택과목을 합쳐 20학점만 들으면 부전공으로 인정받고 있으며, UCLA의 경우 아직 학부에 노년학 전공과정은 없지만 노년학과 관련하여 다양한 과목이 개설되어 있고, 이 과목 중 20학점을 취득하면 노년학 부전공으로 인정받고 있다.[13]

이처럼 미국의 많은 대학은 현재 노년학 전공 · 부전공 · 복수전공을 가능하게 하고 있으며, 그중 많은 과목을 교양과목으로도 개방하여 전공을 하지 않는 학생도 노인과 고령화사회에 대해 학습할 기회를 제공하고 있다. 예를 들면, UCLA의 경우 노년학 부전공 과목으로 개설되어 있는 노년학과 사회복지(Gerontology & Social Welfare)는 교양과목으로도 개설되어 있다.

(2) 노년학 석사과정

미국에서 학사과정과 달리 대학원 석사과정은 학문적 깊이를 요구하기 때문에 통합학문적(interdisciplinary) 방식[14]으로 운영된다. 일찍부터 노년학 석사과정을 운영해 오고 있는 남가주 대학교의 경우, 일반 석사과정(Master of Science

---

12) University of South Florida, http://www.usf.edu(검색일: 2012년 7월 7일).

13) 저자는 2012년 UCLA에서 이 강좌를 청강하였다. 이 강좌는 학생에게 매우 인기가 높아 거의 100여 명의 학생이 수강하였다. 이 중에는 노년학을 부전공으로 선택하고 있는 학생도 있었고, 교양과목으로 수강하고 있는 학생도 있었다. 담당 교수와의 면담을 통해 안 사실은 매년 이 강좌의 학생 수가 크게 증가하고 있다는 점이다.

Program), 노인서비스관리 석사과정(Master of Aging Services Management), 온라인 석사과정(Online Master Program), 온라인 장기요양행정 석사과정(Online Master of Long Term Care Administration), 복수 석사과정(Dual Degree Program)이 있다.[15] 일반 석사과정은 노년학 분야에서 지도자적 역할을 담당할 전문 인력을 키우는 데 초점을 맞춘 반면, 노인서비스관리 석사과정은 노인에게 다양한 서비스를 제공하는 양로원, 은퇴기관, 노인 요양병원 등에서 일할 전문 인력을 양성하는 데 목적을 두고 있다.

이 두 석사과정은 양성하고자 하는 전문가의 성격이 다르기 때문에 이수 학점도 차이가 있다. 일반 석사과정은 44학점을 이수할 것을 요구하는 반면, 노인서비스관리 석사과정은 32학점을 이수하면 된다. 과목 역시 다르다. 일반 석사과정의 필수과목은 노인발달생리학(Physiology of Development and Aging), 생애발달심리학(Life Span Developmental Psychology), 생애발달사회학(Life Span Developmental Sociology), 노년학에서의 전문적 이슈(Professional Issues in Gerontology), 실습(Field Practicum), 연구방법론(Research Methods) 등이다. 반면, 노인서비스관리 석사과정의 필수과목은 변화하는 사회에 대한 관점들: 고령화 입문(Perspectives on a Changing Society: An Introduction to Aging), 고령화에서 법과 규정 관련 이슈(Applied Legal and Regulatory Issues in Aging), 소비자 결정과정에서 마케팅과 변화 추이(Marketing and Shifts in Consumer Decision Making), 노인 서비스 관리에서의 최근 이슈(Current Issues in Aging Services Management), 리더십과 변화 관리에 대한 사례연구(Case Studies in Leadership and Change Management) 등이다.

---

14) 현재 노년학은 두 가지 방식, 즉 다학문적(multidisciplinary) 방식과 통합학문적(interdisciplinary) 방식으로 이루어져 있다. 다학문적 방식은 여러 학문이 자신의 고유 영역을 유지한 채 접근하는 방식인 반면, 통합학문적 방식은 여러 학문이 참여를 하나 각각은 자신의 고유 영역을 최소화하면서 새로운 영역에 최대한 기여하는 방식이다(Alkema & Alley, 2006, p. 575).

15) University of Southern California, http://www.usc.edu(검색일: 2017년 4월 7일).

(3) 노년학 박사과정

미국에서도 노년학 박사과정은 석사과정에 비해 아직 개설된 곳이 많지는 않다. 미국에서 현재 노년학으로 박사 학위를 취득할 수 있는 경로는 크게 세 가지로 나눌 수 있다(Haley & Zelinski, 2007, p. 13). 첫째, 대학원 박사과정에 노년학과가 설치되어 있는 경우로, 현재 남가주 대학교(Leonard Davis School of Gerontology), 노스텍사스 대학교(Department of Gerontoloty), 보스턴 소재 매사추세츠 주립대학교(Gerontology Institute and Department), 켄터키 주립대학교(Department of Gerontology) 등이 있다. 둘째, 노년학과가 독립적으로 설치되어 있지 않고 기존 학과와 합쳐진 상태로 존재하는 경우인데, 대표적으로 오하이오에 있는 마이애미 대학교의 사회학/노년학과(Department of Sociology and Gerontology)가 있다. 셋째, 전통학과에서 노년학을 전공한 교수가 있어 그 교수 밑에서 박사과정을 밟는 경우이다.

미국에서 처음으로 박사과정에 노년학과를 개설한 대학은 1989년 남가주 대학교이고, 보스턴 소재 매사추세츠 주립대학교, 사우스플로리다 대학교, 켄터키 주립대학교, 캔자스 주립대학교 등이 뒤를 이어 박사과정에 노년학과를 개설하였다(Haley & Zelinski, 2007, p. 20). 제일 먼저 박사과정에 노년학과를 개설한 남가주 대학교의 교육과정은 필수과목, 선택과목, 연구방법론의 세 영역으로 나뉘어 있으며, 학생은 최소한 60학점을 이수해야 한다.[16] 보스턴 소재 매사추세츠 주립대학교의 경우는 최소한 69학점을 이수해야 하는데, 그중에는 4개의 기초과목인 고령화의 사회적 측면(Social Aspects of Aging), 고령인구의 경제적 이슈(Economic Issues in Aging Population), 고령화의 심리학(Psychology of Aging), 고령화사회에서 민족적·인종적 다양성(Ethnics and Racial Diversity in Aging Societies)을 수강해야 하고 그 밖에도 6개의 연구방법론 과목, 3개의 노인정책 관련 과목, 3학점의 전문성 발달 세미나, 최소한 6개

[16] University of Southern California, http://www.usc.edu(검색일: 2017년 4월 7일).

의 선택과목 등을 이수해야 한다.[17]

(4) 노년학 자격증과정

노년학 자격증과정은 이미 다양한 전공에서 학사와 석사를 받은 학생 중에 노인과 관련한 분야에서 일하거나 일하고자 하는 사람을 대상으로 제공되는 과정으로, 현장 전문가의 능력개발을 목적으로 하고 있다. 이 과정에 참여하는 학생은 노년학 필수과목과 선택과목을 수강해야 하지만 학위는 받지 못한다. 노년학 자격증과정은 일반적으로 노년학과에서 제공하지만, 사회복지학과, 심리학과, 보건학과, 간호학과 등의 기존 학과에서도 제공한다(Adler, 2008, p. 137). 일반적으로 자격증과정은 전통적인 교실 수업 외에 온라인으로도 이루어지고 있으며, 사우스플로리다 대학교의 경우 필수과목에서 6학점, 선택과목에서 9학점의 총 15학점을 들어야 이수할 수 있다.[18]

3) 고령화 연구센터

미국 대학은 고령화가 급속하게 진행되면서 교육만큼 노인과 고령화 문제에 대한 집중적인 연구가 필요하다고 보고 고령화 연구센터를 설립하였다. 현재 노인 전문가 양성 과정을 운영하고 있는 대학의 대부분은 고령화 연구센터(Center on Aging)를 함께 운영하고 있다. 고령화 연구센터는 대학이 어느 지역에 위치해 있는지에 따라, 어떤 분야가 강한지에 따라 연구센터의 성격도 약간씩 차이를 보이고 있다. 의학이나 보건 관련 분야가 강한 대학의 경우 치매나 노인의 인지능력 · 기억력 등에 대한 연구가 강하고, 인문 · 사회과학 분야가 강한 대학의 경우 노인 관련 정책, 노인사회학, 노인교육 등이

---

17) University of Massachusetts-Boston, http://www.umb.edu(검색일: 2017년 4월 7일).
18) University of South Florida, http://www.usf.edu(검색일: 2013년 2월 7일).

강하다. 그러나 이러한 차이에도 불구하고, 일반적으로 고령화 연구센터는 여러 학문 영역을 아우르는 통합학문적 방식으로 운영되고 있다.

또한 초기에는 연구 분야에만 치중하였지만 점차 연구된 분야를 현실에 적용하려는 목적에서 교육이나 서비스와 연결한 프로그램을 개발·실천하고 있다. UCLA의 장수센터(Longevity Center)는 의학과 공중보건학이 잘 발달된 대학의 특성을 살려 고령화와 뇌의 관계에 대한 연구를 활발하게 진행해 왔으며, 최근 들어서는 연구된 결과를 현실에 적용한 교육 및 서비스 프로그램을 개발하여 제공하고 있다. 예를 들면, 뇌 연구에서 얻은 결과를 토대로 두뇌촉진 캠프(Brain Boot Camp), 기억력 훈련(Memory Training) 프로그램, 기억력 훈련을 담당할 교육자 훈련 프로그램(Licensed Memory Education Program) 등을 개설하고 있다.[19]

반면, 메릴랜드 대학교의 고령화 연구센터는 미국의 수도인 워싱턴 DC 근처에 위치한 지역적 특성으로 인해 현재 미국 중앙정부에서 강하게 추진하고 있는 노인의 자원봉사 활동에 대한 연구와 교육에 초점을 맞추고 있다. 현재 메릴랜드 대학교 고령화 연구센터의 대표적인 프로그램으로는 노인자원봉사팀(Legacy Corps), 노인자원봉사자 훈련 프로그램(Legacy Leadership Institute), 은퇴노인을 위한 해외봉사 프로그램(Retired & Senior Volunteer Program International)이 있다.[20] 특히 최근 들어 미국에서는 베이비부머의 자원봉사가 주요한 이슈로 대두되고 있는 상황에서 그들을 교육시켜 실제 서비스까지 연결하는 메릴랜드 대학교의 노인자원봉사 프로그램은 현재 미국 자원봉사교육의 주요한 모델이 되고 있고 있다.

미국 중서부에 위치한 아이오와 주립대학교의 경우, 다른 대학의 고령화 연구센터와 마찬가지로 의과대학을 중심으로 고령화와 관련하여 다양한 연

---

19) UCLA, http://www.semel.ucla.edu/longevity(검색일: 2017년 4월 5일).
20) University of Maryland, http://www.umd.edu(검색일: 2017년 4월 5일).

구를 하고 있고, 연구 결과를 교육이나 서비스를 통해 노인에게 제공하고자 하고 있다.[21] 그런데 이 대학의 고령화 연구센터는 다른 대학의 연구센터와 달리 대학이 위치한 농촌 지역의 특성상 노인이 멀리 흩어져 살고 있는 점을 감안하여 노인을 위한 아웃리치 프로그램을 제공하고 있다. 다시 말해, 최근 정보나 서비스에 쉽게 다가갈 수 없는 농촌 노인을 위해 웹을 통해 최신 정보와 서비스를 제공함으로써 더 이상 농촌 노인들이 새로운 정보와 서비스로부터 고립되지 않게 하고 있다.

이처럼 미국에서의 고령화 연구센터의 기본 기능은 비슷하지만 센터가 속해 있는 대학과 지역의 특성에 따라 중점적으로 강조하는 기능이 약간씩 차이가 있다. 이는 고령화 연구센터 역시 대학이 위치하고 있는 지역사회의 요구에 민감하다는 것을 보여 주는 좋은 예이다.

4. 미국 대학의 기여

앞서 살펴보았듯이, 미국의 대학은 고령화사회에서 대두되고 있는 다양한 문제를 극복하는 데 있어 적극적인 역할을 담당해 오고 있다. 다음은 미국 대학이 노인과 고령화사회가 직면한 문제를 해결하는 데 구체적으로 어떠한 기여를 해 오고 있는지를 고찰해 본다.

첫째, 대학이 노인교육에 참여함으로써 전반적으로 노인교육의 질이 이전에 비해 향상되었다. 엘더호스텔이나 은퇴후교육은 대학과 밀접한 관계 속에서 필요한 경우 행정 지원이나 교수 지원을 얻을 수 있을 뿐만 아니라 강의실이나 도서관과 같은 시설을 이용할 수 있어 프로그램의 질을 향상시킬 수 있는 기반을 갖게 됨으로써 그렇지 못한 노인교육 프로그램에 비해 수준 높은

---

21) University of Iowa, http://www.uiowa.edu(검색일: 2017년 4월 5일).

교육 프로그램을 제공할 수 있다. 그리고 이렇게 대학의 참여로 인하여 수준이 향상된 노인교육 프로그램은 다른 노인교육 프로그램에도 긍정적인 영향을 미쳐, 많은 노인교육 프로그램이 질적으로 도약하는 계기를 마련하였다.

둘째, 대학이 제공하는 노인교육에 참여하면서 노인은 개인적인 성장뿐만 아니라 사회적 역할에 대해서도 좀 더 명확한 인식을 갖게 되었다. 현재 대학이 제공하는 다양한 교육 프로그램을 통해 노인은 계속해서 개인적인 성장을 도모할 수 있을 뿐만 아니라 다른 노인과 만날 기회를 갖게 됨으로써 노년기에 느낄 수 있는 외로움을 극복하고 지속적으로 사회적 관계를 유지 · 발전시켜 나갈 수 있게 되었다. 나아가 노인은 이런 배움의 과정을 통해 점차 자신이 현재 처해 있는 상황을 사회구조적으로 이해하게 되고, 결과적으로 사회에서 자신이 담당해야 할 역할이 무엇인지에 대해서도 깨닫게 되면서 그 역할을 직접 현장에서 실천하려고 하고 있다. 예를 들면, 은퇴후교육은 순수한 교육기관으로 시작하였으나, 최근 들어 회원들 사이에서 사회참여의 필요성이 제기되면서 자원봉사 활동을 프로그램의 주요 부분으로 포함시키고 있기도 하다.

셋째, 현재 미국의 많은 대학에서는 전공 · 부전공 · 복수전공으로 노년학과를 운영하고 있고, 또한 노인과 관련한 다양한 강좌를 교양과목으로 개설하고 있어 대학생이 다양한 관점에서 폭넓게 노인과 고령화사회에 대해 배울 수 있게 되었다. 또한 일부 대학에서는 정규과정을 노인에게 개방함으로써 노인이 학부 학생과 함께 수업을 듣게 되고 그들과 여러 문제에 대해 스스럼없이 대화하고 토론할 수 있게 되면서 젊은 대학생이 겪는 어려움을 알 수 있게 되었다. 이처럼 젊은 세대의 학생과 노인은 대학이 제공하는 다양한 교육활동의 기회를 통해 서로를 좀 더 이해할 수 있게 되었고, 결과적으로 세대 간의 격차나 갈등을 극복할 수 있게 되었다.

넷째, 대학에서 노인 전문가 양성 과정을 설치하여 노인 관련 전문가를 배출하게 되면서 노인 관련 기관과 단체는 어려움 없이 노인 전문가를 고용할 수 있게 되었고, 결과적으로 이전보다 노인 관련 문제나 서비스를 전문적으로 처리될 수 있게 되었다. 또한 학부과정 외에도, 노년학 석사·박사 과정을 통해 노년학을 연구하는 전문 인력이 양성됨으로써 노년학과 관련한 다양한 주제에 대한 연구가 가능하게 되어 노년학의 학문적 깊이를 제고하는 데에도 기여하고 있다.

다섯째, 대학의 고령화 연구센터는 노인들에게 이전에 비해 좀 더 건강하고 의미 있는 삶을 영위할 수 있게 해 주고 있다. 의과대학이 있는 대학의 고령화 연구센터는 노인의 뇌, 인지능력, 기억력, 치매 등과 같은 영역을 중심으로 활발한 연구를 해 오고 있으며, 연구 성과는 연구센터의 다양한 교육 프로그램이나 서비스 프로그램을 통해 노인이 직접 체험하거나 활용할 수 있게 하고 있다. 또한 사회과학 분야가 발달한 대학의 고령화 연구센터는 노인과 관련한 의료정책(Medicare, Medicaid) 및 사회보험정책(Social Security) 등에 대한 연구를 활발히 수행하고 있으며, 그 결과는 중앙정부나 지방정부가 노인을 위한 정책을 수립하는 데 기초 자료로 활용되도록 하고 있다. 나아가 메릴랜드 대학교의 고령화 연구센터의 사례에서도 볼 수 있듯이, 노인자원봉사 활동과 관련하여 정책이 마련되면 그 정책이 원활하게 이루어질 수 있도록 필요한 프로그램을 개발하여 제공하기도 한다.

이처럼 대학은 자신이 가진 자원과 인력을 최대한 동원하여 노인과 관련한 다양한 프로그램과 서비스를 제공함으로써 고령화사회에서 노인과 사회가 겪을 수밖에 없는 많은 문제에 대비하거나 그것을 좀 더 전문적이고 체계적으로 해결할 수 있게 도와주고 있다. 이런 가운데 고령화의 문제는 노인에게도, 사회에도 힘들지만 감내할 수 있는 문제가 되어 가고 있다. 노인은 고령화사회에서 더 이상 부담스러운 존재로 여겨지지 않게 되면서 나름 건강하고 행복하게 살아갈 수 있게 되었고, 노인과 젊은 세대가 서로를 이해하려고 노력하면서 그 속에서 좀 더 조화롭고 서로를 포용하는 사회가 되어 가고 있다.

그럼에도 불구하고 미국 대학은 노인 문제에 대해 적극적인 역할을 하면서

의도와는 상관없이 크고 작은 문제에 부딪히고 있다. 이러한 문제는 앞으로
한국에서 대학이 고령화사회를 극복하는 데 적극적인 역할을 하는 과정에서
관심을 가져야 할 것이기도 하다. 예를 들면, 대학이 주도하는 노인교육 프로
그램의 참여자 대부분이 이미 정규교육의 혜택을 받았고 경제적으로도 중산
층에 속하는 노인이라는 점, 따라서 현재 대학에서 제공하는 노인교육 프로
그램 역시 기존 체제의 혜택을 받고 있는 노인에게 다시 혜택을 주는 것이라
는 점이다(신미식, 2008, p. 36).

또한 노인 전문가 양성 프로그램에 대해서도 노인 전문가를 따로 둔다
는 것 자체가 노인을 차별하는 것일 수 있다는 점이다(Askhamm, Gilhooly,
Parkatti, & Vega, 2007, p. 45). 나아가 대학이 노인에 대한 연구에 많은 관심을
갖는 것을 무조건 긍정적으로만 볼 수 있을지도 의문이 제기되고 있다. 다시
말해, 슈구렌스키(2006, p. 304)가 지적하였듯이 최근 대학이 기업으로 여겨
지고, 또한 대학이 생산해 내는 많은 지식이 상품으로 여겨지는 상황에서 대
학도 급격히 늘어나는 노인을 중요한 소비자로 간주하고, 그들이 가지고 있
는 구매력 덕분에 다양한 프로그램과 서비스를 개발하고 있는 것은 아닌가라
는 점이다.

한국의 대학 역시 미국의 대학처럼 노인 문제에 관심을 가져야 하는 상황
에서, 미국의 대학이 노인 문제 해결에 참여하면서 직면하게 된 문제와 비판
에도 귀를 기울여야 할 것이다. 또한 그러한 문제와 비판을 극복하기 위한 해
결책도 더불어 강구해야 할 것이다. 예를 들면, 한국의 대학은 지금까지의 교
육 혜택에서 소외된 노인이 늦게나마 평등한 교육적 기회를 누릴 수 있도록
다양한 사회통합 프로그램(social inclusion program)을 개발하여야 할 것이다
(Phillipson & Ogg, 2010, p. 40). 노인과 관련한 연구에서도 소외계층의 노인과
관련된 문제는 여전히 관심 밖인 상황에서 그들이 겪고 있는 문제가 무엇이
며 그것을 해결하는 데 있어 어떠한 연구가 필요한지도 고민해야 할 것이다.
또한 대학이 개발한 프로그램이나 서비스가 구매력이 높고 경제적으로 여유

있는 노인만을 위한 상품으로 전락하는 것도 경계해야 할 것이다.

아직 한국 대학이 고령화 문제에 적극적으로 참여하고 있지 못한 상황에서 미국 대학이 갖고 있는 문제나 비판에 관심을 갖고 해결책을 강구하는 것은 시기상조일 수도 있을 것이다. 그러나 앞으로 한국 대학이 이러한 점에도 관심을 갖고 같은 잘못을 범하지 않도록 노력한다면, 한국의 대학은 미국 대학보다 늦게 고령화 문제 극복에 참여한다 해도 훨씬 효과적인 역할을 할 수 있을 것이다. 다음은 한국 대학이 빠르게 진행되고 있는 고령화사회에서 구체적으로 어떠한 역할을 담당하는 것이 바람직할지를 탐색해 본다.

5. 고령화와 한국 대학의 역할

여기서는 앞으로 한국 대학이 고령화 문제를 극복하기 위해서 어떠한 역할을 담당해야 할지를 구체적으로 살펴본다.

첫째, 대학은 노인을 대상으로 하는 다양한 교육 프로그램을 좀 더 적극적으로 개발하여 제공해야 한다. 한국 대학이 제공하는 노인을 위한 프로그램으로는 경북대학교를 비롯하여 몇몇 대학이 운영하는 명예학생제도가 있다. 경북대학교의 명예학생제도는 노인에게 지역의 고등교육기관인 대학의 정규 과정을 청강할 수 있게 함으로써 개인적인 성장과 더불어 젊은 세대와의 자연스러운 만남을 통해 세대 간의 조화로운 관계 형성을 도모하고자 하는 목적에서 1995년에 만들어졌으며, 학력 제한 없이 대구 경북 거주자로 만 55세 이상 남녀는 누구나 참여할 수 있게 하였다.[22] 그리고 경북대학교의 명예학생제도가 지역 노인으로부터 많은 호응을 얻으면서 안동대학교, 전북대학교, 천안대학교, 충북대학교, 순천대학교 등이 뒤따라 이 제도를 도입·운영해 오고 있다(김두식, 2006, p. 406). 그러나 최근 들어 다른 대학은 물론 경북대학교에서도 명예학생제도에 참여하는 노인의 수가 계속 감소하는 것으로 나타났다. 2010년에 재학생이 56명이었다가 2011년에는 46명, 2012년에는 23명으로 줄었고, 수료자 수는 2010년 54명, 2011년에는 17명, 2012년에는 9명에 불과하였다.[23] 이처럼 최근 들어 지역 노인에게 정규 대학과정을 제공한다는 취지에서 만들어진 명예학생제도는 처음과 달리 그 인기가 현저히 떨어지고 있는 실정이다. 이러한 상황에서 현재 필요한 것은 한국 노인이 더 이상 명예학생제도에 매력을 느끼지 못하는 것의 근본적인 원인을 파악하고 기존 프로그램을 보완하거나 새로운 프로그램을 개발하여 그것을 대체하는 것이다.

이 외에도 한국 대학은 대학부설 평생교육원을 통해 간접적으로 노인교육에 참여하고 있지만,[24] 아직 직접적으로 노인을 대상으로 한 다양한 프로그램을 개발하는 데는 적극적이지 못한 실정이다. 하지만 중요한 것은 대학이 노인을 대상으로 다양한 교육 프로그램을 개발할 수 있는 인프라를 갖추고 있다는 점이다. 무엇보다 거의 대부분의 대학이 기숙사를 갖고 있고 지자체가 지역을 알리는 관광 상품을 개발하고 있는 상황에서, 미국과 캐나다 등지에서 많은 인기를 얻고 있고 전 세계적으로도 확산되고 있는 엘더호스텔 프로그램을 쉽게 유치할 수 있을 것이다. 나아가 은퇴한 교수와 교직원들이 많은 상황에서 그들을 중심으로 미국의 대표적인 노인교육 프로그램인 은퇴후교육과 같은 프로그램도 시도할 수 있을 것이다. 특히 주말에는 수업이 없어 강의실이 비어 있는 점을 감안하여 주말에 은퇴후교육 프로그램을 개설하는 것도 하나의 아이디어라고 할 수 있다. 이처럼 엘더호스텔이나 은퇴후교육과 같은 프로그램을 한국에서 시작하는 데 그렇게 많은 재정과 공간이 요구

---

22) 경북대학교, http://www.knu.ac.kr(검색일: 2013년 3월 18일).

23) 경북대학교, http://www.knu.ac.kr(검색일: 2013년 3월 18일).

24) 대학은 대학부설 평생교육원 프로그램을 통해 노인을 위한 프로그램을 개설하고 있으나 노인 참여율은 매우 저조한 편이다. 왜냐하면 평생교육원의 경우 노인만을 대상으로 하고 있지 않고 복지관 등 다른 노인교육기관에 비해 교육비가 비싸기 때문이다.

되는 것은 아니다. 다만 현재로서는 대학이 얼마나 노인 문제에 관심을 갖고 지원하고자 하는지에 달렸다고 할 수 있다.

둘째, 대학생과 대학원생을 위한 노년학 강좌 및 전공과정을 개설해야 한다. 현재 한국 대학에는 대학생을 위해 노인 관련 강좌가 개설된 경우도 많지 않으며, 몇몇 대학에서 학사과정으로 노인과 관련한 전공을 개설하고 있지만 대부분 복지와 관련이 있다.[25] 다만 서울여자대학교에서 연계전공으로 노년학과를 운영하고 있다.[26] 이처럼 한국에서는 노인을 복지의 대상으로만 접근하고 있고, 노인 관련 학과도 복지 쪽에 치우친 경향이 있다. 또한 노인 관련 전문 자격증 역시 주로 복지와 관련된 자격증이고, 그것도 민간단체에서 발급하는 민간자격증이다.[27] 대학원에 노년학과는 아직 없으며, 다만 대학원 학생 중에 노인에 관심을 갖고 노인과 관련한 주제로 논문을 쓰는 경우가 있으나 노년학 석사·박사로 인정받고 있지 못한 실정이다.

따라서 한국 대학에서도 대학생이 고령화사회가 직면한 문제를 이해하고 노인세대를 이해할 수 있도록 다양한 노인 관련 강좌 개설을 적극적으로 추진해야 할 것이다. 또한 미국의 많은 대학에서 이미 오래전부터 노인 전문가를 양성하기 위해 학부와 대학원에 노년학 전공과정, 그리고 학위과정은 아니지만 노년학 전문가 양성을 위한 자격증과정 등 다양한 과정을 마련하였다는 것은 아직 대학원에도 노년학과가 없는 한국에 많은 시사점을 주고 있다.

---

25) 인터넷 검색 결과, 한국에서 개설하고 있는 노인 관련 학과는 노인복지학과가 대부분이다. 노인복지학과가 있는 대학은 경희사이버대학교, 서울사이버대학교, 영진사이버대학교, 남서울대학교, 용인대학교, 대전보건대학교, 동강대학교, 대구미래대학교, 포항대학교, 경산대학교, 루터대학교 등이 있다. 노인복지학과 외에도 노인과 관련한 전공 학과로는 가족노인복지학과, 노인보건복지과 등이 있다(포털 검색 결과, 2013년 2월 10일).

26) 저자가 서울여자대학교 노년학 전공실에 알아본 결과, 노년학과가 1년 전에 학생 수 부족으로 폐지되었다고 한다(통화 날짜: 2017년 8월 14일).

27) 인터넷 검색 결과, 노인 관련 전문 자격증은 노인복지사 자격증, 노인심리상담사 자격증, 노인요양보호사 자격증, 노인심리치료사 자격증 등이 있다. 그러나 이런 자격증은 국가가 인정하는 자격증이 아니라 민간단체에서 발급하는 민간자격증이다(인터넷 검색 결과, 2013년 2월 10일).

이런 상황에서 우선 한국 대학에도 대학원부터라도 노년학과가 만들어져야
할 것이다. 만약 당장 노년학과를 만드는 데 어려움이 있다면, 노인 문제를
연구해 온 학자들이 자신의 전공을 유지한 채 노인 전문가 양성에 참여하는
다학문적 방식으로 노년학 과정을 개설할 수도 있을 것이다. 그러나 장기적
으로는 노인 문제를 미국에서와 같이 통합학문적 관점에서 다루는 노년학과
가 학부과정에 세워져야 할 것이다. 마찬가지로 노인 전문가 역시 복지에 치
우치지 않고 노년학과를 비롯한 여러 전공에서 양성할 수 있도록 하여야 할
것이며, 노인 자격증과정도 민간단체가 아닌 공신력을 갖고 있는 대학이 맡
아서 정규과정으로 운영해야 할 것이다.

셋째, 노인과 관련한 연구가 활발하게 이루어질 수 있도록 노인 전문 연구
센터를 설립해야 한다. 현재 노인 관련 전문 연구센터를 두고 있는 대학은 서
울대학교(노화고령연구소), 한림대학교(고령사회연구소), 한양대학교(고령사회
연구원) 등이 있을 뿐이다. 이에 비해 미국의 많은 대학은 노인에 대한 연구를
집중적으로 수행할 수 있도록 고령화 연구센터를 새롭게 만들거나 이미 있는
센터를 확대하고 있다. 또한 대학원에 노년학 석사 · 박사 과정이 만들어짐
에 따라 노인에 대한 연구가 활발하게 이루어질 기반이 구축되어 있다. 이처
럼 미국 대학의 고령화 연구센터와 대학원의 노년학과는 서로에게 도움을 주
면서 노인 관련 연구에 많은 기여를 하고 있다.

더불어 미국의 고령화 연구센터는 대학이 중점적으로 다루는 영역이나 지
역사회 요구를 반영하면서 발전해 오고 있다. 의학 분야가 강한 대학은 생
리적이고 질병적인 측면에서 노인에 관한 연구를 해 오고 있고, 사회과학 분
야가 강한 대학은 노인과 관련한 사회정책 및 사회문제에 대한 연구를 해 오
고 있다. 이런 상황에서 앞으로는 한국에서도 대학의 특성을 살리고 지역사
회의 요구를 토대로 한 많은 고령화 연구센터가 만들어져야 할 것이다. 나아
가 대학원 수준의 노년학과 전공과정도 개설되어 고령화 연구센터와 대학원
노년학과 과정이 노인 연구에 있어 서로 시너지 효과를 낼 수 있도록 해야 할

것이다.

넷째, 노인의 사회활동을 지원하는 프로그램을 개발·제공해야 한다. 현재 한국에서도 노인의 사회활동 참여가 강조되고 있지만 여전히 인적자원개발의 관점에서 이루어지고 있다. 반면, 미국에서는 노인의 사회활동 중 공민활동(civic engagement)을 국가 차원에서 강조하고 있다. 왜냐하면 교육을 많이 받고 사회적 경험이 풍부한 베이비부머 세대가 대거 은퇴하게 되면서 그들의 지식과 경험을 계속해서 사회적으로 활용할 필요가 있게 되었기 때문이다. 이런 가운데 대학은 베이비부머 세대가 자원봉사 활동을 원활하게 할 수 있도록 필요한 지식이나 기술을 제공하려는 목적에서 교육 프로그램을 개발하여 제공하고 있고, 또한 자원봉사를 원하지만 적합한 봉사활동을 찾을 수 없는 노인에게 적합한 자원봉사를 알선해 주는 서비스도 제공하고 있다. 이미 보았듯이 메릴랜드 대학교의 경우 노인의 자원봉사 활동에 도움이 되도록 새롭게 교육과 서비스를 연결하는 모델을 개발하고 적극 실천함으로써 노인의 자원봉사 활동이 성공할 수 있게 돕고 있다.

한국에서도 곧 미국처럼 고학력에 경제적으로도 여유 있는 베이비부머 세대가 대거 은퇴를 할 것이다. 이런 상황에서 한국 대학도 갖고 있는 인적·물적 자원을 활용하여 노인의 사회활동 참여를 돕는 다양한 프로그램을 개발하고 시행해야 할 것이다. 메릴랜드 대학교의 경우처럼 대학이 나서서 노인의 자원봉사 활동을 활성화할 수 있도록 교육 프로그램을 개발하거나 노인을 적합한 봉사활동에 연계시켜 주는 서비스 프로그램을 개발해야 할 것이다. 또한 굳이 자원봉사 활동이 아니더라도 다양한 분야에서 노인이 적극적으로 사회활동을 할 수 있도록 노인이 참여할 수 있는 사회활동 영역에 대한 연구가 이루어져야 하고, 나아가 그 연구 결과가 현실의 장에서 실현될 수 있도록 다양한 전략을 강구해야 할 것이다.

6. 나가며

앞서 살펴보았듯이 현재 한국의 대학은 노인 문제에 별 관심을 보이지 않고 있다. 하지만 조금만 관심을 기울인다면 한국의 대학은 미국의 대학과 마찬가지로 노인 문제를 해결하는 데 중요한 역할을 담당할 수 있는 충분한 잠재력을 갖고 있다. 그러나 그런 잠재력이 현실적으로 발휘되기 위해서는 대학만의 노력으로는 힘들다. 정부뿐만 아니라 노인 단체, 학계 등의 지원이 절실하다.

정부는 고령화 문제에 좀 더 관심을 가져야 하고, 또한 고령화 문제를 극복하는 데 대학이 어떠한 역할을 할 수 있을지에 대한 명확한 인식을 가져야 할 것이다. 그리고 그런 인식의 토대에서 대학이 고령화 문제 극복을 위한 적극적인 역할을 할 수 있도록 필요한 행정적·재정적 지원을 해야 할 것이다. 현재 많은 대학은 재정적으로도 열악하고, 학생 수 감소로 인해 미래가 매우 불안하다. 이런 상황에서 정부가 대학에 고령화 문제 해결의 주요한 파트너로서의 역할을 부여하고 지원한다면, 대학은 좀 더 안정적으로 고령화 문제를 해결하는 데 적극적인 역할을 담당할 수 있을 것이다.

또한 노인의 복지와 안녕에 관심을 갖고 만들어진 다양한 노인 단체 역시 고령화사회에서 대학이 가지는 사회적 책임에 대해 목소리를 높일 필요가 있다. 노인의 복지와 안녕이 가능하기 위해서는 다양한 기관이 조화롭게 각자의 역할을 해야 한다. 따라서 노인 단체들은 현재 엄청난 인적·물적 자원을 갖고 있는 대학이 노인 관련 교육과 연구에서 중요한 역할을 담당해야 한다는 점을 강조하고, 대학이 그렇게 할 수 있도록 필요한 지원을 제공해야 할 것이다.

아울러 대학에서 일찍부터 고령화 문제에 관심을 갖고 관련 연구를 해 온 학자들은 선구자적 위치에서 고령화 문제를 극복하기 위해 대학이 담당해야 할 역할을 명확히 하고 실제 그런 역할을 할 수 있도록 유도해야 할 것이다. 그러기 위해서는 미국 대학을 포함하여 외국 대학의 사례를 벤치마킹할 필요가 있고, 관련 이슈가 공론화될 수 있도록 토론회나 좌담회 등을 개최해야 할 것이다. 또한 노인 관련 학회 역시 좀 더 적극적으로 대학이 고령화 문제 해결에서 중요한 역할을 할 수 있도록 연구를 지원하거나 관련 주제로 학술회의를 개최하는 방안도 강구해야 할 것이다.

결국 이런 지원들이 현실화되어 대학이 주도적으로 노인 문제에 관심을 갖고 역할을 해 나가게 되면 대학은 다시 다른 민간단체나 기업에 긍정적인 영향을 끼치게 될 것이고, 궁극적으로 정부에까지 영향을 미치게 될 것이다. 그렇게 될 때 정부, 대학, 기업 및 다른 민간단체는 이전보다 좀 더 고령화 문제에 관심을 갖게 될 것이고, 점차 각 단체의 특성에 맞는 역할을 찾아가면서 지금보다 훨씬 더 협력적인 관계에서 함께 고령화 문제를 풀어 나갈 수 있을 것이다.

참고문헌

기영화(2005). 고등교육기관에서의 노인들의 평생교육 프로그램 참여요인 정립에 관한 연구. Andragogy Today, 8(3), 89-109.

김두식(2006). 대학명예학생 제도의 운영실태 분석과 활성화 방안 연구. 진리논단, 제12호, 405-428.

신미식(2005). U3A(the University of the Third Age)가 한국 노인 교육에 주는 시사점. 평생교육학연구, 11(3), 127-149.

신미식(2008). 미국 LIR(Learning in Retirement)의 한국 적용 가능성과 발전방향. Andragogy Today, 11(4), 23-52.

신미식(2013). 고령화사회에서 미국 대학의 역할과 한국에의 함의. 한국동북아논총, 제18집, 제3호, 253-274.

이경희(2006). 대학 및 대학부설 평생교육원에서의 노년교육. 한정란, 이이정, 조해경, 전수경, 박성희, 김형수, 나항진, 이화정, 이경희, 이호선. 세계의 노인교육(pp. 279-310). 서울: 학지사.

이옥분, 장미옥, 권인탁, 박응희(2001). 고등교육기관을 활용한 노인교육 활성화 방안연구. 서울: 교육인적자원부.

통계청(2010). 2010년 사회조사. 대전: 통계청.

한정란, 이이정, 조해경, 전수경, 박성희, 김형수, 나항진, 이화정, 이경희, 이호선 (2006). 세계의 노인교육. 서울: 학지사.

Adler, G. (2008). Employment outcomes of gerontology certificate graduates. *Educational Gerontology, 34*, 136-147.

Alfageme, A. (2007). The clients and functions of Spanish university programmes for older people: A sociological analysis. *Ageing & Society, 27*, 343-361.

Alkema, G. E., & Alley, D. E. (2006). Gerontology's future: An integrative model for disciplinary advancement. *The Gerontologist, 46*(5), 574-582.

American Council on Education. (2007). *Reinventing in the Third Age: Older adults and higher education*. New York: MetLife Foundation.

Askham, J., Gilhooly, M., Parkatti, T., & Vega, J. (2007). Speculations on the future of taught masters courses in gerontology: Lessons form a comparison of England, Scotland, Finland, and Spain. *Gerontology & Geriatrics Education, 27*(3), 27-47.

Findsen, B. (2006). Social institutions as sites of learning for older adults. *Journal of Transformative Education, 4*(1), 65-81.

Formosa, M. (2012). Education and older adults at the University of the Third Age. *Educational Gerontology, 38*, 114-126.

Haley, W. E., & Zelinski, E. (2007). Progress and challenges in graduate education in gerontology: The U.S. experience. *Gerontology & Geriatrics Education, 27*(3), 11-26.

Laslett, P. (1991). *A fresh map of life*. Cambridge, MA: Harvard University Press.

Lemieux, A. (1995). The University of the Third Age: The role of senior citizens. *Educational Gerontology*, *21*(4), 337-344.

Phillipson, C., & Ogg, J. (2010). *Active ageing and universities: Engaging older learners*. London: Universities UK.

Rhoads, R. A., & Torres, C. A. (2006). *The university, state, and market: The political economy of globalization in the America*. Stanford, CA: Stanford University Press.

Rijsselt, R. J. T., Parkatti, T., & Troisi, J. (2007). European initiatives in postgraduate education in gerontology. *Gerontology & Geriatrics Education*, *27*(3), 79-97.

Schugurensky, D. (2006). The political economy of higher education in the time of global markets: Whither the social responsibility of the university? In R. A. Rhoads & C. A. Torres, *The university, state, and market: The political economy of globalization in the America* (pp. 301-320). Stanford, CA: Stanford University Press.

Tsukada, N., & Tatara, T. (2005). Gerontology programs in Japanese higher education: A brief history, current status, and future prospects. *Gerontology & Geriatrics Education*, *26*(1), 97-115.

Vellas. P. (1997). Genesis and aims of the Universities of the Third Age. *European Network Bulletin*, *I*, 9-12.

Wilson, L. B., & Simson, S. (2003). Combining lifelong learning with civic engagement: A university-based model. *Gerontology & Geriatrics Education*, *24*(1), 47-61.

Yenerall, J. D. (2003). Educating an aging society: The University of the Third Age in Finland. *Educational Gerontology*, *29*, 703-716.

제10장
공민활동으로서 노인자원봉사:
미국 사례를 중심으로[1)]

1. 들어가며

한국 사회가 빠르게 고령화되어 가면서 노인은 사회적 관심의 대상이 되고 있다. 그러나 여기서의 노인은 다양한 배경과 요구를 가진 집단이라기보다는 하나의 정체성, 즉 나이에 따라 구분된 집단이라는 한계를 지니고 있다. 그리고 그 정체성에 내포된 노인의 이미지는 나약하고 의존적이어서 항상 누군가의 도움을 필요로 하는 존재이다. 한때 외국에서도 노인의 이미지는 크게 다르지 않았다. 그러나 이러한 부정적 이미지에 대해 노인은 그대로 있지 않고, 자신에게 씌워진 부정적인 이미지에서 벗어나기 위해 많은 노력을 기울였다. 대표적으로 미국에서 노인은 자신도 젊은 사람 못지않게 적극

1) 이 장은 신미식(2013). 미국의 노인자원봉사 프로그램과 한국에의 함의. 한국동북아논총, 제18권, 제1호, 331-352를 일부 수정하여 재게재함.

적이고 활동적이며 생산적이라는 사실을 강조하였다. 그리고 이를 뒷받침하기 위해 성공적 노년기, 생산적 노년기와 같은 담론이 만들어지고 발전되기도 하였다. 최근 들어 한국에서도 노인이 일반적으로 받아들여지는 부정적 이미지에서 벗어나 외국의 노인과 마찬가지로 젊고 건강하게 그리고 생산적으로 살아가기 위해 애쓰는 경우가 적지 않다. 1950년대 이후, 특히 1955년부터 1963년 사이에 태어난 베이비부머 세대는 이진 세대에 비해 교육 수준도 높고 서구 문화로부터 많은 영향을 받아서 자신에게 주어진 부정적인 이미지에서 벗어나 적극적으로 노년기를 설계하려 하고 있으며, 이러한 계획이 실제 현실에서 실현될 수 있도록 다양한 요구를 표출하고 있다.[2]

그러나 이처럼 노인의 삶이 빠르게 변화하고 요구 또한 다양해지고 있음에도, 한국 정부의 고령화대책은 노인의 변화하는 삶과 요구를 따라가지 못하고 있다. 정부에서 내놓은 저출산·고령화대책은 이미 있던 대책을 반복하거나 조금 확대하는 정도에 그치고 있으며 장기적인 비전을 갖고 고령화 문제에 접근하지 못하고 있다. 하지만 한국에서의 고령화 문제는 더 이상 선택의 문제가 아니라 반드시 거시적인 안목에서 체계적으로 접근하지 않으면 안 되는 문제가 되었다. 이때 문제 해결 과정에서 무엇보다 중요하게 여겨야 할 것은 노인의 요구나 관점을 제대로 반영하는 것이다. 그러기 위해서 정부는 노인의 변화하는 모습에 좀 더 관심을 기울이고, 변화되는 삶 속에서 노인이 무엇을 원하는지, 또한 노인의 변화된 요구를 충족시켜 주기 위해서는 어떻게 해야 할 것인지에 대해 진지하게 고민해야 할 것이다. 뿐만 아니라 노인을 노인 문제를 비롯한 사회문제 해결의 동반자로 인식하여, 문제 해결 과정에 그들의 참여를 적극적으로 유도해야 할 것이다.

노인이 사회활동에 참여할 수 있는 방법은 다양하다. 그중 대표적인 방법

---

2) 손유미(2012), '베이비부머(Baby-boomer) 변화의 boomer로!' 2012 전국자원봉사컨퍼런스(2012년 4월 23~24일 대전 컨벤션센터), 2012전국자원봉사컴퍼런스, http://www.ksvsc.or.kr(검색일: 2012년 10월 5일).

은 자원봉사이다. 이미 고령화가 많이 진행되고 있는 미국에서는 오래전부
터 노인의 사회적 역할이 강조되어 왔으며 노인은 이에 맞춰 자원봉사에 적
극적으로 참여해 오고 있다. 최근 들어 한국에서도 베이비부머 세대가 은퇴
하면서 그들의 자원봉사에 대한 관심이 커지고 있다. 특히 노인의 자원봉사
가 가져다주는 다양한 혜택, 즉 노인에게는 자신감, 삶에 대한 만족도, 안녕
감을 높여 주고, 사회적으로는 세대 간의 이해 증진, 소통 강화를 통해 사회
를 건강하게 하며, 국가적으로는 복지비의 감소를 가져온다는 점 등이 크게
주목받고 있다. 그러나 이러한 관심이 있어도 아직 한국에서 노인에 의한 자
원봉사가 활성화되어 있지는 못한 실정이다.

따라서 이 장에서는 노인자원봉사가 활성화되어 현재는 하나의 중요한 사
회운동으로 여겨지고 있는 미국의 경우를 집중적으로 살펴보고, 이로부터 한
국은 어떠한 시사점을 얻을 수 있을지를 탐색한다. 구체적으로, 먼저 미국의
노인자원봉사가 어떠한 역사적 과정을 거쳐 현재에 이르렀으며, 어떠한 이유
로 공민활동(civic engagement)으로 불리게 되었는지, 나아가 공민활동으로서
미국 노인자원봉사는 어떠한 특징과 문제점을 갖고 있는지 알아본다. 그리
고 마지막으로 미국의 노인자원봉사 경험이 한국에 주는 시사점은 무엇인지
밝혀 본다.

2. 미국 노인자원봉사의 역사적 발전 과정

1) 케네디 대통령의 노인봉사단

미국에서 노인자원봉사는 오래전부터 이루어지고 있었지만, 국가 차원에
서 관심을 갖기 시작한 것은 케네디 대통령 때이다. 1963년 케네디 대통령
은 자원봉사를 활성화하기 위한 목적으로 국가자원봉사단(National Service

Corps)을 제안하였고, 실제로 젊은 사람들을 위한 평화봉사단(Peace Corps)과 노인을 위한 노인봉사단(Senior Corps)을 설립하였다(Martinson & Minkler, 2006, p. 319). 평화봉사단이 젊은 사람에게 저개발 국가를 위한 봉사활동에 참여할 것을 강조하였다면, 노인봉사단은 노인에게 미국 내에서 어려움을 겪고 있는 아동·청소년 및 다른 노인을 위한 봉사활동에 참여할 것을 강조하였다.

노인봉사단의 대표적인 프로그램으로는 '양조부모되기 프로그램(Foster Grandparents)'과 '노인친구되기 프로그램(Senior Companion)'이 있다.[3] 일반적으로 자원봉사는 무보수를 특징으로 하지만, 케네디 정부에서 만들어진 평화봉사단이나 노인봉사단은 참여하는 자원봉사자에게 일정액의 보수를 제공하였다. 양조부모되기 프로그램의 경우 저소득층 노인이 병원이나 고아원에서 어려움을 겪고 있는 아이들을 위해 주당 20시간 일할 경우 최소 임금을 지불하였으며, 노인친구되기 프로그램의 경우 60세 이상의 저소득층 노인이 도움을 필요로 하는 다른 노인을 돌봐 줄 경우 재정적 지원을 제공하였다. 이처럼 노인봉사단은 경제적으로 어려운 처지의 노인에게 사회적으로 의미 있는 활동에 참여한다는 자부심과 더불어 일정액의 보수를 제공함으로써 경제적인 어려움을 해결할 수 있도록 하였다. 노인봉사단은 현재까지도 미국 노인의 가장 주요한 자원봉사활동의 하나로 여겨지고 있다. 노인봉사단은 유상으로 제공되는 위의 두 프로그램 외에 '은퇴자와 노인을 위한 자원봉사 프로그램(Retired and Senior Volunteer Program)'을 운영하고 있다. 이 프로그램은 자원봉사를 하고자 하는 55세 이상의 노인에게 지역사회 내에서 원하는 자원봉사를 할 수 있도록 알선해 주는 역할을 하고 있다.

---

3) Senior Corps, http://www.seniorcorps.org(검색일: 2017년 4월 5일).

2) 베이비부머의 등장

비록 1960년대에 노인봉사단이 만들어지기는 하였지만 미국에서도 얼마 전까지만 해도 일반적인 기대와 달리 노인의 자원봉사는 그리 활발하게 진행되지 않았다. 미국에서 자원봉사에 가장 활발하게 참여하는 연령층은 은퇴자일 거라는 예상과 달리 사회활동 등으로 가장 바쁜 연령대인 40대, 50대인 것으로 밝혀졌다(Harvard School of Public Health/MetLife Foundation, 2004, pp. 19-20). 그러나 최근 들어 노인의 자원봉사가 크게 주목받기 시작하였다. 그렇게 된 이유는 1946년부터 1964년 사이에 태어난 7,700만 명의 베이비부머가 2011년부터 65세 이상 노인층에 대거 진입하고 있기 때문이다(Harvard School of Public Health/MetLife Foundation, 2004, p. 55). 베이비부머는 그 전 세대와 달리 경제적으로 풍요롭고, 건강하며, 교육을 많이 받아 전문적 지식과 경험을 소유하고 있는 세대로, 비록 은퇴는 하더라도 그들을 사회활동으로부터 배제하는 것은 국가 차원에서 큰 자원 낭비라는 주장이 대두되기 시작하였다(Freedman, 1999, p. 17). 아울러 이런 입장을 뒷받침하는 다양한 연구가 나오기 시작하였다. 즉, 베이비부머가 계속해서 사회에 남아 다양한 활동에 참여하게 된다면 개인적으로는 건강을 얻게 되고, 사회적으로는 자원봉사에 참여하는 구성원 간의 인간관계가 돈독해지며 자원봉사 참여단체끼리도 밀접한 관계를 형성함으로써 사회적 자본 형성에 기여하게 된다고 밝히는 연구들이 나오게 되었다.[4]

또한 최근 들어 경제 상황이 악화됨에 따라 미국 정부는 그동안 담당해 오던 많은 사회적 서비스의 책임을 개인에게 돌릴 수밖에 없게 되었다. 이런 상황에서 미국 정부는 많은 수의 베이비부머가 은퇴를 한다는 사실에 주목하

---

[4] 대표적인 연구로는 힌터롱과 윌리엄슨(Hinterlong & Williamson, 2006), 모로-하우웰(Morrow-Howell, 2006) 등이 있다.

게 되었고, 그들을 지금껏 정부가 담당해 온 많은 사회적 서비스를 담당할 적임자로 생각하게 되었다. 즉, 정부는 베이비부머가 지금껏 국가가 맡아서 해온 사회적 서비스를 대신 담당해 준다면 예산상의 압박을 덜게 되고, 또한 사회적 서비스에 할당되었던 예산을 다른 곳으로 이전시킬 수 있다고 생각하게 되었다. 이처럼 최근 미국에서 노인자원봉사에 크게 관심을 갖게 된 계기는 많은 수의 베이비부머가 은퇴하게 된 상황과 악화되고 있는 경제 상황이 서로 맞물려 이루어졌다고 볼 수 있다.

3) 2005년 백악관노인회의

미국에서 노인의 자원봉사에 대한 논의가 본격적으로 시작된 것은 2005년에 개최된 백악관노인회의에서부터이다. 백악관노인회의에 앞서 미국노년학사회(Gerontological Society of America), 고령화대책국가위원회(National Council on Aging), 국가·지역공동체서비스협회(Corporation for National and Community Service) 등 노인 관련 단체는 베이비부머 세대의 자원봉사를 활성화하기 위한 여러 계획을 세웠고, 그 계획을 실천에 옮길 수 있도록 다양한 프로그램을 시행하였다(O'Neill, 2006, p. 95). 노인 관련 단체와 더불어 노년학을 전공하는 학자도 노인의 자원봉사에 관한 여러 연구를 수행하였다.

이러한 노력의 결과, 이전의 백악관노인회의는 주로 노인이 노년기에 겪게 되는 어려움을 어떻게 해결해 줄 것인가에 초점을 맞춘 데 비해, 2005년 백악관노인회의는 노인을 어떻게 하면 사회발전과 지역사회 문제 해결에 참여시킬 것인지, 노인의 자원봉사가 왜 중요한지, 노인의 자원봉사를 어떻게 지원할 것인지 등에 초점을 맞추었다. 그리고 회의 결과, 참석자들은 노인의 자원봉사 참여의 중요성에 대한 합의를 도출하였고, 노인의 적극적인 자원봉사를 지원하기 위해 필요한 법적·제도적 기반을 마련하는 데 정부가 적극적으로 지원해야 한다고 결의하였다. 또한 2006년에 개정될 예정이던 「미국노인법

(Older Americans Act)」에 노인의 자원봉사 참여를 지원하는 법 조항이 삽입될
수 있도록 하였다.[5]

4) 에드워드 케네디 미국 봉사법

2005년 백악관노인회의 결과로 2006년 「미국노인법」이 개정되기는 하
였으나, 여전히 개정된 법이 노인의 자원봉사를 적극적으로 유도하는 데
는 부족하다는 의견이 많았고, 이런 의견이 반영되어 2009년 4월 오바마 정
부는 자원봉사를 적극적으로 지원하는 법인 「에드워드 케네디 미국 봉사법
(Edward M. Kennedy Serve America Act)」을 별도로 만들어 통과시켰다. 이 법은
노인뿐만 아니라 학생 등 전 연령층의 자원봉사를 적극 권장하고 있지만 그
초점은 노인에게 맞춰졌다.[6] 이 법은 노인의 자원봉사를 적극 권장하기 위해
이른바 '실버장학금 프로그램(Silver Scholars Program)'을 신설하여 55세 이상
노인이 일 년에 350시간의 봉사를 하면 1,000달러의 교육 장학금을 받을 수
있게 하고 있다. 그리고 그 장학금은 노인 자신이 사용해도 되지만, 원할 경
우에는 자식이나 손자에게 양도할 수도 있게 하였다. 이 외에도 노인의 자원
봉사가 가능할 수 있도록 자원봉사단체의 구조 개선을 유도하였고, 그에 필
요한 재정을 국가가 지원할 수 있도록 하였다. 또한 노인의 요구에 부합하는
다양한 자원봉사 프로그램 개발에도 재정이 지원될 수 있도록 함으로써 노

---

5) 2006년 개정된 「미국노인법」은 노인 문제를 담당하는 중앙정부기관인 노인행정과(Administration
on Aging: AOA)와 지방정부기관인 지역노인행정과(Areawide Agencies on Aging: AAA)의 주
요 업무에 노인의 자원봉사를 지원하고 권장하는 업무를 포함시켰다. 또한 노인 문제를 담당하는
중앙정부기관인 노인행정과는 국가 및 지역공동체 자원봉사협회(Corporation for National and
Community Service)와 함께 중요한 지역사회 문제 해결에 있어 노인을 어떻게 활용할지에 대한
전략을 세울 것을 명시하고 있다(Gomperts, 2006, p. 85).

6) Corporation for National & Community Service, http://www.nationalservice.gov(검색일: 2017년
4월 5일).

인봉사활동의 지속성을 도모하였다. 이처럼 미국 정부는 노인의 자원봉사를
적극적으로 권장하기 위해 다양한 인센티브를 제공하고 있으며, 또한 제도
적·재정적 지원을 위한 법적 근거를 마련하였다. 그리하여 현재 미국의 노
인자원봉사는 단순한 활동의 차원을 넘어 하나의 운동(movement)으로 불릴
만큼 사회적 지지 속에서 확산되고 있다. 다음은 이러한 미국 노인자원봉사
가 가지는 차별화된 특징과 문제점은 무엇인지를 살펴보고자 한다.

3. 미국 노인자원봉사의 특징과 문제점

1) 공민활동이라는 용어 등장

노인의 자원봉사가 강조되는 분위기 속에서 관련 학자, 정책 담당자, 현장
실천가는 베이비부머의 자원봉사를 위해 이전과는 다른 새로운 용어가 필요
하다고 보고, 자원봉사를 대체할 용어로 공민활동(civic engagement)을 새롭게
제시하였다. 원래 자원봉사(volunteering)는 자원봉사단체를 통해 공식적으로
이루어지는 활동뿐만 아니라 친구나 이웃을 돕는 비공식적인 활동까지 의미
하며, 기간 면에서도 장기간 활동뿐만 아니라 기관이나 사람의 요구에 따라
즉각적으로 이루어지는 활동까지 포함한다(Rosario, 2006, p. 32).

이에 비해 공민활동은 지역공동체나 정치에 영향을 끼치는 시민의 행위
를 강조한다.[7] 즉, 공민활동은 정치적으로는 입법부, 사법부, 행정부에 영향
을 끼치는 행위를, 사회적으로는 사람과 사람을 연결시켜 주는 돌봄뿐만 아니
라 공동체로서의 사회발전에 영향을 끼치는 행위를 모두 포함하는 개념이다

---

7) 저자는 'civic engagement'를 어떻게 번역할지 많이 고민하였고, 결국 공적인 의미를 강조하기 위
   해 공민활동으로 번역하기로 하였다.

(Henkin & Zapf, 2006, pp. 72-73). 아들러와 고긴(Adler & Goggin, 2005, p. 238) 은 공민활동의 정의적 특성을 다음 세 가지로 정리하고 있다. 첫째, 지역공동체를 위한 서비스(civic engagement as community service)를 제공하고, 둘째, 지역공동체를 발전시키기 위해 집단적 행동(civic engagement as collective action)을 취하며, 셋째, 지역사회 문제를 해결하는 데 있어 정치적 참여(civic engagement as political involvement)를 강조한다.

이처럼 넓은 의미에서 볼 때 공민활동과 자원봉사는 모두 공식적으로 그리고 비공식적으로 행해지는 자원봉사를 의미한다고 할 수 있다. 그러나 미국에서 노인의 자원봉사를 의미하는 용어로 공민활동을 선호하는 이유는 다음에서 비롯되었다고 할 수 있다.

첫째, 노인이 자원봉사에 참여하는 것이 궁극적으로 공적인 차원에서 의미를 갖게 된다는 것을 강조하기 위해서이다. 베이비부머 세대의 경우 이전 세대와는 달리 단순히 남을 도우려는 목적에서만 자원봉사에 참여하기를 원하지 않는다. 베이비부머 세대는 자원봉사에 참여할 때 자신의 활동이 자신뿐만 아니라 사회적으로 의미가 있어야 한다고 생각한다(Rosario, 2006, p. 35). 따라서 노인자원봉사의 주축이 될 베이비부머의 자원봉사를 적극 권장하기 위해서는 공공성이 별로 중요하게 여겨지지 않는 용어인 자원봉사 대신 공공성이 크게 강조되는 공민활동이라는 용어가 더 적합하다고 보았다.

둘째, 베이비부머는 자신의 자원봉사가 단순히 서비스를 제공하는 데 그치지 않고 정치적 행위로 여겨지기를 기대하고 있다. 베이비부머는 자신의 자원봉사가 시민적 행위로, 나아가서는 민주사회 건설에 기여하는 행위로 여겨지기를 바라며 자원봉사의 전 과정에 수동적인 객체가 아닌 능동적인 주체로서 참여함으로써 그 과정이 자신에게 임파워먼트 과정이 되기를 기대하였다. 이런 이유로 베이비부머의 자원봉사를 적극 권장하기 위해서는 정치성이 배제된 용어인 자원봉사 대신 정치적 활동과 참여를 중요하게 여기는 용어인 공민활동이 더 적합하다고 보았다.

셋째, 일반적으로 생각하는 것과 달리 노인이 자원봉사 참여에 크게 흥미를 갖고 있지 못한 상황에서 그들의 자원봉사 참여를 유도하기 위해서는 단순히 무상만을 강조해서는 안 된다는 목소리가 커지게 되었고, 따라서 무상의 서비스만을 의미하는 자원봉사 대신 유상의 서비스까지를 포함하는 용어인 공민활동이 더 적절하다고 보았다.

이처럼 노인의 자원봉사를 공민활동으로 보는 입장은 노인의 자원봉사가 갖는 개인성, 비정치성 등의 한계를 극복하고 공공성, 정치성을 강조함으로써 노인에게 사회발전과 사회문제 해결의 동반자로서의 역할을 부여하려는 의도가 강하다고 볼 수 있다.

2) 미국 노인자원봉사의 특징

다음은 좀 더 구체적으로, 현재 공민활동으로 진행되는 미국 노인의 자원봉사가 가지는 특징은 무엇인지를 살펴본다.

첫째, 공민활동으로서 노인의 자원봉사를 뒷받침해 줄 이론적 근거를 갖고 있다. 1980년대 이전만 하더라도 미국에서 노인에 대한 이미지는 한국과 마찬가지로 매우 부정적이었다. 그러나 이런 부정적 이미지는 많은 노인이 건강하게 오래 살고 경제적으로 풍요로워지면서 자연스럽게 도전을 받게 되었다. 많은 노인이 자신이 젊은 사람 못지않게 건강하고 성공적이며 생산적으로 살고 있음에도 사회적으로는 그렇게 그려지지 않는 것에 대한 강한 불만을 갖게 되면서 자신에게 씌워진 부정적 이미지를 벗어나기 위해 다양한 노력을 기울였다. 이런 가운데 노인도 젊은 사람 못지않게 적극적이고 생산적일 수 있음을 이론적으로 설명한 새로운 노년기 담론인 적극적 노년기, 성공적 노년기, 생산적 노년기 등이 등장하였다. 이 중 노인이 젊은 사람 못지않게 생산적임을 강조하는 생산적 노년기는 이론적으로 노인이 은퇴 후에도 은퇴 전과 마찬가지로 자원봉사를 비롯한 모든 사회활동에 적극적으로 참여할 수 있고 또 그래야 한다는 근거를 제공해 주고 있다.

둘째, 자원봉사의 공공성과 정치성을 강조하고 있다. 노인의 자원봉사를 의미하는 용어로 공민활동을 사용하는 것에서도 알 수 있듯이, 최근에 미국에서 이루어지고 있는 노인의 자원봉사는 공공성과 정치성을 강조하고 있다. 그리고 이렇게 공공성과 정치성을 강조하는 이유는 자원봉사의 사회적 의미를 중요하게 여기는 베이비부머의 요구가 반영되었기 때문이다. 이처럼 미국의 노인자원봉사는 자원봉사의 주축이 되고 있는 베이비부머가 무엇을 요구하는지를 정확하게 파악하여 그들의 요구가 우선적으로 반영될 수 있도록 하고 있다. 결과적으로 많은 미국 노인은 이전과 달리 시민사회단체나 정치단체에서의 자원봉사에도 적극적으로 참여하고 있으며, 더 나아가서는 그 자신이 단순한 봉사활동이나 서비스를 제공하는 수동적인 객체가 아니라 그 모든 과정에 주체로서 참여하는 적극성을 보이고 있다. 아울러 공공성과 정치성을 강조함으로써 이전까지 개인 차원에서만 머물던 노인의 자원봉사를 공적 차원에서 새롭게 재조명하였고, 또한 자원봉사자로서의 노인의 역할을 더 이상 개인적인 차원이 아닌 공적인 차원에서 재평가하였다.

셋째, 학자, 민간단체, 정부는 협력관계 속에서 노인이 자원봉사에 참여하게 하기 위해서 각자가 담당해야 할 역할을 충실히 수행하고 있다. 학자들은 미국에서 노인의 자원봉사 참여를 방해하는 요인은 무엇인지, 그들의 참여를 증진시키기 위해서 필요한 유인책은 무엇인지를 꾸준히 연구해 오고 있다. 노인 관련 민간단체도 학자들이 연구한 결과를 토대로 하여 다양한 프로젝트를 수행함으로써 연구 결과가 현실적으로 가능한지, 어떠한 보완이 필요한지를 파악하고 그 결과를 백악관노인회의와 같은 공식적인 채널을 통해 공론화시키고 있다.

학자와 노인 관련 단체들의 이런 노력의 결과로, 미국 정부는 2006년에 「미국노인법」에 노인자원봉사 관련 조항을 삽입할 수 있었고, 2009년에는 별도로 자원봉사 참여를 증진하기 위한 「에드워드 케네디 미국 봉사법」을 제정

할 수 있었다. 특히 이 법은 지금까지 노인자원봉사에 대해 많은 연구를 해 온 학자와 이를 실천해 온 노인 관련 단체의 주장을 대폭 반영하였다. 예를 들면, 자원봉사로 일정 시간을 채운 노인에게 인센티브로서 실버 장학금을 수여하자는 제안이나, 많은 자원봉사단체가 노인을 수용할 관리 체계나 조직 체계를 갖추고 있지 않은데 이를 개선하는 것이 필요하고 그것을 실천하기 위한 정부의 재정 지원이 뒷받침되어야 한다는 의견이 그대로 수용되었다. 이처럼 미국에서 노인의 자원봉사의 활성화를 위해 학자들은 이론적인 근거를 마련하였고, 민간단체는 실천 현장에서 연구 결과의 현실적 가능성을 타진하였으며, 정부는 학자와 민간단체의 요구를 수용하여 법을 수정하거나 제정함으로써 미국에서의 노인자원봉사가 발전해 나갈 수 있도록 하고 있다.

넷째, 미국의 많은 대학이 자원봉사를 활성화하기 위해 중요한 역할을 담당하고 있다. 최근 들어 대학은 교육기관이라는 특성을 살려 자원봉사에 중요한 한 요소인 교육 부분을 담당하고 있다. 대표적으로 메릴랜드 대학교의 레거시 리더십 연구소(Legacy Leadership Institute)의 경우 평생교육과 자원봉사를 결합시켜 많은 프로그램을 진행하고 있는데,[8] 이 프로그램의 목적은 노인이 자원봉사에 참여할 때 필요한 지식과 기술을 제공하고자 하는 데 있다. 현재 이곳에서 제공되는 대표적인 프로그램으로는 환경 문제에 관한 교육 프로그램, 비정부기관의 기금조성 방법에 관한 교육 프로그램, 정부조직 운영에 관한 교육 프로그램 등이 있으며, 교육은 주로 교실 수업으로 이루어지고 있고 약 60~80시간 과정으로 진행된다. 수업을 마친 후 노인은 200~450시간 자원봉사에 참여하게 된다(Wilson, Harlow-Rosentraub, Manning, Simson, & Steele, 2006, p. 93). 이처럼 미국의 대학은 자신이 가지고 있는 교육적 자원과 인프라를 통해 자원봉사 영역 중 중요한 부분인 교육을 담당하고 있으며, 이와 같은 대학의 참여는 미국 노인자원봉사의 성공에 주요 요인이 되고 있다.

---

8) University of Maryland, www.sph.umd.edu(검색일: 2012년 9월 16일).

다섯째, 전통적인 자원봉사의 틀에서 벗어나 융통성 있는 접근을 취하고 있다. 과거에는 자원봉사라고 하면 무상으로 이루어진다는 것이 중요한 특징이었다. 그러나 최근에 이루어지고 있는 노인의 자원봉사는 필요한 경우 보상을 제공하거나 다양한 인센티브를 개발하여 제공하기도 한다.[9] 앞서 언급한 실버 장학금 프로그램이 그 대표적 예이다. 또한 참여의 폭을 넓히기 위해 저소득층 노인만을 대상으로 했던 양조부모되기 프로그램과 노인친구되기 프로그램에 중산층 노인도 참여할 수 있도록 소득 수준 제한을 대폭 완화하고 있다. 나아가 자원봉사에의 참여가 저조한 소수민족의 참여를 독력하기 위해 그들에게 적합한 다양한 인센티브를 개발하고 있다. 이처럼 현재 진행되고 있는 미국의 노인자원봉사는 여러 측면에서 과거와는 차별화된 접근을 모색하고 있고, 그런 접근 과정에서 노인의 변화된 상황과 요구를 우선적으로 고려함으로써 실제적 효과를 거두고 있다.

여섯째, 자원봉사단체의 범위가 확대되고 자원봉사의 내용이 다양화되고 있다. 과거 노인의 자원봉사를 주관하는 단체는 민간시민단체, 종교단체, 비정부기관(NGOs), 정부기관, 대학이었다. 그러나 최근 들어 노인을 대상으로 하는 자원봉사의 공공성·정치성이 강조되면서, 과거에는 포함하지 않던 정치적 목적을 우선으로 하는 정치단체인 그레이 팬더즈(Gray Panthers)나 여성노인연맹(Older Women's League)도 노인의 자원봉사에 적극적으로 참여하고 있다(Martinson & Minkler, 2006, p. 319). 이러한 단체들이 노인을 위한 자원봉사를 주관하는 단체가 되면서 노인이 참여할 수 있는 자원봉사단체의 활동 폭도 넓어졌고 그 내용 또한 과거와 달리 개혁적이고 변혁적인 내용으로 바꾸고 있다. 결과적으로 지금까지 자원봉사라고 여겨 온 범주를 넘어선 내용까지도 자원봉사 내용에 포함하고 있는데, 예를 들면 노인이 지방정부에서

---

[9] 물론 일부에서는 노인자원봉사가 유상으로 이루어지고 있다는 데 대해 비판적인 입장을 보이기도 한다.

다른 공무원과 더불어 공무를 보거나 지역사회에서 생기는 갈등을 해결하는 해결자로서의 역할을 할 수 있게 하고 있다(Endres & Holmes, 2006, p. 107).

지금까지 미국 노인의 자원봉사가 하나의 운동으로까지 여겨질 만큼 성공할 수 있었던 요인을 중심으로 미국 노인의 자원봉사의 특징을 살펴보았다. 그러나 현재 진행되고 있는 미국의 노인자원봉사에 대해 모두가 긍정적인 평가를 하고 있는 것은 아니다. 다음은 노인자원봉사에 대한 부정적인 평가로는 어떠한 것들이 있는지를 짚어 본다.

3) 미국 노인자원봉사의 문제점

현재 진행되고 있는 미국의 노인자원봉사에 대한 부정적 평가는 주로 비판적 노년기 담론을 주장해 온 학자에 의해 이루어지고 있다. 비판적 노년기 담론은 크게 정치경제적 입장과 인간주의적 입장의 두 가지 입장으로 나뉘는데, 이 두 입장 모두 현재 미국에서 이루어지고 있는 노인자원봉사에 대해 비판적 입장을 취하고 있다.

먼저, 노인 사이에 존재하는 차이에 초점을 맞추고 있는 정치경제학적 입장은 현재 노인의 자원봉사가 노인 사이의 차이를 무시한다고 비판하고 있다. 이 입장은 노인을 하나의 집단으로 보기 힘들며, 계층, 성, 인종에 따라 다른 경제적·사회적 조건을 갖고 있고 그들의 사회적 위치 역시 매우 다르다고 강조하고 있다(Estes, Biggs, & Phillipson, 2003, p. 3). 즉, 베이비부머를 포함해서 지금의 노인은 전 세대의 노인보다 교육을 더 많이 받고 경제적으로 풍요로워졌지만 그렇다고 모든 노인이 다 그런 것은 아니며, 저소득층 노인이나 여성노인 혹은 소수 인종·민족 노인의 경우 원한다고 하더라도 여러 사정으로 인해 자원봉사에 참여할 수 없는 상황에 있다고 주장한다. 그럼에도 이들이 처한 상황을 고려하지 않은 채 지나치게 자원봉사를 강조하다 보면, 다른 노인과 같이 생산적이지 않거나 사회에 기여할 수 없는 노인은 사회적으로 유용하지 못하다는 '낙인'을 받게 되고, 이로 말미암아 또다시 사회에서 소외될 가능성이 높다는 것이다. 이처럼 정치경제학적 입장은 노인의 자원봉사 문제도 단순히 개인의 선택 문제가 아니라 정치적 · 경제적 조건에 직접적으로 영향을 받을 수밖에 없는 문제이기 때문에, 노인의 자원봉사를 강조하기에 앞서 노인이 처해 있는 정치적 · 경제적 상황에 좀 더 관심을 가질 필요가 있다고 주장하고 있다(Martinson & Minkler, 2006, p. 322).

또한 이 입장은 노인이 자원봉사에 참여하는 것은 의미 있는 일이지만 정부가 사회적 서비스 예산 삭감에 필요한 대체 인력으로 노인을 활용해서는 안 된다는 점을 강조하고 있다. 다시 말해, 노인이 자원봉사를 하는 것은 필요하지만 그것이 정부가 담당해야 할 책임을 면제해 주는 구실로 이용되어서는 안 된다는 점을 주장하고 있다(Martinson, 2006, p. 61). 그럴 경우 정작 사회적 서비스가 필요한 노인이 서비스를 적절한 시기에 받지 못하는 경우가 생길 수 있게 되며, 현재 자원봉사에 참여하는 노인도 여기서 예외가 될 수 없다는 점을 지적하고 있다.

반면, 인간주의적 입장은 정치경제적 입장과는 달리 인간주의적 관점에서 자원봉사를 볼 필요가 있음을 강조한다. 다른 생애주기와 달리 노년기는 인생을 마감하는 단계로, 나이 듦이 무엇인지, 인생의 의미가 무엇인지를 찾아가는 시기임에도 지나치게 자원봉사를 강조함으로써 노인에게 끝까지 생산적이기를 강요한다든지, 사회에 기여하기를 강요하는 것은 노인에게서 마지막으로 인생을 정리할 기회를 뺏는 것이라고 비판한다(Martinson & Minkler, 2006, p. 322). 특히 노인의 자원봉사가 토대하고 있는 생산적 노년기 담론은 경제적 유용성을 무엇보다 우선시하면서 인생의 마지막 단계에 놓여 있는 노인의 삶조차 자본주의 경제에 종속시키고 있다고 비판한다. 결국 인간주의적 입장은 노인에게 자원봉사에의 참여를 강요해서는 안 되고 전적으로 노인의 선택에 맡겨야 한다는 점을 강조한다. 이처럼 이 입장은 노인의 자원봉사가 노인과 사회에 의미 있는 일이기는 하지만 그것만이 노년기를 보내는 유

일한 길은 아니며, 자원봉사는 노인이 선택할 수 있는 여러 의미 있는 일 가
운데 하나일 뿐으로, 설사 그 길을 택하지 않더라도 그들의 선택은 존중되어
야 할 필요가 있음을 주장한다.

　물론 비판적 노년기 담론이 지금까지 이루어지고 있는 노인의 자원봉사를
비판적으로 보고 있다고 하여 노인의 자원봉사 자체를 부정하는 것은 아니다
(Martinson & Minkler, 2006, p. 323). 다만 노인의 자원봉사를 지나치게 강조할
때 나타날 수 있는 문제점과 부작용을 지적함으로써 다른 길을 선택한 노인
의 선택을 존중하고 자원봉사를 선택할 수 없는 노인을 배제하지 않기 위해
서이다.

4. 미국 노인자원봉사 경험이 한국에 주는 시사점

　미국과 달리, 한국의 노인자원봉사는 여전히 노인, 민간단체, 정부 모두로
부터 크게 관심을 끌지 못하고 있다. 최근 들어 중 · 고등학교를 중심으로 학
생들에게 자원봉사를 의무화하고 있으나, 입시 경쟁이 치열한 상황에서 학생
들의 자원봉사는 점수를 따기 위한 의무적인 활동으로 변질되어 가고 있다.
그나마 정부에서는 학생을 중심으로 하는 자원봉사에는 관심을 보이고 있으
나, 노인의 자원봉사에는 커다란 관심을 보이지 않고 있다. 지금까지 정부 차
원에서 지지와 지원을 받은 노인의 자원봉사는 교육부가 교사, 교감, 교장을
중심으로 조직한 '금빛평생교육봉사단'이 거의 유일하다고 볼 수 있다.

　물론 지금 대한노인회, 노인복지관, 자원봉사센터, 일부 지방자치단체 등
에서 노인을 위해 자원봉사의 기회를 제공하고 있으나, 이에 대한 노인의 참
여는 여전히 낮은 실정이다. 2013년 통계청 사회조사에 따르면, 13세 이상 인
구의 자원봉사 참여율은 19.9%인 데 비해 65세 이상 노인의 경우는 6.2%에
불과하다. 이 중 노인의 참여가 많은 분야는 아동, 청소년, 노인, 장애인, 재소

자 등을 위한 봉사(44.1%)와 환경보전 및 범죄예방 등을 위한 봉사(43.7%)이고, 이 밖에 국가 및 지역 행사 등을 위한 봉사(7.7%), 재해지역 주민돕기 및 시설 복구 등을 위한 봉사(4.8%), 기타 일반인을 위한 봉사(8.4%) 등이 있다. 같은 조사에 의하면 향후 2년 내 자원봉사에 대한 의사가 있다고 응답한 비율은 13세 이상 전체 인구의 경우는 43.2%인 데 비해 65세 이상 노인의 경우는 단지 12.1%에 불과하다. 다시 말해, 65세 이상 노인의 87.9%가 향후 자원봉사에 별로 관심이 없는 것으로 나타났다(통계청, 2013). 이는 2007년에 이미 65세 이상 미국 노인의 자원봉사 참여율이 23.8%에 달한 것에 비해 매우 낮은 수치라고 할 수 있다(김윤정, 장세철, 2009, p. 292).

앞서 살펴보았듯이, 한국에서도 미국의 베이비부머와 같이 1950년대 이후 출생한 세대는 이전 세대에 비해 상대적으로 건강하고 교육도 많이 받고 경제적으로도 여유로운 세대이며, 그들 중 많은 수는 은퇴 후에도 계속해서 사회활동에 참여할 기회를 갖고 싶어 한다. 하지만 노인이 참여할 수 있는 사회활동은 많지 않다. 이런 점에서 노인의 사회참여 기회를 확대하는 중요한 통로로서 노인의 자원봉사를 활성화하는 것은 매우 의미 있는 일이라 할 수 있다. 따라서 한국에서도 노인의 자원봉사가 활성화될 수 있도록 다양한 노력이 이루어져야 할 것이다. 이런 측면에서 볼 때 미국의 경험은 한국의 노인자원봉사를 활성화하는 데 많은 시사점을 준다. 다음은 구체적으로 미국의 경험으로부터 한국이 얻을 수 있는 시사점은 무엇인지를 알아보고자 한다.

첫째, 우선 노인에 대한 이미지 변화가 필요하다. 한국에서 노인은 가장 열심히 살아왔고 현재도 열심히 살아가고 있는데도 노인의 이미지는 여전히 부정적이다. 물론 점차 변화하고 있지만 여전히 노인이라고 하면 복지의 대상, 즉 자원봉사를 받아야 할 대상이지 자원봉사를 제공하는 주체라고는 생각하지 않고 있다. 그리고 이런 부정적 이미지는 무엇보다 노인 당사자에게도 부정적인 영향을 끼치고 있다. 즉, 많은 노인은 이런 부정적인 이미지에 영향을 받아 '내가 과연 남을 도울 수 있을까'라며 자원봉사에 대한 확신을 쉽게 갖지 못하고 있다.

미국의 경우에서 보았듯이 노인의 자원봉사가 활성화될 수 있었던 것은 이미 생산적 노년기 담론이 노인 사이에서뿐만 아니라 사회에서도 보편적으로 받아들여졌기 때문이다. 즉, 노인도 건강하고 독립적이며 많은 교육을 받았기 때문에 젊은 사람 못지않게 사회활동에 참여할 수 있고 사회발전에 기여할 수 있다는 담론이 보편화되면서, 노인이 은퇴 후에 사회활동에 참여하는 것이 자연스러운 일로 받아들여지게 되었고, 자원봉사 또한 노인이 은퇴 후 택할 수 있는 중요한 사회활동으로 받아들여졌다. 이런 맥락에서 현재 한국에서 노인의 자원봉사 참여를 활성화하기 위해 우선적으로 필요한 것은 노인 스스로가 노인에게 씌워진 부정적 이미지에서 벗어나는 것이다. 그렇게 되기 위해서는 노인뿐만 아니라 정부, 지방정부, 민간단체, 대중매체 등이 모두 힘을 합쳐 이를 뒷받침하여야 할 것이다.

둘째, 자원봉사의 필요성과 중요성에 대한 이해를 높일 필요가 있다. 미국에서 자원봉사의 역사는 오래되었고, 케네디 정부 때는 국가 차원에서 자원봉사를 활성화하려는 노력이 있었다. 이에 비해 한국에서는 자원봉사가 아직까지도 낯선 개념이다. 그렇지만 한국에서의 자원봉사는 미국보다 훨씬 오랜 역사를 갖고 있다. 한국은 오래전부터 지역공동체에서 어려운 약자나 가정을 도와주는 품앗이 전통을 가지고 있었다. 그러나 이런 전통은 현대사회에 들어서면서 자취를 감추었고, 현재의 자원봉사는 이런 전통의 맥을 계승하지 못하고 있다. 이런 상황에서 한국에서 노인의 자원봉사를 활성화하기 위해서는 무엇보다 과거 한국 지역공동체에서 이루어지던 품앗이와 같은 전통을 되살릴 필요가 있고, 특히 품앗이 활동에서 노인의 역할과 노인의 참여가 어떠했는지를 연구할 필요가 있다. 나아가 한국의 이런 전통을 현재의 자원봉사와 연결시키려는 노력 등을 통해 자원봉사의 필요성과 효율성 그리고 더 나아가서는 공공성에 대한 사회적 공감대가 형성될 수 있도록 해야 할 것이다.

셋째, 학자는 노인자원봉사와 관련된 연구를 좀 더 체계적으로 수행해야 할 것이다. 다른 영역에 비해 아직 노인의 자원봉사에 대한 연구는 활발하게 진행되고 있지 못하다. 특히 한국에서 노인의 자원봉사에 대한 인식이 낮은 상황에서 왜 노인이 자원봉사에 관심이 없는지에 대한 실증적인 연구가 이루어져야 할 것이다. 뿐만 아니라 노인의 자원봉사 참여를 저해하는 요인은 무엇인지, 그들의 참여를 유도하기 위해서는 어떠한 유인책이 필요한지에 대한 실증적 연구가 이루어질 수 있도록 해야 하며, 그러한 연구 결과가 정책에 반영될 수 있도록 해야 할 것이다. 또한 노인의 자원봉사가 활성화된 국가에 대한 연구로는 일본의 경우가 다소 있을 뿐 그 밖의 국가에 대한 연구는 많지 않은 상황에서, 노인의 자원봉사가 활성화되어 있는 국가에 대한 사례연구도 활성화되어야 할 것이다. 나아가 외국에서 성공한 노인자원봉사 프로그램을 벤치마킹하여 한국에 도입 할 수 있는지도 함께 검토해야 할 것이다.

넷째, 정부는 노인의 자원봉사를 활성화하기 위한 제도적 지원을 마련해야 할 것이다. 미국의 경우와 마찬가지로 한국 정부도 노인의 자원봉사가 활성화될 수 있도록 필요한 법적 근거를 마련하고, 많은 노인이 이에 참여할 수 있도록 다양한 인센티브를 제공하여야 할 것이다. 물론 한국에서도 2005년 「자원봉사활동기본법」이 제정되고, 전국적으로 자원봉사센터가 설립되어 운영되고 있다(강용규, 2012, p. 9). 그러나 문제는 이러한 센터에서 시행되고 있는 다양한 프로그램에서도 노인자원봉사는 여전히 소홀히 취급되고 있다는 것이다. 따라서 「에드워드 케네디 미국 봉사법」과 같이 노인의 자원봉사를 강조하는 법이 만들어져야 하고 노인의 자원봉사를 담당하고 있는 단체나 기관이 관리나 조직 역량을 개선하려고 할 때 혹은 새로운 내용을 개발하고 새로운 영역을 개척하려고 할 때 필요한 재정을 지원해 주어야 할 것이다.

다섯째, 노인 관련 기관과 단체는 노인자원봉사를 활성화하기 위한 시스템을 구축해야 할 것이다. 여러 노인 관련 기관 및 단체 중에 노인자원봉사에 적극 참여하는 곳은 아직 많지 않다. 따라서 이를 위해 무엇보다 노인 관련 단체와 조직은 자체 역량을 점검하여야 하며, 또한 필요할 경우 스스로 조직적 역량을 제고하려는 노력을 기울여야 할 것이다. 그리고 이러한 노력과 더불어 정부의 지원이 필요한 상황에서 그것을 유도하기 위한 다양한 전략도 마련해야 할 것이다. 또한 노인 관련 기관과 단체는 노인이 지속적으로 자원봉사에 참여할 수 있도록 노인의 특성이 반영된 교육·훈련 프로그램을 개발하여야 하며, 현재 노인이 참여할 수 있는 자원봉사의 종류나 내용이 극히 한정되어 있으므로 자원봉사의 종류나 내용의 다양화에도 노력을 기울여야 할 것이다.

여섯째, 노인자원봉사의 활성화를 위해 대학의 역할이 강조되어야 할 것이다. 미국의 경우 지역사회에 기여한다는 차원에서 대학은 노인교육에 다양한 형태로 참여하고 있으며, 최근 들어서는 노인의 자원봉사에도 적극적으로 참여하고 있다. 특히 엄청난 지적 자원을 보유하고 있는 대학이 노인의 자원봉사에 참여하는 것은 매우 고무적인 일이 아닐 수 없다. 최근 미국의 노인자원봉사 영역이 단순한 서비스 차원을 넘어 지역사회 문제의 해결에까지 확대되면서 노인은 종종 새로운 지식과 기술을 습득해야 하는 처지에 놓이게 되었다. 이러한 상황에서 미국의 대학은 노인에게 필요한 교육을 받을 수 있도록 기회를 제공함으로써 노인이 커다란 어려움 없이 자원봉사에 참여할 수 있게 하고 있다. 이에 비해 한국 대학은 노인을 대상으로 하는 교육에는 그나마 관심을 갖고 있지만 아직 노인의 자원봉사에는 별로 관심을 기울이지 않고 있다. 자원봉사를 유지·발전시키는 데 있어 교육이 무엇보다 중요한 상황에서 이 역할을 대학이 맡아 해 준다면 한국에서의 노인자원봉사도 활성화될 수 있을 것이다.

일곱째, 한국에서도 노인자원봉사는 노인의 상황을 충분히 고려하고 노인의 요구를 우선적으로 반영하여야 할 것이다. 미국과 같이 자원봉사 전통이 오래된 국가도 노인의 자원봉사를 활성화하기 위해서 자원봉사는 무상이라는 전통을 과감히 탈피하였다. 한국 노인의 경제 상황이 과거에 비해 나아지고는 있지만 여전히 자원봉사 참여에 중요한 방해 요인이 되고 있다. 이런 상황에서 한국에서도 노인자원봉사를 활성화하기 위해 필요한 경우 자원봉사에 대한 보상이 유상의 형태로도 제공될 수 있도록 하는 융통성이 발휘되어야 할 것이다.

여덟째, 자원봉사를 노인교육 프로그램과 연계하여 활성화하여야 할 것이다. 최근 들어 한국에서 노인은 교육활동에 매우 활발하게 참여하고 있다. 그러나 단지 여가·교양 차원에 그치고 있다는 비판이 없지 않다. 미국에서도 대학을 중심으로 은퇴후교육이 활발하게 진행되어 왔지만 초기만 해도 노인을 위한 교육에만 치중되어 왔던 것이 사실이다. 그러나 최근 들어 교육과 봉사활동을 연계한 프로그램을 개발하고 실천함으로써 커다란 효과를 거두고 있다. 따라서 이런 경험을 교훈 삼아 한국에서도 노인교육 프로그램을 봉사활동과 연계하는 노력이 이루어질 필요가 있을 것이다.

5. 나가며

한국은 어느 국가보다 빠르게 고령화되고 있다. 2017년에는 전체인구 중 노인인구가 차지하는 비율이 14%인 고령사회로 접어들었고, 결과적으로 노인 문제는 더욱 중요한 사회문제가 될 것이다. 그러나 노인이 계속해서 복지의 틀이나 일자리 위주의 인적자원개발의 틀에 묶여 사회활동에 참여하지 못하게 되면 개인적인 차원뿐만 아니라 국가 차원에서도 커다란 손실이 아닐 수 없다. 미국의 경우에서도 보았듯이, 한국보다 먼저 고령화사회·고령사회에 접어든 외국에서는 이미 오래전부터 노인의 사회활동 참여를 증진시키는 하나의 방법으로 노인의 자원봉사를 강조해 왔고, 자원봉사가 노인의 특성이나 요구에 잘 부합될 수 있도록 여러 방안을 강구해 왔다. 그리고 정부는 이런 방안들이 현실적으로 실현 가능하도록 법적·제도적 장치를 마련하고 재정 지원을 하고 있다.

이에 비해 한국은 앞으로 맞이할 고령사회·초고령사회에 대해서 제대로 준비하지 못하고 있으며, 결과적으로 노인의 문제는 항상 뒷전으로 밀리고 있다. 그러나 자원봉사를 통해 노인이 좀 더 적극적으로 사회활동에 참여한다면 고령화와 관련된 많은 문제는 좀 더 쉽게 해결될 수도 있을 것이다. 특히 현재 한국 사회는 계층 간의 양극화 못지않게 세대 간의 차이도 심각한 사회문제가 되고 있다. 만약 노인이 자원봉사를 통해 지역공동체 문제를 해결하는 데 적극적으로 참여한다면, 자연스럽게 젊은 세대와의 소통도 증진됨으로써 서로에 대한 이해·관심 등이 증가하고 소위 말하는 사회적 자본도 덩달아 증가할 것이다. 그리고 그렇게 형성된 세대 간의 친화력은 사회적 통합으로 연결되어 사회발전과 국가발전에도 크게 기여하게 될 것이다.

그러나 여기서 노인자원봉사의 활성화만큼이나 중요한 것은 과연 어떠한 노인자원봉사를 활성화시킬 것인가이다. 이전과 달리 공민활동이라는 용어를 사용하면서 공공성·정치성을 강조하고 있는 미국의 노인자원봉사는 우리에게 많은 점을 시사한다. 앞으로는 이러한 시사점에 토대하여 한국의 노인자원봉사는 어떠한 방향으로 나아가는 것이 바람직할지에 대한 많은 고민이 이루어져야 할 것이고, 그런 고민의 과정에서 미국의 노인자원봉사에 비판적인 목소리를 내고 있는 비판적 노년기 담론에도 좀 더 귀를 기울일 필요가 있다. 한국의 노인자원봉사는 아직 초기 단계에 있다. 그렇기 때문에 미국이 보이고 있는 문제를 피해 갈 수 있는 '여유'가 있다는 점에서 한국은 가능한 한 빨리 노인자원봉사에 대한 논의를 시작할 필요가 있다. 그리고 노인자원봉사와 관련해 노인, 학자, 관련 단체 그리고 정부는 한국 상황에 가장 부합하면서도 노인에게 의미 있는 자원봉사의 현실적인 청사진을 제시하고 실천 방안도 마련하여야 할 것이다. 그리고 이런 과정에서 외국의 사례뿐만 아니라 과거 한국 사회에서 시행된 사례에도 관심을 가져야 할 것이다.

과거 한국 사회는 지역 주민 사이의 관계가 매우 밀접하고 서로 도와주는
전통이 유지되던 사회였다. 현재는 그런 전통이 많이 사라지고 없지만 지금의
노인은 그 전통을 몸으로 경험하면서 자란 마지막 세대이다. 따라서 노인의
이런 경험이 현대사회에서 발휘될 수 있도록 기회가 주어진다면 이는 한국 사
회에 매우 긍정적 영향을 미칠 것이다. 결국 한국에서의 노인자원봉사의 활성
화 여부는 지금부터의 관심과 노력에 달려 있다고 할 수 있을 것이다.

참고문헌

강용규(2012). 노인자원봉사활동의 문제점과 활성화 방안에 관한 연구. Korean
　　Academy of Social Welfare Support, 7(1), 1-28.
김동배(2000). 노인과 자원봉사. 한국노년학회(편). 노년학의 이해. 서울: 대영문화사.
김윤정, 장세철(2009). 일본 노인의 자원봉사경험에 관한 사례연구. 일어일문학, 제43집,
　　279-300.
박용순(2001). 노인자원봉사의 활성화를 위한 실증적인 분석연구-안양시 노인을 중
　　심으로. 한국사회복지학, 46, 89-117.
손유미(2012). 베이비부머(Baby-Boomer) 변화의 Boomers로! 2012 전국자원봉사 컨
　　퍼런스 미간행 자료집.
신미식(2013). 미국의 노인자원봉사 프로그램과 한국에의 함의. 한국동북아논총, 제18권,
　　제1호, 331-352.
이금룡(2003). 한국사회 노인자원봉사활동에 대한 진단과 제언. 사회과학연구, 17,
　　1-14.
조추용(2001). 일본 노인의 자원봉사활동 실태. 2001년 6월 15일 한국노인복지학회
　　춘계학술회의 발표 논문(pp. 47-73).
통계청(2013). 사회조사. 대전: 통계청.
한정란, 김동배, 원영희, 이금룡(2001). 노인자원봉사의 교육노년학적 의미. Andragogy
　　Today, 4(3), 45-67.

Achenbaum, W. A. (2006). A history of civic engagement of older people. *Generations*, *30*(4), 18–23.

Adler, R. P., & Goggin, J. (2005). What do we mean by "civic engagement"? *Journal of Transformative Education*, *3*(3), 236–253.

Biggs, S. (2001). Toward critical narrativity stories of aging in contemporary social policy. *Journal of Aging Studies*, *15*, 303–316.

Cullinane, P. (2006). Promoting purposeful lives for greater good: Civic engagement programs of aging organizations. *Generations*, *30*(4), 109–111.

Endres, T., & Holmes, C. A. (2006). Respectability in America: Guiding principles for civic engagement among adults 55-plus. *Generations*, *30*(4), 101–108.

Estes, C., Biggs, S., & Phillipson, C. (2003). *Social theory, social policy, and aging: A critical introduction*. London: Open University Press.

Freedman, M. (1999). *Prime time: How baby boomers will revolutionize retirement and transform America*. New York: Public Affairs.

Gomperts, J. (2006). Toward a bold new policy agenda: Five ideas to advance civic engagement opportunities for older Americans. *Generations*, *30*(4), 85–89.

Harvard School of Public Health/MetLife Foundation. (2004). *Reinventing aging: Baby boomers and civic engagement*. Boston, MA: Harvard School of Public Health.

Henkin, N., & Zarf, J. (2006). How communities can promote civic engagement of people age 50-plus. *Generations*, *30*(4), 72–77.

Hinterlong, J. E., & Williamson, A. (2006). The effects of civic engagement of current and future cohorts of older adults. *Generations*, *30*(4), 10–17.

Martison, M. (2006). Opportunities or obligations? Civic engagement and older adults. *Generations, Winter 2006-2007*, 59–63.

Martinson, M., & Minkler, M. (2006). Civic engagement and older adults: A critical perspective. *The Gerontologist*, *46*(3), 318–324.

McBride, A. M. (2006). Civic engagement, older adults, and inclusion. *Generations*,

30(4), 66-71.

Morrow-Howell, N. (2006). Civic service across the life course. *Generations*, *30*(4), 37-42.

Morrow-Howell, N., Hong, S., & Tang, F. (2009). Who benefits from volunteering? Variations in perceived benefits. *The Gerontologist*, *49*(1), 91-102.

O'Neill, G. (2006). Civic engagement on the agenda at the 2005 while house conference on aging. *Generations*, *30*(4), 95-100.

Principi, A., Chiatti, C. Lamura, G., & Frerichs, F. (2012). The engagement of older people in civil society organizations. *Educational Gerontology*, *38*, 83-106.

Rozario, P. A. (2006). Volunteering among current cohorts of older adults and baby boomers. *Generations*, *30*(4), 31-36.

Wellford, E. A., & Netting F. E. (2012). Integrating aging and civic engagement into the curriculum. *Educational Gerontology*, *38*, 243-256.

Wilson, L. B., Harlow-Rosentraub, K., Manning T., Simson, S., & Steele, J. (2006). Civic engagement and lifelong learning. *Generations*, *30*(4), 90-94.

제11장

세대간교육과 대학의 역할:
청년세대와 노인세대를 중심으로[1)]

1. 들어가며

한국에서는 오래전부터 청년세대는 진취적이고 미래 지향적이며 개인주의적인 성향이 강한 반면, 노인세대는 보수적이고 자기주장이 강하며 개인보다는 공동체를 우선적으로 생각한다고 인식되어 왔다. 하지만 이러한 차이는 연령에 속하는 특성으로 간주되어 크게 주목받지 못했다. 그러다 2000년대 들어 고령화가 급속도로 진행되고 경제 상황이 나빠지면서 세대 간의 차이는 단순한 차이가 아닌 갈등으로 부각되기 시작하였고, 최근 들어 그 정도는 더욱 심해져 현재는 우리 모두가 관심을 갖고 함께 해결하지 않으면 안 될 문제로 여겨지고 있다. 실제로 정치적으로 청년세대는 상대적으로 진보적인

---

1) 이 장은 신미식(2016). 한국의 세대간교육 활성화와 대학의 역할. 한국동북아논총, 제21집, 제2호, 197-216을 일부 수정하여 재게재함.

성향을 보이고 있는 반면 노인세대는 보수적 성향을 띠고 있으며(박경숙 외, 2013, p. 12), 경제적으로는 청년세대와 노인세대가 한정된 자원과 일자리를 놓고 경쟁하는 것처럼 보이고 있다. 이에 더해 신문이나 방송에서는 청년세대가 가뜩이나 일자리를 얻기 힘든 상황에서 노인세대까지 직업 전선에 가담함으로써 청년세대의 일자리를 뺏고 있을 뿐만 아니라, 고령화로 인한 노인 인구의 급증으로 앞으로 청년세대는 경제적으로 많은 부담을 떠안게 될 것이라고 보도하고 있다.

그러나 청년세대와 노인세대가 겪는 이러한 갈등은 많은 부분에서 오해이거나 부풀려진 경우가 적지 않다. 왜냐하면 청년세대가 찾고 있는 일자리와 노인세대가 찾고 있는 일자리는 근본적으로 차이가 있으며, 이들의 갈등은 세대 간의 갈등에서 비롯되었다기보다는 오히려 한정된 자원을 공평하게 분배하는 데 실패한 정책의 문제라고 할 수 있기 때문이다(박경숙 외, 2013, p. 160). 따라서 이들이 겪는 갈등은 정부의 정책과 국민의 노력에 따라 얼마든지 해결될 수 있다. 이처럼 청년세대와 노인세대의 갈등은 그 자체가 문제라기보다는 이런 갈등을 어떠한 시각에서 접근하고 문제 해결을 위해 얼마만큼의 노력을 기울이느냐와 더 연관된다고 할 수 있다.

콜먼(Coleman, 1988, p. 98)은 21세기를 살아가는 데 있어서 인적 자본(human capital)과 함께 사회적 자본(social capital)의 중요성을 강조한 바 있는데, 여기서 사회적 자본이란 개인적인 차원의 인적 자본과 달리 사회적 맥락에서 구성원들이 공동의 목적을 위해 함께 연대·화합·통합할 때 만들어지는 자본을 의미한다. 그런데 문제는 현재처럼 청년세대와 노인세대 간의 갈등이 지속된다면 한국에서 21세기를 살아가는 데 필요한 사회적 자본이 형성되기는 어려울 것이라는 짐이다.

따라서 더 늦기 전에 한국에서도 세대 간의 갈등 해소를 위한 다양한 노력이 이루어져야 할 것이다. 사실 청년세대와 노인세대 간의 갈등은 직접 만나서 함께 대화하고 소통하면 충분히 극복될 수 있는 것인데(안관수, 2000, p.

56), 현재 한국에서는 핵가족화로 인해 청년세대와 노인세대가 서로 만날 기회도, 서로에 대해 알아 갈 기회도 거의 갖지 못하고 있다. 결과적으로 소통을 통해 충분히 해결 가능한 많은 문제가 그대로 해결되지 않은 상태로 남아 있거나 악화되어 가고 있다. 그런데 문제는 이러한 갈등이 저절로 해결될 수 없으며, 방치할 경우 한국 사회는 계층의 양극화에 따른 것 못지않은 사회적 비용을 치를 수밖에 없다는 점이다. 이러한 상황에서 더 늦기 전에 청년세대와 노인세대가 서로 이해하고 소통하고 나아가 함께 문제를 풀어 갈 수 있는 만남의 장이 마련되어야 하며, 이러한 만남은 일회성 혹은 단순한 물리적 만남에 그칠 것이 아니라 명확한 교육적 목적을 가진 세대간교육을 통해 체계적으로 이루어져야 할 것이다.

세대간교육(intergenerational education)은 모든 교육의 장에서 이루어져야 하지만, 특히 청년세대와 노인세대를 대상으로 하는 세대간교육일 경우 가장 중요한 교육의 장은 대학이라고 할 수 있다. 왜냐하면 대학은 세대간교육을 발전시키는 데 필요한 인적ㆍ물적 자원을 갖추고 있고, 또한 청년세대를 대표하는 대학생이 집중적으로 모여 있는 곳이기 때문이다. 한국보다 일찍 고령화 문제의 심각성을 깨달은 외국 대학은 지역사회와의 밀접한 관계 속에서 이미 오래전부터 고령화 문제에 관심을 갖고 이를 해결하는 데 적극적으로 참여해 왔다. 반면, OECD 국가 중에 가장 빠른 속도로 고령화가 진행되고 있는 한국에서 대학은 아직 고령화 문제나 노인교육에 대해서 커다란 관심을 갖고 있지 않으며, 따라서 세대간교육도 거의 활성화되어 있지 못한 실정이다.

이러한 문제를 인식하여, 이 장에서는 먼저 한국 대학에서 이루어지고 있는 청년세대와 노인세대의 세대간교육의 현황과 문제점을 짚어 보고, 나아가 한국 대학과 비교하여 외국 대학의 상황은 어떤지를 살펴본 후 이를 토대로 한국 대학에서 청년세대와 노인세대의 세대간교육이 활성화되기 위해 해결해야 할 과제는 무엇인지를 밝혀 본다.

2. 청년세대와 노인세대의 세대간교육과 대학

1) 세대간교육의 정의와 목적

세대간교육[2]은 어떠한 점을 강조하느냐에 따라 학자마다 조금씩 다르게 정의되고 있다. 여기서는 일반적 의미의 세대간교육의 정의를 먼저 살펴보고, 그것에 토대하여 청년과 노인을 대상으로 하는 세대간교육은 어떻게 정의될 수 있으며 그 목적은 무엇인지를 알아본다.

한정란(2002, p. 97)은 세대간교육 대신 '세대공동체 교육'이라는 용어를 쓰고 있는데, 세대공동체 교육이란 여러 세대 혹은 여러 연령집단이 교육적 목적을 위하여 하나의 공동체 안에서 함께 활동하는 것을 의미한다. 매니언(Mannion, 2012, p. 387)은 세대간교육을 현대사회에서 쉽게 접촉할 수 없는 세대들이 더 많은 접촉과 대화의 기회를 통해 서로를 알아 가고 이해하게 됨으로써 궁극적으로 서로에 대한 신뢰를 구축하는 데 기여하는 교육활동으로 정의하고 있다.

한편, 산체스와 헤이턴-여(Sanchez & Hatton-Yeo, 2012, p. 289)는 세대간교육을 두 세대에 속하는 사람들이 서로 접촉할 기회를 통해 서로에 대한 지식이나 자원을 공유하게 됨으로써 개인뿐만 아니라 사회에 도움을 주는 교육 활동 및 프로그램으로 정의하고 있다. 그리고 사에즈(Saez)는 세대간교육이란 경험이나 가치관을 공유하지 않는 여러 세대가 함께 참여하는 교육과정으로, 이러한 과정을 통해 참여한 세대는 자신과 다른 세대가 가진 특징은 무엇이며, 그러한 특징은 어떠한 배경에서 형성되었는지 등에 관심을 표명하게

---

2) 세대간교육은 세대공동체교육, 간세대교육, 세대통합교육 등 다양한 용어로도 사용되나, 이 연구에서는 세대간교육으로 통일하여 쓰고자 한다.

된다고 주장하였다(Castro, Gonzalez, Aguayo, & Fernandez, 2014, p. 139 재인용).

또한 세대 간 평생학습을 위한 유럽적 접근[European Approaches to Inter-Generational Lifelong Learning(EAGLE), 2008]에 따르면, 세대간교육은 다른 연령층의 사람들이 상호 의존성에 토대하여 기술, 가치관, 지식을 얻기 위해 함께 노력하는 학습 동반 관계를 의미하며, 세대간교육이 성립되기 위해서는 한 세대 이상이 참여해야 하고 교육적 목적을 갖고 있어야 하며 서로에게 혜택을 주는 학습 성과를 달성해야 한다. 이 외에도 가르시아(Garcia)는 세대간교육에서 모든 참여자는 평등한 관계에 기반하여야 하고 교육의 방향은 쌍방향으로 이루어져야 하며, 또한 교육의 전 과정에서 세대 간의 대화와 소통이 무엇보다 강조되어야 한다고 주장하고 있다(Castro, Gonzalez, Aguayo, & Ferdandez, 2014, p. 140 재인용).

이러한 일반적 정의에 토대하여 볼 때, 청년세대와 노인세대의 세대간교육은 두 세대가 서로 만나 서로에 대한 지식, 가치관, 문화 등을 나눔으로써 서로를 이해하고 서로에 대한 신뢰를 쌓아 가게 해 주는 교육활동이나 프로그램을 의미한다고 볼 수 있다. 그리고 이들을 위한 세대간교육의 궁극적인 목적은 청년세대와 노인세대가 공유할 수 있는 문화 기반을 조성하고 서로에 대한 긍정적인 이미지와 태도를 갖게 하여 모두에게 의미 있는 관계를 재구성할 수 있게 하는 데 있고, 나아가 서로의 성장을 도와 세대 간의 갈등을 세대 통합과 연대로 이끄는 데 있다고 볼 수 있다(Mannion, 2012, p. 387).

2) 청년세대와 노인세대의 세대간교육의 장으로서 대학

세대간교육은 서로 경험을 공유하지 않은 두 세대가 만날 수 있는 곳이면 어디서든 가능하다고 할 수 있지만, 그들의 만남이 단순한 만남이 아니고 교육적 목적을 두고 있기 때문에 교육적 인프라를 갖추고 있는 학교나 평생교육시설이 훨씬 적합하다고 할 수 있다. 최근 들어 평생교육의 확대로 인해 대학부설 평생교육원, 노인복지관, 평생교육센터, 문화센터 등 다양한 평생교육기관이 생겨났지만 청년세대와 노인세대를 위한 세대간교육의 경우 청년세대가 쉽게 접근할 수 있는 공간인 대학이 가장 적합한 장소라고 할 수 있다. 또한 대학은 다른 교육시설에 비해 우수한 교육적 인프라가 구축되어 있다는 점에서도 세대간교육을 위한 좋은 환경을 갖추고 있다고 할 수 있다.

　이 외에도 청년세대와 노인세대의 세대간교육은 단순히 개인적인 차원에서의 성과만이 아니라 사회적인 차원에서의 성과, 즉 세대 간의 이해, 화합, 신뢰를 토대로 한 사회적 자본 형성 혹은 사회적 통합을 목적으로 하고 있다는 점에서 지역사회와도 밀접한 관계를 맺고 있어야 한다. 이러한 이유로 외국에서는 풍부한 인적·물적 자원을 확보하고 있고 전통적으로 지역사회와 밀접한 관련을 맺고 있는 대학이 세대간교육의 중요한 장으로서 다양한 프로그램을 개발·제공해 오고 있다. 반면, 한국 대학의 경우 외국 대학에 비해 교육적 인프라는 갖추고 있으나 지역사회와의 연계성이 떨어지고 고령화 문제나 노인교육에 대한 관심도 적어, 아직은 청년세대와 노인세대의 세대간교육을 활성화시킬 장으로서 인식되지 못하고 있다. 그러나 앞으로는 한국 대학도 외국 대학과 마찬가지로 이들 세대를 위한 세대간교육에 보다 많은 관심을 기울여야 할 것이다. 왜냐하면 이미 오래전에 핵가족 사회와 고령화 사회에 진입한 한국에서 청년세대와 노인세대 간의 이해 부족과 갈등은 점차 심각한 사회 문제가 되고 있으며, 이러한 문제를 해결하는 데 대학의 역할은 그 어느 때보다 중요해지고 있기 때문이다.

3) 한국 대학의 세대간교육 현황과 문제점

　청년세대와 노인세대를 대상으로 하는 세대간교육의 유형은 일반적으로 크게 네 가지로 구분된다. 첫째, 노인세대가 주체가 되어 청년세대에게 도움을 주는 유형, 둘째, 청년세대가 노인세대에게 도움을 주는 유형, 셋째, 노인세대와 청년세대가 지역 발전이나 지역 문제 해결에 상호 주체적으로 참여하는 유형, 넷째, 청년세대와 노인세대가 함께 강좌를 수강하는 유형이다(Castro, Gonzalez, Aguayo, & Fernandez, 2014, p. 140).

이 중 현재 한국 대학에서 찾아볼 수 있는 유형은 극히 제한적이다. 첫 번째 유형은 일반적으로 전문 지식과 소양을 가진 노인이 퇴직 후 대학생을 위해 튜터나 전공 관련 상담자로서 참여하는 경우이다. 이러한 유형은 아직 한국 대학에서는 거의 찾아볼 수 없다. 두 번째 유형은 대학생이 노인을 위해 교육활동이나 서비스를 제공하는 유형이다. 한국에서는 복지를 전공하는 대학생이 주로 참여하고 있으며, 이 외에 간혹 대학생이 양로원 등을 방문하여 봉사하는 경우도 있으나 일회성에 그치고 있는 실정이다. 세 번째 유형은 노인세대와 청년세대가 함께 지역사회 활동에 참여하는 경우이다. 이 역시 한국 대학에서는 쉽게 찾아볼 수 없다. 네 번째 유형은 노인세대와 청년세대가 학교에서 제공하는 강좌를 함께 수강하는 경우이다. 경북대학교에서 1995년에 도입한 명예학생제도가 그 효시로, 이후 충북대학교, 상명대학교, 전북대학교 등 많은 대학이 참여하였지만 현재는 전북대학교만이 유일하게 명맥을 유지하고 있고 나머지 대학에서는 수강 인원 부족 등으로 제대로 운영되지 못하고 있는 실정이다.[3]

이처럼 한국 대학에서의 세대간교육은 아직 유형이 다양하지 못하고, 주로 복지 관련 학과 학생이 주도하고 다른 대상인 노인은 일방적으로 서비스를 받고 있는 상황에서 모든 참여세대가 평등적인 관계를 맺지 못할 뿐만 아니라 교육도 양방향으로 이루어지지 못하고 있다. 이러한 상황에서 세대간교

---

3) 전북대학교의 경우 노인만 대상으로 하는 것이 아니라 장년층까지 포함하여 45세 이상을 대상으로 운영하고 있으며, 경북대학교의 경우 일반 학생들과 함께 수강하는 명예학생제도는 지원이 부족하여 제대로 운영하지 못하고 있고 노인만을 대상으로 하는 교육 형태인 명예대학원 과정을 따로 운영하고 있다(경북대학교, http://www.knu.ac.kr, 검색일: 2016년 1월 15일).

육의 중요한 요소인 상호작용이 제대로 이루어지지 못하고 있는 것은 당연한
결과라고 할 수 있다. 또한 그나마 같은 강좌를 수강하면서 서로를 알아 가는
데 기여해 온 명예학생제도가 더 이상 노인들의 관심을 끌지 못하는데도 그
이유를 분석하고 개선하려는 노력마저 소홀하다는 것은 안타까운 일이 아닐
수 없다.

이러한 상황에서 어느 교육시설보다 나은 교육적 인프라를 갖추고 있고 청
년세대의 대표적인 집단인 대학생이 모여 공부하고 연구하는 대학이 청년세
대와 노인세대에게 필요한 세대간교육을 활성화하는 데 주도적인 역할을 하
지 못할 경우, 한국에서 청년세대와 노인세대의 세대 간 갈등은 쉽게 해소될
수 없을 것이며, 결과적으로 세대 간 갈등은 다른 갈등과 맞물려 한국 사회가
발전하는 데 커다란 장애로 작용할 것이다. 따라서 더 늦기 전에 한국 대학도
세대간교육이 활성화될 수 있도록 많은 노력을 기울여야 할 것이다. 다음은
그러한 노력의 일환으로 세대간교육 활성화에 적극적인 역할을 담당해 오고
있는 외국 대학의 사례를 집중적으로 살펴보고자 한다.

3. 외국 대학의 세대간교육

1) 외국 대학에서 세대간교육의 활성화 배경

미국과 유럽 국가들이 세대간교육에 관심을 갖기 시작한 것은 이미 오래전
부터 고령화 문제에 관심을 갖고 그것의 해결에 적극적으로 참여한 결과, 고
령화 문제 해결은 노인에게만 초점을 맞추어서는 가능하지 않고 모든 세대가
함께할 때만이 가능하다는 인식을 갖게 되면서부터이다.

앞서 보았듯이 미국은 노인을 위해 엘더호스텔, 은퇴후교육 등 다양한 교
육프로그램을 제공해 오고 있으며,[4] 대학생을 위해서는 노인, 노화, 고령화

에 대한 이해를 돕기 위해 다양한 노년학 과정을 개설해 오고 있다.[5] 이런 가운데 노년학을 전공한 학자는 고령화 문제를 노인세대에 국한하는 것이 아니라 전 세대의 관점에서 볼 필요가 있음을 강조하기 시작하였다. 노년기 담론 중에 비판적 노년기, 공적 노년기 담론은 현재와 같이 자원이 고갈되고 경쟁이 심화되는 상황에서 노인세대에만 초점을 맞추어서는 고령화 문제가 해결될 수 없고, 노인세대와 다른 세대가 상호 의존적으로 공적인 이익을 위해 함께 노력할 때만이 해결할 수 있다고 주장하고 있다(Estes, 2008, p. 127). 이처럼 미국 대학에서 세대간교육의 발전은 그전부터 오랫동안 지속된 고령화 문제에 대한 관심과 노인교육의 활성화 그리고 노년기 담론의 발전으로 인해 노인세대와 청년세대의 문제가 함께 고려되어 온 결과라는 것을 알 수 있다.

미국과 마찬가지로 유럽의 여러 국가도 일찍부터 노인의 교육에 적극적으로 참여해 오고 있다. 앞서 살펴본 삼세대대학이 그 대표적인 예이다.[6]

이와 더불어 최근 들어 유럽연합(European Union: EU)에서는 고령화가 가속되는 상황과 한정된 자원 속에서 살아남기 위해서는 노인세대의 요구만큼 다른 세대의 요구에도 민감할 필요가 있고, 이렇게 모든 사회구성원의 요구가 충족되는 사회구조를 만들기 위해서는 노인세대가 앞장서야 한다는 주장이 제기되고 있다(Zaidi, Gasior, & Manchin, 2012, p. 216). 이런 맥락에서 유럽연합은 2012년을 '적극적 노년기와 세대 간의 연대를 위한 해(Year for Active Aging and Solidarity Between Generations)'로 정하고, 모든 연령대가 함께 잘 사는 사회를 만들기 위해 노인이 좀 더 적극적으로 사회활동에 참여할 수 있도록 적극적 노년기 문화를 형성하는 데 유럽 국가들이 많은 노력을 기울여야 한다고 강조하였다.

---

4) 이와 관련한 상세한 내용은 이 책 7장 참조.
5) 이와 관련한 상세한 내용은 이 책 9장 참조.
6) 이와 관련한 상세한 내용은 이 책 6장 참조.

물론 세대 간의 문제를 노인세대의 적극적 사회참여를 통해 풀려고 하는 유럽연합의 입장에 모두가 찬성하는 것은 아니다(Sanchez & Hatton-Yeo, 2012, p. 281). 즉, 노인세대의 적극적 사회참여와 역할을 강조하는 것은 세대 간의 문제를 통합적인 관점에서 해결하려 하기보다는 지나치게 노인세대에 의존해 해결하려 하는 것이라는 비판을 받고 있으며, 또한 모든 노인이 적극적인 노년기를 보낼 수는 없음에도 지나치게 적극적 노년기를 강조함으로써 그렇지 못한 노인들을 소외시킬 수 있다는 비판에도 직면하고 있다. 그러나 이러한 비판에도 불구하고 현재 유럽은 세대 간 문제를 중요한 의제로 보고 세대 간의 연대를 위해 다양한 노력을 기울이고 있으며, 이런 가운데 세대간교육 역시 강조되면서 대학의 역할이 주목받고 있다는 점은 매우 긍정적 현상이라고 하지 않을 수 없다.

유럽 국가들은 지역사회와의 밀접한 관계에서 세대 간 관계 개선과 세대간교육을 활성화하는 데 중추적인 역할을 하고 있는 대학을 참여대학(Engaged University)으로 부르고, 좀 더 많은 대학이 참여대학이 되기를 바라면서(Newman & Hatton-Yeo, 2008, p. 32) 이를 위한 다양한 정책적 지원을 제공하고 있다. 이처럼 유럽에서 대학은 세대간교육을 주도하는 대표적인 교육기관으로 주목받고 있으며, 특히 삼세대대학 프로그램이 활성화된 대학이 세대간교육에서도 주도적인 역할을 담당하기를 기대하고 있다(Castro, Gonzalez, Aguayo, & Fernandez, 2014, p. 141). 이와 같이 미국이나 유럽에서 대학의 고령화 문제에 대한 관심은 노인교육을 활성화시켰고, 노인교육이 활성화되면서 대학의 관심은 자연스럽게 세대간교육으로까지 확대되었다.

2) 외국 대학의 세대간교육 현황

현재 주요 선진 국가의 대학은 세대간교육에 참여하는 것을 대학이 지역사회를 위해 수행해야 할 의무로 여기고 있으며, 따라서 지역사회에 맞는 세대간교육을 활성화시키기 위해 다양한 프로그램을 개발·실천하고 있다. 또한 이들 대학은 지역사회에 존재하는 세대 간 문제가 무엇이며 교육적으로 그것을 어떻게 풀어 갈 것인가에 대한 체계적인 연구를 수행하기 위해 세대간교육 연구소도 설립·운영하고 있다.[7]

사실 주요 선진 국가에서는 대학 당국뿐만 아니라 세대간교육의 주 대상인 노인과 대학생도 대학에서 제공하는 세대간교육 프로그램에 우호적인 입장을 보이고 있다. 노인은 삼세대대학, 엘더호스텔, 은퇴후교육 등과 같은 다양한 노인교육 프로그램에 참여하면서 대학에 긍정적 인식을 갖게 되었고, 또한 대학에서 얻은 바를 다시 지역사회에 환원하고자 하는 욕구도 갖게 되었다. 대학생 역시 다양하게 개설되어 있는 노년학 강좌를 수강하면서 자연스럽게 세대간교육의 필요성에 공감하게 되었고, 실제로 세대간교육에 적극적으로 참여하고 있다.

이러한 분위기에서 현재 주요 선진 국가의 대학에서는 앞서 제시한 네 가지 유형의 세대간교육이 모두 활성화되고 있다.

노인세대가 청년세대에게 교육 서비스나 프로그램을 제공하는 첫 번째 유형의 경우, 외국 대학에서는 주로 대학교수 등 전문직에서 은퇴한 노인이 청년인 대학생을 위해 멘토나 튜터로서 역할을 하고 있다. 대표적인 예는 미국 피츠버그 대학교에서 은퇴한 엔지니어가 재교육을 받은 후 대학원 학생과 멘토-멘티 관계를 맺고 매주 수업 후 만나 앞으로 배울 교재를 함께 공부하는 경우이다(Newman & Hatton-Yeo, 2008, p. 32).

청년세대가 노인세대에게 다양한 교육 서비스나 프로그램을 제공하는 두 번째 유형의 경우, 외국 대학에서는 대학생이 노인에게 컴퓨터 등의 앞선 기술이나 의료 서비스를 제공하고 있다. 대표적인 예는 미국 메인 주 서던메

---

7) 대표적으로 농촌 지역에 위치한 펜실베이니아 주립대학교의 경우, 대학생이 농촌 지역사회에 도움을 주기 위한 세대간교육 활성화를 위해 세대간교육 연구센터를 운영하고 있다(펜실베이니아 주립대학교, http://healthyaging.psu.edu/intergenerational-programs, 검색일: 2016년 1월 20일).

인 대학교에서 이루어지고 있는 학부 과목인 '세대 간 소통(intergenerational communication)'을 수강하고 있는 대학생이 대학부설 오서 평생교육원(Osher Lifelong Learning Institute)에서 '시니어를 위한 인터넷(Internet for Seniors)' 강좌를 수강하는 노인에게 멘토로서 인터넷에 대한 기본 기술을 가르치는 경우이다(Shedletsky, 2012, pp. 400-401).

청년세대와 노인세대가 지역사회의 발전을 위해 함께 공부하고 일하는 세 번째 유형의 경우, 지역사회가 갖고 있는 다양한 문제를 대학생과 지역사회에 살고 있는 노인이 함께 해결하려고 하는 경우이다. 대표적인 예는 미국 오클라호마 주립대학교의 지역교육센터가 지역의 유산을 지키기 위해 개발한 '숨겨진 보물(Hidden Treasure)' 프로그램에 노인과 대학생이 함께 참여하여 지역 유산을 알아 가고 지역 유산을 지키기 위해 함께 노력하는 경우이다(Kaplan, 1997, p. 213).

청년세대와 노인세대가 함께 수업을 수강하면서 서로에 대해 알아가는 네 번째 유형의 경우, 직접적으로 세대간교육을 목적으로 하고 있지는 않지만 같이 수업에 참여하고 소통하면서 서로에 대해 알아 가는 경우이다(Castro, , Gonzalez, Aguayo, & Fernandez, 2014, p. 142). 스페인의 카스틸라 라만차 대학교의 사회교육학과 학부 과목인 '노년학교육(Gerontological Pedagogy)'은 이 대학 부속 호세 사라마고 노인대학에도 동시에 개설되어 대학생과 노인이 함께 수강할 수 있다. 이 강좌를 통해 학부 학생은 노인 학생에게서 노인과 관련한 주제에 대한 생각을 들을 수 있고, 노인 학생은 대학생과 함께 토론 등에 참여하면서 대학생이 노인 관련 문제에 대해 어떠한 생각을 갖고 있는지를 알 수 있다.

3) 외국 대학의 세대간교육의 문제점과 대처 방안

비록 외국 대학의 경우 한국보다는 오랫동안 세대간교육에 참여해 오고 있고 성과도 적지 않지만, 이들 대학이 세대간교육에 관심을 갖게 된 것은 상대적으로 최근 일이며, 따라서 아직도 많은 대학이 세대간교육을 운영하는 데 어려움을 겪고 있다. 다음은 외국 대학이 경험한 세대간교육의 문제는 무엇이며, 어떻게 그에 대처해 오고 있는가에 대해 살펴보고자 한다.

첫째, 세대간교육이 프로그램의 주요한 목적인 세대 간의 화합과 연대를 달성하는 데 실패할 수도 있다(Sanchez & Kaplan, 2014, p. 481). 세대간교육 프로그램을 실시하는 이유는 세대 간 이해를 높여 궁극적으로 세대 간 화합과 연대를 도모하는 데 있는데, 실제로 청년세대나 노인세대가 세대간교육 프로그램에 참여한 후 다른 세대에 대해 가졌던 편견이나 선입견을 극복하기보다는 더욱 강화하는 경우도 없지 않다. 이처럼 세대간교육이 세대 간의 신뢰를 쌓는 기능을 하지 못할 수도 있다는 것을 경험한 대학은 세대간교육에서 기대한 교육적 결과가 나올 수 있도록 프로그램 계획을 세밀하고 주도면밀하게 세워야 한다는 점을 강조한다. 뿐만 아니라 모든 교육 내용이 세대간교육으로 이루어질 수 없다는 점을 인식하고, 필요에 따라 세대 통합적(age-integrated) 프로그램과 세대 분리적(age-segregated) 프로그램으로 구분하여 유연하게 운영할 필요가 있음을 강조한다.

둘째, 유럽 대학에서는 세대간교육을 노인의 적극적 노년기 틀 안에서 노인세대가 주도하는 교육 활동이나 서비스로 보고 세대간교육을 강조하고 있으나, 실제로 이러한 프로그램들이 세대 간의 접촉 기회를 늘리기는 하지만 세대 간의 관계를 향상시키지 못하는 경우가 종종 있다(Sanchez & Hatton-Yeo, 2012, p. 281). 즉, 유럽 대학이 고령화 문제를 위한 해결책으로 노인을 청소년이나 대학생을 위한 멘토 및 튜터로서 역할을 하게 함으로써 궁극적으로 모든 세대에 도움을 줄 수 있는 세대간교육에 초점을 맞추고 있음에도, 많은 경우 일방적인 노인 주도의 세대간교육이 세대 간에 서로를 이해하고 신뢰를 쌓는 데까지는 나아가지 못하고 있다. 따라서 이러한 문제를 경험한 외국 대학은 한 세대가 세대간교육을 일방적으로 주도하는 것이 아니라 가능한

한 참여하는 모든 세대가 전 교육과정에 함께 참여할 때 진정한 세대간교육
이 이루어질 수 있다는 전제하에 세대간교육이 쌍방향으로 나아갈 수 있도록
다양한 노력을 기울이고 있다.

  셋째, 지금까지 외국 대학에서 이루어지고 있는 세대간교육은 각 세대에
필요한 서비스, 예를 들면 멘토링, 튜터링과 같이 주로 개인적인 차원의 서비
스에는 많은 관심을 가지고 있는 반면, 사회구조 속에서 여러 세대가 함께 직
면한 많은 사회 문제에 대해서는 크게 관심을 가지지 않고 있다(Manheimer,
1997, p. 81). 다시 말해, 외국에서 세대간교육의 필요성으로 제기된 근본 원
인이기도 한 세대 간 갈등은 단순히 개인적인 차원의 문제보다는 사회구조
적 차원의 문제에서 비롯되었음에도, 지금까지의 세대간교육은 개인적인 차
원에서의 접촉이나 서비스 제공에만 초점을 맞추어 왔다는 것에 대한 비판이
제기되고 있다. 이러한 맥락에서 앞으로 세대간교육은 개인적인 차원을 넘
어 지역사회에서 여러 세대가 함께 직면하고 있는 다양한 사회문제를 공동으
로 풀어 가는 장이 되어야 한다는 견해가 점차 호응을 얻고 있다(Manheimer,
1997, p. 81).

  이처럼 외국 대학은 세대간교육에 적극적으로 참여하면서 시행착오를 겪
고 있고, 그것을 극복하면서 세대간교육을 발전시켜 오고 있다. 이에 반해 세
대간교육의 필요성에 크게 관심을 갖고 있지 않은 한국에서는 세대간교육이
활성화되기 위해서는 극복해야 할 장애물과 해결해야 할 과제가 적지 않은
실정이다. 그러나 청년세대와 노인세대의 갈등이 더 이상 가볍게 넘길 수 없
는 사회문제가 되고 있는 한국에서, 대학은 이러한 어려움에도 세대간교육의
활성화를 위해 보다 많은 노력을 기울여야 할 것이다.

4. 세대간교육을 위한 한국 대학의 문제점과 과제

1) 한국 대학의 문제점

여기서는 먼저 한국 대학에서 세대간교육을 활성화하는 데 한국 대학이 가지는 문제점은 무엇인지를 밝혀 본다.

첫째, 세대간교육을 위한 기반이 취약하다. 외국 대학의 경우, 오랫동안 고령화 문제에 대한 관심과 노인교육에 대한 적극적인 참여로부터 자연스럽게 세대간교육으로 확대되었기 때문에 세대간교육을 위한 인적·물적 기반이 탄탄하게 조성되었다. 반면, 한국 대학은 고령화 문제나 노인교육에 크게 관심을 가져 오지 않았던 상황에서 세대간교육을 위한 기반도 자연히 취약할 수밖에 없다. 특히 가장 커다란 문제는 청년세대와 노인세대를 위한 세대간교육의 주 대상인 노인과 대학생이 세대간교육에 참여할 준비가 제대로 되어 있지 않다는 점이다. 외국 대학의 경우 오래전부터 노인에게 다양한 교육 프로그램을 제공하여 대학에 대한 노인의 거부감이 상대적으로 낮은 반면, 그러한 경험이 없는 한국 노인에게는 대학이 여전히 낯설고 쉽게 접근할 수 없는 곳으로 인식되고 있다. 또한 외국 대학의 경우 대학생을 위한 다양한 노년학 강좌가 개설되어 있는 반면, 한국 대학에서는 복지 관련 학과를 제외하고는 노년학 관련 강좌를 수강할 기회가 거의 없어서 대학생은 최소한의 고령화사회나 노인에 대한 기초 지식도 갖고 있지 못한 것이 현실이다.

둘째, 세대간교육에 대한 이론적 논의가 활발하게 이루어지지 않고 있다. 외국 대학의 경우 세대간교육의 이론은 대학이 고령화 문제나 노인교육에 많은 관심을 가지면서 자연스럽게 발전해 온 다양한 노년기 담론에 토대하고 있다. 앞서 살펴보았듯이, 유럽의 경우 세대간교육을 적극적 노년기(active aging) 틀에서 보고 있으며, 미국 대학은 세대간교육을 적극적 노년기나 생산적 노년기, 더 나아가 비판적 노년기의 담론에서 이해하려 하고 있다. 즉, 적극적 노년기나 생산적 노년기 담론은 과거와 달리 노인이 젊은 사람 못지 않게 사회발전에 적극적일 수 있고 생산적일 수 있기 때문에 세대간교육에 도 좀 더 적극적으로 참여해야 한다는 입장이고, 비판적 노년기 담론은 지금 까지의 노년기 담론이 지나치게 노인의 소외·차별 문제에만 초점을 맞춤으 로써 자칫 다른 세대가 겪을 수밖에 없는 문제에 소홀했다는 점을 비판하며 노인 문제 역시 모든 세대가 함께 풀어야 할 세대 간 문제의 관점에서 보아야 한다고 주장하고 있다.

이에 비해 상대적으로 고령화 문제에 대한 관심도 부족하고 노인교육도 활 성화되지 않은 한국의 경우, 노인의 부정적인 측면만을 강조하는 실패자 노 년기 담론이 여전히 우세한 실정이다. 그러나 최근 한국에서도 베이비부머가 노년기에 접어들면서 외국에서처럼 적극적 노년기 담론이나 생산적 노년기 담론이 새롭게 관심을 끌고 있는 것은 매우 바람직한 현상이라고 하겠다. 그 럼에도 아직까지 한국에서는 세대간교육을 어떠한 노년기 담론에 토대해서 발전시켜 나갈지에 대한 논의가 활발하게 이루어지지 않고 있다.

셋째, 고령화 문제를 해결하는 데 있어 정부와 긴밀한 공조 체제를 구축하 지 못하고 있다. 외국의 경우, 정부는 고령화 문제에 대한 장기적인 비전을 갖고 체계적으로 접근하여 왔고, 그런 가운데 대학은 정부와의 밀접한 공조 체제 속에서 노인교육과 노인에 관한 연구를 담당해 오고 있다(신미식, 2013a, p. 267). 미국의 경우, 고령화 문제를 해결하기 위해 정부가 1965년부터 10년 에 한 번씩 백악관노인회의를 개최하고 있고 이 회의의 결과로 수립된 다양 한 정책을 실현하는 데 대학의 역할을 강조하고 대학 또한 적극적으로 요구 된 역할을 수행해 오고 있다. 유럽의 경우, 유럽연합 차원에서 고령화 문제 를 해결하려는 움직임이 전개되어 왔고, 이미 노인교육에 적극적으로 참여해 온 대학은 이러한 움직임에 적극적으로 협조해 오고 있다. 이처럼 외국 대학 에서의 세대간교육은 정부와 대학 간의 긴밀한 공조 체제 속에서 자연스럽게 이루어지고 있다.

이에 비해 한국 정부는 고령화가 급속도로 진행되고 있음에도 고령화대책 마련에 커다란 관심을 보이지 않고 있으며, 여전히 노인과 관련한 문제를 부수적인 문제로 여기고 있다. 더구나 고령화 문제를 해결하기 위해 정부와 대학은 특별한 공조 체제를 구축하고 있지도 않다. 이러한 상황에서 대학은 고령화 문제 해결을 위해 구체적으로 어떠한 역할을 담당해야 할지에 대해서 제대로 인식하지 못하고 있고, 또한 굳이 적극적인 역할을 하겠다는 의지조차 보이지 않고 있다.

넷째, 지역사회와 밀접한 관계를 형성하지 못하고 있다. 외국의 경우, 대학이 정부와의 긴밀한 공조 체제 속에서 교육과 연구의 중심지로서 노인교육과 고령화 관련 연구를 담당해 오면서, 또 한편으로는 지역사회의 요구에도 민감하게 반응해 오고 있다. 프랑스에서 처음으로 시작한 삼세대대학은 대학이 지금까지 지역사회 요구에 무관심해 온 것에 대한 반성에서 시작되었다. 즉, 삼세대대학은 교육과 연구의 중심지로서 대학이 많은 인적ㆍ물적 자원을 가지고 있지만 이런 자원이 지역사회 발전에 크게 활용되지 않았다는 반성에서 우선적으로 노인의 교육적 요구를 충족시키기 위해 시작된 프로그램이다. 미국 대학의 엘더호스텔이나 은퇴후교육에의 참여도 같은 맥락에서 볼 수 있다.

반면, 한국의 대학은 외국 대학과 달리 아직까지도 지역사회와 밀접한 관계를 맺고 있지 못한 실정이다. 현재 한국의 대학은 특정 지역에 위치하고 있지만 그것은 물리적인 위치에 불과할 뿐으로, 지역 주민을 위해 대학을 개방하거나 지역 주민을 대상으로 교육 프로그램을 개발하는 경우는 거의 없다(신미식, 2013a, p. 267). 대학의 지역 노인을 위한 교육 프로그램도, 또 지역의 다양한 세대를 위한 세대간교육 프로그램도 많지 않다는 것은 이처럼 대학과 지역사회의 관계가 밀접하지 못한 데서 비롯된 것이라고 할 수 있다.

다섯째, 세대간교육의 필요성에 대한 인식이 부족하다. 외국의 대학은 고

령화 문제와 노인교육에 오랫동안 적극적으로 참여하면서 자연스럽게 세대
간교육에도 참여하게 되었고, 결과적으로 대학의 관련 당사자도 세대간교육
에의 참여를 자연스럽게 받아들이고 있다. 이에 반해 한국 대학의 경우 세대
간교육의 대상인 대학생조차 대학이 세대간교육 활성화에 주도적 역할을 해
야 한다는 데 회의적이다. 전국 대학생을 대상으로 세대간교육에 대한 인식
을 알아본 연구가 거의 없는 상황에서, 경남에 소재한 대학들을 중심으로 대
학생의 세대간교육에 대한 인식을 조사한 결과를 보면, '세대간교육 활성화
를 위해 가장 중요하다고 생각되는 주체'가 누구인가를 묻는 질문에 대해 국
가(33.3%), 노인(23.7%), 대학생(22%), 지방자치단체(11.5%), 대학(9.5%) 순으
로 응답하였다(박혜진, 2014, p. 86). 이처럼 대학생조차도 세대간교육을 활성
화시켜 나갈 주체로서 대학을 우선적으로 꼽고 있지 않다는 점은 주목할 만
한 일이다. 그런데 문제는 대학생만이 아니라 대학에 관련 업무 종사자도 대
학이 세대간교육 활성화에 주도적인 역할을 담당해야 한다고 생각하고 있지
않다는 점이다.

앞서 외국 대학과 비교하여 세대간교육을 활성화하기 위해 한국 대학이 놓
인 상황에 대해 살펴보았는데, 물론 외국 대학에 비해 한국 대학이 세대간교
육에 적극적으로 참여하기에는 장애물이 적지 않다. 그럼에도 현재 한국은
세대 간 갈등의 중심에 놓여 있는 청년세대와 노인세대를 위한 세대간교육
프로그램이 그 어느 때보다 필요한 상황이며, 교육시설 및 인적자원에서 보
다 나은 인프라를 갖추고 있는 대학이 세대간교육 활성화에 좀 더 적극적으
로 나서야 한다는 것은 분명한 사실이라고 할 수 있다.

2) 한국 대학의 변화와 과제

오늘날 한국의 대학이 처해 있는 상황과 여건에서 볼 때 세대간교육의 활
성화를 도모하는 데 대학만의 노력으로는 턱없이 부족하다. 따라서 세대간

교육이 제자리를 잡기 위해서는 정부와 학자 그리고 지역사회가 모두 힘을 합쳐 노력해야 한다. 이러한 맥락에서 다음은 한국 대학에서 세대간교육이 활성화되기 위해서 어떠한 변화가 필요하며, 해결해야 할 과제는 무엇인지를 알아본다.

첫째, 정부는 고령화 문제에 대해 어떻게 대처할지에 대한 장기적인 청사진을 마련해야 하며, 그 청사진 안에는 노인과 관련된 교육이 중요한 부분을 차지해야 하고, 노인교육을 위한 실행 주체로서 대학의 역할이 강조되어야 한다. 외국의 경험으로부터 세대간교육은 단순히 세대간교육만을 강조해서는 가능하지 않다는 것을 알 수 있다. 노인을 위한 교육, 고령화 및 노인에 관한 교육인 노년학 교육 그리고 세대간교육이 함께 이루어질 때 훨씬 효과적일 수 있다는 것을 주요 선진 국가의 경험이 증명해 주고 있다. 또한 이러한 청사진이 현실에서 실천되도록 정부가 행정적 · 재정적 지원에 대한 방침을 수립하는 것도 중요하다. 현재 한국의 대학은 교육부의 직간접적 통제를 받고 있어 교육부의 관심과 지원 없이는 노인교육과 세대간교육이 성공적으로 이루어지기 어려운 것이 사실이다. 정부는 지금까지 대학을 성인학습자 친화적 체제로 만들고자 평생학습중심대학 육성사업, 평생교육단과대학 지원사업을 해 왔고, 2017년에는 이의 연속선상에서 대학의 평생교육체제 지원사업을 추진하고 있다. 물론 이 사업에 베이비부머를 포함하고 있지만 앞으로는 좀 더 적극적으로 노인을 참여시켜야 할 것이며, 또한 노인, 성인, 대학생 등 여러 세대가 함께 참여할 수 있는 세대간교육 프로그램이 개발 · 실천될 수 있도록 행정적 · 재정적 지원을 제공해야 할 것이다.[8]

둘째, 대학은 지역사회와 밀접한 관계를 형성하도록 노력해야 한다. 오늘날 한국 대학, 특히 지방 소재 대학은 입학 자원의 부족과 그에 따른 재정적 어려움에 직면하고 있을 뿐만 아니라 교육부로부터 끊임없는 구조조정의 압

---

8) 국가평생교육진흥원, http://www.nile.or.kr(검색일: 2017년 10월 20일).

박을 받고 있다. 그러나 앞으로 대학의 입학 자원 부족은 더욱 심화될 것이고 결과적으로 재정적 어려움은 더욱 가속화될 것이라는 점에서 대학은 지역사회로 관심을 돌려야 할 것이다. 다시 말해, 대학이 지역사회의 요구에 좀 더 부응하는 다양한 프로그램을 개발하고 실시한다면, 대학은 지역사회로부터 호응을 얻게 될 뿐만 아니라 다양한 지원을 제공받게 되어 현재 직면하고 있는 여러 어려움을 극복할 수 있을 것이다. 대학의 세대간교육도 이러한 맥락에서 이루어져야 할 것이다.

셋째, 노인교육을 연구하는 학자는 한국에서 세대간교육이 어떠한 이론적 바탕에서 이루어져야 할지에 대해 활발한 논의를 시작해야 한다. 한정란 (2002)을 비롯해 몇몇 학자는 이미 오래전에 세대간교육의 중요성을 인식하고 세대간교육을 세대공동체 관점에서 강조해 오고 있다. 세대간교육에 대한 관심이 거의 전무한 시점에서 세대공동체 관점에서 세대간교육의 필요성과 중요성을 강조하였다는 점은 높게 평가되어야 할 것이다. 앞으로 이러한 활동이 토대가 되어 한국에서도 청년세대와 노인세대의 세대간교육을 위한 이론적 논의가 본격적으로 이루어져야 할 것이다.

넷째, 대학은 지금까지의 세대간교육을 정확히 평가하고, 그 토대 위에서 현재 청년세대와 노인세대가 필요로 하는 세대간교육 프로그램을 개발하고 실천해야 할 것이다. 한국에서는 이미 1995년에 경북대학교를 비롯한 여러 대학에서 노인들이 일반 정규대학 강좌를 들을 수 있는 명예학생제도를 도입하여 실천해 오고 있다. 그러나 흥미롭게도 이러한 제도는 고령화가 가속화되면서 더욱 확산되어야 함에도 오히려 축소되고 있다. 더욱 안타까운 점은 한때는 활발했던 명예학생제도가 어떠한 이유로 노인의 관심을 끌지 못했는지에 대한 정확한 분석이 이루어지지 않고 있고 그에 토대한 대책이 마련되지 못하고 있다는 점이다. 더 늦기 전에 대학은 물론이고 범정부적 차원에서 그 원인 분석과 대책 마련이 이루어져야 할 것이다.

앞서 언급한 것처럼 경남 지역 대학생의 세대간교육에 대한 인식을 조사한 연구 결과를 보면, 전체 대학생 451명 중에 세대간교육이 필요하다고 응답한 학생은 89.6%, 필요하지 않다고 응답한 학생은 10.4%로, 절대 다수가 세대간교육이 필요하다고 응답하고 있다(박혜진, 2014, p. 40). 뿐만 아니라 대학생들은 세대간교육 유형 중 대학생과 노인이 함께할 수 있는 유형의 교육 프로그램을 가장 선호하였고(53.9%), 그중에서도 소통 프로그램(35.3%), 문화공유 프로그램(24.4%), 사회참여 프로그램(23.5%), 체험 프로그램(16.6%) 순으로 희망하였다(박혜진, 2014, p. 62). 따라서 대학이 우선적으로 대학생과 노인이 함께할 수 있는 소통 프로그램을 개발하여 개설한다면, 대학생으로부터 많은 호응을 얻을 것으로 보인다. 이 외에도 대학이 교양과목으로 노인 관련 과목을 다양하게 개설하여 최소한 대학생이 고령화 문제나 노인에 대한 이해를 넓힐 수 있게 하고, 그들이 개별적으로 양로원 등에서 봉사를 할 경우 특별학점으로 인정하는 현행 제도를 확대한다면 세대간교육이 활성화될 수 있는 토대가 갖추어질 것이다.

다섯째, 현재 노인복지 관련 학과는 노인과 관련된 많은 지식과 전문성을 가지고 있기 때문에 이러한 학과가 중심이 되어 학제 간 융합의 형식으로 다양한 세대간교육 프로그램을 개발하려는 노력이 있어야 할 것이다. 현재 외국 대학에는 노년학과가 있어 세대간교육 프로그램의 개발과 실천에 중추적인 역할을 하고 있지만, 한국에는 아직 따로 노년학과 없기 때문에[9] 상대적으로 노인과 관련하여 많은 지식과 경험이 있는 노인복지 관련 학과가 중심이 되어야 할 것이다. 그러나 젊은 세대가 일방적으로 노인세대를 돕는 복지적 접근이 아닌 쌍방향 접근이 이루어질 수 있도록 해야 한다. 앞서 살펴보았듯이, 대학생이 소통을 목적으로 하는 세대간교육의 필요성을 높게 인식하는 상황에서 노인복지 관련 학과 교수와 학생이 다른 관련 학과의 교수와 학생과 함께 학제 융합적으로 협력하여 프로그램을 개발하고 실천한다면 청년세

---

9) 현재 노년학 학사 과정으로는 유일하게 학점은행제 문학사 과정에 노년학 전공이 있을 뿐이다.

대뿐만 아니라 노인세대로부터도 좋은 반응을 얻을 수 있을 것이다. 그리고 이러한 경험은 궁극적으로 다른 유형의 세대간교육 프로그램으로까지 확산될 수 있을 것이다.

여섯째, 이미 외국 대학에서 이루어지고 있는 세대간교육의 사례를 반면교사로 삼아 외국 대학에서 범한 것과 같은 실수를 최소화하면서 한국 현실에 맞는 세대간교육 프로그램을 개발하여야 할 것이다. 세대간교육 프로그램을 개발할 때, 어떠한 프로그램을 세대 통합적으로 할 것이고 어떠한 프로그램을 세대 분리적으로 할지를 먼저 구분하여야 할 것이며, 또한 세대간교육 프로그램이 한쪽 대상자에게 지나치게 의존하거나 불평등한 관계에 토대할 때 실패할 가능성이 높다는 점을 명심하여 가능한 한 상호 의존적이면서도 평등한 관계에 토대한 프로그램을 개발하여야 할 것이다. 더 나아가 세대간교육의 초점을 개인적인 차원만이 아닌 사회적인 차원으로까지 확대하여 세대 간 갈등의 구조적 원인을 해결하는 데도 기여하도록 해야 할 것이다. 예를 들면, 지역사회와 밀접한 관계를 맺고 지역사회에서 청년세대와 노인세대의 소통을 막는 문제가 무엇인지를 조사한 후 같이 문제를 해결하는 데 참여하는 것도 하나의 방법이 될 수 있을 것이다.

5. 나가며

현재 한국 대학이 스스로의 능력과 노력만으로 세대간교육을 활성화시키는 것은 매우 어려운 것이 사실이다. 왜냐하면 대학이 고령화 문제나 노인교육에 적극적으로 참여해 오지 않아 경험이나 기반이 턱없이 부족할 뿐만 아니라 대학 자체가 그러한 역할을 담당해야 한다는 인식조차 형성되어 있지 않기 때문이다. 또한 거의 모든 대학이 재정적 어려움에 직면하고 있는 상황에서 세대간교육과 같은 새로운 프로젝트를 도입하고 실행한다는 것은 쉽지 않을 것이다. 그러나 한국에서 고령화는 매우 빠르게 진행되고 있으며, 이러한 고령화가 세대 간 갈등으로 이어지는 상황에서 더 늦기 전에 그에 대한 국가 차원의 정책이 제시되어야 하며, 대학은 이러한 정책을 실천하는 장으로서의 역할을 적극적으로 담당해야 할 것이다.

한국의 대학에서 청년세대와 노인세대를 위한 체계적인 세대간교육이 활성화되기 위해서는 우선 대학의 인식이 변화해야 하고, 노인교육을 연구하는 학자가 이론적 토대를 제공하는 데 주도적인 역할을 담당해야 할 것이다. 더 나아가 외국의 경험을 한국의 세대간교육 프로그램 개발과 실천에 반면교사로 활용한다면 한국의 세대간교육 프로그램을 계획하고 실천하는 데서 시행착오를 줄일 수 있을 것이다. 예를 들면, 세대간교육 프로그램에서 실천 가능한 영역과 그렇지 못한 영역을 구분하거나 모든 참여세대가 공평하게 참여할 수 있는 시스템을 구축함으로써 한쪽만이 주도하는 세대간교육 프로그램을 지양하고, 단순히 세대 간 갈등 해소만이 아닌 모두를 위한 더 나은 사회발전에 초점을 맞춘다면, 비록 출발은 늦었지만 훨씬 발전적인 세대간교육 프로그램을 개발할 수 있을 것이다. 그렇게 할 때만이 개인적 차원에서의 세대 간 갈등을 극복하고 나아가 세대 간의 화합과 연대를 형성함으로써 사회발전에도 긍정적으로 작용하는 한국형 세대간교육 프로그램으로 발전할 수 있을 것이다.

참고문헌

박경숙, 서이종, 김수종, 류연미, 이상직, 이주영(2013). 세대 갈등의 소용돌이. 서울: 다산출판사.

박혜진(2014). 세대간교육에 대한 대학생의 인식. 경남대학교 대학원 석사학위논문.

신미식(2005). U3A(the University of the Third Age)가 한국 노인교육에 주는 시사점.

평생교육학연구, 11(3), 127-149.

신미식(2007). 평생교육으로서 한국노인교육의 발전방향. 평생교육학연구, 13(1), 1-24.

신미식(2013a). 고령화 사회에서 미국 대학의 역할과 한국에의 함의. 한국동북아논총, 18(3), 253-274.

신미식(2013b). 미국의 노인자원봉사 프로그램과 한국에의 함의. 한국동북아논총, 18(1), 331-352.

신미식(2016). 한국의 세대간교육 활성화와 대학의 역할: 청년세대와 노인세대를 중심으로. 한국동북아논총, 제21집, 제2호. 197-216.

안관수(2000). 대학에서의 성인교육: 세대간 연계학습. 평생교육학연구, 6(2), 47-64.

이영숙, 박경란(2002). 노년학 교육이 대학생의 노인에 대한 태도에 미치는 영향. 한국노년학, 21(3), 29-41.

한정란(2002). 노인교육과 세대통합: 세대공동체 교육. Andragogy Today, 5(1), 91-108.

한준상(2002). 세대간 공동체교육 프로그램 개발연구. 서울: 교육부.

Bostrom, A. (2014). Reflections on intergenerational policy in Europe: The past twenty years and looking into the future. *Journal of Intergenerational Relationships, 12*, 357-367.

Brabazon, K., & Disch, R. (Eds.). (1997). *Intergenerational approaches in aging: Implications for education, policy and practice.* New York: The Haworth Press.

Castro, J., Gonzalez, D., Aguayo I., & Fernandez, E. (2014). Perceptions concerning intergenerational education from the perspective of participants. *Educational Gerontology, 40*, 138-151.

Coleman, J. S. (1988). Social capital in the creation of human capital. *American Journal of Sociology, 94*, 95-120.

EAGLE(European Approaches to Inter-Generational Lifelong Learning). (2008). *International learning in Europe: Policies, programmes & practical guidance (Final Report).* Erlangen: University of Elangen-Nuremberg, Institute for Innovation in Learning.

Estes, C. (2008). A first generation critic comes of age: Reflection of a critical gerontologist. *Journal of Aging Studies*, *22*, 120-131.

Kaplan, M. (1997). The benefits of intergenerational community service projects: Implications for promoting intergenerational unity, community activism and cultural continuity. In K. Brabazon & R. Disch (Eds.), *Intergenerational approaches in aging: Implications for education, policy and practice* (pp. 211-228). New York: The Haworth Press.

Manheimer, R. J. (1997). Generations learning together. In K. Brabazon & R. Disch (Eds.), *Intergenerational approaches in aging: Implications for education, policy and practice* (pp. 79-91). New York: The Haworth Press.

Mannion. G. (2012). Intergenerational education: The significance of reciprocity and place. *Journal of Intergenerational Relationships*, *10*, 386-399.

Newman, S., & Hatton-Yeo, A. (2008). Intergenerational learning and the contributions of older people. *Ageing Horizons*, *8*, 31-39.

Newman, S., Ward, R., Smith, T., Wilson, J., & McCrea, J. (1997). *Intergenerational programs: Past, present, and future*. Washington, DC: Taylor & Francis.

Sanchez, M., & Hatton-Yeo, A. (2012). Active ageing and intergenerational solidarity in Europe: A conceptual reappraisal from a critical perspective. *Journal of Intergenerational Relationships*, *10*, 276-293.

Sanchez, M., & Kaplan, M. (2014). Intergenerational learning in higher education: Making the case for multigenrational classrooms. *Educational Gerontology*, *40*, 473-485.

Sheldletsky, L. (2012). Undergraduates mentoring older adults: Breaking stereotypes. *Journal of Intergenerational Relationships*, *10*, 400-414.

Zaidi, A., Gasior, K., & Manchin, R. (2012). Population aging and intergenerational solidarity: International policy frameworks and European public opinion. *Journal of Intergenerational Relationships*, *10*, 214-227.

제12장
노인교육의 미래:
비판적 노인교육을 중심으로[1]

1. 들어가며

한국 사회에서 고령화가 빠르게 진행되고 있음에도 불구하고 아직 정부 차
원에서도, 민간 차원에서도 이에 대한 체계적인 대책이 마련되지 못하고 있
다. 이에 반해 외국의 경우 한국보다 고령화 속도가 빠르지 않음에도 오래전
부터 고령화사회에 대비해 체계적인 대책을 마련해 왔다. 대표적인 예로, 미
국에서는 10년 주기로 백악관노인회의를 열어 국가 차원에서 고령화로 인해
직면하게 되는 다양한 문제를 해결하려고 노력해 왔다. 2005년에 열린 백악
관노인회의에서는 제2차 세계대전 이후 태어난 베이비부머의 사회참여가 논
의되었고, 그 결과 베이비부머의 사회참여를 지원하기 위한 다양한 정책이

1) 이 장은 신미식(2014). 한국 노인의 임파워먼트를 위한 노인교육 활성화 방안. 한국동북아논총, 제19집,
제4호, 269-290을 일부 수정하여 재게재함.

수립되었다(신미식, 2013, p. 336). 그런데 여기서 흥미로운 점은 이렇게 된 데
는 미국 노인의 적극적인 역할이 있었다는 점이다. 다시 말해, 미국 정부나
사회가 노인에 대한 관심을 갖게 된 것은 바로 미국 노인이 자신의 삶과 관련
된 사안에 적극적인 관심을 보였고, 또한 노인 관련 정책을 수립하는 과정에
적극적으로 참여하여 자신의 이해관계를 우선적으로 관철시키려고 끊임없
이 노력한 데서 비롯되었다고 할 수 있다.

  미국에서도 처음부터 노인이 관련 사안에 적극적인 관심을 보이고 노인
관련 정책 결정 과정에 적극적으로 참여한 것은 아니다. 1940~1950년대만
해도 노인은 무능한 자, 실패한 자로 규정지어졌고, 노인의 사회참여는 제
한적 수준에 그쳤다(Moody, 2001, p. 177). 그러나 1970년대 들어 상황이 바
뀌기 시작하였다. 노인은 자신이 실패자로 규정되는 것에 전면적으로 도전
하였다. 노인은 실패자가 아니며, 노인을 실패자로 규정한 것은 노인이 아
닌 사회라는 것을 강조하였고, 나아가 실패자가 아니라는 것을 증명하기 위
해 많은 노력을 기울였다. 이런 과정에서 긍정적 노년기(positive aging), 성공
적 노년기(successful aging), 생산적 노년기(productive aging)와 같은 담론이
만들어졌고, 노인의 이익을 대변해 줄 노인단체로 미국은퇴자연합(American
Association of Retired Persons: AARP), 은퇴미국인연맹(Alliance for Retired
Americans: ARA), 그레이 팬더즈(Gray Panthers) 등이 조직되었다.[2]

---

2) 미국은퇴자연합(AARP)은 처음에는 은퇴한 교사들의 단체인 은퇴교사연합(National Retired
   Teachers Association)으로 시작하였으나 이후 은퇴한 교사뿐만 아니라 50세 이상의 모든 노인이
   참여할 수 있는 단체로 확대 발전하면서 이름도 AARP로 변경되었다. 현재 AARP는 미국 노인단체
   중 가장 많은 회원을 갖고 있다. 은퇴미국인연맹(ARA) 역시 시니어국가협의체(National Council
   of Senior Citizen: NCSC)에서 발전된 단체이다. 현재 ARA는 미국에서 두 번째로 많은 회원을 가
   진 노인단체이다. ARA는 미국에서 가장 규모가 큰 노동조합인 AFL-CIO(American Federation of
   Labor-Congress of Industrial Organizations)와 연대하여 만들어진 노인단체로, 특히 저소득층 노
   인 노동자 문제에 많은 관심을 보이고 있다. 그레이 팬더즈는 블랙 팬더즈에서 유래된 단체로, 다
   른 두 단체보다 늦게 결성되었다. 블랙 팬더즈가 흑인의 시민권 쟁취를 위해 투쟁하였듯이 그레이

이에 반해 한국의 65세 이상 노인인구는 2015년 기준 657만 명으로 전체 인구의 13.2%에 달하고 있으나(통계청, 2016) 아직 부정적 이미지에서 벗어나지 못하고 있다. 노인은 여전히 나약하고 의존적이며 사회의 도움이 필요한 존재로 여겨지고 있으며, 또한 국가 경쟁력을 약화시키거나 젊은 사람에게 부담이 되는 존재로 그려지고 있다. 하지만 실상은 그렇지 않다는 것을 보여 주는 증거는 쉽게 찾을 수 있다. 경제협력개발기구(Organization for Economic Cooperation and Development: OECD)에 따르면, 2011년 기준으로 한국의 65~69세 사이의 고용률은 41%로 OECD 32개국 중 가장 높고, 한국의 실질적인 은퇴 연령은 남성 71.4세, 여성 69.9세로 OECD 32개국 중 멕시코 다음으로 높다.[3]

이처럼 한국 노인에 대한 부정적인 이미지는 현실을 반영하고 있다기보다는 왜곡된 측면이 강하다. 그러나 문제는 노인이 아직 부정적인 이미지를 벗어나려는 데 혹은 왜곡된 이미지를 바로잡으려는 데 적극적인 역할을 하고 있지 못하다는 점이다. 오히려 노인은 사회에서 씌운 부정적 이미지를 내면화하여 자신의 행동을 제약하고 있으며, 말이나 행동이 필요할 때조차 침묵으로 대신하고 있다. 이런 상황에서 노인 관련 정책은 장기적인 시각에서 철저한 준비 없이 추진되고 있고(한정란, 박성희, 원영희, 최일선, 2011, p. 123), 결과적으로 정부의 고령화사회에 대한 대응은 OECD 주요 국가 중 최하위를 기

팬더즈는 노인을 위한 권리 투쟁에 헌신하겠다는 취지를 갖고 은퇴자와 젊은 대학생과의 비공식적인 토론집단으로 시작하였으나, 10년도 되기 전에 그 회원 수가 6만 명에 달하게 되었고 지부 역시 전국적으로 90개로 늘어났다(Beard & Williamson, 2011, p. 24). 물론 한국에도 대한노인회 같은 노인단체가 없는 것은 아니지만, 아직 노인인구 증가에 따른 노인 요구의 다양화를 반영할 정도로 노인단체가 다양하게 발전하지는 못한 실정이다.

3) 경제협력개발기구(OECD)에서 2013년 1월에 발간한 『고령화와 고용정책 보고서』를 참조함 (OECD, http://www.oecd-ilibrary.org/employment/oecd-employment-outlook_19991266, 검색일: 2014년 5월 20일).

록하고 있다.[4]

이런 맥락에서 현재 한국 노인에게 필요한 것은 사회에서 씌운 부정적인 이미지에서 벗어나서 정정당당한 삶의 주체로 거듭나 자신의 삶과 관련된 정책을 결정하는 과정에 좀 더 적극적으로 참여하여 목소리를 내는 것이다. 그렇게 되기 위해서 무엇보다 필요한 것은 노인 스스로 힘을 갖는 것, 즉 임파워먼트되는 것이다. 쿠색(Cusack, 1999, p. 21)에 따르면, 노인이 임파워먼트된다는 것은 모든 형태의 차별로부터 스스로를 해방시키고, 또한 노년기에 대한 긍정적인 이미지와 더불어 해방적인 사회 변화를 위한 가능성을 모색할 수 있는 능력을 갖게 되어 자신의 문제 해결에 주체적으로 참여할 수 있게 되는 것을 의미한다. 그러면 과연 어떻게 하면 노인이 임파워먼트될 수 있을까? 다양한 방법이 있지만 가장 장기적이고 확실한 방법은 교육이다. 그러나 모든 교육이 노인에게 힘을 갖게 하지는 않으며, 단지 교육의 목적을 임파워먼트에 맞추고 교육과정 자체가 임파워먼트 과정이 될 때 그것이 가능하다. 왜냐하면 임파워먼트에 초점을 맞춘 교육에서만이 노인들이 스스로 교육의 주체가 되는 것을 경험하게 되고, 이런 경험은 자신의 삶까지 확대되어 자연스럽게 삶의 주체로서 사는 것과 그러기 위해 자신의 삶에 영향을 끼치는 문제를 해결하는 과정에 적극적으로 참여하는 것이 얼마나 중요한지를 깨닫게 되기 때문이다.

최근 들어 한국에서 노인교육이 양적으로 많이 확대되고 있지만 아직 노인의 임파워먼트를 목적으로 한 노인교육은 쉽게 찾아볼 수 없는 실정이다. 하지만 현재 한국 노인에게는 임파워먼트가 필요하고, 그것을 위해서는 무엇보다 임파워먼트를 목적으로 하는 노인교육이 활성화될 필요가 있다. 따라서 이

---

4) 보건복지부와 한국보건사회연구원에서 2012년에 발간한 정책보고서에 따르면, 고령화 문제에 직면하여 한국의 정책 대응 수준이 OECD 주요국 가운데 가장 낮은 것으로 나타났으며, 특히 1990년대 이후 20년 동안 상황이 거의 나아지지 않은 것으로 드러나 많은 우려를 자아내고 있다(보건복지부, 한국보건사회연구원, 2012, p. 319).

장에서는 한국보다 노인교육이 발전한 외국에서 이미 임파워먼트를 목적으로 발전되어 오고 있는 비판적 노인교육을 집중적으로 살펴본 후, 한국에서도 비판적 노인교육을 받아들여 활성화할 수 있을지에 대한 가능성을 타진하고, 나아가 그렇게 되기 위해 해결해야 할 과제는 무엇인지를 탐색하고자 한다.

2. 임파워먼트의 정의와 필요성

임파워먼트(empowerment)는 한글로 권력(power) 갖기, 힘 갖기 혹은 세력화로 번역되고 있다. 그러나 여기서의 권력은 지금까지의 권력과는 다른 의미의 권력이다. 지금까지의 권력은 기득권자가 사회적 소외자 위에 군림하는 권력을 의미했으나, 임파워먼트에서의 권력은 지배 권력의 억압을 받거나 지배를 받아 온 사회적 소외자가 지배 권력으로부터 잃어버린 권력을 되찾아 스스로 주체가 되기 위해 행사하는 권력을 의미한다. 따라서 여기서의 권력은 누군가의 위에 서거나 누군가를 지배하는 권력이 아닌 수평적인 권력이며, 스스로 정정당당하게 서는 데 필요한 권력이다.

그러면 한국 노인은 왜 임파워먼트가 필요할까? 첫 번째 이유는 노인이 자신에게 씌워진 왜곡된 이미지에서 벗어나기 위해서이다. 한국 사회에서 노인은 가장 열심히 일하고 성실하게 살아온 세대이며, 한국이 경제적으로 도약할 수 있었던 것도 그들이 산업의 주역으로 열심히 일해 준 것에 기인한다. 그러나 퇴직한 이후 이들은 사회에서 안락한 생활을 보장받지 못하면서 다시 산업 현장으로 복귀하거나 일자리를 찾고 있는 실정이다. 그럼에도 아직 한국 사회에서 노인의 이미지는 연약하고, 무능하며, 사회의 도움이 필요한 의존적인 존재로 그려지고 있다. 대중매체는 다양한 사례를 통해 노인이 얼마나 불쌍하고 사회적 도움이 필요한 존재인지를 강조하고 있으며, 정부 역시 노인의 부정적인 이미지를 불식시키기 위해 노력하기보다는 고령화로 인해 국가 경쟁력이 하락하고 있으며 또한 앞으로 노인이 사회에 얼마나 커다란 부담이 될지를 보여 주는 통계 수치를 제시해 오고 있다.[5]

　실제로 노인의 이미지가 이처럼 부정적으로 비쳐지고 있는 것은 한국의 기득권 세력과 무관하지 않다. 기득권 세력은 노인이 무능하고 의존적인 존재로 남아 있는 한 더 이상 기득권 세력에 혹은 현 정치경제 구조에 저항하는 세력이 될 수 없다는 점을 누구보다 잘 알고 있기 때문이다. 다시 말해, 한국 노인이 사회의 도움 없이는 살아갈 수 없는 '무능한' 자가 되면서 은퇴와 같은 다양한 연령차별주의 정책에 침묵하고 결과적으로 기득권을 유지하고자 하는 관료들이 만들어 놓은 정책을 별 저항 없이 받아들일 수밖에 없게 된 것이다. 젊은 세대와의 관계에 있어서도, 실제로는 그렇지 않음에도 노인을 젊은 사람에게 짐이 되는 존재로 혹은 그들의 일자리를 빼앗는 존재로 부각시킴으로써 기득권 세력에 위협이 될 수 있는 젊은 세대와의 연대 가능성을 미리 차단하려고 하고 있다. 그러나 노인들이 임파워먼트를 통해 기득권 세력으로부터 잃어버린 권력을 되찾을 경우 노인은 더 이상 지금까지의 왜곡된 이미지를 받아들이려고 하지 않을 것이며, 나아가 왜곡된 이미지를 바로잡는 과정에 적극적으로 참여하게 될 것이다.

　한국 노인에게 임파워먼트가 필요한 두 번째 이유는 노인이 자신의 삶에 영향을 끼치는 정책에 관심을 갖고 또한 정책 결정 과정에 적극적으로 참여하여 자신의 목소리를 낼 수 있게 되기 위해서이다. 노인이 자신의 삶과 관련된 정책 결정 과정에 적극적인 관심을 갖고 참여한 경우와 그렇지 않은 경우는 결과에서 현저한 차이가 있을 수밖에 없다. 미국에서처럼 노인이 정책 결정 과정에 적극적으로 참여하면 정책 결정자는 노인과 관련된 정책을 결정할 때 노인을 의식하게 되고, 노인의 요구나 의견을 우선적으로 반영하려고 할

---

5) 예를 들면, 한국경제는 통계청(2013)의 자료를 인용하면서 65세 이상 노인인구가 처음으로 600만 명을 돌파하였고, 결과적으로 생산인구 6명이 노인인구 1명을 부양하게 되었다고 거듭 강조하고 있다(한국경제, 2013. 9. 30.).

것이다. 반면, 한국에서처럼 노인이 자신에게 씌워진 부정적 이미지에 갇혀 자신의 삶에 직결된 문제에 대해서도 관심을 갖지 않고, 또한 자신의 삶에 결정적인 영향을 끼치는 정책을 결정하는 데 있어서도 의견을 내거나 적극적으로 참여하지 않는다면 정책 결정자는 굳이 노인의 의견이나 요구를 들을 필요가 없게 될 것이다. 그렇게 될 때 노인의 삶에 영향을 미치는 정책은 노인의 의견이나 요구가 반영되지 않은 채 온전히 정책 결정자에 의해 결정될 것이다. 여기에서 특히 중요한 것은 이렇게 노인의 의견이나 요구가 반영되지 않고 만들어진 정책이 가져올 폐해를 고스란히 노인이 떠안게 된다는 것이다.

카니(Carney, 2010, p. 231)는 노인의 수가 많아진다고 하여 자동적으로 노인을 위한 좋은 정책이 만들어지지는 않는다는 점을 강조하면서, 노인을 위한 좋은 정책이 만들어지기 위해서는 무엇보다 노인의 힘이 강화되어야 한다고 주장한다. 그는 미국의 노인과 아일랜드의 노인을 비교하면서, 미국에서 노인을 위한 좋은 정책이 만들어질 수 있었던 이유는 노인에게 힘이 있어서이고, 이렇게 만들어진 정책은 다시 노인의 힘을 증가시키는 데 기여하고 있다고 주장한다. 반면, 노인의 힘이 약한 아일랜드의 경우 노인을 위한 좋은 정책은 만들어지지 않고 있으며, 결과적으로 노인은 '구조적 의존성(structural dependency)'에서 벗어나지 못하고 있다고 주장한다. 그가 주장한 노인의 힘과 정책의 관계는 한국 노인의 경우에도 그대로 적용될 수 있을 것이다. 아일랜드와 마찬가지로 노인의 힘이 약한 한국의 경우 노인의 부정적인 이미지는 노인에게 침묵을 강요하고, 노인이 침묵하는 동안 노인을 위한 좋은 정책은 만들어지지 않게 되어, 결과적으로 노인이 구조적 의존성에서 벗어날 가능성은 더욱 희박해진다. 실제 한국 노인은 한국 사회에서 경제적으로 가장 취약한 계층으로 전락해 버렸다.[6]

---

6) 2012년 기준 국민기초생활보장 수급자 130만 명 중 고령자 비중은 28.9%에 달하고 있으며, 계속 증가하는 추세이다(통계청, 2013).

이처럼 현재 한국 노인이 임파워먼트되어야 할 이유는 무엇보다 부정적 이미지에서 벗어나기 위해서이고 또한 자신의 삶에 영향을 끼치는 정책 수립 과정에 적극적으로 참여함으로써 구조적 의존성에서 벗어나기 위해서이다. 그리고 실제로 이 둘은 서로 밀접하게 연결되어 있다. 즉, 노인이 적극적으로 자신의 문제에 관심을 갖고 목소리를 내기 시작할 경우 노인에 대한 왜곡된 이미지는 사라질 것이고, 마찬가지로 노인이 부정적인 이미지에서 벗어나게 되면 자신의 상황에 좀 더 관심을 갖게 되고 더 나아가 자신이 처해 있는 상황을 바꾸기 위해 더욱 적극적으로 참여하게 될 것이다.

그러면 어떻게 하면 한국 노인이 임파워먼트될 수 있을까? 노인의 임파워먼트는 다양한 방법을 통해서 가능하지만, 그중 가장 장기적이고 효과적인 방법은 앞서 언급했듯이 교육이다. 그러나 쿠색이나 포모사가 지적하였듯이, 모든 노인교육이 노인의 임파워먼트에 기여하지는 않으며 교육의 목적이 임파워먼트에 맞춰지고 교육과정 자체가 임파워먼트의 과정이 될 때만이 노인의 임파워먼트에 기여할 수 있을 것이다. 물론 오늘날 한국에서도 많은 노인교육 프로그램이 개발되고 실천되고 있다. 하지만 한국 노인교육의 장에서 노인에게 삶을 사회구조적으로 볼 수 있게 하고, 자신의 삶과 관련된 사안에 목소리를 내도록 해 주는 임파워먼트를 목적으로 하는 노인교육은 쉽게 찾아볼 수 없다. 노인이 자신의 문제를 해결하는 데 적극적으로 참여하지 않는 한 구조적 의존성의 굴레에서 벗어날 수 없다는 것은 이미 외국의 사례에서도 드러난 바 있고, 또한 현재 한국 노인이 처해 있는 상황이 이를 증명한다. 따라서 힘들더라도 더 늦기 전에 노인들이 자기 삶의 주체가 될 수 있도록 해 주는, 임파워먼트를 목적으로 하는 노인교육이 활성화되어야 할 것이다.

한국보다 노인교육이 상대적으로 발전한 외국에서는 노인교육이 발달한다고 해서 노인이 자동적으로 임파워먼트되는 것은 아니라는 점을 깨닫고, 노인의 임파워먼트를 목적으로 하는 노인교육의 발전에 많은 노력을 기울여 왔다. 그리하여 새로운 노인교육인 '비판적 노인교육'을 발전시켰다. 현재 한

국 노인에게 임파워먼트가 그 어느 때보다 필요한 상황에서 한국에서도 비판
적 노인교육에 좀 더 관심을 가져야 할 것이다. 이러한 이유로 다음 절에서는
임파워먼트를 목적으로 하는 비판적 노인교육은 어떠한 배경에서 등장하게
되었으며, 어떠한 특징을 갖고 있는지, 나아가 구체적으로 노인교육 현장에
서 어떻게 실천되고 있는지를 살펴본다.

3. 임파워먼트를 목적으로 하는 비판적 노인교육

1) 비판적 노인교육의 등장 배경

외국에서도 초기의 노인교육은 취미, 오락, 인문교양, 건강, 기술, 죽음 관
련 교육 위주로 이루어졌으며, 주로 노년기 노인의 기능적 · 심리적 · 신체적
결핍을 보완하는 데 초점이 맞추어졌다. 다시 말해, 초기 노인교육은 자본주
의 사회에서 노인이 생활하는 데 필요한 지식이나 기술을 주로 제공해 왔고,
따라서 기능주의적이며 체제 유지적인 성격이 강했다(Findsen, 2005, p. 141).

하지만 노인교육이 발전하면서 일부 노인교육학자[7]는 이런 주류 노인교
육에 대해 비판의 목소리를 높이기 시작하였다. 이들은 노인도 다른 사회구
성원과 마찬가지로 사회구조의 한가운데 놓여 있고 또한 대부분 사회구조
로부터 부정적인 영향을 받고 있는 상황임에도 기존의 노인교육은 노년기에
접어든 노인이 마치 사회구조의 영향을 받지 않는 것처럼 혹은 장밋빛 삶을
살고 있는 것처럼 노인 개개인의 심리적이고 기능적인 면만을 강조하고 있
다고 비판하였다. 결과적으로 이들 학자는 기존의 노인교육과 달리 노인으

---

7) 대표적인 학자로는 글렌데닝(Glendenning, 1990), 배터스비(Battersby, 1993), 워커(Walker,
   1990), 쿠색(Cusack, 1999), 핀드슨(Findsen, 2011), 포모사(Formosa, 2011) 등이 있다.

로 하여금 자신이 사회적으로 어떠한 상황에 처해 있으며 그것을 극복하기 위해서는 무엇이 필요한지, 그리고 어떠한 역할을 담당해야 할지를 배우도록 하는 데 초점을 맞춘 새로운 노인교육이 필요하다는 점을 주장하였고, 실제로 이러한 주장에 부합하는 새로운 노인교육을 발전시켰다. 이들은 이런 노인교육을 지금까지의 주류 노인교육과 구분하여 비판적 노인교육(critical educational gerontology)이라고 불렀다. 이처럼 비판적 노인교육은 교육의 초점을 노인의 임파워먼트에 맞추고 노인의 문제를 사회구조적 측면에서 다루려는 목적에서 시작되었다. 물론 비판적 노인교육이 갑자기 등장한 것은 아니다. 비판적 노인교육은 성공적 노년기, 생산적 노년기와 같은 주류 노년기 담론에 대해 비판적 입장을 보이면서 발전한 비판적 노년학과 프레이리에서 시작되어 교육학 영역에서 중요한 담론으로 자리 잡은 비판적 교육학에서 많은 영향을 받았다.

비판적 노년학은 성공적 노년기의 경우 노인의 성공적 삶을 젊은 사람의 삶의 관점에서만, 생산적 노년기의 경우 노인의 삶을 단순히 경제성, 생산성의 관점에서만 보려고 하고 있다는 점에서 문제가 있다고 지적하면서, 이들 담론과 달리 노인의 삶을 개인적인 관점에서가 아니라 사회경제적 구조 속에서 파악하려고 했다. 특히 노인이 연령으로 인해 자본주의 사회경제 구조 속에서 어떻게 차별받고 억압받고 있는지에 초점을 맞추고자 하였다. 그러나 그렇다고 모든 노인이 같은 정도로 억압을 받거나 불평등을 당하고 있지는 않다는 점 역시 강조하고 있다. 즉, 모든 노인은 자본주의 사회에서 연령으로 인해 차별받고 억압받고 있지만, 또한 자신이 속해 있는 계층, 성, 인종의 영향도 받고 있기 때문에 노인 사이의 불평등, 억압, 차별은 같을 수 없음을 강조하고 있다(Estes, Biggs, & Phillipson, 2003, p. 21).

한편, 비판적 교육학은 현재의 교육 체제로는 억압받는 자가 자신이 처해 있는 억압 상황에서 벗어날 수 없기 때문에, 그들에게 새로운 교육이 필요하고 그 교육에서는 무엇보다 억압받는 자의 의식화 교육을 강조해야 한다고 주장하였다(Freire, 1970, p. 68). 여기서의 의식화 교육이란 억압받는 자가 자신이 처해 있는 상황을 정확하게 인식하고 그런 상황을 벗어나기 위해 무엇을 해야 할지에 대한 가능성을 타진할 뿐만 아니라, 나아가 그 가능성을 현실로 옮길 수 있게 해 주는 교육을 의미한다. 또한 비판적 교육학은 이러한 교육이 가능하기 위해서는 교수자가 학습자에게 전적으로 지식을 전달하는 지금까지의 은행식 교육 방식과는 다른, 학습자의 삶에 토대한 교육 내용을 중심으로 학습자의 적극적인 참여 속에서 교수자와 학습자, 학습자와 학습자 사이의 대화를 통해 이루어지는 문제제기식 교육 방식이 활용되어야 한다고 강조하고 있다.

이와 같이 비판적 노인교육은 노인의 삶을 자본주의 사회구조 속에서 파악하려고 한 비판적 노년학과, 학습자에게 임파워먼트의 의미와 필요성을 교육적으로 알려 주고 나아가 교육과정 자체가 임파워먼트 과정이 되는 데 있어 필요한 방법론을 제시한 비판적 교육학이 결합되어 탄생한 노인교육이다.

2) 비판적 노인교육의 특징

비판적 노인교육은 이전의 노인교육과 여러 면에서 차이가 있다. 다음은 구체적으로 비판적 노인교육이 어떠한 차별적 특징을 가지고 있는지에 대해 이를 주장한 학자들의 주장을 중심으로 살펴보고자 한다.

글렌데닝과 배터스비(Glendenning & Battersby, 1990, pp. 226-229)는 기존의 노인교육과 달리 비판적 노인교육은 다음과 같은 원칙을 가져야 한다고 주장한다. 첫째, 기능주의적 접근을 취한 기존의 노인교육과 달리 비판적 노인교육은 사회정치적 접근을 취해야 한다. 이 접근에서 교육은 단순히 내용을 전달하는 데 그쳐서는 안 되고, 학습자가 처해 있는 사회정치적 구조와의 연관 속에서 학습자의 의식을 향상시키는 데 초점을 맞춰야 한다. 둘째, 비판적 노인교육은 무엇보다 교육의 도덕적 측면을 강조해야 하고 또한 노인에 대한 차별이나 억압을 생산해 내고 지속시키는 사회적 환경을 변화시키는 데 기여해야 한다. 셋째, 비판적 노인교육은 임파워먼트, 변혁, 의식화와 같은 개념을 교육의 중심에 두어야 한다. 넷째, 비판적 노인교육은 이론과 실천이 변증법적으로 통합된 프락시스를 무엇보다 중요하게 여겨야 한다. 즉, 교육의 실천적인 면이 강조되어야 하고, 특히 비판적 노인교육의 원칙이 구체적 교육 현장에서 실천되도록 해야 한다.

워커(Walker, 1990, p. 110)는 주류노인교육이 '정상적'으로 기능하는 기존 체제 속에 노인을 어떻게 적응시킬지에만 초점을 맞춤으로써 기존 체제에 도전하기보다는 그것을 수용하는 데 기여해 왔다고 비판하면서, 비판적 노인교육은 반대로 기존 체제에 도전해야 한다고 강조한다. 즉, 비판적 노인교육은 기존 체제가 노인을 어떻게 억압하고 차별해 왔는지에 초점을 맞춰야 하고, 또한 노인을 전 교육과정에 주체로서 참여시킴으로써 전 교육과정이 노인에게 임파워먼트의 과정 혹은 해방의 과정이 되도록 해야 한다고 강조하고 있다.

쿠색(1999, pp. 27-28)은 비판적 노인교육에서 가장 중심에 두어야 할 것은 학습자인 노인의 임파워먼트이며, 따라서 교육과정은 노인 스스로가 모든 차별에서 해방되고, 나아가 해방적인 사회 변혁을 위해 어떠한 가능성이 있는지를 타진하고 실제 그런 가능성이 실현되도록 노력하는 과정이 되어야 한다고 주장한다. 특히 그는 이런 목적을 이루고자 하는 비판적 노인교육은 이전과는 다른 교육 방법을 활용해야 함을 강조한다. 즉, 학습의 책임이 교수자가 아닌 학습자에게 있고, 학습에서의 권력은 통제를 위한 권력이 아닌 창조적 에너지를 생산하는 권력이 되도록 해야 하며, 학습 과정은 교수자와 학습자 사이의 대화와 타협이 이루어지는 과정이 되어야 한다고 주장한다.

포모사(Formosa, 2002, pp. 79-82) 역시 비판적 노인교육은 다음과 같은 특징을 가져야 한다고 주장한다. 첫째, 연령 차별적 사회구조를 변화시키는 데 초점을 맞춰야 한다. 둘째, 노인 사이에도 다양한 차이가 있다는 점은 인정하되, 노인을 차별하는 사회구조를 변혁하기 위해서는 노인 사이의 이런 차이를 극복하고 서로 연대해 나가는 것이 필요하다는 점을 강조해야 한다. 셋째, 노인의 삶과 직결된 주제를 중심으로 교육과정이 만들어지고, 전통적인 교수 방법이 아닌 교수자와 학습자, 학습자와 학습자 사이의 대화가 우선시되는 문제제기식 방식이 활용되어야 한다. 넷째, 교수자는 더 이상 단순한 지식 전달자가 아니라 변혁가, 조직가, 타협가로서의 다양한 역할을 소화해 내면서 사회 변혁에 앞장서는 유기적 지식인 역할을 수행해야 한다. 다섯째, 궁극적으로 노인교육은 노인에 의해 노인을 위한 자조 방식으로 이루어져야 한다. 노인이 무엇을 원하는지는 노인 자신이 가장 잘 알기 때문이다. 여섯째, 교육으로부터 혜택을 받지 못하거나 소외당하고 있는 노인에게 교육이 제공되도록 다양하고 효과적인 전략을 개발해야 한다. 일곱째, 배운 지식을 노인이 실제 현장에서 행동으로 옮길 수 있도록 실천을 강조해야 한다.

지금까지 비판적 노인교육을 발전시켜 온 대표적인 학자들이 강조하는 그것의 특징은 무엇인지를 살펴보았다. 물론 학자마다 조금씩 강조점은 다르지만, 비판적 노인교육은 기존의 노인교육과 달리 무엇보다 노인의 문제를 사회구조적으로 보고 사회구조적으로 해결하려고 하며, 그 중심에 노인이 있어야 한다는 점을, 그리고 그러기 위해서 교육은 무엇보다 노인의 임파워먼트에 초점을 두어야 한다는 점을 강조한다.

3) 비판적 노인교육의 실천

비판적 노인교육은 상대적으로 다른 노인교육에 비해 역사가 짧아 아직 보편화되어 있지는 않지만 점차 범위나 대상을 넓혀 가고 있는 실정이다. 다음은 구체적으로 비판적 노인교육이 노인교육 현장에서 기존 노인교육 프로그램과 어떻게 다르게 실천되고 있는지, 나아가 그 과정에서 제기되는 문제점은 무엇인지를 밝혀본다.

쿠색(Cusack, 1999, pp. 26-30)은 비판적 노인교육에 토대하여 노인을 위한 리더십 훈련 프로그램과 정신역량 강화 프로그램을 개발·실행하였다. 리더십 훈련 프로그램은 지도자로서 노인들이 모든 결정 과정에서 적극적인 역할을 수행할 수 있도록 하는 데 초점을 맞췄고, 정신역량 강화 프로그램은 노인이 노화에 대해 가지는 부정적인 전제에 도전하고 그것을 좀 더 긍정적인 믿음과 전제로 바꾸는 데 적극적인 역할을 담당할 수 있도록 하는 데 초점을 맞췄다.

마찬가지로 포모사(Formosa, 2005, p. 403)는 비판적 노인교육에 토대하여 노인학대의 예방과 대처 프로그램을 개발·실행하였다. 이 프로그램은 노인으로 하여금 노인학대의 문제를 기득권 세력의 헤게모니적 관점이 아닌 노인 자신의 관점에서 볼 수 있게 하였을 뿐만 아니라 노인 스스로 노인학대 문제를 예방하고 해결할 수 있도록 하였다.

이처럼 비판적 노인교육은 현재 다양한 주제에 적용되고 있지만, 학습 과정은 주제와 상관없이 노인을 학습의 동반자로 전 과정에 참여시켜 그 자체가 노인에게 임파워먼트 과정이 되게 하고 있다. 즉, 교수자는 권위적인 태도에서 벗어나 학습자인 노인과 동등하고 수평적인 관계를 형성하고, 나아가 모두가 자유롭게 자신의 의견을 타진하고 교환할 수 있도록 학습 공간을 만들며, 또한 학습은 교수자에 의해 일방적으로 이루어지는 것이 아니라 교수자와 학습자인 노인들 사이의 끊임없는 대화와 토론 그리고 필요할 경우 타협 과정을 통해 쌍방향으로 이루어질 수 있도록 하고 있다. 결과적으로 이런 과정을 통해 학습자는 지금까지와 달리 스스로 사고하는 법을 터득하게 되고 자신이 무엇을 배우고자 하는지, 또한 그 배움을 실천하기 위해 무엇을 해야 하는지를 깨닫게 되면서 점차 학습의 주체로 변화해 간다. 그리고 이러한 경험은 삶으로까지 확대되어 삶의 주체로도 거듭나게 된다.

하지만 비판적 노인교육이 구체적인 현장에서 실천되는 과정에서 의도하지 않은 문제도 나타나고 있다. 예를 들면, 비판적 노인교육에 토대한 많은 프로그램의 주 대상이 원래 취지와 달리 여전히 기존 교육으로부터 혜택을 받아 온 중산층 노인이라는 점이다(Formosa, 2012, p. 124). 또한 노인 문제는 다양한 억압과 차별이 복잡하게 얽혀 있는 현 사회구조 속에서 다른 소외집 단의 이해관계와 충돌할 수밖에 없음에도, 노인 문제를 다루는 데 있어 지나 치게 노인의 억압만을 강조하고 있다는 점이다. 이에 대해 노인 문제 역시 노 인이라는 틀을 벗어나 전체적인 사회경제적·생태적 구조 속의 한 부분으로 서 재조명되어야 하며(Nikander, 2009, p. 650), 현재와 같이 자원이 고갈되고 경쟁이 심화되는 상황에서 노인세대의 이기주의를 넘어 상호 의존적이면서 도 공적인 이익을 우선시하고 앞으로 닥칠 위험에 대해서도 책임을 공유하는 공적 노년학(public gerontology)으로 나아가야 한다는 입장이 새롭게 등장하 기도 하였다(Estes, 2008, p. 127).

그러나 대표적인 비판적 노인교육학자인 포모사(2002, p. 83)는 비판적 노 인교육이 상대적으로 최근에 등장하였고 여전히 진화 중이기에 이러한 문제 가 나타나는 것은 당연하며, 비판적 노인교육이 좀 더 현장에서 활발하게 실 천될 때 그것이 자연스럽게 극복될 수 있다고 주장하고 있다. 나아가 그는 비 판적 노인교육이 상황과 대상의 변화에 민감하고 그러면서도 융통성 있게 대 처할 수 있는 '비판적 융통성(critical flexibility)'을 특징으로 하고 있기 때문에 상황이 변화하거나 대상이 달라질 경우 그에 맞게 기본 원칙을 수정하거나 보완함으로써 문제를 해결해 나아갈 수 있다고 주장하였다.

지금까지 노인의 임파워먼트를 목적으로 하는 노인교육인 비판적 노인교 육에 대해 살펴보았다. 물론 비판적 노인교육은 외국에서도 상대적으로 새 로운 노인교육으로, 앞으로도 많은 수정과 보완이 요구된다. 하지만 현재 한 국 노인에게 가장 필요한 것이 임파워먼트인 상황에서 비판적 노인교육이 이 론적·실천적으로 완전하게 발전할 때까지 기다릴 수만은 없을 것이다. 따 라서 현 상태에서라도 비판적 노인교육을 수용하여 노인의 임파워먼트가 이 루어질 수 있도록 다양한 노력을 기울여야 할 것이다. 다행히도 비판적 노인교육은 지금도 계속 진화하고 있고, 특히 최근 들어서는 다른 상황이나 다른 문화와 역사를 지닌 대상에게로 그 범위를 확대해 나가고 있다. 뿐만 아니라 포모사가 앞서 지적하였듯이 비판적 노인교육은 '비판적 융통성'을 보이면서 다양한 상황이나 대상에 맞게 기본 특징이나 원칙들을 과감하게 수정하고 보완하면서 새롭게 재구조화하려는 시도를 하고 있다. 이러한 시도는 한국에서 비판적 노인교육이 활성화될 가능성을 높여 주고 있다는 점에서 긍정적으로 평가할 수 있다.

4. 비판적 노인교육의 활성화를 위한 과제

1) 비판적 노인교육의 필요성에 대한 공감대 형성

아직 비판적 노인교육이 생소한 한국의 노인교육 현장에서 비판적 노인교육의 필요성에 대한 공감대가 형성될 수 있도록 노인교육학자, 노인의 이익을 대변하는 노인단체, 정부가 협력적인 관계에서 각자의 역할을 충실히 해 주어야 할 것이다.

첫째, 노인교육학자는 비판적 노인교육을 한국에 적극적으로 소개해야 할 것이며, 나아가 한국 상황에서 맞게 수정·보완하는 작업도 수행해야 할 것이다. 그 과정에서 이미 제기된 비판적 노인교육의 문제점에 좀 더 관심을 기울여야 할 것이고, 또한 한국 실정에 맞는 해결책도 강구해야 할 것이다. 예를 들면, 노인 문제를 구조적으로 다룰 때 소외계층이나 다른 세대와의 관계에서 노인의 억압 문제를 다루지는 못하고 있다는 점, 노인 사이에도 존재할 수밖에 없는 불평등 문제를 여전히 소홀하게 다루고 있다는 점 등의 문제를 심각하게 받아들여, 한국에 비판적 노인교육을 도입하여 실천할 때 그것을 극복해 나갈 대책을 마련해야 할 것이다. 나아가 비판적 노인교육이 활성화되기 위해서는 무엇보다 교수자의 역할이 중요하므로 외국의 경우 교수자의 역할과 관련하여 어떠한 해결책을 제시하고 있는지에 대해서도 관심을 갖고, 그들이 제시한 해결책을 한국 상황에 적용하기 위한 방법도 고심해야 할 것이다.[8)]

둘째, 노인단체는 어느 누구보다 노인이 처해 있는 상황, 그리고 그 상황을 벗어나기 위해서는 노인 스스로 힘을 가져야 한다는 것을 잘 알고 있을 것이다. 따라서 이들 단체가 앞장서서 학습자인 노인에게 그리고 노인교육을 위해 일하는 실무자에게 현재 한국 노인에게 필요한 것은 임파워먼트이며, 한국 노인이 임파워먼트되기 위해서는 비판적 노인교육이 활성화될 필요가 있음을 강조해야 한다. 이렇게 노인단체가 적극 나서 준다면 학습자인 노인과, 프로그램을 개발하고 관리하는 실무자는 좀 더 쉽게 비판적 노인교육의 필요성에 공감하게 될 것이다. 나아가 이들 단체가 실제로 비판적 노인교육에 토대한 프로그램이 개발될 수 있도록 지원을 아끼지 않는다면 한국 노인교육의 현장에서 비판적 노인교육은 좀 더 쉽게 뿌리내릴 것이다.

셋째, 정부는 노인 관련 정책이 제대로 이루어지기 위해서는 노인의 참여가 무엇보다 중요하고, 또한 노인의 적극적 참여를 유도하기 위해서는 비판적

---

8) 예를 들면, 핀드슨(Findsen, 2005, pp. 141-144)은 교수자의 역할과 관련하여 제기되고 있는 문제를 극복하기 위해 다음과 같은 해결책을 제시하고 있다. 첫째, 비판적 노인교육 프로그램에 참여하고 있는 교수자는 자신도 기존의 선입견이나 편견에서 자유롭지 못하다는 점을 인정하고 노인교육에 참여하는 과정에서 학습자인 노인에게 행한 행동이나 노인에 대해 가진 생각이 자신의 잘못된 선입견이나 편견에서 비롯되지는 않았는지에 대해 끊임없이 반성해야 한다. 둘째, 노인의 요구를 정확하게 분석하기 위해 교수자는 일반적으로 행하는 요구 분석과 더불어 노인이 현재 어떠한 상황에 놓여 있는가를 판단하여 그들의 요구를 분석하는 상황 분석(situational analysis)도 동시에 수행해야 한다. 상황 분석은 노인이 처해 있는 사회적 환경뿐만 아니라 문화적 전통까지를 포함하는 복합적인 상황 분석이 되어야 한다. 셋째, 교수자는 학습자인 노인의 적극적인 참여를 유도할 도덕적 의무가 있음을 명심해야 한다. 넷째, 교수자는 노인에 대한 불필요한 간섭을 지양해야 한다. 노인이 스스로 자신감을 갖고 주체적으로 사회에 참여할 때 노인뿐만 아니라 사회 전체도 많은 이득이 된다는 점을 인정하고, 노인이 그런 방향으로 나아가도록 해야 한다.

노인교육이 활성화될 필요가 있다는 인식하에 비판적 노인교육이 노인교육
현장에서 뿌리내리고 활성화될 수 있도록 지원을 아끼지 말아야 할 것이다.
이미 정책 결정 과정에 당사자인 노인의 참여가 중요하다는 것을 깨달은 영국
정부는 노인이 그들 자신에게 영향을 끼치는 정책을 결정하는 데 중요한 역할
을 담당할 수 있도록 노인의 참여를 북돋아 주는 다양한 프로그램을 개발하고
지원하고 있다(Reed, Cook, Bolter, & Douglas, 2006, p. 274). 한국 정부는 이런
외국의 사례를 벤치마킹하여 노인의 임파워먼트를 목적으로 하는 프로그램
의 개발을 어떻게 지원해야 할지에 대한 계획을 수립할 필요가 있다.

　노인교육학자, 노인단체, 정부의 노력에 힘입어 노인교육의 장에서 비판
적 노인교육의 필요성에 대한 공감대가 형성되면, 다음은 한국 노인의 임파
워먼트를 목적으로 하는 비판적 노인교육이 한국이라는 특수한 상황에서 실
천될 때 서구에서 발전한 비판적 노인교육과는 어떠한 점에서 어떻게 다르게
실천되어야 할지에 대한 고민이 필요하고, 이러한 고민에 토대하여 한국 상
황에 맞는 새로운 실천 방안이 모색되어야 할 것이다. 왜냐하면 비판적 노인
교육이 한국 노인이라는 새로운 대상에게 의미가 있고, 나아가 한국 노인교
육이라는 장에서 활성화되기 위해서는 무엇보다 한국 노인과 노인교육이 처
해 있는 정치적ㆍ경제적ㆍ문화적ㆍ역사적 상황이 최대한 반영되어야 하기
때문이다.

2) 비판적 노인교육의 한국 적용을 위한 실천 방안

　여기서는 한국 노인이 처해 있는 상황을 최대한 반영한 비판적 노인교육의
실천 전략의 대표적인 예를 몇 가지 제시하고자 한다.
　첫째, 한국에서의 비판적 노인교육은 노인의 삶과 직접적으로 연결된 내용
을 다루어야 한다. 한국에서의 비판적 노인교육은 노인의 부정적인 이미지
가 어떻게 형성되었으며, 어떠한 형태로 나타나고 있고, 노인은 그로 인해 구

체적으로 어떠한 피해를 받고 있는지를 중점적으로 다루어야 한다. 또한 정년제도와 같은 연령차별주의와 그로부터 생기는 문제 역시 심도 있게 다루어야 한다. 그러나 이런 문제를 독립적으로 다루어서는 안 되고, 연령차별주의가 다른 유형의 차별 및 억압과 어떻게 연결되어 있으며 어떠한 영향을 끼치고 있는지에 대해서 다루어야 하고, 또한 연령차별주의가 국내외 사회경제적 구조와 어떻게 연결되어 있는지도 보여 줄 수 있어야 한다. 그렇게 될 때에만 노인은 자신의 상황을 개별적으로 이해하지 않고 전체 사회구조 속에서 이해할 수 있고, 나아가 어떻게 비판적으로 개입할 수 있을지를 알 수 있기 때문이다.

둘째, 한국에서의 비판적 노인교육은 노인을 학습의 동반자로서 학습 과정에 적극적으로 참여시켜야 한다. 현재 노인을 위한 인권교육이나 민주시민교육이 조금씩 이루어지고 있지만 여전히 교육은 교수자가 일방적으로 지식을 전달하고 학습자는 지식을 전달받는 방식으로 운영되고 있다. 하지만 앞으로는 이러한 교육이 진정한 의미에서 비판적 노인교육이 되기 위해서는 교수자와 학습자가 함께 만들어 가는 과정이 되어야 하고, 그렇게 되기 위해 교수자는 학습자인 노인이 많은 지식과 경험을 가지고 있다는 것을 인정해야 한다. 또한 어떠한 토론이나 논쟁도 가능할 수 있도록 교육 현장을 국가나 시장의 통제로부터 자유로운 공공 영역으로 만들어야 한다. 실제 이런 학습 공간 속에서 학습자인 노인은 자유롭게 토론 및 대화에 참여하게 되며, 학습 과정에 기여하고 있다는 믿음을 갖게 되면서 점차 교육의 객체에서 주체로 바뀌게 되고 궁극적으로는 삶의 주체로 거듭날 수 있게 될 것이다.

셋째, 한국에서의 비판적 노인교육은 교수자의 역할이 근본적으로 달라져야 함을 강조해야 한다. 교수자는 노인이 부정적 이미지나 연령 차별적 정책으로 많은 피해를 입고 있다는 점을 정확하게 인지하고 스스로 이런 부정적 이미지나 차별을 없애는 데 솔선수범해야 한다. 따라서 여기서의 교수자는 더 이상 단순한 지식 전달자가 아니라 변혁가, 조직가, 동조자 등 다양한 역할을 소화해 내야 하고, 사회 변혁에 앞장서는 유기적 지식인 역할을 수행해야 한다. 그리고 교수자가 이런 역할을 충실히 수행할 수 있도록 교수자를 위한 교육이 강화되어야 한다. 더불어 노인의 학력이 높아지고 있는 상황에서 누구보다 자신의 문제에 대해 잘 알고 있는 노인을 교수자로 참여시키는 방안도 고려해 볼 수 있다.

넷째, 한국에서의 비판적 노인교육은 노인이 자신의 삶과 관련된 문제나 정책 결정 과정에 변화 매개체로서 적극적으로 참여하는 것의 중요성을 강조해야 한다. 지금까지 한국 노인은 부정적 이미지를 깨는 데도, 자신의 삶과 관련된 정책을 결정하는 과정에도 적극적으로 참여하지 않았다. 그 결과, 노인은 여전히 부정적 이미지에서 벗어나지 못하고 있다. 이러한 상황에서 비판적 노인교육은 노인에게 어떻게 억압당하고 차별당해 왔는지를 아는 것 못지않게 자신이 알고 있는 바를 실천으로 옮기는 것 역시 중요하다는 것을 강조해야 하며, 외국에서 노인이 정책 결정 과정에 어떻게 참여하고 있는지를 보여 주는 다양한 사례를 소개해야 한다.

다섯째, 한국에서의 비판적 노인교육은 노인 사이의 연대뿐만 아니라 다른 소외집단과의 연대도 강조해야 한다. 교육을 통해 노인은 그들 사이에도 성별, 계층 등에 따라 다양한 차이가 있음을 인지하면서 노인에 대한 부정적인 이미지나 노인의 연령 차별을 생산하고 재생산하는 데 기여하는 사회구조를 변혁시키기 위해서는 노인 사이의 이러한 차이를 극복하고 서로 연대할 필요가 있다는 것도 알아야 한다. 나아가 노인과 다른 소외집단의 차이점 및 공통점은 무엇이며, 서로의 차이점은 왜 존중되어야 하는지, 또한 서로 연대하는 것이 얼마나 중요한지에 대해서도 깨달아야 한다. 왜냐하면 연령차별주의를 포함하여 모든 형태의 차별, 억압을 생산하고 재생산하는 데 기여하는 사회구조의 변혁은 한 소외집단의 저항과 투쟁만으로는 결코 성공할 수 없으며, 오직 차별받고 소외당하고 있는 모든 집단이 집단 내 그리고 집단 간 차이를 극복하고 서로 연대할 때만이 가능하기 때문이다.

여섯째, 한국에서의 비판적 노인교육은 지금까지 교육에서 소외되어 온 노인이 또다시 소외받지 않도록 다양한 전략을 세워야 한다. 현재 한국에서 노인의 상황은 전반적으로 열악하지만 저소득층 노인의 경우는 더욱더 심각하다. 무엇보다 많은 이가 정규교육을 받지 못했고, 현재 비정규 교육과정에서 이루어지고 있는 노인교육의 대상 역시 정규교육을 받은 중산층 노인이 대다수를 차지하는 상황에서, 저소득층 노인이 또다시 비판적 노인교육으로부터 소외되지 않도록 다양하고 효과적인 방안을 모색해야 할 것이다.

5. 나가며

한국은 현재 OECD 국가 중에서도 고령화 속도가 가장 빠르며, 노인인구도 빠르게 증가하고 있다. 그러나 카니가 주장하였듯이 노인의 수가 많아진다고 하여 저절로 노인을 위한 좋은 정책이 만들어지는 것은 아니다. 노인이 힘을 갖고 직접 자신의 삶에 영향을 미치는 정책에 목소리를 낼 때만이 좋은 정책은 만들어진다. 이처럼 노인을 위한 정책이 만들어지기 위해서 무엇보다 필요한 것은 노인이 임파워먼트되는 것이다. 그러나 노인의 임파워먼트는 그냥 이루어지는 것이 아니라 임파워먼트에 목적을 둔 교육이 이루어질 때만 가능한데, 아직 한국에는 그런 교육이 활성화되지 못한 실정이다. 따라서 한국에서도 외국에서처럼 노인의 임파워먼트를 목적으로 한 비판적 노인교육이 활성화되어야 한다. 물론 비판적 노인교육이 한국의 노인교육 현장에서 활성화되기까지 극복해야 할 많은 장애물이 있고, 그 과정은 결코 순탄치 않을 것이다. 그러나 이러한 어려움은 반드시 극복되어야 하며 그러기 위해 다양한 노력이 이루어져야 한다.

실제로 이러한 노력이 결실을 맺어 한국에서도 비판적 노인교육에 기반한 노인교육 프로그램이 활성화되면 노인은 자신의 목소리를 내려고 할 것이며,

자연스럽게 다양한 노인조직도 만들어질 것이고, 노인은 이러한 조직을 통해 자신의 삶에 영향을 끼치는 정책 결정 과정에 적극적으로 참여하게 될 것이다. 그리고 그런 참여가 자신의 삶에 어떠한 변화를 가져오는지를 깨닫게 된 노인은 다시 임파워먼트에 목적을 둔 다양한 교육활동에 참여하게 될 것이고, 결과적으로 노인교육과 노인조직은 선순환 구조를 가지면서 발전할 것이다. 이런 구조 속에서 노인은 자연스럽게 부정적 이미지에서 벗어나고, 더 이상 기득권 세력을 유지하는 데 이용당하지도 않을 수 있다. 오히려 노인은 기득권 세력이 가장 경계하는 힘을 지닌 집단이 되어 사회가 좀 더 평등하고 정의롭게 발전하는 데 기여할 것이다.

참고문헌

교육과학기술부, 국가평생교육진흥원(2011). 2010 평생교육백서. 서울: 교육과학기술부, 국가평생교육진흥원.

보건복지부, 한국보건사회연구원(2012). 인구 고령화의 경제적 영향 분석 및 고령화 대응 지수 개발. 서울: 한국보건사회연구원.

신미식(2007). 평생교육으로서 한국노인교육의 발전방향. 평생교육학연구, 13(1), 1-24.

신미식(2013). 미국의 노인자원봉사 프로그램과 한국에의 함의. 한국동북아논총, 제18권, 제1호, 331-352.

신미식(2014). 한국 노인의 임파워먼트를 위한 노인교육 활성화 방안: 비판적 노인교육을 중심으로. 한국동북아논총, 제19집, 제4호, 269-290.

통계청(2013). 2013년 고령자통계. 대전: 통계청.

통계청(2016). 2016년 고령자통계. 대전: 통계청

한국경제(2013. 9. 30.). 65세 이상 인구 첫 600만 명 돌파⋯ 생산인구 6명이 1명 부양. news. hankyung. com/article/2013093021111

한국교육개발원(2007). 고령사회에 대응하기 위한 노년교육 장기 발전 방안 연구. 서울: 한국교육개발원.

한정란, 박성희, 원영희, 최일선(2011). 한국 노인교육의 현황 및 발전 방안. Andragogy Today, 14(1), 121-149.

허정무(2002). 노인교육이론과 실천방법론. 경기: 양서원.

Andrews, M. (2009). Our own lives under the lens: Critical gerontologists'narratives of ageing. *Ageing & Society, 29*, 655-658.

Battersby, D. (1987). From andragogy to gerogogy. *Journal of Educational Gerontology, 2*(1), 4-10.

Battersby, D. (1993). Developing an epistemology of professional practice within educational gerontology. *Journal of Educational Gerontology, 8*(1), 17-25.

Beard, R. L., & Williamson, J. B. (2011). Social policy and the internal dynamics of the senior rights movement. *Journal of Aging Studies, 25*, 22-33.

Carney, G. M. (2010). Citizenship and structured dependency: The implications of policy design for senior political power. *Ageing & Society, 30*, 229-251.

Cusack, S. (1999). Critical educational gerontology and the imperative to empower. *Education and Ageing, 14*(1). 21-37.

Douglas, B. (2008) Older people involved in policy and planning: Factors which support engagement. *Journal of Aging Studies, 22*, 273-281.

Estes, C. (2008). A first generation critic comes of age: Reflection of a critical gerontologist. *Journal of Aging Studies, 22*, 120-131.

Estes, C. L., Biggs, S., & Phillipson, C. (2003). *Social theory, social policy and ageing.* Berkshire: Open University Press.

Findsen, B. (2005). *Learning later.* Malabar, FL: Krieger Publishing.

Findsen, B. (2007). Freirean philosophy and Pedagogy in the adult education context: The case of older adults'learning. *Studies in Philosophy and Education, 25*(6), 545-559.

Findsen, B., & Formosa, M. (2011). *Lifelong learning in later life.* Rotterdam: Sense

Publishers.

Freire, P. (1970). *The pedagogy of the oppressed.* New York: The Continuum Publishing.

Formosa, M. (2002). Critical gerogogy: Developing fractical possibilities for critical educational gerontology. *Education and Aging, 17*(1). 73-85.

Formosa, M. (2005). Feminism and critical educational gerontology: An agenda for good practice. *Ageing International, 30*(4), 396-411.

Formosa, M. (2012). Education and older adults at the University of the Third Age. *Educational Gerontology, 38*, 114-126.

Freire, P. (1976). Pedagogy of the Oppressed. Harmondsworth: Penguin.

Glendenning, F. (1990). The emergence of educational gerontology. In F. Glendenning & K. Percy (Eds.), *Ageing, education and society: Readings in educational gerontology* (pp. 13-23). Keele: University of Keele, Association for Educational Gerontology.

Glendenning, F. (Ed.). (2000). *Teaching and learning in later life: Theoretical implication.* Aldershot: Ashgate Publishing.

Glendenning, F., & Battersby, D. (1990). Why we need educational gerontology and education for older adults: A statement of first principles. In F. Glendenning & K. Percy (Eds.), *Ageing, education and society: Readings in educational gerontology* (pp. 219-231). Keele: University of Keele, Association for Educational Gerontology.

Glendenning, F., & Percy, K. (Eds.). (1990). *Ageing, education and society: Readings in educational gerontology.* Keele: University of Keele, Association for Educational Gerontology.

Minkler, M. (1996). Critical perspective on ageing: New challenges for gerontology, *Ageing and Society, 16*, 467-487.

Moody, H. (2001). Productive aging and the ideology of old age. In N. Morrow-Howell, J. Hinterlong, & M. Sherraden (Eds.). *Productive aging: Concepts and challenges* (pp. 175-196). Baltimore & London: The Johns Hopkins University

Press.

Nikander, P. (2009). Walking the talk: Becoming one's own data as a critical scholar. *Ageing & Society*, *29*, 649-651.

Persy, K. (1990). The future of educational gerontology: A second statement of first principles. In F. Glendenning & K. Percy (Eds.), *Ageing, education and society: Readings in educational gerontology* (pp. 232-239). Keele: University of Keele, Association for Educational Gerontology.

Reed, J., Cook, G., Bolter, V., & Douglas, B. (2006) *Older people getting things done: Involvement in policy and planning initiatives*. New York: Joseph Rowntree Foundation.

Walker, J. (1990). The politics of provision and participation. In F. Glendenning & K. Percy (Eds.), *Ageing, Education and Society: Readings in Educational Gerontology* (pp. 96-113). Staffordshire: University of Keele, Association for Educational Gerontology.

찾아보기

기영화 18, 23
김남희 102
김정훈 36
김종서 17, 18
김호석 87

나항진 18, 22
남기민 22

박성정 101

윤복남 75

천세영 101

한정란 17, 23, 278, 294

Achenbaum, A. 132

Baars, J. 131
Baltes, M. M. 126
Baltes, P. B. 126
Bass, S. A. 113
Battersby, D. 311
Burawoy, M. 136

Carney, G. M. 307, 321
Caro, F. G. 113
Carstensen, L. L. 126
Chen, Y. 113
Cole, T. 132
Coleman, J. S. 276
Cusack, S. 133, 134, 304, 308, 312, 314

Estes, C. L. , ,129, 131, 136

Findsen, B. 133
Formosa, M. 133, 308, 312, 314, 315, 316
Freire, P. 46, 47, 89, 133, 137

Glendenning, F. 311

Hatton-Yeo, A. 278
Hinterlong, J. 113
Holstein, M. 132

Jakobi, P. 132

Kahn, R. L. 126
Kastenbaum, R. 132
Kennedy, E. M. 251
Knowles, M. S. 46

Laslett, P. 154
Lengrand, P. 48

Mahakian, J. L. 129
Mannion, G. 278
Mezirow, J. 46, 47
Moody, H. 129, 132, 135
Morrow-Howell, N. 113

Peterson, D. A. 17

Rowe, J. W. 126

Saez, E. 278
Sanchez, M. 278
Schugurensky , D. 225, 238
Searle, I. 158
Sherraden, M. 113

Townsend, P. 131

Vellas, P. 152, 226

Walker, J. 131, 312
Wilson, J. D. 2056

IMF 48, 51, 111
OECD 321
UCLA 227
UCLA의 장수센터 234
UCLA의 플라톤 소사이티 184, 185

가부장적인 문화 75, 93
각국 고령화 속도 21
개인적 생산성 140
개인적 성장 128, 150
개인적 임파워먼트 194, 196
개인적 자아실현 195
개인적 성장 · 발전 160, 165
경로당 27, 190
경북대학교 191, 224, 239, 281, 294
경제적 생산성 114, 116
경제적 유용성 263
경제적 일자리 100
경제협력개발기구 303
계속고용장려금 104
고령사회 20, 67, 199, 201
고령사회대책기본법 205
고령인구 추이 21

고령자 46
고령자 교육촉진회의 207
고령자고용안정법 203
고령자고용촉진법 104
고령자교실 210
고령자지원과 208
고령화 연구센터 224, 233, 234, 237, 242
고령화대책국가위원회 254
고령화사회 22, 45, 199, 201
공공성과 정치성 259
공민관 205, 207, 209, 213, 216
공민활동 243, 256, 257, 270
공민활동의 정의적 특성 257
공적 노년기 담론 283
공적 노년학 135, 136, 137, 315
공적 노년학 담론 126
공적연금 162
교수자의 역할 317, 319
교양과목 236, 295
교육 308
교육개혁안 20, 49, 51
교육과학기술부 26, 37, 44, 52, 110
교육기본법 200, 204, 215

교육노년학 18
교육부 24, 29, 191
교육의 주체 304
교육인적자원부 24, 25, 37, 44, 52, 99, 110
구조적 의존성 307, 308
국가 319
국가 경쟁력 114
국가 · 지역공동체서비스협회 254
국가인적자원개발기본계획 25, 53, 109
국가자원봉사단 251
국가평생교육진흥원 85
국민 기초문해력 조사 94
국민기초생활보장 162
국민기초생활보장 수급자 162
국민연금 100
국제문해의 해 77
권력 305
그레이 팬더즈 261, 302
글로벌 에이지 워치 인덱스 202
금빛평생교육봉사단 52, 54, 104, 264
긍정적 노년기 127, 302
긍정적인 이미지 161, 304
기능적 문해교육 89, 90
기득권 세력 306, 322
기초능력 79
기초문해 73
기초연금 162

남성노인 201
남성노인인구 71
노년교육학 17
노년학 132
노년학 강좌 223, 241, 285
노년학 과정 283
노년학 교육 17, 19, 37
노년학 박사과정 232
노년학 부전공 230
노년학 석사과정 230
노년학 자격증과정 233
노년학 학사 프로그램 229
노년학 학사과정 229

노년학과 241, 295
노무현 정부 44, 49, 105, 107, 108
노인 사이의 불평등 310
노인 전문가 양성 228, 236
노인 전문인력 뱅크 104
노인의 평생교육 프로그램 실시기관 60
노인의 평생교육 프로그램 참여 영역 62
노인의 평생교육 프로그램 참여율 58
노인교실 27
노인교육 담당자 및 전문가 양성 과정 54, 55, 64,
    224
노인교육 전문가 양성 과정 52, 54, 104
노인교육과정 54
노인교육과정 시범운영 지원사업 54, 55
노인교육론 37
노인교육전공 104
노인교육지원법안 36
노인교육학자 316
노인단체 317
노인대학 190, 209, 211, 212
노인복지관 27, 190
노인복지법 28, 33
노인복지회관 106
노인봉사단 252, 253
노인세대 275
노인실태조사 27, 57
노인의 교육 수준 189
노인의 삶 318
노인의 세력화 166
노인의 이미지 249
노인의 자아실현 188
노인의 자원봉사 참여율 265
노인의 주체성 215
노인의 참여 317
노인의 특성 112
노인의 힘 307
노인의료보험 177
노인인구 71
노인인력 운영센터 105
노인인적자원개발 102, 108, 109, 110, 112, 113,
    114, 115, 116, 118, 119

노인일자리 및 사회활동지원사업 31
노인일자리사업 38, 105, 106, 107, 110, 111
노인자원봉사 리더양성 프로그램 32
노인자원봉사 프로그램 234
노인자원봉사자 훈련 프로그램 234
노인자원봉사팀 234
노인자원봉사활성화 31
노인정책과 24, 30, 34
노인조직 322
노인지원과 30, 34
노인지원팀 105
노인친구되기 프로그램 252, 261
노인학교 27
노인학습자 138
뉴햄프셔 주립대학교 228

다른 구성원과의 연대 195
다학문적 방식 242
대체 인력 263
대학 149, 150, 181, 244, 260, 268, 277, 280, 284,
　291, 292
대학부설 평생교육원 64, 104, 168, 192, 224, 240
대학생의 세대간교육에 대한 인식 292
대학원 노년학과 242
대학의 노인교육 192
대학의 역할 268, 284, 293
대한노인회 27, 106
도도부현 216
독일 199
독재정권 77
동료 노인에 의한 가르치기와 배우기 182
등록금 면제정책 176

매사추세츠 주립대학교 228
메릴랜드 대학교 234, 237, 243
메릴랜드 대학교의 레거시 리더십 연구소 260
명예학생제도 191, 224, 239, 281, 294
문맹교육 5개년 계획 74
문맹퇴치사 75
문민정권 76
문민정부 77

문부과학성 206
문자문해 73
문자해득능력 79
문제제기식 교육 방식 311, 313
문해 실태조사 72, 73, 78
문해교사 3급과정 연수 프로그램 85
문해교육 교사 85
문해교육 도입기 74
문해교육 암흑기 74
문해교육 역점기관 80
문해교육 운영기관 80
문해교육 재도약기 74
문해교육 재도약을 위한 준비기 74
문해교육 전담기구 80
문해교육교원 연수 과정 85
문해교육기관 87
문해교육사업 76, 81
문해교육정책 74
문해후교육 82, 93
미국 173
미국 대학 223
미국 메인 주 서던메인 대학교 285
미국 오클라호마 주립대학교 286
미국 인구 174
미국 정부 178
미국 피츠버그 대학교 285
미국노년학사회 254
미국노인법 175, 177, 254, 259
미국은퇴자연합 302

박근혜 정권 56
박근혜 정부 108
발견되지 않은 땅 141
발전 기금 182
배움의 주체 163, 169
백악관노인회의 177, 178, 191, 254, 290, 301
베이비부머 16, 40, 67, 116, 164, 174, 188, 243, 250,
　253, 254, 256, 257, 259, 262, 265, 290, 301
변혁의 주체 196
변화 매개자 166
변화 매개체 200, 320

보건복지가족부 107
보건복지부 24, 25, 27, 30, 34, 36, 37, 57, 105, 111
복수전공 236
복지 117
복지 위주의 노인교육 34, 167
복지의 대상 50
부전공 236
부정적인 이미지 49, 161, 249, 265, 303, 308
비문해 여성 75
비문해율 75
비문해자 73, 92
비영리기구 203
비판이론 133
비판적 교육학 47, 133
비판적 노년 136
비판적 노년기 262, 283, 290
비판적 노년기 담론 270
비판적 노년학 126, 131, 133, 141
비판적 노년학자 72
비판적 노인교육 133, 163, 305, 308, 310, 315
비판적 문해교육 89, 90, 91, 95
비판적 사고력 142
비판적 성찰 47
비판적 융통성 315, 316

사세대 158, 160
사세대 노인 165
사회 변혁 225, 226, 312, 320
사회 변화 133
사회 소외자 200
사회교육 20, 209
사회교육 체제 214
사회교육과 207
사회교육기관 205
사회교육법 204, 205
사회구조 90, 131, 283, 309, 313
사회발전 66, 136, 203, 256, 297
사회변화 매개 161
사회운동 159, 165
사회의 발전 165
사회의 변화 매개자 169

사회적 공헌 128
사회적 생산성 114, 116, 140
사회적 약자 200
사회적 일자리 100
사회적 임파워먼트 194, 196
사회적 자본 270, 276
사회적 자본 형성 280
사회적 차원의 자아실현 188
사회적 통합 270, 280
사회적인 성장·발전 161
사회조사를 위한 뉴스쿨 대학교 179
사회참여 204, 236, 301
사회통합 프로그램 238
사회활동 160, 265
삶의 주체 161, 163, 169, 304, 314
삼세대 149, 158
삼세대 트러스트 156
삼세대대학 149, 151, 283, 285, 291
삼세대대학 국제연맹 151
상아탑의 전당 181
상향식 접근 156
상호작용 282
생산가능인구 감소 103
생산성 113, 129, 140
생산적 노년 126
생산적 노년기 112, 114, 116, 128, 129, 130, 139, 215, 250, 258, 263, 266, 289, 302, 310
생애학습국 207
생애학습센터 216
생애학습진흥법 205, 214
생활기능문해 73
서울대학교 242
서울여자대학교 241
선순환 구조 322
성공적 노년 126
성공적 노년기 127, 128, 139, 250, 258, 302, 310
성과 중심적 인적자원개발 102
성인교육 17
성인기초문해교육 110
성인문해교육 38, 63, 65
성인문해교육사업 31, 79, 82

세대 간 갈등 282, 288, 292, 296, 297
세대 간 이해 287
세대 간의 갈등 276
세대 간의 접촉 287
세대 간의 차이 275
세대 간의 화합과 연대 297
세대 분리적 287, 296
세대 통합과 연대 279
세대 통합적 287, 296
세대간교육 277, 279
세대간교육 연구소 285
세대간교육의 유형 280
세대간교육의 이론 289
세대간교육의 정의 278
세대공동체 294
세대공동체 관점 294
세대공동체 교육 278
소수 · 인종 · 민족 · 노인 262
소외계층 38
소외계층 평생교육사업 31
소외된 노인 238
소통 277
소통 프로그램 295
순수한 의미의 배움 191
스페인의 카스틸라 라만차 대학교 286
시니어 센터 176
시니어 스칼라 프로그램 227
시니어클럽 106
시민권운동 226
시민의 행위 256
시장의 논리 129
시장의 통제 319
시정촌 205, 213, 216
신공민 200, 212, 215
신대학 157
실버 장학금 260
실버 장학금 프로그램 261
실버인재센터 209
실버장학금 프로그램 255
실패자 302
실패자 노년기 담론 290

실패자 모델 125, 127, 138, 143
실패한 정책 276

아웃리치 프로그램 235
아이오와 주립대학교 234
아일랜드 307
앤드라고지 46
양원초등학교 80, 83
양조부모되기 프로그램 252, 261
에드워드 케네디 미국 봉사법 255, 259, 267
엘더호스텔 177, 178, 180, 192, 223, 227, 235, 240,
    282, 285
엘더호스텔 네트워크 180, 185, 192
엘더호스텔 연합 180, 192
여성노인 72, 201, 262
여성노인연맹 261
여성노인의 심리 87
여성노인인구 71
여성주의 교육학 133
연금 151
연금제도 112
연대 195, 306, 320
연령차별적 사회구조 312
연령차별 근절 캠페인 106
연령차별주의 319, 320
영국 152, 154
영국 모델 157
영국 정부 318
영국식 모델 168
영국식 삼세대대학 152
오서 평생교육원 286
온라인 강좌 158
왜곡된 이미지 303, 305, 306, 308
유기적 지식 313, 320
유기적 지식인 137
유네스코 77
유럽 151, 160
유럽연합 283, 290
유상의 서비 258
융통성 있는 접근 261
은퇴노인을 위한 해외봉사 프로그램 234

은퇴미국인연맹 302
은퇴자와 노인을 위한 자원봉사 프로그램 252
은퇴후교육 173, 179, 223, 227, 235, 240, 282, 285
은퇴후교육기관 179
은퇴후교육을 위한 기관 179
은행식 교육 방법 92, 311
의미 135
의미의 중요성 135
의식화 교육 310, 311
이데올로기 143
이명박 정부 44, 49, 107, 108
인간자원개발 101
인간주의적 입장 131, 132, 141, 263
인구주택총조사 94
인구학 131
인센티브 256, 261
인재 뱅크 216
인적자본 276
인적자원 50
인적자원개발 25, 26, 51, 99, 101, 115
인적자원개발 위주의 노인교육 34, 167
인적자원개발기본법 99, 102
일본 130, 199
일본 정부 200
일하는 연금세대 202
잃어버린 10년 107
임파워먼트 133, 134, 141, 142, 143, 304, 305, 310,
　311, 315, 321

자격증과정 241
자기주도성 46
자아실현 116, 174
자원봉사 243, 251, 256, 257, 259
자원봉사 활동 236
자원봉사센터 267
자원봉사자 156, 182, 188, 204
자원봉사활동기본법 267
자조 방식 313
자조그룹 152, 155, 157, 159, 168
장밋빛 삶 309
장수학원 211

재건국민운동본부 76
저소득층 노인 321
저출산 · 고령사회위원회 15, 30
저출산 · 고령화대책 250
저출산 · 고령화사회 103, 109, 115
저출산 · 고령화사회기본법 28, 30, 34
적극적 노년기 127, 258, 284, 287, 289
적극적 노년기와 세대 간의 연대를 위한 해 283
적극적인 역할을 244
전공 236
전공과정 241
전국문해성인기초교육협의회 78
전국야학협의회 78
전북대학교 281
전통적 교육관 187
전환학습 47
정규과정 239
정규교육 238
정규학력 인정시설 83
정부 293
정치 131
정치경제학적 입장 131, 132, 262
정치적 행위 257
제1차 국가인적자원개발기본계획 99, 103, 116
제1차 평생학습진흥종합계획 55, 65
제2차 국가인적자원개발기본계획 99, 103, 116
제2차 평생교육진흥기본계획 55, 65
제3차 저출산 · 고령사회기본계획 15
제3차 평생교육진흥기본계획 56
조정자 183
주류 노인교육 310
주류 담론 143
주류모델 176
준고령자 46
중고령층을 위한 직업훈련 프로그램 개발 · 보급 110
중산층 노인 184, 315
중앙교육심의회 206
중앙정부 213
중재자 183
중학교과정 성인문해교육과정 및 교과서 82
지도자 183

지방자치단체 53
지방정부 213
지방평생학습진흥비 208
지식인 노인 173
지역거점기관 81
지역사회 277, 284, 291, 293, 296
지역사회의 자원 210
지역사회활동 210, 214
지적 성장 189, 195

차별 72
참여대학 284
찾아가는 한글교육 80, 83
청년세대 275
체제 유지적인 성격 309
초고령사회 20, 130, 199, 200, 201
초등과정 문해교육교원 양성 82
촉구자 183

캐나다 188
커리큘럼 위원회 183
케네디 정부 266

통합소양교육 32
통합학문적 230
통합학문적 관점 242
툴루즈 대학교 151, 153, 159, 226
특별학점 295

평생교육 16, 43, 46
평생교육 영역 참여 현황 61
평생교육 예산 66
평생교육 프로그램 참여 현황 57
평생교육기관 280
평생교육기관 참여 현황 59
평생교육법 16, 24, 28, 36, 48, 51, 63
평생교육사 37
평생교육사 양성 과정 64
평생교육의 노인 참여 현황 57
평생교육진흥정책 53
평생직업교육 29

평생학습 체제 214
평생학습계좌제 107
평생학습사회 46
평생학습센터 207
평생학습자 46, 47, 50
평생학습정책 26, 52
평생학습정책과 29, 111
평생학습진흥종합계획 53, 65
평화봉사난 252
품앗이 266
프락시스 47, 137, 312
프랑스 149, 151, 154, 199
프랑스 대학 227
프랑스식 모델 157, 168
프랑스식 삼세대대학 152

하버드 대학교 은퇴후교육 184
하향식 접근 154
학력 콤플렉스 93
학력인정 82, 94
학력인정 문해교육 교재 84
학습 주체 142
학습 중심적 인적자원개발 102
학습에서의 권력 312
학습의 동반자 314, 319
학습의 주체 23, 138, 314
한국교육개발원 78
한국문해교육협회 78, 85
한국문해기초교육연합회 78
한국형 세대간교육 297
한글작문교실 83
한림대학교 242
한양대학교 242
해방신학 133
해방의 과정 312
행정적 · 재정적 지원 244
회원의 자원봉사 184
회원의 회비 184
회원제 184
후생노동성 206, 208, 209, 211

저자 소개

신미식(Sihn, Mee-Shik)
고려대학교 정치외교학과 학사
매사추세츠 주립대학교(앰허스트 소재) 석사 및 박사(평생교육 전공)
캘리포니아 주립대학교(로스앤젤레스 소재) 방문교수
전 미국 매사추세츠 주 쿠싱아카데미 교사
　　한국교육개발원 연구원
　　서울대학교, 중앙대학교, 고려대학교 강사
　　주성대학 교수
현 경남대학교 교육학과(평생교육 전공) 교수

〈주요 논문〉

평생교육으로서 한국 노인교육의 발전방향-노인교육 담론을 중심으로(평생교육학
　　연구, 2007)
한국 민주시민교육 활성화를 위한 평생교육의 역할(한국동북아논총, 2011)
고령화 사회에서 미국 대학의 역할과 한국에의 함의(한국동북아논총, 2013)
한국 민주시민교육의 활성화를 위한 주민자치센터의 현황과 과제(한국동북아논총,
　　2014)
한국 노인의 임파워먼트를 위한 노인교육 활성화 방안: 비판적 노인교육을 중심으로
　　(한국동북아논총, 2014)
한국의 세대간교육 활성화와 대학의 역할: 청년세대와 노인세대를 중심으로(한국동
　　북아논총, 2016) 외 다수

〈주요 저서〉

소비자 주권의 교육 대개혁론(공저, 길벗, 1995)
앤드라고지: 현실과 가능성(공저, 학지사, 1998)

임파워먼트를 위한
노인교육의 이론과 실제
Theory and Practice of Educational
Gerontology for Empowerment

2018년 1월 10일 1판 1쇄 인쇄
2018년 1월 15일 1판 1쇄 발행

지은이 • 신미식
펴낸이 • 김진환
펴낸곳 • (주)**학지사**

　　　　　04031 서울특별시 마포구 양화로 15길 20 마인드월드빌딩
대표전화 • 02-330-5114　　팩스 • 02-324-2345
등록번호 • 제313-2006-000265호

홈페이지 • http://www.hakjisa.co.kr
페이스북 • https://www.facebook.com/hakjisa

ISBN 978-89-997-1426-9 93370

정가 18,000원

이 도서의 국립중앙도서관 출판시도서목록(CIP)은 서지정보유통지
원시스템 홈페이지(http://seoji.nl.go.kr)와 국가자료공동목록시스템
(http://www.nl.go.kr/kolisnet)에서 이용하실 수 있습니다.
(CIP 제어번호: CIP2017030634)

교육문화출판미디어그룹 **학지사**
심리검사연구소 **인싸이트** www.inpsyt.co.kr
원격교육연수원 **카운피아** www.counpia.com
학술논문서비스 **뉴논문** www.newnonmun.com
간호보건의학출판 **정담미디어** www.jdmpub.com